北大法宝文粹

法学研究与应用（9）

PKULAW Digest
Legal Studies and Application (9)

北大法律信息网◎组织编写

图书在版编目(CIP)数据

北大法宝文粹：法学研究与应用. 9 / 北大法律信息网组织编写. —北京：北京大学出版社，2022.12
ISBN 978-7-301-33666-3

Ⅰ. ①北… Ⅱ. ①北… Ⅲ. ①法律—中国—文集 Ⅳ. ①D920.4-53

中国国家版本馆 CIP 数据核字(2023)第 004353 号

书　　　名	北大法宝文粹：法学研究与应用（9） BEIDA FABAO WENCUI：FAXUE YANJIU YU YINGYONG(9)
著作责任者	北大法律信息网　组织编写
责 任 编 辑	焦春玲
标 准 书 号	ISBN 978-7-301-33666-3
出 版 发 行	北京大学出版社
地　　　址	北京市海淀区成府路 205 号　100871
网　　　址	http://www.pup.cn　http://www.yandayuanzhao.com
电 子 信 箱	yandayuanzhao@163.com
新 浪 微 博	@北京大学出版社　@北大出版社燕大元照法律图书
电　　　话	邮购部 010-62752015　发行部 010-62750672　编辑部 010-62117788
印 刷 者	北京鑫海金澳胶印有限公司
经 销 者	新华书店 730 毫米×980 毫米　16 开本　25 印张　488 千字 2022 年 12 月第 1 版　2022 年 12 月第 1 次印刷
定　　　价	68.00 元

未经许可，不得以任何方式复制或抄袭本书之部分或全部内容。
版权所有，侵权必究
举报电话：010-62752024　电子信箱：fd@pup.pku.edu.cn
图书如有印装质量问题，请与出版部联系，电话：010-62756370

北大法律信息网编辑委员会

委　员
（按拼音顺序）

陈端洪　陈兴良　龚刃韧
巩献田　姜明安　强世功
梁根林　刘剑文　刘凯湘
莫纪宏　潘剑锋　钱明星
饶戈平　邵景春　孙长永
汪建成　汪　劲　王　磊
王锡锌　吴庆宝　湛中乐
张　平　张　骐　张守文
郑胜利　周旺生　朱苏力

北大法律信息网编辑部

主　编：郭　叶
副主编：刘馨宇　孙　妹
编　辑：曹　伟　张文硕　吴晓婧　郁雯倩
　　　　　高亚男　金梦洋　李婉秋

编 写 说 明

近年来,随着互联网技术以及移动通信技术的广泛应用,移动互联网正在塑造全新的社会生活形态。据中国互联网络信息中心(CNNIC)测算,截至2022年6月,我国网民规模达10.51亿,互联网普及率达74.4%。随着互联网的全面普及,数据分析研究已经渗透并影响各行各业的发展,法律行业亦不例外。

《北大法宝文粹》(前身为《北大法律信息网文粹》)创办于2013年10月,定位为网络原创法学文章的集结地,将网络法学文章纸质化。自创办以来已出版《责任高于热爱》《专业源于热爱》《信念超越热爱》《互联网+法律实务的思考》《互联网+法律大数据应用》《人工智能+法律实务的思考》《大数据+法律实务的思考》《北大法宝文粹:法学研究与应用(8)》8本图书,系列图书出版后受到法律实务界及学术界的广泛关注。《北大法宝文粹:法学研究与应用(9)》以"大数据分析""民法典"为特色栏目,希望本书的6篇大数据分析报告可以给您带来更多的启示和思考。"民法典"栏目4篇文章分别围绕《民法典》相关问题从不同维度进行了分析。"焦点法谈"及"实务探讨"栏目分别对各种焦点法律问题及相关法律实务问题进行了研究。

随着互联网新媒体的迅速发展,为更加及时快速地传播法律信息和学术前沿动态,微信公众号"北大法宝"(chinalawinfo)和"北大法律信息网"(pkulawinfo)于2014年开通,主要推送内容包括:重大立法与案例盘点、最新立法解读、热点案例评析、实务系列文章、学术前沿成果、期刊最新要目、学术会议资讯等内容,欢迎关注并提出宝贵建议。同时我们热忱欢迎广大实务界及学术界人士加入北大法律信息网的作者队伍中来,我们愿与您一同打造更多精品原创内容,通过网络平台、新媒体平台及纸刊平台多渠道推广,让更多业内人士听到您的声音。

《北大法宝文粹》将持续出版。希望广大优秀作者和忠实读者一如既往地支持,我们将努力把《北大法宝文粹》打造成业内一流的网络文章出版物。由于目前仍处于初始阶段,还存在诸多不足之处,请专业人士及广大法律爱好者随时为我们提供宝贵意见,以便我们及时改进和完善,在此深表感谢!

需要感谢的人很多,感谢多年来一直支持北大法律信息网的众多优秀作者,感谢北京大学出版社蒋浩副总编辑的大力推动,感谢焦春玲编辑的细致工作,也感谢所有为本书出版工作默默付出的工作人员,努力与执着终将硕果累累。

欢迎登录"北大法律信息网"及"北大法宝"数据库查看更多精彩内容!

北大法律信息网
2022 年 8 月

目　　录

- 大数据分析

  2021年度法律法规公布及应用情况数据分析报告
  　　［北大法宝法律法规研究组］　3
  "与破产有关的纠纷"数据分析报告及应用情况数据分析报告
  　　［北大法宝司法案例研究组］　11
  2021年"对赌协议"纠纷案件大数据分析报告　［段建洲］　36
  法学期刊影响力分析报告（2021年版）
  　　——基于法学期刊新媒体影响力和期刊引证情况的分析
  　　［北大法宝法学期刊研究组］　52
  41家法学核心期刊2021年度学术盘点分析
  　　——以北大法宝—法学期刊库为例
  　　［北大法宝法学期刊研究组］　98
  "生产、销售有毒、有害食品罪"大数据检索报告　［张艺伟］　169

- 焦点法谈

  智慧检索：人工智能环境下法律检索的未来
  　　［范静怡　刘　明］　183
  数字政府建设中的行政法基础理论
  　　——基于2022年各地数字政府建设工作重点的分析
  　　［刘学涛　陈晓锋］　197
  语言权利保障的人权路径
  　　——兼论我国少数民族语言权利保障　［孙圆圆］　210

作为公法权利的语言权利：主体、权能及限制　［陈法钧］　222

深层链接行为的著作权法规制研究　［毛铭浩］　241

- 民法典

《民法典》及司法解释语境下的抵押权法律适用　［李　玮］　265

网络侵权视野下人格权禁令研究　［史程冉］　275

《民法典》表见代理的"有理由相信"探析　［张玉明］　287

《民法典》下劳动争议若干问题探析　［俞肃平］　303

- 实务探讨

创新家事审判方式问题研究　［卢淑娟］　321

婚姻登记纠纷"三权分立"机制构想
　　——附《婚姻登记纠纷处理办法（建议稿）》　［王礼仁］　330

担保人违反从给付义务的追责路径研究　［曾　靳］　356

执行程序中追加名义债务人配偶为被执行人的"堵"与"疏"　［赵永刚］　365

《北大法宝文粹：法学研究与应用》稿约　379

北大法宝引证码说明　384

Contents

- Big Data Analysis

    Report on Promulgation and Application of Laws and Regulations in 2021
    [Laws & Regulations Research Team of Chinalawinfo.com]　3

    Report on "Bankruptcy Disputes" and Case Citations in Practice
    [Judicial Case Research Team of Chinalawinfo.com]　11

    Report on Cases Involving VAM Disputes in 2021　[Duan Jianzhou]　36

    Influence Analysis Report on Law Journals (2021)
    ——Based on New Media Influence and Citations of Law Journals
    [Law Journal Research Team of Chinalawinfo.com]　52

    Statistical Analysis of Academic Articles Published on 41 Core Law Journals in 2021
    ——Taking Chinalawinfo's Law Journal Database as an Example
    [Law Journal Research Team of Chinalawinfo.com]　98

    Retrieval Report on Cases Involving "Crimes of Producing or Selling Poisonous or Harmful Food"　[Zhang Yiwei]　169

- Legal Issues in Focus

    IntelligentRetrieval: The Future of AI-based Law Retrieval
    [Fan Jingyi, Liu Ming]　183

    Basic Theory of Administrative Law in the Construction of Digital Government
    ——Analysis on Construction Priorities in Different Areas in 2022
    [Liu Xuetao, Chen Xiaofeng]　197

Path to Human Rights in View of Linguistic Rights Protection
——On the Linguistic Rights Protection of Ethnic Minorities in China
〔Sun Yuanyuan〕 210

Linguistic Rights as Public Rights: Subjects, Contents and Limitations
〔Chen Fajun〕 222

Regulation of Acts of Deep Linking: A Study from the Perspective of the Copyright Law
〔Mao Minghao〕 241

▪ Civil Code

Application of Law on Mortgage Rights Under the Civil Code and Related Judicial Interpretations 〔Li Wei〕 265

Study on Personality Right Injunctions Against Infringements in Cyberspace
〔Shi Chengran〕 275

"Reason to Believe" in Apparent Agency Under the Civil Code
〔Zhang Yuming〕 287

On Certain Labor Dispute Issues Under the Civil Code
〔Yu Suping〕 303

▪ Issues in Practice

Issues on Innovative Modes of Family Law Trials 〔Lu Shujuan〕 321

Conception of a "Separation of Powers" Mechanism for Marriage Registration Disputes
——The Proposed Measures for the Resolution of Marriage Registration Disputes attached 〔Wang Liren〕 330

Study on Approaches to Holding Guarantors Accountable for Failure to Perform Secondary Obligations 〔Zeng Jin〕 356

Pros and Cons in Adding a Nominal Debtor's Spouse as a Judgment Debtor in Enforcement Procedures 〔Zhao Yonggang〕 365

Contribution to Chinalawinfo Digest: Legal Study and Application 379

Explanation of CLI Codes 384

大数据分析

2021年度法律法规公布及应用情况数据分析报告

北大法宝法律法规研究组*

摘要：2021年，我国共公布法律法规3930件，其中中央法律法规400件，地方法规规章3530件。立法形式以制定、修改为主，两者数量接近。2021年中央新增"监察法规"效力级别类型，地方新增"海南自由贸易港法规""浦东新区法规"两个效力级别类型。单独制定的法律法规占比超九成。立法热点集中在安全、行政处罚、市场管理、交通运输、环境保护、物业管理、文明行为等领域。

关键词：法律法规规章　立法形式　立法热点　引用情况　浏览情况　统计

"北大法宝"根据人大/政府公报、官方出版物和官方网站统计：2021年，我国共公布[1]法律法规3930件，其中法律45件，有关法律问题和重大问题的决定11件，行政法规25件，监察法规1件，司法解释31件，部门规章287件，地方性法规2262件，地方政府规章1268件。

收稿日期：2022-05-20

*　北大法宝法律法规研究组成员：朴文玉、潘晓岚、石志鸿、李知航。朴文玉，北大法宝信息运营总监；潘晓岚，北大法宝信息运营副总监；石志鸿，北大法宝法规中心副主任；李知航，北大法宝编辑。研究指导：郭叶，北大法律信息网（北大法宝）副总编。感谢北大法宝编辑王丽华、柴旭、赵月颖、张微、伊超亚对本报告写作提供的大力支持。

[1]　本报告中"公布"包含制定、修改、废止（统称为"立改废"）三种立法形式。本报告公布情况统计方法：修改、废止均根据实际修改、废止法律法规数量统计，不单独统计修改、废止决定数量。

一、法律法规公布情况

(一)中央法律法规公布情况

2021年公布中央法律法规400件,其中新制定法律法规148件,占比37%,包含法律17件,有关法律问题和重大问题的决定9件,行政法规9件,监察法规1件,司法解释21件,部门规章91件;修改法律法规143件,占比约35.7%,包含法律26件,有关法律问题和重大问题的决定2件,行政法规6件,司法解释7件,部门规章102件;废止法律法规109件,总占比27.3%,包含法律2件,行政法规10件,司法解释3件,部门规章94件。

1.部门规章在立改废中数量均为最多

2021年公布中央法律法规400件,部门规章在立改废中数量均为最多,共计287件,总占比71.7%;法律次之,共计45件,总占比11.3%;司法解释、行政法规、有关法律问题和重大问题的决定、监察法规分别为31件、25件、11件、1件,分别占比约7.7%、6.3%、2.7%、0.3%。

2.修改形式以修正为主,文中废止[1]法规数量较多

法律法规的修改形式分为修正、修订两种。修正分为修正案和修改决定[2]两种形式。其中以决定形式修改的又分为单篇修改和打包修改[3]。2021年修改中央法律法规143件,其中修正101件,修订42件,修正数量是修订的2倍以上。以决定形式修改的中央法律法规中,单篇修改49件,打包修改52件,两者数量接近。

法律法规的废止形式分为以决定形式废止和文中废止两种。2021年废止中央法律法规109件,其中以决定形式废止44件,文中废止65件,文中废止的数量较多。

3.新增"监察法规"效力级别类型

2019年10月公布并施行的《全国人民代表大会常务委员会关于国家监察委员会制定监察法规的决定》规定,"国家监察委员会根据宪法和法律,制定监察法规"。2021年9月20日,第一部监察法规《监察法实施条例》公布,该条例是深化国家监察体制改革的理论、实践和制度成果的集中体现,是推进监察工作规范化、法治化、正

---

[1] 本文中的废止,是指在新制定法律法规中明文予以废止。

[2] 参见《全国人民代表大会常务委员会法制工作委员会关于印送〈立法技术规范(试行)(一)〉的函》,载北大法宝—法律法规库,https://www.pkulaw.com/law/,【法宝引证码】CLI.1.219900,2022年4月6日访问。

[3] 打包修改,是指就多部法律法规中涉及同类事项或者同一事由,需要集中予以修改的个别条款,一并提出进行合并修改的方式。参见罗小曼:《改革开放四十年立法形态演进》,载《地方立法研究》2018年第6期。

规化的有力保证。[1]

4. 单独制定的法律法规数量占比超九成,交通运输部公布规章数量最多

2021年公布中央法律法规400件,其中单独制定370件,占比92.5%,联合制定30件,占比7.5%,以单独制定形式为主。中央法律法规共覆盖42个发布部门,在公布法律法规数量Top10的发布部门中,40件以上的有交通运输部、全国人大常委会、市场监管总局,其中交通运输部公布规章数量最多,共计45件;20~40件的有中国银保监会、国务院、最高人民法院、海关总署、国家发改委、中国证监会6个发布部门;生态环境部公布规章数量在20件以下。(具体如图1所示)

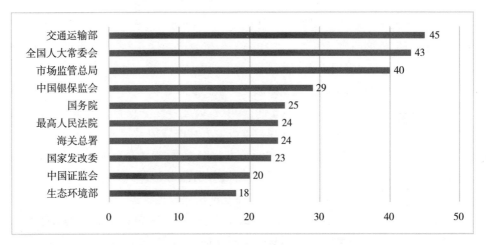

图1 2021年公布中央法律法规Top10(件)

5. 立法热点集中在安全、行政处罚、市场管理和交通运输等领域

2021年公布的中央法律法规中,立法热词前五位依次是安全(24次)、行政处罚(19次)、信息(16次)、市场(10次)、交通(9次),反映出立法热点主要集中在安全、行政处罚、市场管理和交通运输等领域(见图2)。

(二)地方法规规章公布情况

2021年公布地方法规规章3530件,其中修改法规规章1373件,占比38.9%,包含省级地方性法规522件,设区的市地方性法规375件,经济特区法规21件,自治条例和单行条例52件,省级地方政府规章201件,设区的市地方政府规章202件;新制定法规规章1351件,占比38.3%,包含省级地方性法规371件,设区的市地方性法规567件,经济特区法规24件,自治条例和单行条例36件,省级地方政府规章127

---

〔1〕 参见《让监察权在法治轨道上运行——解读〈中华人民共和国监察法实施条例〉》,载北大法宝—法律法规库,https://www.pkulaw.com/law/,【法宝引证码】CLI.AR.20490,2022年4月6日访问。

图 2　2021 年中央法律法规立法热点分布情况

件,设区的市地方政府规章 226 件;废止法规规章 806 件,占比 22.8%,包含省级地方性法规 160 件,设区的市地方性法规 108 件,经济特区法规 6 件,自治条例和单行条例 20 件,省级地方政府规章 251 件,设区的市地方政府规章 261 件。

1. 省级地方性法规公布的数量最多

2021 年公布地方法规规章 3530 件,其中省级地方性法规数量最多,共计 1053 件,占比 29.8%;设区的市地方性法规与省级地方性法规数量接近,共计 1050 件,占比 29.8%;设区的市地方政府规章、省级地方政府规章、自治条例和单行条例、经济特区法规分别为 689 件、579 件、108 件、51 件,分别占比 19.5%、16.4%、3.1%、1.4%。

2. 修改形式以修正为主,以决定形式废止的法规数量较多

2021 年修改地方法规规章 1373 件,其中修正 1131 件,修订 242 件,修正数量是修订的近 5 倍。以决定形式修改的地方法规规章中,单篇修改 198 件,打包修改 933 件,打包修改占大多数。

2021 年废止地方法规规章 806 件,其中以决定形式废止 615 件,文中废止 191 件,以决定形式废止的数量较多。

3. 新增"海南自由贸易港法规""浦东新区法规"效力级别类型

2021 年 6 月 10 日公布并施行的《中华人民共和国海南自由贸易港法》规定海南省人大及其常委会被授予海南自由贸易港法规的立法权。截至 2021 年 12 月 31 日,海南省人大常委会共计公布《海南自由贸易港优化营商环境条例》《海南自由贸易港反消费欺诈规定》等十余件海南自由贸易港法规。[1]

2021 年 4 月 23 日《中共中央、国务院关于支持浦东新区高水平改革开放打造社会主义现代化建设引领区的意见》颁布,全国人大常委会 2021 年 6 月 10 日作出授权上海市人大及其常委会制定浦东新区法规的决定。截至 2021 年 12 月 31 日,上海

---

[1] 参见《海南省人民代表大会常务委员会工作报告——2022 年 1 月 23 日在海南省第六届人民代表大会第五次会议上》,载北大法宝—法律法规库,https://www.pkulaw.com/law/,【法宝引证码】CLI.WR.20382,2022 年 4 月 6 日访问。

市人大常委会共计公布《深化"一业一证"改革规定》《市场主体退出若干规定》等6件浦东新区法规。[1]

4.广东省公布地方法规规章数量最多

2021年公布地方法规规章3530件,数量Top10的省级行政区中,200件以上的有广东省、辽宁省、江苏省、贵州省,其中广东省最多,共计267件;150~200件的有山东省、浙江省;其余4个省级行政区均在120件以上。

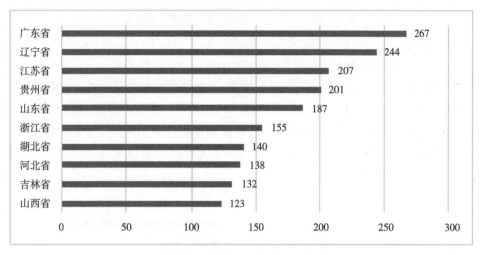

图3　2021年公布地方法规规章Top10(件)

5.立法热点集中在环境保护、物业管理、文明行为等领域

2021年公布的地方法规规章中,立法热词前五位依次是污染(69次)、垃圾(65次)、物业(56次)、文明(54次)、环境卫生(44次),反映出立法热点主要集中在环境保护、物业管理、文明行为等领域(见图4)。

二、法律法规的引用情况

(一)2021年公布的法律法规总引用量近57万次

根据"北大法宝"数据统计[2],2021年公布的3930件法律法规,有2175件被引用,总引用量近57万次。其中中央法律法规318件,总引用量56万余次,占比

---

[1] 参见《上海市人民代表大会常务委员会工作报告——2022年1月21日在上海市第十五届人民代表大会第六次会议上》,载北大法宝—法律法规库,https://www.pkulaw.com/law/,【法宝引证码】CLI.WR.20309,2022年4月6日访问。

[2] "北大法宝"中法律法规在法律法规库、司法案例库、法学期刊库三个数据库中引用情况的统计时间截至2022年4月6日。

图4 2021年地方法规规章立法热点分布情况

98.9%;地方法规规章1857件,总引用量6000余次,占比1.1%。

(二)《中华人民共和国民事诉讼法(2021修正)》引用量最多

如图5所示,2021年公布的法律法规中,引用量超千次的有8件。其中3件引用量超万次,《中华人民共和国民事诉讼法(2021修正)》引用量最多,达40万余次;《中华人民共和国道路交通安全法(2021修正)》引用量近9万次;《最高人民法院关于适用〈中华人民共和国刑事诉讼法〉的解释(2021)》引用量近4万次;引用量1000~10000次的有5件。

法律法规	引用量
《中华人民共和国民事诉讼法(2021修正)》	407201
《中华人民共和国道路交通安全法(2021修正)》	88899
《最高人民法院关于适用〈中华人民共和国刑事诉讼法〉的解释(2021)》	38107
《最高人民法院关于审理银行卡民事纠纷案件若干问题的规定》	6920
《中华人民共和国食品安全法(2021修正)》	4537
《中华人民共和国行政处罚法(2021修订)》	2330
《中华人民共和国消防法(2021修正)》	2058
《中华人民共和国安全生产法(2021修正)》	1056

图5 2021年公布的法律法规引用量统计(1000次以上)(次)

三、法律法规的浏览情况

(一)2021年公布的法律法规总浏览量[1]近157万次

2021年公布的3930件法律法规中,有3515件被浏览,总浏览量近157万次。如图6所示,浏览量10万次以上的有法律、部门规章、司法解释、省级地方性法

---

[1] 北大法宝—法律法规库在线浏览量(含"北大法宝"V5版和V6版)统计时间截至2022年4月6日。

规,法律浏览量达 78 万余次,总占比 50.2%;浏览量 1 万~10 万次的有行政法规、设区的市地方性法规、省级地方政府规章、设区的市地方政府规章、有关法律问题和重大问题的决定,分别占比 6.1%、4.2%、2.0%、1.7%、0.7%;经济特区法规、监察法规、自治条例和单行条例浏览量均在 1 万次以下。

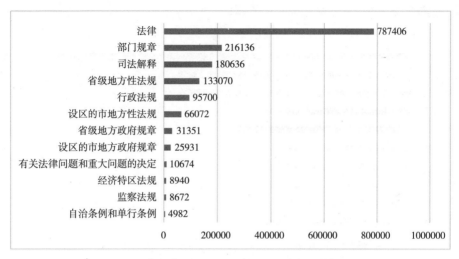

图 6　2021 年公布的法律法规效力级别浏览情况(次)

(二)《中华人民共和国行政处罚法(2021 修订)》浏览量最高

如图 7 所示,在浏览量 Top10 的法律法规中,浏览量 10 万次以上的有 2 件,其中《中华人民共和国行政处罚法(2021 修订)》浏览量达 13 万余次,《中华人民共和国民事诉讼法(2021 修正)》浏览量近 13 万次;浏览量 5 万~10 万次的有 2 件,其余 6 件浏览量 2 万~4 万次。

图 7　2021 年公布的法律法规浏览量统计 Top10(次)

(三)广东省的法规规章浏览量最高

2021年地方法规规章总浏览量27万余次,覆盖全国31个省级行政区。如图8所示,广东省的法规规章浏览量最高,近3.2万次;其次是江苏省、浙江省,浏览量均超1.8万次;浏览量Top10的省级行政区还有上海市、四川省、北京市、山东省、湖北省、河北省、陕西省,浏览量均在1万次以上。

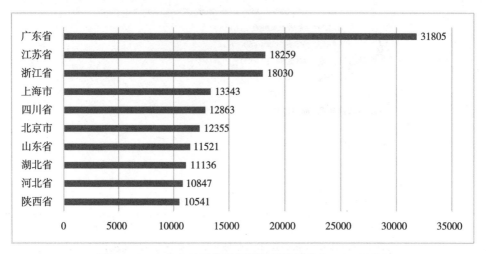

图8 2021年公布的法律法规浏览量地域分布Top10(次)

自2021年10月起,"北大法宝"结合全国人大常委会会议的召开频率,推出月度法律法规公布情况数据分析报告,在此基础上,推出年度法律法规应用情况数据分析报告,以期给法律工作者提供最新的年度立法盘点。感谢广大用户一直以来对"北大法宝"的信任与支持,我们将继续致力于产品的优化,为法学研究及实务工作者提供优质服务,欢迎大家持续关注!

【责任编辑:张文硕】

"与破产有关的纠纷"数据分析报告及应用情况数据分析报告

北大法宝司法案例研究组[*]

摘要：报告以2020年数据为样本，在"北大法宝"发布《企业破产法实施三十年大数据分析报告》(2018年)基础上，增加近三年重要破产法规和司法解释的发布情况，优化法规类别、案例类型等维度的统计方式，多角度分析与破产有关的典型案例，以期为如何推进我国企业破产的立法及其在司法审判中的运用提供参考。

关键词：企业破产法　大数据分析　立法引用　典型案例　审判实践

2018—2020年，国务院政府工作报告连续三年提到营商环境问题，"办理破产"作为营商环境的重要考量指标更加受到重视。同时，随着近年来破产法司法解释相继修订、破产法庭陆续设立，尤其在新冠疫情影响下，国内外的投资环境发生变化，不断涌现的破产案件引起社会关注。截至2021年1月5日，"北大法宝"法律法规库、司法案例库中与破产有关的数据有839件、8.7万例，较2018年分别增加177件、4.4万例，以"北大法宝"法律法规库、司法案例库中与破产有关的数据作为研究样本，细分与破产有关的典型案例，探究其中规律。

收稿日期：2022-03-26

[*] 北大法宝司法案例研究组成员：朴文玉、彭重霞、訾永娟、梁雪钰。朴文玉，北大法宝信息运营总监；彭重霞，北大法宝信息运营副总监；訾永娟，北大法宝案例中心副主任；梁雪钰，北大法宝编辑。研究指导：郭叶，北大法律信息网（北大法宝）副总编。感谢北大法宝编辑常小乐、史雪丽对本报告写作提供的大力支持。

一、与破产有关的法律法规的发布情况

1986年12月2日《企业破产法(试行)》发布,我国第一部破产法诞生。时隔20年后,《企业破产法》于2006年8月27日发布,2007年6月1日实施,《企业破产法(试行)》同时废止。《企业破产法》的出台在解决企业深层次矛盾,优化资源配置,提升企业质量方面发挥了重要作用。

《企业破产法》实施后,为正确适用该法,结合审判实践,最高人民法院又于2011年、2013年和2019年分别发布了3件关于适用《企业破产法》的司法解释,即2011年9月26日实施的《最高人民法院关于适用〈中华人民共和国企业破产法〉若干问题的规定(一)》(以下简称《企业破产法规定(一)》)和2013年9月16日实施的《最高人民法院关于适用〈中华人民共和国企业破产法〉若干问题的规定(二)》(以下简称《企业破产法规定(二)》)以及2019年3月28日实施的《最高人民法院关于适用〈中华人民共和国企业破产法〉若干问题的规定(三)》(以下简称《企业破产法规定(三)》),2021年1月1日修正后的《企业破产法规定(二)》《企业破产法规定(三)》开始实施。

截至2021年1月5日,在北大法宝—法律法规库中,与破产有关的法律法规839件,其中中央法规183件,地方法规656件。本报告以中央法规为研究对象,从发布年份、效力级别、发布部门、时效性、法规类别五个维度对与破产相关的法律法规进行数据分析。

(一)发布年份

从发布年份跨度来看,近67年之久。最早发布的与破产有关的2件司法解释性质文件是1954年9月29日的《最高人民法院办公厅关于破产工商户拖欠保险费处理意见的函》和10月28日的《最高人民法院转发中财委复本院东北分院关于私营企业破产后偿还无抵押品的银行贷款的程序问题的公函的函》。最新4件司法解释是于2020年12月29日发布、2021年1月1日实施的《最高人民法院关于修改〈最高人民法院关于破产企业国有划拨土地使用权应否列入破产财产等问题的批复〉等二十九件商事类司法解释的决定》《企业破产法规定(二)》(2020修正)、《企业破产法规定(三)》(2020修正)和《最高人民法院关于破产企业国有划拨土地使用权应否列入破产财产等问题的批复》(2020修正)。

如图1所示,1954年至今,有34年发布与破产有关的法律法规,平均每年发布5.38件,发布数量最多的是1997年,达到23件。其次是2001年和2003年各12件,1998年和2016年各11件,其余年份均少于10件。值得关注的是,我国在1954年至1957年连续4年发布了5件与破产有关的法律法规,直到1986年《企业破产法

(试行)》发布,中间28年之久未再发布与破产有关的法律法规。1988年《企业破产法(试行)》实施之后,从1990年起,除2014年、2015年之外,每年都发布与破产有关的法律法规。

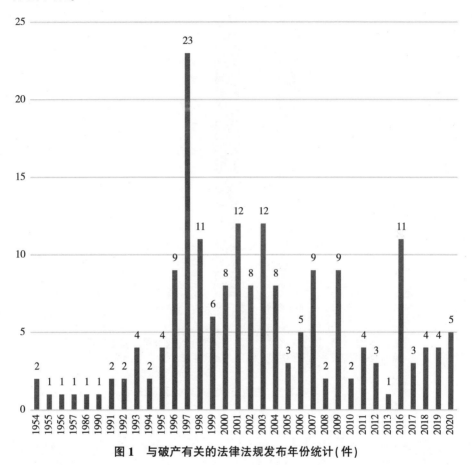

图1 与破产有关的法律法规发布年份统计(件)

(二)效力级别

"北大法宝"法律法规效力级别设置,有九大层级二十一个小级别的划分。与破产有关的法律法规的效力级别涉及法律、行政法规、司法解释(包括司法解释性质文件)、部门规章、党内法规、团体规定和行业规定七大层级九个小级别。如图2所示,部门规章中的部门规范性文件最多,有67件,总占比36.6%;其次是司法解释性质文件,有49件,总占比26.8%;司法解释有20件,总占比10.9%;部门工作文件、两高工作文件、国务院规范性文件等其他效力级别的文件共有47件,总占比之和为25.7%。

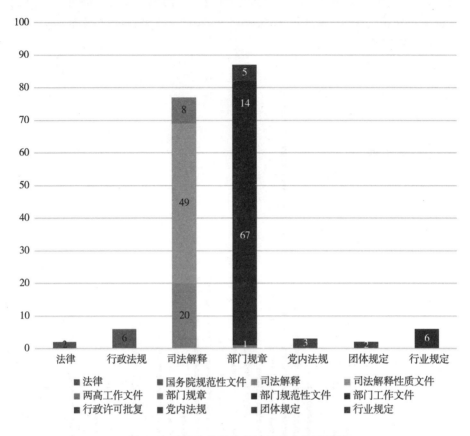

图 2 与破产有关的法律法规效力级别统计

(三) 发布部门

与破产相关的法律法规的发布部门涉及全国人大常委会、国务院、最高人民法院、最高人民检察院、国务院各机构、党中央部门机构及其他机构。如图 3 所示,国务院各机构发布数量最多,为 83 件,总占比 44.1%。其中,又以财政部发布数量最多,有 29 件,劳动和社会保障部(已撤销)次之,有 22 件。其次,最高人民法院发布 76 件,总占比 40.4%;其他机构包括工青妇、协会等机构发布 20 件,总占比 10.6%;全国人大常委会、国务院、最高人民检察院、党中央部门机构发布相对较少,共发布 9 件,总占比为 4.9%。

(四) 时效性

"北大法宝"法律法规时效性分为现行有效、失效、已被修改、尚未生效、部分失效五种情形,在 183 件与破产相关的法律法规中,时效性涉及三种,分别为现行有效的有 146 件,总占比 79.8%;失效的有 34 件,总占比 18.6%;已被修改的有 3 件,总占

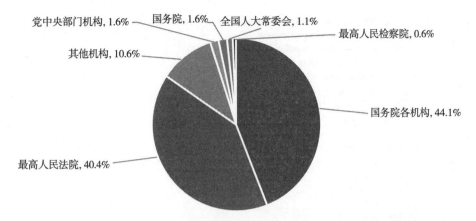

图3　与破产有关的法律法规发布部门统计

比 1.6%（图 4）。

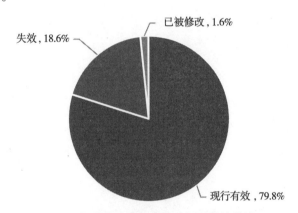

图4　与破产有关的法律法规时效性统计

(五) 法规类别

如图 5 所示, 与破产相关的法律法规的法规类别有 36 个领域, 其中法规类别为企业的数量最多, 有 74 件, 总占比 29.6%; 排名第二的是劳动工会, 有 27 件, 总占比为 10.8%; 排名第三的是营商环境优化, 涉及 23 件, 总占比为 9.2%; 民事诉讼、国有资产、经济审判、银行、财政、税收、国家机关、财务、合同等 9 个领域, 数量依次为 18 件、12 件、11 件、10 件、10 件、7 件、7 件、6 件、5 件; 证券、刑事诉讼、商贸物资、疫情防控等 24 个领域, 数量均在 5 件以下。

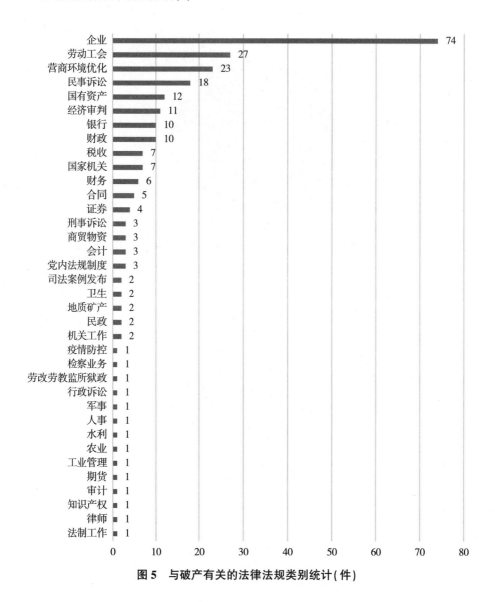

图5 与破产有关的法律法规类别统计(件)

二、与破产有关的法律法规的引用情况

(一)在法律法规中的引用

183件与破产有关的法律法规中,被其他法律法规、案例、期刊等引用的共计127件,其中被其他法律法规引用的有79件。被其他法规引用的79件法规中,有21件引用量为10次以上。如表1所示,《企业破产法》被引用次数最多,高达517

次,远多于其他法律法规。其次是《企业破产法(试行)》,为110次。引用量排在第三位的是《国务院关于在若干城市试行国有企业兼并破产和职工再就业有关问题的补充通知》,为93次。

表1 与破产有关的法律法规在其他法律法规中的引用统计(10次以上)

法规名称(发布时间)	引用量(次)
《中华人民共和国企业破产法》(2006.08.27)	517
《中华人民共和国企业破产法(试行)》(1986.12.02)(已失效)	110
《国务院关于在若干城市试行国有企业兼并破产和职工再就业有关问题的补充通知》(1997.03.02)	93
《国务院关于在若干城市试行国有企业破产有关问题的通知》(1994.10.25)	77
《最高人民法院关于审理企业破产案件指定管理人的规定》(2007.04.12)	65
《国务院办公厅转发国家经贸委等部门关于解决国有困难企业和关闭破产企业职工基本生活问题若干意见的通知》(2003.01.07)(已失效)	36
《最高人民法院关于审理企业破产案件若干问题的规定》(2002.07.30)	34
《中共中央办公厅、国务院办公厅关于进一步做好资源枯竭矿山关闭破产工作的通知》(2000.06.01)	33
《最高人民法院关于审理企业破产案件确定管理人报酬的规定》(2007.04.12)	31
《全国企业兼并破产和职工再就业工作领导小组关于做好关闭破产国有企业职工安置等前期准备工作的通知》(2003.02.08)	18
《最高人民法院印发〈关于执行案件移送破产审查若干问题的指导意见〉的通知》(2017.01.20)	18
《人力资源和社会保障部、财政部、国务院国有资产监督管理委员会、监察部关于妥善解决关闭破产国有企业退休人员等医疗保障有关问题的通知》(2009.05.27)	17
《非资源枯竭矿山企业关闭破产费用测算办法》(2001.03.13)(已失效)	15
《最高人民法院关于适用〈中华人民共和国企业破产法〉若干问题的规定(一)》(2011.09.09)	14
《最高人民法院印发〈全国法院破产审判工作会议纪要〉的通知》(2018.03.04)	14
《研究辽宁部分有色金属和煤炭企业关闭破产有关问题的会议纪要》(1999.05.01)	12
《国有企业试行破产有关财务问题的暂行规定》(1996.08.20)(已失效)	11
《最高人民法院关于适用〈中华人民共和国企业破产法〉若干问题的规定(二)》(2013.09.05)	11

（续表）

法规名称(发布时间)	引用量(次)
《国务院办公厅转发全国企业兼并破产和职工再就业工作领导小组关于进一步做好国有企业政策性关闭破产工作意见的通知》(2006.01.16)(已失效)	10
《最高人民法院关于当前人民法院审理企业破产案件应当注意的几个问题的通知》(1997.03.06)(已失效)	10
《最高人民法院关于债权人对人员下落不明或者财产状况不清的债务人申请破产清算案件如何处理的批复》(2008.08.07)	10

(二)在司法案例中的引用

与破产有关的127件被引用的法律法规中,有82件被引用于司法案例,其中,12件被500例以上的司法案例引用。如图6所示,引用最多的是《企业破产法》,数量为11.1万余例;引用量超过4000例的有4件司法解释,分别为2002年发布的《最高

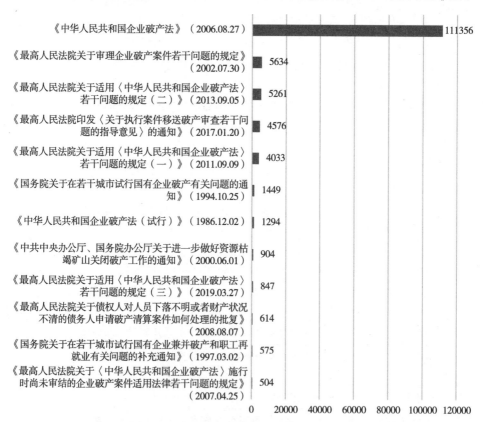

图6 与破产有关的法律法规在司法案例中的引用统计(500例以上)(例)

人民法院关于审理破产案件若干问题的规定》、2013 年发布的《企业破产法规定(二)》、2017 年发布的《最高人民法院印发〈关于执行案件移送破产审查若干问题的指导意见〉的通知》、2011 年发布的《企业破产法规定(一)》,依次为 5634 例、5261 例、4576 例、4033 例。引用量在 500～1500 例的有 7 件,其中,近三年发布实施的有 1 部,为 2019 年发布的《企业破产法规定(三)》,为 847 例。

(三)破产法在审判实践中的引用

1.《企业破产法(试行)》的引用

自《企业破产法(试行)》实施以来,引用该法的司法案例仅有 1294 例,可以明确具体引用法条的有 633 例。《企业破产法(试行)》共有 43 条,其中被司法案例引用的法条有 35 条,未被引用的有 8 条。

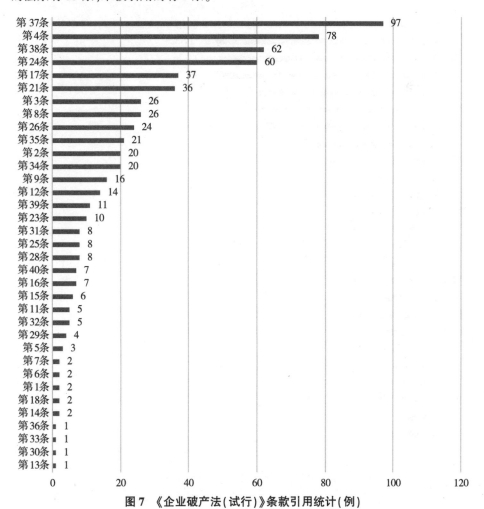

图 7 《企业破产法(试行)》条款引用统计(例)

如图7所示,在被司法案例引用的法条中,第37条数量最多,有97例。其次是第4条,有78例。第13条、第30条、第33条和第36条被司法案例引用的数量最少,均为1例。

2.《企业破产法》的引用

《企业破产法》实施至2021年1月5日,引用该法的司法案例有11.1万余例,约为《企业破产法(试行)》的86倍。《企业破产法》共136条,已全部被司法案例引用。根据图8,被引用法条中,引用量达1500例以上的有25条,1万例以上的有5条,依次是第2条、第7条、第46条、第21条、第3条。其中,被引用最多的是第2条,共20992例。该条是对《企业破产法》的适用范围与破产原因的规定,因此在法院审理破产案例中经常被引用。

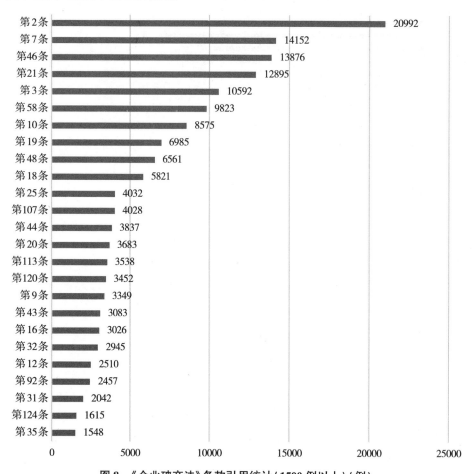

图8 《企业破产法》条款引用统计(1500例以上)(例)

(四)司法解释在审判实践中的引用

为了更好地适用《企业破产法(试行)》,最高人民法院1991年发布了第一件开创性、系统性的司法解释性质文件——《最高人民法院关于贯彻执行〈中华人民共和国企业破产法(试行)〉若干问题的意见》(以下简称《企业破产法(试行)意见》),与试行的企业破产法共同构成当时人民法院审理破产案件的基本规范,是2002年《最高人民法院关于审理企业破产案件若干问题的规定》起草的范本和基础,为2006年颁布《企业破产法》奠定了坚实的司法实证基础。《企业破产法(试行)意见》的法规引用有5件,案例引用有83例。该意见共76条,在司法案例中被引用的有29条,未被引用的有47条。

2007年《企业破产法》施行之后,最高人民法院于2011年、2013年和2019年先后又发布了3件司法解释。如图9所示,2011年发布的《企业破产法规定(一)》共计9条,全部被司法案例引用,引用案例为4033例;2013年发布的《企业破产法规定(二)》共计48条,已被司法案例引用的有46条,引用案例为5261例,未被引用的有2条;2019年发布的《企业破产法规定(三)》共计16条,已被司法案例引用的有13条,引用案例为847例,未被引用的有3条。

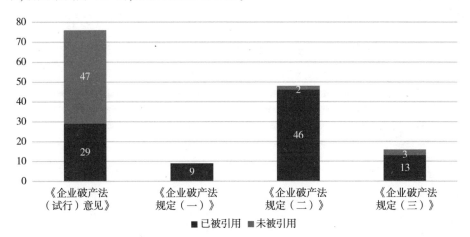

图9 司法解释具体条文在司法案例中的引用统计(条)

如图10所示,在《企业破产法(试行)意见》已被引用的29条条文中,被引用最多的是第22条,有14例;被引用较少的有11条,均仅有1例。

如图11所示,在《企业破产法规定(一)》已被引用的9条条文中,被引用最多的是第1条,有2375例,被引用较少的是第8条,仅有4例。

如图12所示,在《企业破产法规定(二)》被引用的46条条文中,引用案例100例以上的法条共有15条,其中,第23条被引用最多,有1071例。

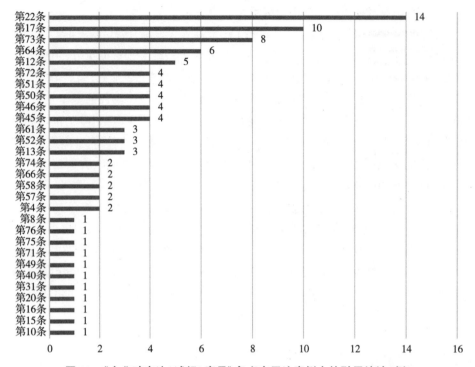

图 10 《企业破产法(试行)意见》条文在司法案例中的引用统计(例)

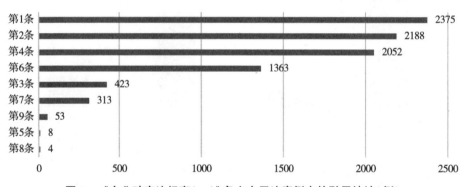

图 11 《企业破产法规定(一)》条文在司法案例中的引用统计(例)

如图 13 所示,在《企业破产法规定(三)》被引用的 13 条条文中,第 8 条被引用最多,有 494 例;被引用最少的是第 11 条,仅有 1 例。

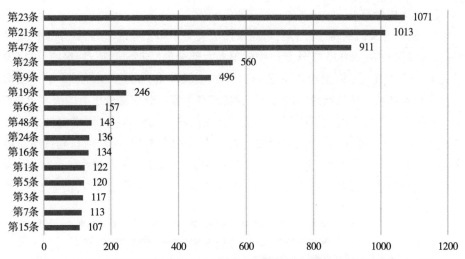

图 12 《企业破产法规定(二)》条文在司法案例中的引用统计(100 例以上)(例)

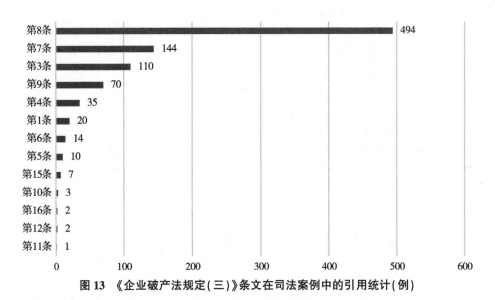

图 13 《企业破产法规定(三)》条文在司法案例中的引用统计(例)

三、与破产有关的司法案例整体情况

"北大法宝"与破产有关的司法案例有 86888 例。其中,指导性案例、公报案例、典型案例、参阅案例、核心出版物刊登的案例共计 407 例。本报告从案由分布、参照级别、案件类型、审结年份、地域分布、审理法院、法院级别、审理程序、文书类型九个维度归纳分析与破产有关司法案例的数据特点,探究有关破产案例呈现的趋势。

(一)案由分布

"与破产有关的纠纷"案由是《最高人民法院关于印发修改后的〈民事案例案由规定〉的通知》(法〔2011〕42号)[1]中的第七大部分的"与公司、证券、保险、票据等有关的民事纠纷"一级案由项下第四大类的二级案由,项下又细分16个三级案由,其中"破产债权确认纠纷"和"取回权纠纷"两个案由分别细分出第四级案由各2个。如图14所示,"北大法宝"中,与破产有关的司法案例涉及《民事案例案由规定》中的全部破产类案由,可以明确案由的有86777例,其中,破产债权确认纠纷最多,有33916例,总占比约39.1%;其次是申请破产清算,有29239例,总占比约33.7%;对外追收债权纠纷排名第三,为9782例;破产抵销权纠纷最少,仅有2例。

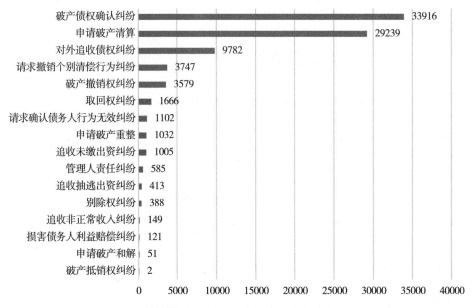

图14 与破产有关的司法案例案由分布统计(例)

(二)参照级别[2]

从北大法宝—司法案例库的九类参照级别来看,与破产有关的指导性案例1例[3],参阅案例3例,公报案例5例,应用案例34例(援引指导性案例的案例),评

---

〔1〕 该通知已被《最高人民法院关于印发修改后的〈民事案件案由规定〉的通知》(法〔2020〕347号)修改,修改后取消了"申请破产清算""申请破产重整""申请破产和解"3个三级案由,本报告仍依据修改前的通知统计案由。

〔2〕 参照级别有复选,因此样本总量为86969例。

〔3〕 参见指导案例73号:通州建总集团有限公司诉安徽天宇化工有限公司别除权纠纷案,载北大法宝—司法案例库,https://www.pkulaw.com/fbm,法宝引证码【CLI.C.8726837】,2021年10月22日访问。

析案例 44 例,经典案例 158 例,典型案例 240 例(最高人民法院发布 35 例,地方法院发布 202 例,专门法院发布 1 例,其他机构或社会团体发布 2 例),法宝推荐 30442 例,普通案例 56042 例(图 15)。

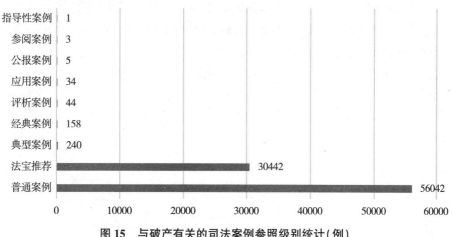

图 15 与破产有关的司法案例参照级别统计(例)

(三)案件类型

在 86888 例与破产有关的司法案例中,可以明确案件类型的有 85712 例,共涉及七种案件类型,即民事案件、强制清算与破产案件、其他案件、管辖案件、司法制裁案件、非诉保全审查案件和国家赔偿与司法救助案件。如图 16 所示,民事案件的数量最多,60857 例,占比 71.0%;其次是强制清算与破产案件,有 18952 例,占比 22.1%;其他案件的数量有 5277 例,占比 6.2%;管辖案件、司法制裁案件、非诉保全审查案件、国家赔偿与司法救助案件的数量较少,占比 0.7%。

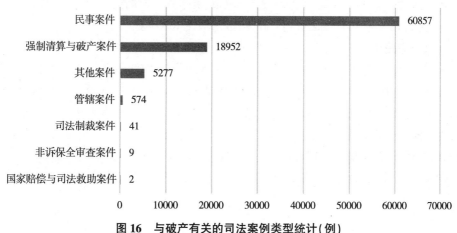

图 16 与破产有关的司法案例类型统计(例)

(四)审结年份

在86888例与破产有关的司法案例中,可以明确审结年份的有80486例,最早审结的是1992年的上海科教文设备总公司申请破产还债案。根据图17,2006年至2019年审结的案例数量逐年增加,2012年至2019年增幅较大,特别是2013年至2014年增幅达到300%,2019年约为2万例,达到历史最高值,2020年审结的案例数量有所下降。

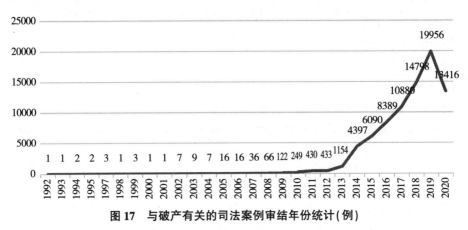

图17 与破产有关的司法案例审结年份统计(例)

(五)地域分布

在86888例与破产有关的司法案例中,可以明确地域分布的有84255例,覆盖全国除港澳台地区外31个省级行政区域。根据图18,审理案例数量最多的是浙江省,有16788例,占比约19.9%;其次是江苏省、广东省、湖南省、四川省、山东省,数量均在5000例以上;数量在1000～5000例的有12个省份,具体为重庆市、湖北省、安徽省、河南省、辽宁省、上海市、河北省、北京市、贵州省、吉林省、福建省、广西壮族自治区;其他13个省级行政区域相对较少,数量均在1000例以下。

(六)审理法院

在86888例与破产有关的司法案例中,审理法院有2000多家。如图19所示,广东省广州市中级人民法院审理的与破产有关的案例最多,有1248例,依次是浙江省绍兴市柯桥区人民法院和四川省德阳市旌阳区人民法院,分别有1197例、1136例。在排名前二十的审理法院中,浙江省占了六位,其余分别为广东省、湖南省、湖北省、江苏省、辽宁省、重庆市、山东省、北京市、四川省各级法院。同时,在排名前二十的审理法院中,中级人民法院有11个,基层人民法院有8个,高级人民法院有1个。

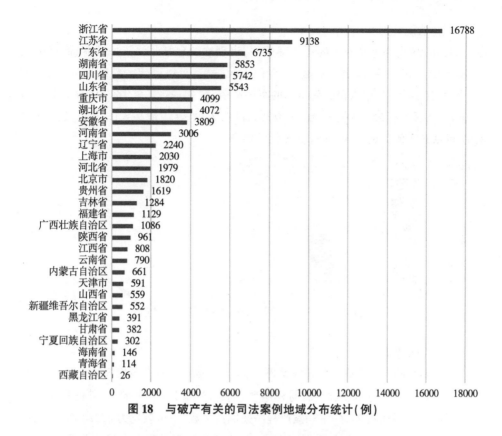

图18 与破产有关的司法案例地域分布统计(例)

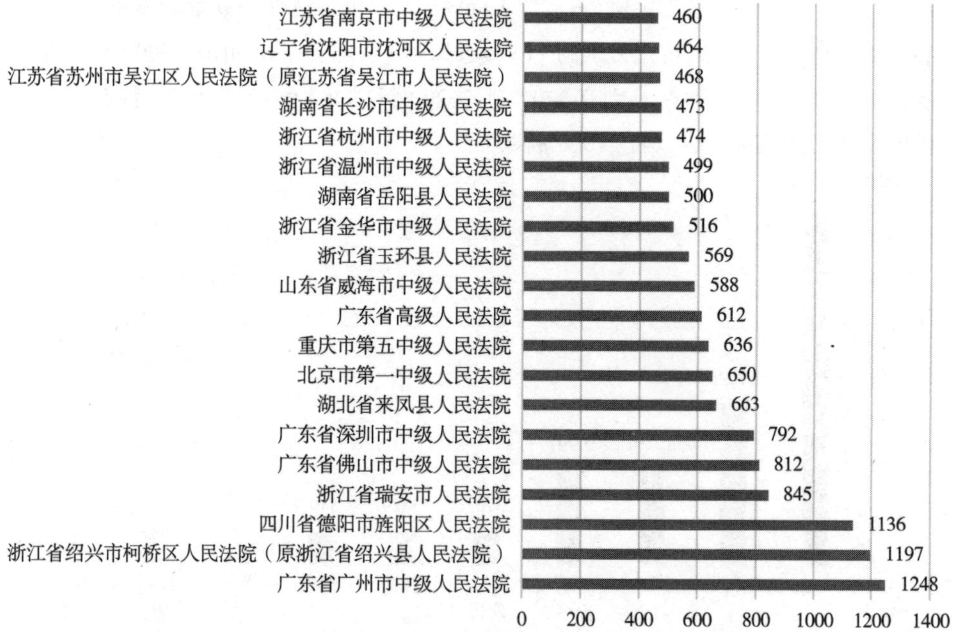

图19 与破产有关的司法案例审理法院统计(排名前20位)(例)

(七)法院级别

在86888例与破产有关的司法案例中,审理法院包括最高人民法院、高级人民法院、中级人民法院、基层人民法院、专门人民法院,可以确定法院级别的有83797例,如图20所示,基层人民法院审结的案例最多,有54127例,占比约64.6%;其次是中级人民法院,有25364例,占比约30.3%;高级人民法院、最高人民法院、专门人民法院审结的案例分别有3810例、278例、218例。

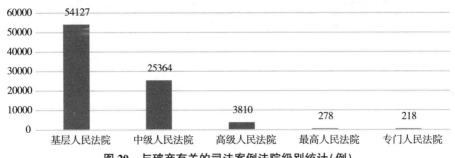

图20 与破产有关的司法案例法院级别统计(例)

(八)审理程序

在86888例与破产有关的司法案例中,可以明确审理程序的有86820例,审理程序涉及一审、二审、再审、破产、简易程序、特别程序、督促、公示催告、其他程序和国家赔偿程序。根据图21,一审和破产程序案例占多数,一审数量为37258例,占比约42.9%,破产数量为1.7万余例,占比约19.6%;二审和简易程序数量相差不大,分别有10291例和9997例,占比分别约11.9%、11.5%;审理程序在3000~4000例的有公示催告、其他和再审程序,分别有3707例、3629例和3497例;特别程序、督促程序和国家赔偿案例数量较少,均在1000例以下。

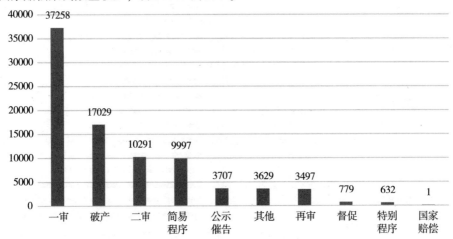

图21 与破产有关的司法案例审理程序统计(例)

(九) 文书类型

在86888例与破产有关的司法案例中,可以明确裁判文书类型的有85712例,文书类型包括裁定书、判决书、决定书、调解书及其他文书。如图22所示,裁定书最多,有5.1万余例,总占比约59.5%,其次是判决书,大约有2.8万例,总占比约32.2%,决定书、调解书和其他文书数量较少,总占比约8.3%。

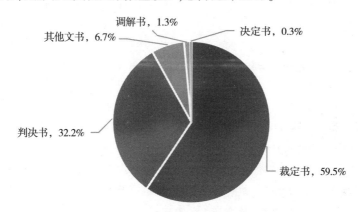

图22 与破产有关的司法案例文书类型统计

四、与破产有关的典型案例情况

在86888例与破产有关的司法案例中,参照级别为典型案例的共计240例。其中,各级人民法院发布的有238例,司法部和其他机构各发布1例。以下将法院发布的238例典型案例作为样本数据,从案由、审理法院、破产原因[1]、破产申请人[2]、破产程序、裁判结果六个维度进行研究分析。

(一) 案由以申请破产重整为最多,其次为申请破产清算

根据图23,238例与破产有关的典型案例,以申请破产重整为最多,有128例,占比53.8%;其次是申请破产清算,有92例,占比38.7%;申请破产和解有15例;破产债权确认纠纷、请求撤销个别清偿行为纠纷、破产撤销权纠纷,分别有1例、1例、1例。

---

[1] 《企业破产法》第2条规定:"企业法人不能清偿到期债务,并且资产不足以清偿全部债务或者明显缺乏清偿能力的,依照本法规定清理债务。企业法人有前款规定情形,或者有明显丧失清偿能力可能的,可以依照本法规定进行重整。"

[2] 《企业破产法》第7条第2款、第3款规定:"债务人不能清偿到期债务,债权人可以向人民法院提出对债务人进行重整或者破产清算的申请。企业法人已解散但未清算或者未清算完毕,资产不足以清偿债务的,依法负有清算责任的人应当向人民法院申请破产清算。"

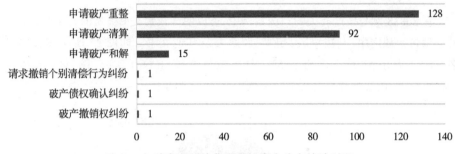

图23　与破产有关的典型案例案由分布统计（例）

（二）审理法院集中在浙苏粤，以中级人民法院居多

238 例与破产有关的典型案例，可以明确审理法院的有 231 例，未明确的有 7 例。从审理法院的地域分布来看，共涉及 21 个省级行政区。其中，浙江省最多，有 51 例；其次是江苏省、广东省，分别有 50 例、34 例；山东省、北京市、江西省、安徽省的数量在 10～20 例；上海市、湖南省等 14 个省级行政区的数量均少于 10 例。

从具体的审理法院来看，共涉及 134 家审理法院。如图 24 所示，广东省深圳市中级人民法院审理典型案例数量最多，有 16 例；其次，北京市第一中级人民法院、浙江省杭州市余杭区（市）人民法院，均有 11 例；江苏省南京市、广东省广州市、江苏省无锡市、浙江省温州市中级人民法院以及上海市第三中级人民法院分别审理 8 例、7 例、5 例、5 例、5 例；山东省济南市中级人民法院等其余 126 家法院的审理数量均在 5 例以下。

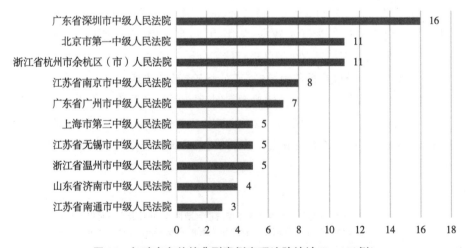

图24　与破产有关的典型案例审理法院统计 Top10（例）

(三)破产原因以"资产不足以清偿全部债务"为主

238例与破产有关的典型案例中,可以明确企业破产原因的有226例,未明确的有12例。在可以明确企业破产原因的226例案例中,因企业不能清偿到期债务,并且资产不足以清偿全部债务的,有114例,占比50.4%;明显缺乏清偿能力的有82例,占比36.3%;破产原因为明显丧失清偿可能的有30例,占比13.3%(图25)。

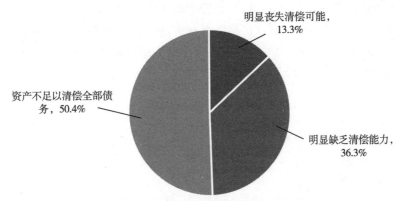

图25 与破产有关的典型案例破产原因分布

(四)破产申请人以债权人为主,占比近六成

238例与破产相关的典型案例中,能够明确破产申请人的有204例,不能明确的有34例。在能够明确破产申请人的案例中,由债权人提出破产申请的数量最多,有116例,占比56.9%;由债务人提出的有81例,占比39.7%;负有清算责任的人提出破产申请的有4例;另外,还有3例为债权人和债务人双方提出,具体为经债权人和债务人同意将执行案件移送法院进行破产审查的案例(图26)。

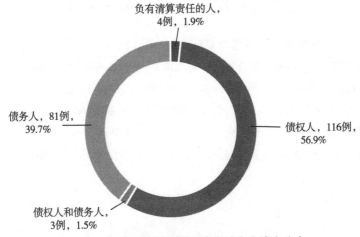

图26 与破产有关的典型案例破产申请人分布

(五)破产程序以破产重整居多,占比超四成

238例与破产有关的典型案例,从程序来看,未涉及程序转换的有170例,占比71.4%,涉及程序转换的有68例,占比28.6%。

根据图27,不涉及程序转换案例中,以破产重整为最多,有101例,占比42.4%;破产清算有68例,占比为28.6%,破产和解有1例。涉及程序转换的68例中,从破产清算转破产重整的有24例;从执行转破产清算的有21例;从破产清算转破产和解的有13例;从破产重整转破产清算的有9例;从破产重整转破产和解的有1例。根据债务人的实际情况及时转换程序,有助于维护债权人利益,增加破产企业重生的可能,也有助于解决"执行难"问题。

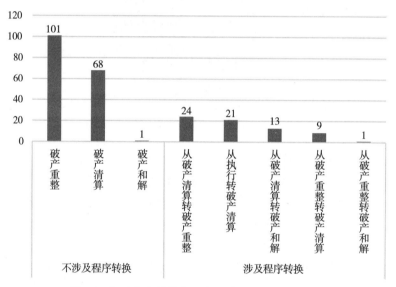

图27 与破产有关的典型案例破产程序统计(例)

(六)从裁判结果看,"法院批准重整计划"的占比近五成

238例与破产有关的典型案例中,有230例典型案例可以明确法院的裁判结果,未明确裁判结果的有8例,共涉及11种情形,其中,法院批准重整计划的最多,有104例,占比为45.2%;其次,终结破产清算程序的有60例,占比为26.1%;受理破产清算申请、批准认可和解协议、受理破产重整申请的分别有26例、16例、14例;终结破产重整程序、延长重整计划执行期限等6种情形均在5例以下(图28)。

五、结论

从《企业破产法(试行)》《企业破产法》相继实施至今的数年间,中央和地方共

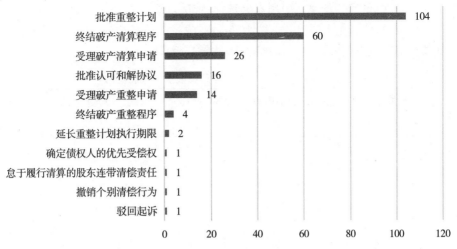

图 28 与破产有关的典型案例裁判结果统计(例)

出台 800 多件法律法规来指导司法审判实践。国家决策层面对于破产的重视为破产立法及审判实践提供了有力的保证,通过上述数据分析得出如下结论。

(一)与破产有关法律法规的出台与国家经济政策调整关系密切

20 世纪 90 年代,国企开始改革,从国家出台的 183 件与破产有关的中央法规来看,1990 年之前仅有一件适用于国企改革,即 1986 年发布的《企业破产法(试行)》,适用范围过于狭窄,国企改革中各类问题凸显,从 1990 年起,除 2014 年、2015 年之外,国家每年都有与企业破产相关的中央法规出台,尤其在 1997 年最为集中,数量达到 23 件,1997 年出台的法律法规正是围绕国企改革、国企兼并、减员增效、财产财务、职工再就业等问题进行的立法。之后,2011 年和 2013 年、2019 年《企业破产法规定(一)》《企业破产法规定(二)》《企业破产法规定(三)》相继出台。

世界银行《2020 年营商环境报告》中,我国排名第 31 位,而"办理破产"指标排在第 51 位,明显落后于其他一级指标。通过对近两年来的法律法规分析,如《企业破产法规定(三)》和《最高人民法院印发〈关于推进破产案件依法高效审理的意见〉的通知》,内容多聚焦优化破产程序,提高破产案件的审理效率,提升办理破产便利度,进一步优化营商环境。因此,经济政策变化是国家发布与破产有关的法律法规的主要原因,国家政策以及政府工作报告对我国破产立法工作起到了非常重要的引导作用。

(二)《企业破产法》较司法解释的引用效果更加明显

新旧企业破产法以及 4 件司法解释都被法律法规和司法案例所引用。根据表 2,在立法和司法审判实践中,2007 年实施的《企业破产法》的引用情况最多;《企业破产法》的法规引用数量是《企业破产法(试行)》和 4 件司法解释法规引用总和的近 4 倍;《企业破产法》的案例引用数量是《企业破产法(试行)》和 4 件司法解释引用总和的近 10 倍;《企业破产法》共计 136 条,条款引用率达到 100%。可见,2007 年实施的《企业破产法》在立法和司法实践中被广泛应用。

表 2　新旧破产法以及司法解释被引用情况对比

法规名称	法规引用(件)	案例引用(例)	条款引用(条)	法条总数(条)
《企业破产法》	517	111356	136	136
《企业破产法(试行)》	110	1294	35	43
《企业破产法(试行)意见》	5	83	29	76
《企业破产法规定(一)》	14	4033	9	9
《企业破产法规定(二)》	11	5261	46	48
《企业破产法规定(三)》	0	847	13	16
合计	657	122874	268	328

(三)司法解释促进《企业破产法》在审判实践中的运用

从司法案例数据统计分析可以看出,自 2007 年《企业破产法》实施之后,司法案例开始逐年增多,2013 年出现拐点,数量达到上千例,尤其是在 2013 年至 2014 年案例数量增幅达到 300%,随后的 2018 年、2019 年数据增加更为明显,2019 年达到历史最高值。由此可见,2007 年《企业破产法》的实施,以及 2011 年《企业破产法规定(一)》、2013 年《企业破产法规定(二)》、2019 年《企业破产法规定(三)》3 件司法解释的出台,对审判实践发挥着重要的作用,尤其是 2020 年 4 月 15 日发布的《最高人民法院印发〈关于推进破产案件依法高效审理的意见〉的通知》在推进破产案件依法高效审理方面提供了规范依据。司法解释对《企业破产法》在审判实践中的实施起到较好的促进作用。

(四)破产债权确认纠纷数量较多,破产债权确认制度逐步完善

在破产案件中,债权的申报和确认是保障债权人能够获得公平清偿的重要制度。债务人、债权人与管理人对于债权是否存在、债权数额及是否应予偿还等内容发生争议并引起诉讼的,属于破产债权确认纠纷。[1]《企业破产法》第 48 条第 2 款[2]和第

---

〔1〕　参见人民法院出版社编著:《最高人民法院民事案件案由适用要点与请求权规范指引》(第 2 版),人民法院出版社 2020 年版,第 799 页。

〔2〕　《企业破产法》第 48 条第 2 款规定:"债务人所欠职工的工资和医疗、伤残补助、抚恤费用,所欠的应当划入职工个人账户的基本养老保险、基本医疗保险费用,以及法律、行政法规规定应当支付给职工的补偿金,不必申报,由管理人调查后列出清单并予以公示。职工对清单记载有异议的,可以要求管理人更正;管理人不予更正的,职工可以向人民法院提起诉讼。"

58条第3款[1]对破产债权确认诉讼制度作了规定,规定了破产债权确认诉讼的起诉条件和适格当事人。

北大法宝—司法案例库中与破产有关的司法案例为86888例,覆盖了所有与破产有关纠纷的案由分类。其中,破产债权确认纠纷数量最多,有33916例,总占比约为39.1%,加之引用《企业破产法》第48条的案例数量为6561例,第58条的案例数量为9823例,进一步说明破产债权确认制度的逐步完善。

(五)与破产相关的典型案例体现了破产制度的挽救功能

破产制度除了承担市场出清的功能,另一项重要功能体现在保障债权人利益,同时积极挽救有前景的市场主体。238例与破产有关的典型案例中,审理法院集中于浙苏粤三地法院,以中级人民法院居多;破产申请人以债权人为主,占比近六成。同时,法院针对债务人的不同情况及时调整办案思路,灵活转换破产程序的有68例。从法院裁判结果来看,法院批准重整计划的最多,有104例,占比近50%。因此,法院在处理破产案件过程中,充分发挥破产制度应有的功能和价值,实现法律效果与社会效果的统一。

【责任编辑:张文硕】

---

[1]《企业破产法》第58条第3款规定:"债务人、债权人对债权表记载的债权有异议的,可以向受理破产申请的人民法院提起诉讼。"

2021年"对赌协议"纠纷案件大数据分析报告

段建洲[*]

摘要：本文以北大法宝—司法案例库为数据来源，检索了2021年投资领域有关"对赌协议"纠纷的案件，运用大数据分析方法，对案由、地域分布、程序分类、终审结果等进行分析，并以图表的形式展现出来，同时对其中的100多例案件进行详细分析和归纳，对争议焦点和裁判观点进行提炼，以便读者能更好地掌握这类案件司法裁判的脉络，在进行投融资方案设计时能够做好风险控制，对潜在的纠纷进行预判。

关键词：投资 "对赌" 股权回购 业绩补偿 违约金

一、前言

(一)"对赌协议"的概念

"对赌协议"又称估值调整协议，是指投资方与融资方在达成股权性融资协议时，为解决交易双方对目标公司未来发展的不确定性、信息不对称以及代理成本而设计的包含股权回购、金钱补偿等对未来目标公司的估值进行调整的协议。从订立"对赌协议"的主体来看，有投资方与目标公司的股东或者实际控制人"对赌"，投资方与目标公司"对赌"，投资方与目标公司的股东、目标公司"对赌"等形式。[1] 由于投资方兼具目标公司股东和债权人的双重身份，此类案件不仅要适用合同法的相

收稿日期：2022-05-25

[*] 段建洲，北京市京师律师事务所律师，中国地质大学(北京)工商管理硕士。

[1] 参见《最高人民法院关于印发〈全国法院民商事审判工作会议纪要〉的通知》，法〔2019〕254号，2019年11月8日发布。

关规定,还要适用公司法的相关规定,处理好公司内部与外部的关系,协调好投资人与债权人的利益。

随着我国资本市场的快速发展,在 VC/PE 投资中,"对赌协议"已经成为投资人解决信息不对称、保护自身权益最常用的风险防范措施。"对赌协议"在一定程度上缓解了中小企业融资难的问题,从苏州工业园区海富投资有限公司与甘肃世恒有色资源再利用有限公司增资纠纷案[1](以下简称海富公司"对赌协议"纠纷案)开始,学界、实务界对"对赌协议"的研究越来越深入,人民法院裁判的"对赌协议"案件也越来越多。由于"对赌协议"纠纷涉及的标的额较大、专业性较强、案情复杂,因此对对赌案件进行大数据分析,不仅可以把握"对赌协议"纠纷的特点,而且对投资人、企业及法律工作者洞悉"对赌协议"纠纷的裁判规则有重要的意义。

(二)大数据报告的数据来源

时间:2021 年 1 月 1 日至 2021 年 12 月 31 日

案例来源:北大法宝—司法案例库

检索条件:

①全文检索:投资、对赌

②案件类型:民事案件

③案由:合同、准合同纠纷,与公司、证券、保险、票据等有关的民事纠纷

④文书类型:判决书

数据采集时间:2022 年 5 月 26 日

检索结果:655 篇裁判文书

二、案件检索结果可视化

本次检索获取了自 2021 年 1 月 1 日至 2021 年 12 月 31 日的 655 篇裁判文书。

(一)审理法院地域分布

从审理法院的地域分布来看,当前案例主要集中在北京市、广东省、浙江省、上海市、江苏省等经济发达地区,这五个省级行政区的案件数量占全国的 62.4%。[2]其中北京市的案件数量最多,达到 161 例[3](具体如图 1 所示)。

(二)案由分布

从二级案由的分类情况可以看到,当前的案由分布最多的是与公司有关的纠

---

[1] 参见最高人民法院(2012)民提字第 11 号民事判决书。

[2] 宁夏回族自治区中案涉宁夏亘峰嘉能能源科技股份有限公司合同纠纷的人数较多,基于同一事实形成了 30 多份判决书。

[3] 北京市包含最高人民法院审理的 4 例案件;上海市包含知识产权法院审理的 1 例案件。

纷,其他合同、准合同纠纷与合同纠纷,这三者合计占比95.1%(具体如图2所示)。

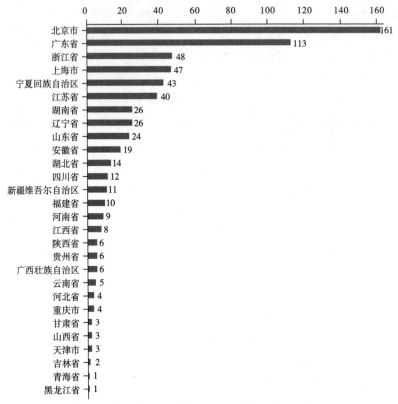

图1 "对赌协议"纠纷案件审理法院地域分布(例)

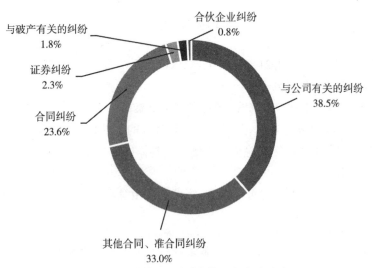

图2 "对赌协议"纠纷案件二级案由分布

如图 3 所示,在继续细分的三级案由中,最多的是与公司有关纠纷项下的股权转让纠纷(150 例),其次为合同纠纷项下借款合同纠纷(57 例)、合伙合同纠纷(18 例)、公司增资的纠纷(13 例)、确认合同效力纠纷(11 例)。

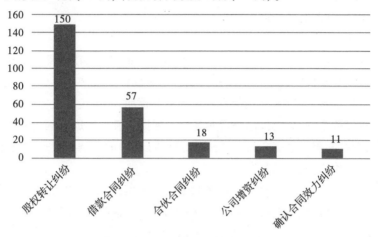

图 3　"对赌协议"纠纷案件三级案由统计(例)

通过以上的可视化分析,可以得出"对赌协议"中最常出现的纠纷类型为股权转让纠纷和合同纠纷,主要是由于"对赌"失败后,投融资双方围绕投资公司股权转让及"对赌协议"的性质、效力等问题进行对抗形成的诉讼。

(三)"对赌"条款约定

常见的"对赌"条款主要包括业绩增长、IPO 上市、被并购、新三板挂牌等,本报告对这 655 例案件的"对赌"条款进行了筛选,如图 4 所示,有业绩承诺约定的为 360 例、有上市约定的为 252 例、有并购约定的为 30 例、有新三板挂牌(上市)约定的为 53 例。

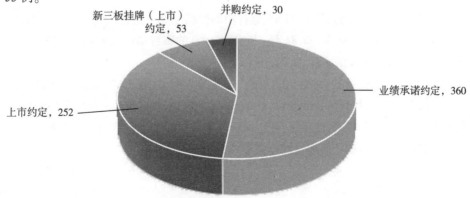

图 4　"对赌"条款约定情况

从图4"对赌"条款约定情况可以看到,投资方最关注的是被投资企业的业绩增长,退出方式以上市为主,有少量的并购退出,一部分在2015年之前投资的项目,约定了新三板挂牌(上市)的退出方式。这反映出我国一级市场投资领域,除了被投资企业IPO上市,缺乏有效的退出方式。

(四)"死亡条款"约定

投资人为保障自身利益,会在协议中直接约定如若"对赌"条件不能达成,目标公司或者股东要对投资人进行经济补偿或者回购投资人所持目标公司的股份。由于一旦"对赌"失败,意味着公司的发展现状不及预期,如果投资人要求执行经济补偿或者股权回购条款,会给目标公司尤其是实际控制股东造成巨额的经济债务,失去公司控制权,甚至倾家荡产的后果,故"对赌协议"中的经济补偿条款及回购条款在业界中也被称为"死亡条款"。[1]

在655例案件中,约定股权回购条款的有496例,约定经济补偿条款的有148例,其中约定现金补偿113例,股权补偿35例,一元转让股权7例(图5)。

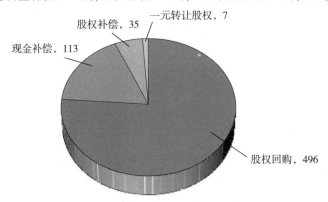

图5 "死亡条款"约定情况(例)

本报告对约定回购条款的250例案件中的回购年利率进行了统计,其中约定回购年利率12%的案件最多,有81例,其次为10%的案件55例,8%的案件39例,15%的案件28例,6%的案件22例(图6)。

从约定的"死亡条款"来看,在"对赌"失败的情况下,有75.7%的投资人要求标的公司或者股东回购其所持的股权,约17.3%的投资人要求现金补偿,只有5.3%的投资人要求股权补偿。由此可见,发生纠纷的案件中的绝大多数投资人为财务投资者,与目标公司共同成长的战略性投资者较少。

---

[1] 参见苏清合伙股权:《我国对赌协议大数据分析报告(2014年至2019年为例)》,载搜狐网,https://www.sohu.com/a/389612312_474870,2020年4月20日访问。

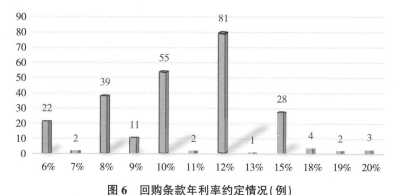

图6 回购条款年利率约定情况(例)

在不考虑违约金的情况下,从回购年利率的统计来看,绝大多数的回购年利率在6%~15%,高于银行贷款利率,相当于信托、资管计划的成本,低于民间借贷的成本。

(五)纠纷争议焦点

本报告对其中的90例案件的争议焦点进行了分析统计,主要的争议焦点有:"对赌"条款效力、回购条件是否成就、回购连带责任、回购款数额、违约金数额、民间借贷还是股权投资、业绩补偿条件是否成就,此外还有公司回购程序是否合法、回购方式的选择、回购责任是否取消、回购责任是否属于夫妻共同债务等争议焦点(图7)。

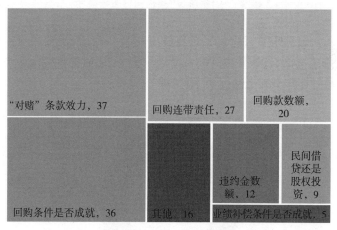

图7 "对赌协议"纠纷争议焦点统计(例)

(六)审理程序及法院级别

从统计的程序分类来看,有25.3%的案件涉及简易程序审理,涉及普通程序审理的案件,一审案件占比31.2%,二审案件占比42.7%(图8)。

从以上统计结果可以看出,"对赌协议"纠纷中有相当一部分的案件"事实清楚、权利义务关系明确、争议不大"而适用简易程序进行审理。虽然绝大部分简易程序的投资人为个人,但是争议标的绝大多数都超过百万元,有的甚至超过千万元。二审案件占比达到42.7%,可见绝大多数的案件都要上诉。虽然有相当一部分案件适用简易程序,但是与一般的民商事案件相比,"对赌协议"纠纷呈现涉案金额大、案情复杂、争议较多的特点。

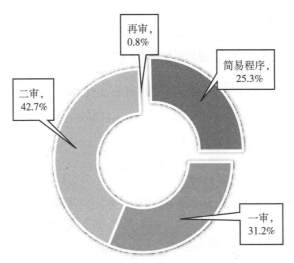

图8 "对赌协议"纠纷审理程序分布

从审理法院级别来看,有51.2%的案件由基层人民法院审理,40.4%的案件由中级人民法院审理,7.5%的案件由高级人民法院审理,0.6%的案件由最高人民法院审理(图9)。另外还有个别案件由专门人民法院审理。

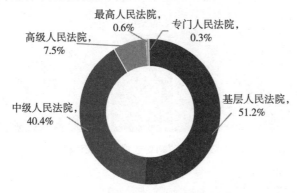

图9 "对赌协议"审理法院级别分布

审理法院级别的统计数据与审理程序数据相呼应,即案件一审基本由基层人民法院审理,二审由中级人民法院或者高级人民法院审理,再审由最高人民法院审理。

(七)终审裁判结果

通过对二审裁判结果统计数据分析可以看到,当前条件下维持原判的有236例,占比77.6%;改判的有68例,占比22.4%(图10)。可见一审诉讼策略、起诉数额等非常关键,寄希望于二审翻案希望渺茫。

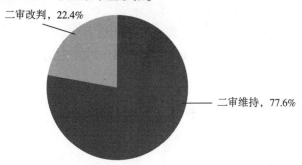

图10　二审裁判结果分布

通过对5例再审裁判结果的统计数据分析可以看到,当前条件下改判的有4例,占比为80%(图11)。与二审280例案件相比,再审只有5例,可见再审的条件非常严格,二审判决后,获得再审的机会非常小,但是改判率很高。

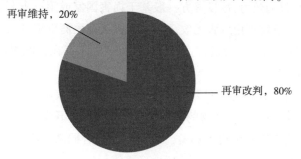

图11　再审裁判结果分布

(八)专题分类

北大法宝—案例数据库设"专题分类"筛选项,对每个案件按照所属专题进行了分类,以便进行高效的检索。

从专题分类可视化分析可以看出,"对赌协议"纠纷近一半涉合伙合同,这与我国投资基金绝大多数为"合伙型"基金的现状相符,其余涉及较多的专题有环境保护、民间借贷、建设工程及金融担保。

图12 "对赌协议"纠纷专题分类统计(例)

三、典型争议问题裁判规则

(一)"对赌"条款合同效力

根据行业惯例,"对赌"条款一般在主投资合同的补充协议中约定,也有部分"对赌"条款在主合同中约定。补充协议一般被称为抽屉协议,是投融资双方基于企业商业秘密、后续融资需求等原因,投资人与被投资企业、实际控制人或者管理层股东签署的有关业绩承诺、IPO承诺、回购安排等条件的不便于公开的协议。

对于补充协议的效力,被投资方一般基于损害国家或第三方利益、违反强制性规定、显失公平等抗辩理由主张无效,根据《全国法院民商事审判工作会议纪要》第5条的规定,投资方与目标公司订立的"对赌协议"在不存在其他法定无效事由的情况下是合法有效的。

裁判规则一:"对赌协议"只要主体合格,当事人意思表示真实,内容不违反合同法、公司法及其他法律、行政法规的强制性、禁止性规定,不涉及公司资产减少,不构成抽逃公司资本,不影响债权人利益,亦不存在原《合同法》第52条规定的无效情形,即应确认有效。

【案例索引】(2021)苏06民终783号

【法院观点】一审法院认为,在目标公司股票发行过程中,投资人X与被投资公司在对外宣称不存在"对赌"的情形下,私自订立"对赌协议"即《股份认购补充协议》,属恶意串通。若按"对赌协议"执行,影响SJ控股公司资金运作,进而影响公司经营,损害该公司全体股东利益。另因受新冠疫情影响,2020年实体企业比较困难,在此经济大环境之下,责令SJ控股公司按照协议赎回投资人X持有的被投资公司的股份,会导致利益不平衡。出于投资者也应承担一定风险的原则及利益总体平衡原则,结合当事人故意隐瞒订立协议之事实,一审法院认定《股份认购补充协议》

出现了原《合同法》第 52 条规定的第二种合同无效之情由。

二审法院认为,案涉《股份认购补充协议》系投资者 X 与目标公司之股东 SJ 控股公司之间达成的"对赌协议",其中约定了触发赎回条件,此类"对赌协议"只要主体合格、当事人意思表示真实、内容不违反合同法、公司法及其他法律、行政法规的强制性、禁止性规定,不涉及公司资产减少,不构成抽逃公司资本,不影响债权人利益,亦不存在《合同法》第 52 条规定的无效情形,即应确认有效。

裁判规则二:在被投资企业 IPO 过程中故意隐瞒股份代持的,违反法律、法规的强制性规定,适用《民法典》第 153 条第 1 款、原《合同法》第 52 条第 4 项的规定,相关的"对赌"条款无效。

【案例索引】(2019)粤 03 民终 24178 号

【法院观点】法院审理认为,SL 公司上市前公司实际控制人 X 代 Z 持有案涉股份,以自身名义参与 SL 公司的上市发行,隐瞒了实际投资人的真实身份,X 与 Z 的行为构成发行人股份隐名代持,根据《证券法》《首次公开发行股票并上市管理办法》的相关规定,发行人应当如实披露股份权属情况,禁止发行人的股份存在隐名代持属于证券市场中应当遵守的公共秩序。案涉双方当事人之间的《股权转让协议》涉及"对赌"的条款实质构成案涉股份的隐名代持,违反了证券市场的公共秩序,损害了证券市场的公共利益。故依据原《合同法》第 52 条第 4 项的规定,案涉《股权转让协议》应认定为无效。

裁判规则三:当事人不能举证合同相对人利用其危困状态、缺乏判定能力,从而致使权利义务明显失衡的,需承担举证不利的后果。

【案例索引】(2021)苏 04 民终 4627 号

【法院观点】谢××并未举证证明徐××存在利用谢××危困状态、缺乏判定能力,从而致使权利义务明显失衡的情形,故对谢××辩称按 14 元/股单价回购显失公平的意见不予采纳。股权回购条款中股权单价的约定系当事人的真实意思表示,且约定的股权回购义务方为公司股东,属于投资方与公司股东间的"对赌",该案中的补偿承诺不违反法律法规的禁止性规定,应为合法有效。

(二)回购条件是否成就

投资人启动回购程序最常见的约定条件是:业绩增长不及预期、无法按照预期完成上市、估值下降等,除此之外核心技术人员离职、管理层变动、重大违法违规事件等亦可触发投资人启动回购程序。

合同相对人经常以不可抗力、"对赌"条款无效、显失公平、诉讼时效等理由抗辩投资人的回购主张。

裁判规则四:当事人可预知的国家政策的变化不属于不能预见、不能避免且不能克服的客观情况,不构成不可抗力,不阻碍回购条件的成就。

【案例索引】(2021)京民终 178 号

【法院观点】该案中的政策原因并非不可抗力。原《民法总则》第 180 条第 2 款规定,不可抗力是指不能预见、不能避免且不能克服的客观情况。该案杨 K、李 XH 提及《财政部、公安部、国家工商行政管理总局、工业和信息化部、民政部、中国人民银行、国家体育总局、中国银行业监督管理委员会公告——关于对利用互联网销售彩票行为有关问题的公告》《财政部、公安部、工商总局、民政部、体育总局关于做好查处擅自利用互联网销售彩票工作有关问题的通知》虽然对通过互联网销售彩票的行为进行严控和监管,但并未完全禁止通过互联网销售彩票。同时,互联网销售彩票在此之前也曾被多次叫停或加强监管审批,作为互联网销售彩票的经营者,杨 K、李 XH 理应对国家在互联网销售彩票活动上的一贯政策精神予以注意,故上述文件的出台不属于不能预见、不能避免且不能克服的客观情况。《补充协议》第 8 条"停发/停审等政策"的约定,强调的是公司上市主管部门在审批申报公司上市方面的相关政策规定,杨 K、李 XH 提及的上述公告和通知并非此类政策。

裁判规则五:国有金融企业开展投资活动,当然应当受到财政部相关规定的约束,可以协议约定的方式退出,无须通过在交易所挂牌交易的方式完成。

【案例索引】(2021)京民终 794 号

【法院观点】《企业国有资产法》第 54 条第 2 款规定:"除按照国家规定可以直接协议转让的以外,国有资产转让应当在依法设立的产权交易场所公开进行。转让方应当如实披露有关信息,征集受让方;征集产生的受让方为两个以上的,转让应当采用公开竞价的交易方式。"《财政部关于进一步明确国有金融企业直接股权投资有关资产管理问题的通知》第 9 条规定:"国有金融企业开展直接股权投资,应当建立有效的退出机制,包括:公开发行上市、并购重组、协议转让、股权回购等方式。按照投资协议约定的价格和条件,以协议转让或股权回购方式退出的,按照公司章程的有关规定,由国有金融企业股东(大)会、董事会或其他机构自行决策,并办理股权转让手续;以其他方式进行股权转让的,遵照国有金融资产管理相关规定执行。"财政部是国务院的组成部门,其主要职能包括根据国务院授权,集中统一履行中央国有金融资本出资人职责,制定全国统一的国有金融资本管理规章制度等。因此,国有金融企业开展投资活动,当然应当受到财政部相关规定的约束。根据上述通知规定,国有金融企业进行直接股权投资,可以协议约定的方式退出。

裁判规则六:多人为回购义务人时,当投资人向其中一人主张权利,效力自然及于其余回购义务人。

【案例索引】(2021)沪 0115 民初 10798 号

【法院观点】法院认为,诉讼时效期间从知道或者应当知道权利被侵害时起计算。对于《投资协议》第 4.1 条第(3)项,原告自 2017 年 1 月 1 日起已知道或者应当知道回购条件成就,诉讼时效自此起算。对于第 4.1 条第(7)项,根据法院"另查明"部分所列,查明相关担保事项的生效民事判决陆续作出,早的有 2015 年 11 月 28 日,晚的有 2017 年 8 月 28 日,在无证据证明××股份公司先前已告知原告相关担保事项或原告已自行获悉的情况下,原告的诉讼时效自知道或者应当知道上述生效民事判决起算。上述基于《投资协议》第 4 条第(3)(7)项所提出的回购主张,均依当时适用的《民法通则》的规定计算期间 2 年,则原告 2017 年 9 月 18 日向被告赵×发送《关于回购的沟通函》,明确提出回购要求,未超过诉讼时效。且时效因原告提出要求而中断,从中断时起,诉讼时效期间重新计算。此后至 2018 年 12 月,原告又多次提出回购要求。逢 2017 年 10 月 1 日《民法总则》施行,诉讼时效期间适用 3 年。故至原告向法院递交诉状之日 2021 年 1 月 26 日,未超过诉讼时效。法院注意到,虽然原告的《关于回购的沟通函》仅向被告赵×发出,但该函系致四被告、张某 1 及××股份公司,且根据《投资协议》的记载,四被告及张某 1 均属合同所定义的"甲方",从第 4 条的表述看,甲方是作为一个整体共同对原告承担回购义务,则原告向甲方其中一人主张权利,效力自然及于整个甲方。

(三)被投资企业的连带责任

在"对赌"条款中,投资方可以选择与目标公司进行"对赌";也可以选择与目标公司的股东进行"对赌";亦可以选择与目标公司和股东同时"对赌"。

投资人要求由股东承担业绩补偿或者股权回购责任的,实践中无太大争议,但是投资人要求目标公司承担连带责任的,争议较大。

裁判规则七:投资人要求目标企业、目标企业股东对回购义务承担连带责任,目标企业未经过减资等法定程序的,不支持目标企业承担连带责任。

【案例索引】(2021)沪 01 民终 2583 号

【法院观点】关于 JS 装备公司是否应承担连带责任的问题。一审法院认为,JS 装备公司系 TY 合伙企业出资的标的公司,TY 合伙企业也已登记为 JS 装备公司的股东之一,现 TY 合伙企业要求 JS 装备公司对李××、赵××、赵×2 支付回购款的义务承担连带责任,其结果上与要求 JS 装备公司支付回购款并无差别,系变相要求公司回购股权,且 TY 合伙企业主张 JS 装备公司承担连带责任的依据也是《投资协议》及《股东协议》中相关股权回购条款的约定。根据公司法的相关规定,公司回购股东的股权,应当经过减资等法定程序,以保护公司其他债权人利益,而 TY 合伙企业并未提交证据证明公司已完成相应法定程序,故对于 TY 合伙企业要求 JS 装备公司承担连带责任的诉请,一审法院不予支持。

【案例索引】(2021)京民终 495 号

【法院观点】关于北京 ZT 公司是否应当履行股权回购义务,法院认为,北京 ZT 公司未履行公司法规定的"减少注册资本"等程序,因其不能违反资本维持原则而不能向南京GY合伙企业履行股权回购债务,构成法律上的一时履行不能。《补充协议》系南京GY合伙企业作为甲方,与乙方北京ZT公司、丙方姜×、苗××等签订的三方协议,约定了多项合同标的,南京GY合伙企业有权要求北京ZT公司或者姜×、苗××各方或任一方部分或全部履行回购义务。上述约定的实质是,如任一方全部进行了股权回购,南京GY合伙企业主张的债务即告消灭。法院认为,北京ZT公司对履行股权回购债务一时(自始)履行不能仅产生一个法定宽限期,北京ZT公司在符合资本维持情形的条件成就之前,暂无须履行债务,但第三人即股东已经确认应当承担全部股权回购义务后,该一时(自始)履行不能转化为嗣后履行不能。因此,法院对南京GY合伙企业要求北京ZT公司回购南京GY合伙企业持有股份的主张不予支持。

(四)民间借贷与股权投资的争议

首先,在触发股权回购条件时,投资人往往要求有回购义务的股东以固定的利率回购其持有的目标企业股份,在外观上具有民间借贷的形式;其次,"明股实债"的融资方式在实践中大量存在。因此,在诉讼过程中,是民间借贷还是股权投资会成为双方争议的焦点。

裁判规则八:资金方虽然签订了代持协议,但是从未参与公司的经营管理,且在收益方面有明确的约定,其行为实质是提供资金,在固定期限内收取固定利息的民间借贷法律关系。

【案例索引】(2021)京03民终265号

【法院观点】二审法院审理认为,《公司法》规定了成为有限责任公司股东的三种方式:设立公司、接受转让、增资扩股。三者均需履行相应的法定程序。作为公司股东,应当以其投资的股本金享有权利,也同时承担亏损的风险。该案中,王×虽签订了代持协议,但未承担任何公司经营的风险,亦无法仅通过履行代持协议成为SH公司的股东。根据协议,王×并不参与公司经营或管理,但对收益方面有明确的条款约定,这些显然与成为公司股东的法定程序不符合。其行为实质是提供资金,在固定期限内收取固定利息的民间借贷法律关系。二审法院确认,一审法院认定双方属于民间借贷关系,并无不当。

裁判规则九:虽然投资协议中约定了具有"对赌"性质的保底条款,但是投资人取得收益的方式是股权分红而非固定收益,保底条款是具有"对赌"性质的条款,并不影响股权投资的性质。

【案例索引】(2021)京01民终5809号

【法院观点】关于《增资协议》的性质,JT公司、赵××主张为明股实债,HT中心主张系股权投资。一审法院认为,对法律关系性质的判断应考察双方关于权利义务的约定。《增资协议》约定,HT中心以增资方式取得JT公司股权,JT公司为其办理工商变更登记；HT 中心享有分红权、知情权，并有权要求控股股东赵××按约定条件购买其股权；JT 公司应将 HT 中心的投资用于电视剧的拍摄制作。从合同目的来看，HT 中心投资并非为了从 JT 公司取得固定的利息，而是为了取得股权分红。从合同条款来看，HT 中心实际享有各项股东权利。办理工商变更登记、修改股东名册属于 JT 公司的义务，其未履行完毕相关义务不影响《增资协议》的性质。从投资模式来看，虽合同中约定有以固定标准收购股权的条款，但该条款属于股权投资中常见的由控股股东对新投资人的收益进行保底的具有"对赌"性质的条款，并不影响股权投资的性质。

(五)违约金调整

在有"对赌"性质的协议中，投资人会设置附期限、附条件的业绩补偿或者股权回购条款，督促合同相对人及时履行业绩补偿或者股权回购的义务，否则应该认定为违约，支付投资人一定的违约金。在实践中，合同相对人按照约定的利率回购投资人持有的股权时，是否还需要额外再支付给投资人违约金？支付违约金是否会造成新的不公平，加重合同相对人的责任？过高的违约金是否需要调整？这些都是诉讼中经常争议的焦点。

裁判规则十：标的企业未能在约定时间内足额支付投资方赎回价款，其应承担因未及时履行合同义务而产生的迟延履行违约责任。

【案例索引】(2021)京民终 495 号

【法院观点】法院认为，各方在签订《投资协议》和《补充协议》时及合同履行过程中，应当对己方能否履行相应的义务有合理预期并如实履行，北京 ZT 公司未能及时履行减资程序违反了合同的附随义务，导致其未能在约定时间内足额支付南京 GY 合伙企业赎回价款，其应承担因未及时履行合同义务而产生的迟延履行违约责任。关于北京 ZT 公司主张的目标公司支付逾期回购违约金相当于投资方变相抽逃出资的上诉意见，法院认为，《公司法》之所以规定"股东不得抽逃出资"，其主要目的是贯彻资本维持原则，保护公司债权人的利益。目标公司在不回购股权的情况下，北京 ZT 公司基于未履行股权回购义务支付违约金，并不导致公司注册资本的减少，亦不必然导致债权人利益受损。鉴于资本维持原则的规范目的以及北京 ZT 公司对于其一时(自始)给付不能具有可归责性，北京 ZT 公司应当按照《补充协议》的约定向南京 GY 合伙企业支付逾期履行违约金。

裁判规则十一：当事人约定的违约金超过造成损失的 30% 的，一般可以认定为过分高于造成的损失，当事人可以请求人民法院予以适当减少。

【案例索引】(2021)京 01 民终 9362 号

【法院观点】就违约金标准，根据原《合同法》第 114 条及相关司法解释的规定，因当事人约定的违约金过分高于造成的损失的，当事人可以请求人民法院予以适当减少。当事人约定的违约金超过造成损失的30%的,一般可以认定为过分高于造成的损失。ZJN公司逾期支付回购款的行为给CJ中心造成的主要为资金占用损失,现ZJN公司主张违约金标准过高,要求一审法院予以酌减,有事实及法律依据,一审法院予以支持,相应的违约金标准调整为按照日万分之一点五的标准计算;就超出部分,一审法院不予支持。

(六)建议

1. 融资方

(1)设置合理"对赌"目标

目标公司及其控股股东应从公司长远考虑,实事求是地对投资人描述公司的盈利能力和前景,科学合理地预计企业的利润,理性地对待企业的估值,把未来的经营风险估计得足一点,设置合理"对赌"目标,勿以"对赌""饮鸩止渴"。

(2)必须进行风险评估

请专业的律师对"对赌协议"进行风险评估,充分注意投资人行使投资合同约定的"对赌"权利的法律后果,充分考虑一旦目标公司无法实现"对赌"目标,其创始人或者控股股东所持有的股权将无偿甚至低价转让给投资人或第三方,或者将公司的控制权让渡给投资人,或者背负巨额债务进行业绩补偿、赎回投资人持有的股份,严重者甚至会使公司创始人从目标公司出局或者成为"老赖"。

2. 投资方

(1)注重前期尽职调查工作

"对赌协议"在股权投资中能在一定程度上降低投资风险。但是投资者不可舍本逐末,将"对赌协议"作为投资决策的主要依据。实践中"对赌协议"的履行存在重重障碍。投资者若盲目依赖"对赌协议",甚至将"对赌协议"代替尽职调查而作为投资定价的主要工具,则会使"对赌协议"脱离目标公司的实际经营状况和真实价值,加大投资风险,为"对赌"失败埋下隐患。

(2)尽力避免与目标公司进行"对赌"

虽然《全国法院民商事审判工作会议纪要》肯定了投资方与目标公司的"对赌协议"效力,但是投资方主张实际履行却存在很大障碍。投资方主张目标公司回购股权,目标公司必须依法先完成减资程序,法院方能支持投资方的回购请求。《公司法》规定减资程序需经股东会决议,可想而知,在投资方与目标公司因股权回购诉至法院的情形下,经股东会决议完成减资程序的可能性显然不容乐观。

(3)加强投后管理工作

投资方应实时掌握标的企业的经营情况和合同履行情况,对被投企业的违约情况要及时固定证据,避免产生纠纷时"证据不足""赢了官司输了钱"的尴尬局面。

(4) 及时主张权利

在"对赌"目标未按约达成,"对赌"义务履行条件成就的情形下,投资方应及时向义务方主张权利,或者签订新的补充协议,以避免未在法定或者约定期限内主张权利,丧失请求股权回购或者要求补偿的权利。

四、结语

"对赌协议"作为一种解决投资方与融资方信息的不对称的工具起源于美国,在摩根士丹利等机构投资蒙牛案例中被国内资本市场熟知,并开始被国内投资机构应用。在中国资本市场快速发展的这十多年中,"对赌协议"立下了汗马功劳,解决了相当一部分处于发展期的科技型中小企业的融资难的问题。根据投中研究院发布的《2021年度IPO报告》,2021年共421家具有VC/PE背景的中企实现上市,VC/PE机构IPO渗透率为68.68%,VC/PE投资机构在投资时,几乎都会应用"对赌"工具,但是,由于"对赌"过度保护投资人的利益,在"对赌"失败的情况下,企业家将面临巨额赔偿和股权回购的压力,关乎企业的生死存亡。自海富公司"对赌协议"纠纷案开始,"对赌协议"纠纷逐渐进入法律人视野,由于"对赌协议"涉及公司、股东及公司债权人的多方利益,投资人的资金"进出"是否可以突破《公司法》的限制,是否损害了公司债权人和其他股东的利益,成为广受关注的疑难法律问题。

为妥善协调各方诉求,司法实践尝试了多种解决方案,不断寻求妥当的裁判之道。从海富公司"对赌协议"纠纷案否定"对赌协议"的效力到强静延与曹务波等股权转让纠纷再审案[1]认定公司为投资方与原股东"对赌"提供担保有效,再到江苏华工创业投资有限公司与扬州锻压机床股份有限公司、潘云虎等请求公司收购股份纠纷案[2]区分对赌协议效力与履行,在一定程度上代表了裁判的发展与演进,体现了裁判者就对赌问题的认识深化。2019年最高人民法院发布《全国法院民商事审判工作会议纪要》,吸收司法实践的经验,就对赌协议的效力与履行专门作出规定。

对赌协议纠纷案具有法律关系复杂、疑难问题多、案件标的额大、专业化程度高的特点,在解决此类纠纷中,律师对证据的搜集、审查,对庭审进程的跟进和法官的沟通等对案件的结果有重要的作用,相对于其他的民事纠纷,对赌纠纷对律师的专业能力有极大的考验。

【责任编辑:张文硕】

---

[1] 参见中华人民共和国最高人民法院(2016)最高法民再128号民事判决书。
[2] 参见江苏省高级人民法院(2019)苏民再62号民事判决书。

法学期刊影响力分析报告(2021年版)
——基于法学期刊新媒体影响力和期刊引证情况的分析

北大法宝法学期刊研究组*

摘要： 本文从法学期刊的新媒体影响力和期刊引证情况两个分析维度出发，对法学期刊在新媒体传播方面的热点选题策划方向、高阅读量文章及作者、期刊新媒体与期刊引证的互相带动等进行全面、直观的数据量化分析。在期刊引证方面，本文以北大法宝—法学期刊库作为统计源，综合 CLSCI/CSSCI(2021—2022)(含扩展版)/北大中文核心(2020版)/AMI综合(2018版)评价标准，通过对法学专刊、法学集刊、英文刊、高校学报及社科类综合刊2018年、2019年发表的法学文章在2020年的引证统计，分析法学期刊整体被引情况、高被引期刊、高被引文章、高被引作者及所属机构等，总结归纳高影响力期刊的共同特征以及新变化，以期为法学期刊的发展提供相应的实证依据。

关键词： 法学期刊　新媒体　学术影响力　期刊评价　引文分析　引证研究

收稿日期：2021-10-21

* 北大法宝法学期刊研究组成员：刘馨宇、孙妹、曹伟、张文硕、梁学曾、杨岩、董倩、吴晓婧、郇雯倩。刘馨宇，北大法律信息网(北大法宝)编辑部主任；孙妹，北大法律信息网(北大法宝)编辑部副主任；曹伟，北大法宝学术中心副主任；张文硕，北大法宝学术中心副主任；梁学曾，北大法宝编辑；杨岩，北大法宝编辑；董倩，北大法宝编辑；吴晓婧，北大法宝编辑；郇雯倩，北大法宝编辑。研究指导：郭叶，北大法律信息网(北大法宝)编辑部副总编。

第一部分　法学期刊新媒体影响力分析

本部分以北大法宝—法学期刊库收录的245家期刊(核心期刊114家,非核心期刊53家,集刊69家,英文期刊9家)为统计源,调研分析法学期刊新媒体(微信公众号,下同)影响力[1]情况。经过统计,245家期刊中已开通微信公众号145家,开通率59.18%。其中114家核心期刊中已开通99家,开通率86.84%。从开通时间来看,法学期刊微信公众号从2014年开始陆续开通,2015年开通量剧增,在2016年达到了开通量的高峰,2017—2018年稳步增长,2019—2020年处于平缓状态。本报告重点选取了《中国法学》等42家法学核心期刊[2]微信公众号2020年度2499篇推文(含期刊要目[3]及法学文章)作为分析对象,对其在新媒体传播方面的热点选题策划方向、高阅读量文章及作者、期刊新媒体与期刊引证的互相带动等进行量化分析。

一、法学期刊新媒体推文的学术热点分析

在42家法学期刊微信公众号2499篇推文中,通过对阅读量3000次以上的326篇推文进行关键词统计分析,发现2020年度学术热点集中在"民法典""认罪认罚""国家治理""人工智能""量刑建议""比例原则""公共利益""经济法""绿色原则""强制性规定""侵权责任编""人格权""视听作品"等方面,"司法审查""司法责任制""证明责任"等内容关注程度也相对较高(图1)。

"民法典""认罪认罚""国家治理"3个学术热点阅读量达到3000次以上的文章最多。其中,"民法典"关注度最高,有40篇推文来自《东方法学》《法律适用》《中国法律评论》《中国法学》《法学研究》《现代法学》《知识产权》《中外法学》《法商研究》《法学》《法治研究》《中国社会科学》(限于法学文章)12家期刊;"认罪认罚"次

---

[1] 本部分新媒体影响力分析以北大法宝—法学期刊库245家期刊为统计源期刊,对其微信公众号开通情况进行统计,同时重点对42家法学核心期刊微信公众号2020年度推文进行分析。

[2] 42家核心期刊分别为《北方法学》《比较法研究》《财经法学》《当代法学》《地方立法研究》《东方法学》《法律科学》《法律适用》《法商研究》《法学》《法学家》《法学论坛》《法学评论》《法学研究》《法学杂志》《法制与社会发展》《法治研究》《甘肃政法大学学报》《国际法研究》《国家检察官学院学报》《河北法学》《河南财经政法大学学报》《华东政法大学学报》《环球法律评论》《交大法学》《科技与法律》《南大法学》《清华法学》《苏州大学学报(法学版)》《现代法学》《行政法学研究》《政法论坛》《政治与法律》《知识产权》《中国法律评论》《中国法学》《中国海商法研究》《中国社会科学》《中国刑事法杂志》《中国应用法学》《中国政法大学学报》《中外法学》。

[3] 期刊要目指法学期刊在微信公众号平台推送的法学期刊各期要目内容,一般包括标题、作者、作者单位、摘要、关键词等。

图 1 推文阅读量 3000 次以上的学术热点分布

之,有 11 篇推文来自《法学研究》《国家检察官学院学报》《法学论坛》《中国法律评论》《中国法学》《中国刑事法杂志》《中外法学》7 家期刊;"国家治理"有 10 篇推文来自《国家检察官学院学报》《法学研究》《中外法学》《中国法律评论》《东方法学》《法商研究》《中国法学》《法制与社会发展》8 家期刊。此外,"人工智能"有 6 篇推文来自《中国社会科学》《法学》《法学研究》《中国法学》4 家期刊;"量刑建议"有 5 篇推文来自《法学研究》《国家检察官学院学报》《中外法学》《中国刑事法杂志》4 家期刊;"比例原则"与"公共利益"推文均为 4 篇,涉及《法学研究》《中国法学》《华东政法大学学报》《环球法律评论》4 家期刊。(表 1)

表 1 推文阅读量 3000 次以上的学术热点及来源期刊

序号	学术热点	期刊名称	文章量(篇)
1	民法典	《东方法学》《法律适用》《中国法律评论》《中国法学》《法学研究》《现代法学》《知识产权》《中外法学》《法商研究》《法学》《法治研究》《中国社会科学》	40
2	认罪认罚	《法学研究》《国家检察官学院学报》《法学论坛》《中国法律评论》《中国法学》《中国刑事法杂志》《中外法学》	11
3	国家治理	《国家检察官学院学报》《法学研究》《中外法学》《中国法律评论》《东方法学》《法商研究》《中国法学》《法制与社会发展》	10

（续表）

序号	学术热点	期刊名称	文章量（篇）
4	人工智能	《中国社会科学》《法学》《法学研究》《中国法学》	6
5	量刑建议	《法学研究》《国家检察官学院学报》《中外法学》《中国刑事法杂志》	5
6	比例原则	《法学研究》《中国法学》《华东政法大学学报》	4
7	公共利益	《环球法律评论》《法学研究》《华东政法大学学报》	4

注：表中所列期刊按照微信公众号阅读量降序排序。

二、法学期刊新媒体篇均阅读量及高阅读量推文分析

为进一步研究 42 家法学核心期刊在新媒体平台的传播情况，本报告通过统计 2020 年 42 家法学期刊微信公众号推送的 2499 篇推文阅读量情况，从篇均阅读量和高阅读量两个维度进行分析。

（一）法学期刊微信公众号推文篇均阅读量分析

1. 期刊要目篇均阅读量 1 万次以上的为《中国法学》《法学研究》

从期刊要目篇均阅读量来看，42 家法学期刊微信公众号中，《中国法学》《法学研究》并驾齐驱，分别为 1.1 万次和 1.3 万次；篇均阅读量在 5000～1 万次的有《法学家》《东方法学》《中国法律评论》《法学》《中外法学》5 家期刊；篇均阅读量在 3000～5000 次的有《华东政法大学学报》《法商研究》《政法论坛》《国家检察官学院学报》《中国刑事法杂志》《环球法律评论》《政治与法律》《法律适用》《法制与社会发展》《现代法学》10 家期刊；篇均阅读量在 1000～3000 次的有《法学杂志》《法学论坛》等 10 家期刊（表 2）。

表 2　法学期刊微信公众号期刊要目篇均阅读量 1000 次以上

期刊要目篇均阅读量（次）	期刊名称
1 万+	《中国法学》《法学研究》
5000～1 万（不含）	《法学家》《东方法学》《中国法律评论》《法学》《中外法学》
3000～5000（不含）	《华东政法大学学报》《法商研究》《政法论坛》《国家检察官学院学报》《中国刑事法杂志》《环球法律评论》《政治与法律》《法律适用》《法制与社会发展》《现代法学》
1000～3000（不含）	《法学杂志》《法学论坛》《南大法学》《苏州大学学报（法学版）》《行政法学研究》《国际法研究》《法治研究》《知识产权》《中国应用法学》《财经法学》

2.法学文章篇均阅读量3000次以上的为《中国法学》《法学研究》《中国社会科学》《中国法律评论》

从法学文章的篇均阅读量来看,42家法学期刊微信公众号中,法学文章篇均阅读在3000次以上的有4家,分别为《中国法学》《法学研究》《中国社会科学》《中国法律评论》;篇均阅读量在2000～3000次的有《东方法学》《法律适用》《中国刑事法杂志》《中外法学》4家;篇均阅读量在1000～2000次的有《国家检察官学院学报》《法学》《知识产权》《华东政法大学学报》《法商研究》等14家(表3)。

表3 法学期刊微信公众号法学文章篇均阅读量1000次以上

篇均阅读量(次)	期刊名称
3000+	《法学研究》《中国法律评论》《中国社会科学》《中国法学》
2000～3000(不含)	《东方法学》《法律适用》《中国刑事法杂志》《中外法学》
1000～2000(不含)	《国家检察官学院学报》《法学》《知识产权》《华东政法大学学报》《法商研究》《环球法律评论》《现代法学》《法学家》《交大法学》《中国应用法学》《法治研究》《法制与社会发展》《政法论坛》《南大法学》

(二)法学期刊微信公众号高阅读量推文分析

根据2020年42家法学期刊微信公众号期刊要目及法学文章的阅读量统计情况,阅读量5000次以上的147篇(来自25家期刊)推文中,包括期刊要目50篇(来自16家期刊[1])、法学文章97篇(来自22家期刊[2]),其中阅读量达到1万次以上的,期刊要目有14篇(来自4家期刊[3]),法学文章有7篇(来自6家期刊[4])。

1.《中国法学》《法学研究》《法学家》2020年全年6期要目阅读量均在5000次以上

从期刊要目的推送情况来看,双月刊中,2020年全年6期要目阅读量均达到5000次以上的分别为《中国法学》《法学研究》《法学家》,如表4所示,阅读量达到1

---

[1] 期刊要目阅读量5000次以上的16家期刊包括双月刊13家(《中国法学》《法学研究》《法学家》《东方法学》《法商研究》《中外法学》《华东政法大学学报》《政法论坛》《法律科学》《法制与社会发展》《南大法学》《中国法律评论》《中国刑事法杂志》),月刊2家(《法学》《政治与法律》),半月刊1家(《法律适用》,自2021年起《法律适用》由半月刊调整为月刊)。

[2] 法学文章阅读量5000次以上的22期刊包括双月刊17家(《中国法律评论》《法学研究》《中国法学》《东方法学》《中外法学》《中国应用法学》《中国刑事法杂志》《现代法学》《华东政法大学学报》《国家检察官学院学报》《政法论坛》《环球法律评论》《法制与社会发展》《法学评论》《法学论坛》《法商研究》《科技与法律》),月刊4家(《中国社会科学》《法学》《政治与法律》《知识产权》),半月刊1家(《法律适用》)。

[3] 期刊要目阅读量1万次以上的4家期刊包括《中国法学》《法学研究》《东方法学》《法学家》。

[4] 法学文章阅读量1万次以上的6家期刊包括《法律适用》《中国法律评论》《中国社会科学》《法学》《法学研究》《中国刑事法杂志》。

万次以上的,《中国法学》有 5 期,《法学研究》有 6 期,《法学家》有 1 期。2020 年全年 6 期中有 3 期要目阅读量达到 5000 次以上的分别为《东方法学》《法商研究》《中外法学》,如表 4 所示,阅读量达到 1 万次以上的,《东方法学》有 2 期,为 2020 年第 2 期和第 4 期。2020 年全年 6 期中有 2 期要目达到 5000 次以上的分别为《华东政法大学学报》《政法论坛》。另外《法律科学》《法制与社会发展》《南大法学》《中国法律评论》《中国刑事法杂志》各有 1 期达到 5000 次以上。月刊中,2020 年《法学》《政治与法律》分别有 7 期和 1 期达到 5000 次以上;半月刊《法律适用》2020 年有 6 期达到 5000 次以上。

表 4 阅读量 1 万次以上的期刊要目统计

序号	阅读量(次)	期刊名称	标题
1	1.7 万	《法学研究》	《法学研究》2020 年第 4 期目录及内容提要
2	1.5 万	《中国法学》	《中国法学》2020 年第 6 期目录及内容提要
3		《中国法学》	《中国法学》2020 年第 5 期目录及内容提要
4		《法学研究》	《法学研究》2020 年第 6 期目录及内容提要
5		《法学研究》	《法学研究》2020 年第 2 期目录及内容提要
6	1.4 万	《法学研究》	《法学研究》2020 年第 3 期目录及内容提要
7		《法学研究》	《法学研究》2020 年第 1 期目录及内容提要
8		《东方法学》	《东方法学》2020 年第 2 期"女学者"特刊目录
9	1.3 万	《法学研究》	《法学研究》2020 年第 5 期目录及内容提要
10	1.2 万	《中国法学》	《中国法学》2020 年第 3 期目录及内容提要
11	1.1 万	《中国法学》	《中国法学》2020 年第 4 期目录及内容提要
12		《中国法学》	《中国法学》2020 年第 2 期目录及内容提要
13		《东方法学》	《东方法学》2020 年第 4 期(民法典专刊)目录
14		《法学家》	《法学家》2020 年第 6 期目录摘要(总第 183 期)

2.法学文章阅读量达到 1 万次以上有 14 篇,来自《法律适用》等 6 家期刊

从法学文章的推送情况来看,阅读量 5000 次以上的有 97 篇,集中在 22 家期刊。其中,有 3 家期刊阅读量 5000 次以上的文章达到 10 篇,依次为《中国法律评论》23 篇,《法学研究》13 篇,《法律适用》12 篇。有 4 家期刊阅读量 5000 次以上的文章在 5~10 篇,依次为《法学》7 篇,《中国社会科学》6 篇,《中国法学》6 篇,《东方法学》6 篇。

根据表 5,阅读量达到 1 万次以上的法学文章有 14 篇,分别来自 6 家期刊,其中《法律适用》5 篇,《中国法律评论》4 篇,《中国社会科学》2 篇,《法学》《法学研究》和

《中国刑事法杂志》各 1 篇。

表 5　阅读量 1 万次以上的法学文章统计

序号	阅读量(次)	作者	标题	期刊名称和期数
1	3万+	王轶	《民法典》合同编理解与适用的重点问题	《法律适用》2020 年第 19 期
2		周光权	凡刑辩艰难处,皆为刑法学痛点	《中国法律评论》2020 年第 1 期
3		刘贵祥	《民法典》实施的若干理论与实践问题	《法律适用》2020 年第 15 期
4	2~3万(不含)	王泽鉴	中国民法的特色及解释适用	《法律适用》2020 年第 13 期
5		王轶	新冠肺炎疫情、不可抗力与情势变更	《法学》2020 年第 3 期
6		刘燕	"对赌协议"的裁判路径及政策选择——基于 PE/VC 与公司对赌场景的分析	《法学研究》2020 年第 2 期
7	1.5~2万(不含)	陈兴良	论黑社会性质组织的组织特征	《中国刑事法杂志》2020 年第 2 期
8		陈瑞华	企业合规的基本问题	《中国法律评论》2020 年第 1 期
9		申卫星	论数据用益权	《中国社会科学》2020 年第 11 期
10		姜伟、罗智勇、仇晓敏	孙小果再审案所涉及的若干法律问题	《法律适用》2020 年第 22 期
11	1~1.5万(不含)	胡云腾	执法办案如何做到法理情兼顾	《法律适用》2020 年第 17 期
12		王敏远、顾永忠、孙长永	刑事诉讼法三人谈:认罪认罚从宽制度中的刑事辩护	《中国法律评论》2020 年第 1 期
13		赵旭东	公司法修订中的公司治理制度革新	《中国法律评论》2020 年第 3 期
14		丁晓东	论算法的法律规制	《中国社会科学》2020 年第 12 期

三、法学期刊新媒体高发作者及高阅读量作者分析

为进一步研究并分析法学期刊新媒体推文的作者情况,本报告对 42 家法学期

刊微信公众号2020年2499篇推文的作者进行了统计,从作者推文量和推文阅读量情况进行分析。

(一)42家法学期刊微信公众号2020年推文量达到5篇以上的作者有36位

42家法学期刊微信公众号2020年度总推文量2499篇,涉及1763位作者。根据表6,推文量5篇以上的作者36位,其中推文量10篇以上的作者有3位,分别为王利明教授、杨立新教授、崔建远教授;推文量为5~10篇的作者有33位。另外推文量为3~5篇的作者有112位。

表6 推文量3篇以上作者名单

序号	文章量(篇)	作者
1	10+	王利明(15篇)、杨立新(11篇)、崔建远(10篇)
2	5~10(不含)	8篇:刘宪权、刘艳红、张文显 7篇:陈瑞华、吕忠梅、孙宪忠、张明楷 6篇:陈卫东、陈兴良、程啸、郭晔、江溯、李本灿、孙海波、谢鸿飞、张红、张守文、章志远、左卫民 5篇:冯果、韩大元、胡玉鸿、劳东燕、雷磊、李奋飞、马怀德、石冠彬、孙山、田宏杰、王迁、王轶、闫召华、周光权
3	3~5(不含)	4篇:卞建林、曹鎏、曹志勋、丁晓东、房绍坤、高圣平、葛伟军、顾永忠、郭烁、何志鹏、姜涛、蒋悟真、林华、刘磊、刘燕、刘艺、龙宗智、莫纪宏、沈伟、石静霞、孙国祥、汤文平、王钢、王秀梅、王志祥、肖俊、熊樟林、张鹏、章剑生、赵恒、郑少华、朱虎、纵博 3篇:常鹏翱、陈景辉、陈伟、陈璇、程金华、丁茂中、董学立、杜磊、冯晓青、高其才、关保英、郭春镇、韩世远、韩旭、胡明、黄明涛、黄文艺、黄忠、黄忠顺、纪格非、季卫东、姜明安、焦海涛、解正山、黎宏、李敏、李晓安、李永军、李勇、李忠夏、梁根林、刘凯湘、刘明祥、刘银良、龙卫球、罗婷婷、马明亮、孟勤国、聂友伦、彭诚信、秦前红、秦天宝、冉克平、桑本谦、佀化强、孙思琪、孙跃、屠凯、汪海燕、王福华、王贵松、王华伟、王俊、王锴、王敏远、王伟、王旭、王云清、肖建国、谢澍、徐国栋、徐汉明、徐祥民、许德风、杨东、杨巍、杨秀清、叶开儒、喻玲、张海燕、张亮、张伟、张卫平、张运昊、赵磊、郑戈、周佑勇、朱广新、左海聪

(二)42家法学期刊微信公众号2020年推文阅读量在1万次以上的作者有17位

阅读量1万次以上的14篇文章中包括17位作者,其中独立作品12篇,作者分别为王轶教授(2篇)、周光权教授、刘贵祥教授、王泽鉴教授、刘燕教授、陈兴良教授、陈瑞华教授、申卫星教授、胡云腾教授、赵旭东教授、丁晓东教授;合著作品1篇,作者为姜伟法官、罗智勇法官、仇晓敏法官;对话1篇,与谈嘉宾为王敏远教授、顾永忠教授、孙长永教授。

四、法学期刊新媒体传播与期刊引证的互相带动及促进

新媒体背景下,法学期刊的发展面临挑战同时也面临机遇。为进一步研究新媒体快速发展背景下,期刊新媒体与期刊引证之间的相互关系,本报告通过统计 2020 年法学期刊对 2018—2019 年高被引作者 TOP20 以及被引频次 15 次以上的高被引文章在新媒体的传播情况,进行量化分析。

1. 高被引作者与高推文量作者之间显著正相关

通过对 2018—2019 年高被引作者 TOP20 的被引文章量和新媒体平台推送量的对比分析,可以看出高被引作者的被引文章近九成已经在新媒体平台上推送,二者之间有着显著的正相关。根据表 7,刘艳红教授、崔建远教授、陈瑞华教授、吕忠梅教授、丁晓东副教授、程啸教授、高富平教授、张新宝教授 8 位作者 2018—2019 年被引文章全部在新媒体平台推送。

表 7 高被引作者 TOP20 被引文章及新媒体推送情况

序号	TOP20	被引文章量(篇)	新媒体平台推送量(篇)	阅读量(次)/文章量(篇)
1	王利明	32	31	1万+/2
				5000~1万(不含)/8
				3000~5000(不含)/9
				3000(不含)以下/12
2	杨立新	33	28	5000+/4
				3000~5000(不含)/5
				3000(不含)以下/18
3	刘艳红	19	19	1万+/2
				5000~1万(不含)/5
				3000~5000(不含)/10
				3000(不含)以下/2
4	崔建远	17	17	1万+/2
				5000~1万(不含)/3
				3000~5000(不含)/4
				3000(不含)以下/8

（续表）

序号	TOP20	被引文章量(篇)	新媒体平台推送量(篇)	阅读量(次)/文章量(篇)
5	高圣平	17	16	5000+/2
				3000~5000(不含)/8
				3000(不含)以下/6
6	秦前红	18	15	1万+/1
				5000~1万(不含)/2
				3000~5000(不含)/5
				3000(不含)以下/7
7	左卫民	16	15	5000+/4
				3000~5000(不含)/4
				3000(不含)以下/7
8	房绍坤	18	14	3000+/3
				3000(不含)以下/11
9	雷磊	15	13	1万+/1
				5000~1万(不含)/1
				3000~5000(不含)/3
				3000(不含)以下/8
10	张明楷	15	13	5000+/5
				3000~5000(不含)/3
				3000(不含)以下/5
11	陈瑞华	12	12	1万+/4
				5000~1万(不含)/3
				3000~5000(不含)/2
				3000(不含)以下/3
12	刘宪权	17	12	2000+/4
				2000(不含)以下/8
13	吕忠梅	9	9	3000+/3
				3000(不含)以下/6

(续表)

序号	TOP20	被引文章量(篇)	新媒体平台推送量(篇)	阅读量(次)/文章量(篇)
14	丁晓东	8	8	5000+/1
				3000~5000(不含)/6
				3000(不含)以下/1
15	程啸	7	7	5000+/2
				3000~5000(不含)/4
				3000(不含)以下/1
16	高富平	7	7	3000+/2
				3000(不含)以下/5
17	张翔	7	6	1万+/1
				5000~1万(不含)/2
				3000(不含)以下/3
18	张新宝	6	6	5000以上/2
				3000~5000(不含)/4
19	周新	10	4	2000+/1
				2000(不含)以下/3
20	孙长永	5	3	5000+/1
				3000~5000(不含)/2

注：按照高被引作者的新媒体平台推送量降序排列。

2. 高被引文章在新媒体平台的阅读量达到3000次以上的占比44.78%

经过对新媒体平台的调研统计，被引频次15次以上的67篇高被引文章中有52篇曾在新媒体平台被不同的微信公众号推送，占比77.61%。从阅读量来看，3000次以上的有30篇，占67篇高被引文章的44.78%，其中阅读量1万次以上的文章4篇，5000~1万次的文章6篇，3000~5000次的文章20篇。另外阅读量3000次以下的文章22篇。根据表8，阅读量1万次以上的文章集中在《东方法学》《中国刑事法杂志》《比较法研究》3家期刊；阅读量5000~1万次的文章集中在《法律科学》《中国法学》《法学研究》《中外法学》《法学论坛》5家期刊。这些研究多集中在"人工智能""认罪认罚""企业合规""个人信息保护""量刑"等方面。

表 8 新媒体阅读量 5000 次以上的高被引文章

序号	阅读量（次）	作者	高被引文章名	期刊名称和期数
1	1万+	刘艳红	《人工智能法学研究的反智化批判》	《东方法学》2019 年第 5 期
2		苗生明、周颖	《认罪认罚从宽制度适用的基本问题——〈关于适用认罪认罚从宽制度的指导意见〉的理解和适用》	《中国刑事法杂志》2019 年第 6 期
3		陈瑞华	《企业合规制度的三个维度——比较法视野下的分析》	《比较法研究》2019 年第 3 期
4		陈国庆	《量刑建议的若干问题》	《中国刑事法杂志》2019 年第 5 期
5	5000～1 万（不含）	陈兴良	《刑民交叉案件的刑法适用》	《法律科学》2019 年第 2 期
6		孙长永	《认罪认罚从宽制度的基本内涵》	《中国法学》2019 年第 3 期
7		马长山	《智能互联网时代的法律变革》	《法学研究》2018 年第 4 期
8		张新宝	《〈民法总则〉个人信息保护条文研究》	《中外法学》2019 年第 1 期
9		陈瑞华	《刑事诉讼的公力合作模式——量刑协商制度在中国的兴起》	《法学论坛》2019 年第 4 期
10		沈岿	《社会信用体系建设的法治之道》	《中国法学》2019 年第 5 期

随着新媒体时代的不断发展,移动阅读呈上升趋势。以微信公众号为代表的新媒体既可以推送优质内容,又可以进行编者、读者、作者、专家之间围绕学术问题的互动,打造知识社群,增进学术交流与碰撞,不断迸发出新的选题,多方面促进法学期刊的传播与发展。互联网时代背景下,我们要构建多维度的传播视角,注重传统纸媒与新媒体的融合,使法学期刊在新媒体平台的作用下能够迸发出新的创造力。

第二部分 法学期刊引证情况分析

本部分以北大法宝—法学期刊库作为统计源,综合 CLSCI/CSSCIC（2021—2022）(含扩展版)/北大中文核心(2020 版)/AMI 综合(2018 版)评价标准,结合期刊实际出刊情况同时排除历史过刊,选取 196 家期刊作为研究对象,通过对法学专刊、法学集刊、英文刊、高校学报及社科类综合刊2018年、2019年发表的法学文章在2020年的引证统计,分析法学期刊整体被引情况、高被引期刊、高被引文章、高被引作者及所属机构等。

一、2018—2019年法学期刊整体被引情况

196家统计源期刊中包含法学专刊82家、法学集刊55家、高校学报及社科类综合刊55家、英文刊4家。[1]

2018—2019年196家统计源期刊总发文量21281篇,其中被引期刊共161家(法学专刊79家、法学集刊27家、法学英文刊2家、高校学报及社科类综合刊53家),被引文章6708篇,累计被引17622次。从年度情况来看,2018年被引文章3339篇(总占比49.78%),被引频次8757次(总占比49.69%);2019年被引文章3369篇(总占比50.22%),被引频次8865次(总占比50.31%)。通过数据分析,196家期刊2019年相较2018年被引文章上升30篇,被引频次上升108次。

(一)核心期刊被引文章占八成,被引频次占九成

通过对2018—2019年6708篇被引文章进行统计,被引文章以法学核心专刊为主,非核心期刊尤其集刊和英文刊相对较少。如表9所示,161家被引期刊中,核心期刊106家(法学专刊53家、法学集刊7家、高校学报及社科类综合刊46家),被引文章5812篇(总占比86.64%),被引频次16417次(总占比93.16%);非核心期刊55家(法学专刊26家、法学集刊20家、英文刊2家、高校学报及社科类综合刊7家),被引文章896篇(总占比13.36%),被引频次1205次(总占比6.84%)。

表9 2018—2019年各类型期刊被引情况

	期刊类型	统计源(家)	被引期刊(家)	被引文章(篇)	被引文章占比	被引频次(次)	被引频次占比
核心期刊	法学专刊	53	53	4973	74.14%	14643	83.09%
	法学集刊	12	7	54	0.80%	67	0.38%
	高校学报及社科类综合刊	47	46	785	11.70%	1707	9.69%

---

[1] 截至2021年6月25日,北大法宝—法学期刊库已收录期刊246家,综合CLSCI/CSSCI(2021至2022)(含扩展版)/北大中文核心(2020版)/AMI综合(2018版)评价标准,结合实际出刊情况同时排除历史过刊,选取了196家期刊作为统计源,其中有5家期刊名称变更,分别是《甘肃政法学院学报》更名为《甘肃政法大学学报》,《南京大学法律评论》更名为《南大法学》,《贵州警官职业学院学报》更名为《贵州警察学院学报》,《中国海洋法学评论》更名为《中华海洋法学评论》,《福建行政学院学报》更名为《闽台关系研究》。

(续表)

期刊类型		统计源（家）	被引期刊（家）	被引文章（篇）	被引文章占比	被引频次（次）	被引频次占比
非核心期刊	法学专刊	29	26	767	11.43%	1051	5.96%
	法学集刊	43	20	83	1.24%	95	0.54%
	高校学报及社科类综合刊	8	7	43	0.64%	54	0.31%
	英文刊	4	2	3	0.05%	5	0.03%
合计		196	161	6708	100%	17622	100%

(二)法学期刊、高校学报及社科类综合刊被引文章量均有所上升,高校学报及社科类综合刊被引频次略有下降

2019 年法学期刊被引文章量和被引频次均比 2018 年略有上升。2019 年高校学报及社科类综合刊被引文章量比 2018 年略有上升,被引频次比 2018 年略有下降。根据表 10,从被引文章量上看,108 家法学期刊(含法学专刊、法学集刊、英文刊) 2018—2019 年被引文章 5880 篇,其中 2019 年被引文章 2945 篇,占比 50.09%,相较 2018 年(2935 篇)上升 10 篇;53 家高校学报及社科类综合刊(法学文章) 2018—2019 年被引文章 828 篇,其中 2019 年被引文章 424 篇,占比 51.21%,相较 2018 年(404 篇)上升 20 篇。

从被引频次上看,108 家法学期刊(含法学专刊、法学集刊、英文刊) 2018—2019 年被引频次 15861 次,其中 2019 年被引频次 8024 次,相较 2018 年(7837 次)上升 187 次;53 家高校学报及社科类综合刊(法学文章) 2018—2019 年被引频次 1761 次,其中 2019 年被引频次 841 次,相较 2018 年(920 次)下降 79 次。

表 10 2018—2019 年法学期刊、高校学报及社科类综合刊被引情况

期刊类型	统计源（家）	被引期刊（家）	2018 年被引文章（篇）	2019 年被引文章（篇）	2018 年被引频次（次）	2019 年被引频次（次）
法学期刊(法学专刊、法学集刊、英文刊)	141	108	2935	2945	7837	8024
高校学报及社科类综合刊(法学文章)	55	53	404	424	920	841
合计	196	161	3339	3369	8757	8865

(三)被引文章学科分布情况

如图 2 所示,2018—2019 年被引文章涉及 15 个学科,主要集中在民商法学、诉

讼法学、刑法学、理论法学、经济法学、宪法学、司法制度 7 个学科，累计被引频次 14884 次，占比 84.46%。行政法学、知识产权、国际法学、环境法学 4 个学科累计被引频次 2490 次，占比 14.13%。法律史学、劳动与社会保障法学、安全法学、军事法学 4 个学科累计被引频次 248 次，占比 1.41%。

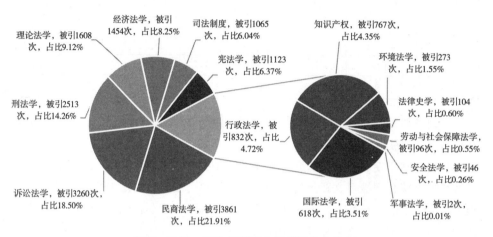

图 2　2018—2019 年被引文章学科分布情况

2019 年累计被引频次 8865 次，相较 2018 年上升 108 次。如图 3 所示，民商法学、诉讼法学、知识产权、国际法学、行政法学、安全法学 6 个学科 2019 年被引频次较 2018 年均略有上升。刑法学、理论法学、经济法学、司法制度、宪法学、环境法学、法律史学、劳动与社会保障法学 8 个学科被引频次 2019 年较 2018 年有所下降。

二、高被引期刊分析

围绕高被引期刊的分析主要从被引频次、被引文章量和篇均引三个维度进行分析。[1] 根据北大法宝的引证统计分析结果，从被引频次看，高被引期刊主要集中在《中国法学》等 26 家法学核心专刊，被引频次均在 200 次以上，约占总体被引量的七成，其中前五位分别为《中国法学》《法学研究》《法学》《政治与法律》《比较法研究》。从被引文章量来看，被引 100 篇以上的有《法学》等 25 家法学专刊，占总体被引文章量的一半以上。从篇均引来看，篇均引 2 次以上的期刊共 20 家，《中国社会科学》《法学研究》《中国法学》篇均引都在 5 次以上。

---

〔1〕 本部分统计说明：因版权原因，《环球法律评论》《政法论丛》《国际经济法学刊》暂未列入高被引期刊分析。

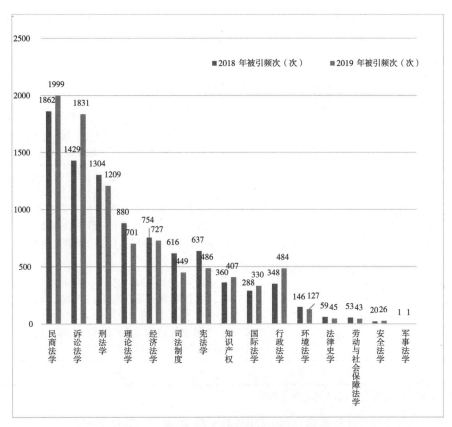

图 3　2018—2019 年各法学学科被引频次变化情况(次)

(一) 高被引期刊被引频次分析

1.高被引期刊集中在《中国法学》等 26 家法学核心专刊,合计被引频次总占比 68.94%

根据引证统计结果,196 家统计源期刊中被引期刊共 161 家,其中 108 家法学期刊(含法学专刊、法学集刊、英文刊)合计被引频次 15861 次;53 家高校学报及社科类综合刊合计被引频次 1761 次。从期刊类型上看,108 家被引法学期刊中包括核心期刊 60 家(占比 55.56%)和非核心期刊 48 家(占比 44.44%)。

根据表 11,被引频次 200 次以上的法学期刊共计 26 家,合计 12149 次,总占比 68.94%。其中被引频次在 600 次以上的共 5 家,分别是《中国法学》《法学研究》《法学》《政治与法律》《比较法研究》,累计 3643 次,其中《中国法学》被引频次最高,908 次。被引频次在 400～599 次的共 12 家,分别是《法律科学》《东方法学》《法学杂志》《法学家》《法学评论》《中国刑事法杂志》《法商研究》《中外法学》《清华法学》《法制与社会发展》《当代法学》《现代法学》,累计 5583 次。被引频次在 200～399

次的共9家,分别是《中国法律评论》《华东政法大学学报》《法律适用(理论应用)》《法学论坛》《河北法学》《政法论坛》《国家检察官学院学报》《知识产权》《行政法学研究》,累计2923次。

表11 2018—2019年法学期刊高被引情况(200次以上)

序号	被引频次(次)	期刊数量(家)	期刊名称[被引频次(次)]
1	600+	5	《中国法学》(908),《法学研究》(783),《法学》(723),《政治与法律》(627),《比较法研究》(602)
2	400~599	12	《法律科学》(543),《东方法学》(539),《法学杂志》(505),《法学家》(500),《法学评论》(463),《中国刑事法杂志》(462),《法商研究》(455),《中外法学》(452),《清华法学》(440),《法制与社会发展》(417),《当代法学》(406),《现代法学》(401)
3	200~399	9	《中国法律评论》(394),《华东政法大学学报》(371),《法律适用(理论应用)》(367),《法学论坛》(359),《河北法学》(326),《政法论坛》(318),《国家检察官学院学报》(296),《知识产权》(255),《行政法学研究》(237)
合计	—	26	12149

注:表中所列期刊按照被引频次降序排序。

2. 高校学报及社科类综合刊中《中国社会科学》被引频次达276次

从期刊类型上看,53家被引的高校学报及社科类综合刊中核心期刊46家(占86.79%),非核心期刊7家(占13.21%)。根据表12,被引频次在30次以上的有21家,合计被引1383次,总占比7.85%,《中国社会科学》被引频次最高,276次。被引频次在50~99次的有《浙江社会科学》等7家,合计501次,总占比2.84%;被引频次在30~49次的有《浙江学刊》等12家,合计504次,总占比2.86%。

表12 2018—2019年高校学报及社科类综合刊高被引情况(30次以上)

序号	被引频次(次)	期刊数量(家)	期刊名称[法学文章被引频次(次)]
1	100+	2	《中国社会科学》(276),《武汉大学学报(哲学社会科学版)》(102)
2	50~99	7	《浙江社会科学》(85),《浙江工商大学学报》(84),《江西社会科学》(80),《河南社会科学》(70),《苏州大学学报(哲学社会科学版)》(67),《暨南学报(哲学社会科学版)》(61),《中州学刊》(54)

(续表)

序号	被引频次(次)	期刊数量(家)	期刊名称[法学文章被引频次(次)]
3	30~49	12	《浙江学刊》(49),《北京航空航天大学学报(社会科学版)》(48),《求是学刊》(47),《重庆大学学报(社会科学版)》(46),《山东大学学报(哲学社会科学版)》(45),《大连理工大学学报(社会科学版)》(45),《广东社会科学》(41),《甘肃社会科学》(41),《上海大学学报(社会科学版)》(39),《理论探索》(39),《学术交流》(32),《行政与法》(32)
合计	—	21	1383

注:表中所列期刊按照被引频次降序排序。

(二)高被引期刊被引文章量分析

1.被引文章100篇以上有《法学》等25家法学期刊,合计被引文章占比53.70%

108家法学期刊的被引文章共5880篇。根据表13,被引文章在100篇以上的共25家,合计被引文章3602篇,总占比53.70%。其中,被引文章在145篇以上的有8家(被引文章1491篇),分别是《法学》《政治与法律》《法律适用(理论应用)》《法学杂志》《河北法学》《中国法学》《法律科学》《法学评论》。《中国法学》被引文章166篇,占其发文量的93.26%。被引文章在100~144篇的有《法商研究》等17家(被引文章2111篇),被引文章在50~99篇的有《行政法学研究》等16家(被引文章1086篇)。

表13 2018—2019年法学期刊被引文章100篇以上情况

序号	被引文章量(篇)	期刊数量(家)	期刊名称[发文量(篇)/被引文章量(篇)]
1	145+	8	《法学》(340/233),《政治与法律》(305/223),《法律适用(理论应用)》(362/201),《法学杂志》(343/196),《河北法学》(389/175),《中国法学》(178/166),《法律科学》(215/150),《法学评论》(201/147)
2	100~144	17	《法商研究》(198/139),《人民司法》(1184/136),《东方法学》(181/131),《法学家》(157/131),《当代法学》(174/128),《中国法律评论》(240/128),《现代法学》(170/127),《知识产权》(233/126),《法学研究》(135/123),《人民检察》(1069/123),《政法论坛》(195/123),《比较法研究》(156/122),《法制与社会发展》(153/120),《华东政法大学学报》(185/119),《中外法学》(156/117),《法学论坛》(196/110),《清华法学》(141/108)

(续表)

序号	被引文章量(篇)	期刊数量(家)	期刊名称[发文量(篇)/被引文章量(篇)]
合计	—	25	7256/3602

注:按照被引文章量降序排序,被引文章量相同按照期刊名称拼音升序排序。

2. 高校学报及社科类综合刊(法学文章)被引文章在20篇以上的有19家,合计被引文章占比7.96%

53家引高校学报及社科类综合刊(法学文章)的被引文章共828篇。根据表14,被引文章20篇以上的有19家,合计534篇,总占比7.96%。其中被引文章在40篇以上的有2家(合计88篇),分别是《江西社会科学》《中国社会科学》,《中国社会科学》被引文章40篇,占其法学文章发文量的97.56%。被引文章在30~39篇的有《浙江社会科学》《武汉大学学报(哲学社会科学版)》《苏州大学学报(哲学社会科学版)》《浙江工商大学学报》4家,合计140篇。被引文章在20~29篇的有《暨南学报(哲学社会科学版)》等13家,合计306篇。

表14　2018—2019年高校学报及社科类综合刊被引文章20篇以上情况

序号	被引文章量(篇)	期刊数量(家)	期刊名称[法学文章发文量(篇)/被引文章量(篇)]
1	40+	2	《江西社会科学》(129/48),《中国社会科学》(41/40)
2	30~39	4	《浙江社会科学》(72/38),《武汉大学学报(哲学社会科学版)》(46/34),《苏州大学学报(哲学社会科学版)》(71/34),《浙江工商大学学报》(60/34)
3	20~29	13	《暨南学报(哲学社会科学版)》(84/28),《河南社会科学》(71/27),《北京航空航天大学学报(社会科学版)》(98/24),《大连理工大学学报(社会科学版)》(58/24),《理论探索》(42/24),《重庆大学学报(社会科学版)》(55/24),《中州学刊》(82/24),《行政与法》(196/23),《山东大学学报(哲学社会科学版)》(48/23),《学术交流》(77/22),《浙江学刊》(43/22),《中南大学学报(社会科学版)》(57/21),《广东社会科学》(48/20)
合计	—	29	1378/534

注:按照被引文章量降序排序,被引文章量相同按照期刊名称拼音升序排序。

(三) 高被引期刊篇均引分析

从2018—2019年篇均引来看,篇均引2次以上的期刊共20家,其中《中国社会科学》6.73次、《法学研究》5.80次、《中国法学》5.10次。

根据表15,法学期刊中,篇均引在4次以上的有3家,分别是《法学研究》《中国法学》《中国刑事法杂志》;篇均引在2～4次的有15家,分别是《比较法研究》《法学家》《清华法学》《东方法学》《中外法学》《法制与社会发展》《法律科学》《现代法学》《当代法学》《法学评论》《法商研究》《国家检察官学院学报》《法学》《政治与法律》《华东政法大学学报》;篇均引在1～2次的有10家,分别是《法学论坛》《行政法学研究》《中国法律评论》《政法论坛》《法学杂志》《交大法学》《法治研究》《知识产权》《法律适用(理论应用)》《财经法学》。

表15 2018—2019年法学期刊篇均引1次以上情况

序号	期刊名称	文章量(篇)	被引频次(次)	篇均引(次)
1	《法学研究》	135	783	5.80
2	《中国法学》	178	908	5.10
3	《中国刑事法杂志》	109	462	4.24
4	《比较法研究》	156	602	3.86
5	《法学家》	157	500	3.19
6	《清华法学》	141	440	3.12
7	《东方法学》	181	539	2.98
8	《中外法学》	156	452	2.90
9	《法制与社会发展》	153	417	2.73
10	《法律科学》	215	543	2.53
11	《现代法学》	170	401	2.36
12	《当代法学》	174	406	2.33
13	《法商研究》	198	455	2.30
14	《法学评论》	201	463	2.30
15	《国家检察官学院学报》	132	296	2.24
16	《法学》	340	723	2.13
17	《政治与法律》	305	627	2.06
18	《华东政法大学学报》	185	371	2.01
19	《法学论坛》	196	359	1.83
20	《行政法学研究》	144	237	1.65
21	《中国法律评论》	240	394	1.64
22	《政法论坛》	195	318	1.63

(续表)

序号	期刊名称	文章量(篇)	被引频次(次)	篇均引(次)
23	《法学杂志》	343	505	1.47
24	《交大法学》	102	116	1.14
25	《法治研究》	165	187	1.13
26	《知识产权》	233	255	1.09
27	《财经法学》	128	129	1.01
28	《法律适用(理论应用)》	362	367	1.01

注:按照期刊篇均引降序排序,篇均引相同的按照期刊名称拼音升序排序。

根据表16,高校学报及社科类综合刊中,《中国社会科学》篇均引6.73次,《武汉大学学报(哲学社会科学版)》篇均引2.22次。另外篇均引在1~2次的期刊有6家,分别是《浙江工商大学学报》《上海大学学报(社会科学版)》《上海师范大学学报(哲学社会科学版)》《浙江社会科学》《浙江学刊》《中南林业科技大学学报(社会科学版)》。

表16　2018—2019年高校学报及社科类综合刊(法学文章)篇均引1次以上情况

序号	期刊名称	文章量(篇)	被引频次(次)	篇均引(次)
1	《中国社会科学》	41	276	6.73
2	《武汉大学学报(哲学社会科学版)》	46	102	2.22
3	《浙江工商大学学报》	60	84	1.40
4	《上海大学学报(社会科学版)》	28	39	1.39
5	《上海师范大学学报(哲学社会科学版)》	12	15	1.25
6	《浙江社会科学》	72	85	1.18
7	《浙江学刊》	43	49	1.14
8	《中南林业科技大学学报(社会科学版)》	13	13	1.00

注:按照期刊篇均引降序排序。

三、高被引文章及学术研究热点分析

通过高被引文章及高被引期刊特色栏目以及研究热点的分析,可以看到二者相辅相成,呈现出高度一致性。学术热点高频词中出现次数较多的是"数据与算法""人工智能""个人信息""民法典""认罪认罚"等,法学期刊中都有策划相应的特色专题栏目。

(一)被引频次在 10 次以上的文章 225 篇,单篇最高被引频次 51 次

2018—2019 年法学期刊被引文章 6708 篇,总被引频次 17622 次。其中被引频次在 10 次(含 10 次)以上的文章共 225 篇,总占比仅 3.35%;合计被引频次 3256 次,总占比 18.48%(表 17)。

表 17　2018—2019 年文章被引频次 10 次以上情况

被引频次(次)	被引文章(篇)	合计被引频次(次)
50+	1	51
40~49	3	128
30~39	3	94
20~29	26	597
10~19	192	2386
合计	225	3256

被引频次 30 次以上的文章共 7 篇。如表 18 所示,被引最多的是程啸教授在《中国社会科学》2018 年第 3 期发表的《论大数据时代的个人数据权利》,被引频次 51 次;第二位是熊秋红教授在《比较法研究》2019 年第 5 期发表的《比较法视野下的认罪认罚从宽制度——兼论刑事诉讼"第四范式"》,被引频次 48 次。被引频次在 30~40 次的文章共 5 篇,合计 174 次。另外,被引频次在 20~29 次的文章共 26 篇,合计 597 次;被引频次在 10~19 次的文章共 192 篇,合计 2386 次。

表 18　2018—2019 年被引频次 30 次以上文章情况

序号	期刊名称	文章名	作者	被引频次(30 次以上)
1	《中国社会科学》	《论大数据时代的个人数据权利》	程啸	51
2	《比较法研究》	《比较法视野下的认罪认罚从宽制度——兼论刑事诉讼"第四范式"》	熊秋红	48
3	《法学论坛》	《刑事诉讼的公力合作模式——量刑协商制度在中国的兴起》	陈瑞华	40
4	《法学研究》	《个人信息保护:从个人控制到社会控制》	高富平	40
5	《中国刑事法杂志》	《量刑建议的若干问题》	陈国庆	32
6	《法学研究》	《智能互联网时代的法律变革》	马长山	31

序号	期刊名称	文章名	作者	被引频次（30次以上）
7	《中国刑事法杂志》	《认罪认罚从宽制度适用的基本问题——〈关于适用认罪认罚从宽制度的指导意见〉的理解和适用》	苗生明、周颖	31

注：按照文章被引频次降序排序，被引频次相同的按照期刊名称拼音升序排序。

（二）高被引文章主要来自《中国法学》《法学研究》等38家期刊，高被引文章在20篇以上的有2家

如表19所示，被引频次10次（含10次）以上的文章共225篇，涉及期刊38家（法学专刊32家，高校学报及社科综合期刊6家）。其中高被引文章（10次以上）在20篇以上的期刊有2家，分别是《中国法学》23篇，被引频次366次；《法学研究》24篇，被引频次395次。高被引文章在10~19篇的期刊共5家，分别是《比较法研究》16篇，被引频次252次；《法学》11篇，被引频次118次；《中国刑事法杂志》11篇，被引频次179次；《中国社会科学》10篇，被引频次169次；《法律科学》10篇，被引频次132次。

表19　2018—2019年被引频次10次以上文章期刊分布情况

序号	高被引文章量（篇）	期刊数量（家）	期刊名称[高被引文章量(篇)]
1	20+	2	《法学研究》(24)，《中国法学》(23)
2	10~19	5	《比较法研究》(16)，《法学》(11)，《中国刑事法杂志》(11)，《中国社会科学》(10)，《法律科学》(10)
3	5~9	14	《东方法学》(9)，《法学家》(9)，《法商研究》(8)，《清华法学》(8)，《法学评论》(7)，《中外法学》(7)，《环球法律评论》(7)，《当代法学》(6)，《法学杂志》(6)，《法制与社会发展》(6)，《国家检察官学院学报》(5)，《现代法学》(5)，《政治与法律》(5)，《中国法律评论》(5)
4	1~4	17	《法学论坛》(4)，《华东政法大学学报》(4)，《政法论坛》(3)，《法律适用（理论应用）》(2)，《行政法学研究》(2)，《大连理工大学学报（社会科学版）》(1)，《法治研究》(1)，《甘肃政法大学学报》(1)，《国际法研究》(1)，《河南社会科学》(1)，《人民司法》(1)，《人权》(1)，《上海大学学报（社会科学版）》(1)，《武汉大学学报（哲学社会科学版）》(1)，《知识产权》(1)，《中国政法大学学报》(1)，《中州学刊》(1)
合计	—	38	225

(三)被引频次10次以上文章集中在民商法学、诉讼法学、刑法学,合计被引频次占比65.11%

2018—2019年被引频次在10次(含10次)以上的文章225篇(被引频次3256次),涉及民商法学、诉讼法学、刑法学、理论法学、经济法学、司法制度、宪法学、行政法学、知识产权、国际法学、环境法学、劳动与社会保障法学共12个学科。

如图4所示,高被引文章(被引10次以上)相对集中在民商法学、诉讼法学、刑法学3个学科,合计被引文章140篇,合计被引频次2120次(占比65.11%)。其中民商法学67篇,被引频次1000次(占比30.71%);诉讼法学42篇,被引频次698次(占比21.44%);刑法学31篇,被引频次422次(占比12.96%)。

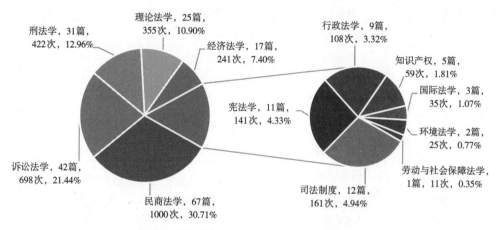

图4 被引频次10次以上文章学科分布情况

(四)被引文章新的学术研究热点为"数据与算法",其他集中在"人工智能""个人信息""民法典"等内容

通过对6708篇被引文章中的26751个关键词进行统计,被引频次在100次以上的高频词共计38个,如表20所示,分别为"人工智能""个人信息""民法典""认罪认罚""大数据""算法""数据""知识产权""法教义学""隐私权""刑事责任""指导性案例"等。

与2020年期刊引证研究相比,被引文章新的学术研究热点为"数据与算法"(含大数据、算法、数据),其他依然相对集中在"人工智能""个人信息""民法典""认罪认罚"四个方面。其中关键词"数据与算法"(含大数据、算法、数据)合计被引频次1429次,合计被引文章265篇;关键词"人工智能"被引频次1134次,被引文章226篇;关键词"个人信息"被引频次1071次,被引文章169篇;关键词"民法典"被引频次1030次,被引文章253篇;关键词"认罪认罚"被引频次859次,被引文章148篇。

表20 被引文章热点关键词情况(100次以上)

序号	关键词	累计被引频次(次)	被引文章量(篇)
1	人工智能	1134	226
2	个人信息	1071	169
3	民法典	1030	253
4	认罪认罚	859	148
5	大数据	612	130
6	算法	431	76
7	数据	386	59
8	知识产权	285	127
9	法教义学	245	64
10	隐私权	241	38
11	刑事责任	211	45
12	指导性案例	210	64
13	"三权"分置	208	43
14	区块链	195	55
15	企业法规	195	38
16	民法总则	191	53
17	值班律师	188	30
18	扫黑除恶	187	57
19	土地经营权	180	31
20	量刑建议	179	21
21	行政诉讼	172	49
22	比例原则	167	53
23	检察机关	164	49
24	合宪性审查	162	50
25	监察法	159	51
26	司法审查	156	49
27	法律监督	150	37
28	缺席审判	146	32
29	司法改革	139	54

(续表)

序号	关键词	累计被引频次(次)	被引文章量(篇)
30	法理	131	29
31	土地承包经营权	131	24
32	正当防卫	131	40
33	法治	128	54
34	正当程序	120	25
35	夫妻债务	120	18
36	法律规制	117	30
37	法益	113	21
38	党内法规	101	45
合计		10745	2437

注:按照关键词被引频次降序排序。

(五)被引文章学术研究热点专题栏目设置情况

学术热点在法学期刊的栏目设置与专题策划上有非常直观的体现。2018—2019年多家期刊通过设置常设栏目或特色专题关注学术研究热点。

根据表21,法学期刊中,有24家开设"民法典"相关特色专题,被引文章138篇,被引频次586次;有19家开设"人工智能"相关特色专题,被引文章85篇,被引频次472次;有20家开设"数据与算法"相关特色专题,被引文章57篇,被引频次331次;有13家开设"认罪认罚"相关特色专题,被引文章47篇,被引频次270次;有14家开设"个人信息"相关特色专题,被引文章33篇,被引频次182次。

《比较法研究》《当代法学》《东方法学》《法学杂志》通过组织专题共同关注了"民法典""人工智能"学术热点,被引文章共88篇。

表21 法学期刊被引文章学术研究热点专题栏目设置情况

序号	热点关键词	期刊名称	热点专题	被引文章量(篇)	累计被引文章量(篇)	累计被引频次(次)
1	民法典	《比较法研究》	民法典编纂	17	138	586
		《财经法学》	财经法治热点:民法典分则编纂/财经法治热点(一):民法典侵权责任编制定/财经法治热点:法典编纂的理论与实践/财经法治热点:民法典人格权编	11		

(续表)

序号	热点关键词	期刊名称	热点专题	被引文章量(篇)	累计被引文章量(篇)	累计被引频次(次)
1	民法典	《当代法学》	民法典编纂专题/民法典编纂专题:"三权分置"政策入法	22	138	586
		《东方法学》	本期关注/本期关注_论担保物权的立法构造	4		
		《法律科学》	绿色民法典专题	4		
		《法商研究》	法治热点问题:聚焦民法典合同编编纂/法治热点问题-聚焦民法典编纂	6		
		《法学家》	视点:民法典编纂研究	5		
		《法学论坛》	特别策划专题二、《民法总则》相关问题研究/热点聚焦	3		
		《法学杂志》	民法合同编专题研究/民法典编纂与商事立法专题/民法典分编修改建议专题/民法典物权编专题	11		
		《法治研究》	专题研究	2		
		《国家检察官学院学报》	主题研讨——民法典编纂背景下的商事立法/主题研讨——民法典分则编纂疑难问题	4		
		《华东政法大学学报》	专题研讨:民法典编纂中的体系与制度构建	4		
		《环球法律评论》	民法典编纂专栏	2		
		《交大法学》	特集:民法典编纂:侵权与违约竞合/特集:农村土地权利在民法典中的重构/特集:信托制度与民法典编纂/特集:人工智能与民法典编纂	10		
		《经贸法律评论》	专题聚焦:中国民法典立法	4		
		《南海法学》	热点聚焦	1		
		《上海政法学院学报》	民法典专论	4		
		《私法》	专题研究:民法法典化	2		

（续表）

序号	热点关键词	期刊名称	热点专题	被引文章量（篇）	累计被引文章量(篇)	累计被引频次（次）
1	民法典	《苏州大学学报（法学版）》	本期聚焦：民法典编纂	4	138	586
		《行政法学研究》	民法与行政法的对话	2		
		《政治与法律》	主题研讨——民法典编纂中的时效问题研究/主题研讨——我国民法典物权编的编纂研究/主题研讨我国民法典草案的完善研究	8		
		《中国不动产法研究》	《农村土地承包法》修改与民法典编纂	1		
		《中国法学》	本期聚焦：个人信息的法律保护	1		
		《中国政法大学学报》	民法典人格权编专题	6		
2	人工智能	《比较法研究》	专题研讨	7	85	472
		《当代法学》	人工智能时代的刑法专题	3		
		《地方立法研究》	人工智能与法	3		
		《电子知识产权》	专题研讨	4		
		《东方法学》	智慧法治/智能法治/智慧司法/2019年世界人工智能大会法治论坛特稿	17		
		《法律方法》	国家社科重大课题专题	1		
		《法律科学》	法律文化与法律价值_科技新时代法学专论/科技新时代法学专论	11		
		《法学》	专题研究	2		
		《法学杂志》	人工智能相关法律问题研究/人工智能的法律规制专题研究/人工智能法治专题	7		
		《法治社会》	专题选登	1		
		《法治研究》	热点观察	1		
		《华东政法大学学报》	信息社会与未来法治/专题研讨-算法社会的治理逻辑	11		
		《环球法律评论》	主题研讨：算法治理与人工智能	1		

(续表)

序号	热点关键词	期刊名称	热点专题	被引文章量(篇)	累计被引文章量(篇)	累计被引频次(次)
2	人工智能	《交大法学》	特集:人工智能与民法典编纂	3	85	472
		《上海政法学院学报》	人工智能法律问题研究/人工智能法律问题	4		
		《时代法学》	本期特稿	1		
		《西南政法大学学报》	人工智能法律问题专栏	1		
		《现代法学》	大数据及人工智能法律问题研究专栏	4		
		《政治与法律》	主题研讨——人工智能的法律调整研究	3		
3	数据与算法	《比较法研究》	专题研讨	2	57	331
		《财经法学》	财经法治热点(一):区块链与大数据/财经法治热点(二):数字经济与法治/财经法治热点:政府数据开放	8		
		《当代法学》	互联网法治专题	1		
		《地方立法研究》	立法大数据	2		
		《电子知识产权》	专题研讨	1		
		《东方法学》	数据规制/智慧法治	3		
		《法律科学》	科技新时代法学专论/法律文化与法律价值_科技新时代法学专论	9		
		《法律适用(理论应用)》	大数据分析	1		
		《法律适用(司法案例)》	大数据分析/大数据案例	2		
		《法学》	专题研究	1		
		《法制与社会发展》	法律与科技研究	3		
		《华东政法大学学报》	信息社会与未来法治/专题研讨-算法社会的治理逻辑	7		
		《环球法律评论》	主题研讨:算法治理与人工智能	2		

（续表）

序号	热点关键词	期刊名称	热点专题	被引文章量（篇）	累计被引文章量(篇)	累计被引频次（次）
3	数据与算法	《交大法学》	特集:数据、信息与民法典编纂	2	57	331
		《经济法论丛》	互联网法治专题	1		
		《清华法学》	专题_迈向数据法学	1		
		《现代法学》	大数据及人工智能法律问题研究专栏	4		
		《知识产权》	专题评述_数据相关法律规制问题探讨	2		
		《中国法律评论》	专论	1		
		《中外法学》	专题:数据治理	4		
4	认罪认罚	《法律适用(理论应用)》	专题研究:关于认罪认罚从宽制度改革背景下的律师有效辩护的探讨/专题研究:关于认罪认罚从宽制度实践探索的探讨/特别策划:认罪认罚从宽制度贯彻落实问题研究	6	47	270
		《法学论坛》	名家主持·认罪认罚从宽及辩护制度改革研究	3		
		《法学杂志》	认罪认罚从宽制度专题	5		
		《法治研究》	专题研究	2		
		《国家检察官学院学报》	主题研讨（一）——2018年《刑事诉讼法》修改与实施/主题研讨——宪法与刑事诉讼视域中的权利保障	2		
		《河南财经政法大学学报》	刑事诉讼法研究	1		
		《江西警察学院学报》	刑事诉讼法学	4		
		《人民检察》	重罪案件适用认罪认罚从宽制度研究专题/修改后刑事诉讼法解读/推进与实施认罪认罚从宽制度	10		
		《人民司法》	特别策划——认罪认罚从宽制度的适用和思考	3		

（续表）

序号	热点关键词	期刊名称	热点专题	被引文章量（篇）	累计被引文章量（篇）	累计被引频次（次）
4	认罪认罚	《政法论丛》	诉讼法热点问题研究/刑事法前沿问题研究	2	47	270
		《政法学刊》	值班律师制度专题	2		
		《中国刑警学院学报》	刑事政策与刑事法律	1		
		《中国刑事法杂志》	刑事诉讼法（修正草案）专题研究/认罪认罚从宽制度专题研究/检察机关刑事诉讼主导责任专题研究	6		
5	个人信息	《电子知识产权》	专题研讨	1	33	182
		《法律适用（理论应用）》	特别策划：关于侵犯公民个人信息罪的若干问题探讨/特别策划：信息网络犯罪的司法适用	6		
		《法学研究》	个人信息使用与保护的法律机制	3		
		《法治现代化研究》	专题研究	1		
		《华东政法大学学报》	信息社会与未来法治	5		
		《交大法学》	特集：数据、信息与民法典编纂	2		
		《清华法学》	专题	1		
		《人民司法》	本期关注	1		
		《上海政法学院学报》	专题研讨	1		
		《行政法学研究》	专论	1		
		《政治与法律》	主题研讨——个人信息法律保护研究	2		
		《中国法学》	本期聚焦：个人信息的法律保护	3		
		《中国刑事法杂志》	侵犯公民个人信息罪专题研究	4		
		《中外法学》	专论	2		

(续表)

序号	热点关键词	期刊名称	热点专题	被引文章量(篇)	累计被引文章量(篇)	累计被引频次(次)
6	检察专题	《犯罪研究》	检察官论坛	9	47	121
		《国家检察官学院学报》	检察专论/主题研讨（二）——2018年《人民检察院组织法》新发展/主题研讨——未成年人刑事检察的制度实践	15		
		《海峡法学》	海峡两岸检察实务专题研讨	2		
		《河南财经政法大学学报》	"检察公益诉讼理论与实践"专题	2		
		《人民检察》	"一带一路"海洋生态检察保护专题/2019年检察工作展望/大检察官研讨班专题/检察官联席会议制度运行与完善专题/检察机关不起诉权的合理适用专题/建国70年：检察理论研究回眸与瞻望征文/融合与发展："四大检察"与新时代法治构建专题/增强检察建议刚性研究专题	14		
		《中国刑事法杂志》	检察机关法定侦查权研究/检察机关刑事诉讼主导责任专题研究	5		
7	行政诉讼	《法律适用(理论应用)》	特别策划：聚焦行政诉讼热点法律问题	5	32	80
		《法治现代化研究》	主题研讨：新时代依法行政新议题	2		
		《人民检察》	行政检查监督制度研究专题	1		
		《人民司法》	行政审判	1		
		《山东法官培训学院学报(山东审判)》	行政司法	1		
		《上海政法学院学报》	行政法专论	1		

(续表)

序号	热点关键词	期刊名称	热点专题	被引文章量（篇）	累计被引文章量（篇）	累计被引频次（次）
7	行政诉讼	《行政法学研究》	2018年行政法学研究会年会专栏/比较行政法/行政处罚/行政复议/行政诉讼/行政诉讼法专题/行政协议专题/民法与行政法的对话	17	32	80
		《政治与法律》	主题研讨——行政诉讼判决方式研究	2		
		《中国法学》	本期聚焦:新中国行政法治发展	2		
8	企业合规	《法学杂志》	企业刑事合规专题	3	8	70
		《河南警察学院学报》	犯罪学视点_国内首家刑事风险防控专业报告	1		
		《中国刑警学院学报》	刑事政策与刑事法律	1		
		《中国刑事法杂志》	刑事合规专题研究	3		
9	"三权"分置	《北方法学》	农地"三权分置"专题研究	2	21	69
		《当代法学》	民法典编纂专题:"三权分置"政策入法	2		
		《法律科学》	土地法律制度专论	3		
		《法律适用（理论应用)》	特别策划:聚焦《土地管理法》修改	1		
		《法学论坛》	名家主持《农村土地承包法修正案》专题研究	3		
		《法学杂志》	土地管理法修正立法研究	4		
		《交大法学》	特集:农村土地权利在民法典中的重构	2		
		《政治与法律》	主题研讨_"三权"分置思想指导下的深化农村土地制度改革的法律问题	3		
		《中国不动产法研究》	《农村土地承包法》修改与民法典编纂	1		

(续表)

序号	热点关键词	期刊名称	热点专题	被引文章量（篇）	累计被引文章量（篇）	累计被引频次（次）
10	监察法	《地方立法研究》	监察立法	1	17	63
		《法学论坛》	名家主持《监察法》实施问题研究	1		
		《法学杂志》	国家监察法专题/国家监察法专题研究/监察法前沿问题研究/监察法实施专题	5		
		《行政法学研究》	国家监察制度	2		
		《华东政法大学学报》	专题研讨	4		
		《人民检察》	修改后刑事诉讼法解读	1		
		《时代法学》	监察法研究专题	1		
		《政法学刊》	《监察法》与《刑事诉讼法》衔接专题研讨	1		
		《政治与法律》	主题研讨——监察体制改革中的职务犯罪调查制度完善	1		
11	刑事缺席审判	《法律适用（理论应用）》	特别策划:刑事缺席审判制度研究	5	16	63
		《法学杂志》	刑事缺席审判制度研究/刑事缺席审判专题	5		
		《国家检察官学院学报》	主题研讨（一）——2018年《刑事诉讼法》修改与实施	1		
		《山东警察学院学报》	刑事诉讼程序研究	1		
		《政治与法律》	主题研讨——刑事缺席审判制度研究	2		
		《中国刑事法杂志》	刑事诉讼法（修正草案）专题研究	2		
			合计		501	2307

注:按照被引频次降序排序,表中所列期刊按照期刊名称拼音升序排序。

根据表22,从高校学报及社科类综合刊中,有9家开设"民法典"相关特色专题,分别是《北京航空航天大学学报(社会科学版)》《甘肃社会科学》《广东社会科学》《河南社会科学》《暨南学报(哲学社会科学版)》《江西社会科学》《武汉大学学报(哲学社会科学版)》《浙江工商大学学报》《中州学刊》,被引文章23篇,被引频次

89次;有12家开设"人工智能"相关特色专题,分别是《北京工业大学学报(社会科学版)》《甘肃社会科学》《华南师范大学学报(社会科学版)》《江西社会科学》《理论探索》《求是学刊》《山东大学学报(哲学社会科学版)》《上海大学学报(社会科学版)》《上海师范大学学报(哲学社会科学版)》《苏州大学学报(哲学社会科学版)》《武汉大学学报(哲学社会科学版)》《浙江社会科学》,被引文章26篇,被引频次78次;有7家开设"个人信息"相关特色专题,分别是《重庆大学学报(社会科学版)》《河南大学学报(社会科学版)》《河南社会科学》《苏州大学学报(哲学社会科学版)》《武汉大学学报(哲学社会科学版)》《浙江工商大学学报》《浙江社会科学》,被引文章12篇,被引频次31次;有5家开设"数据与算法"相关特色专题,分别是《河南社会科学》《理论探索》《上海大学学报(社会科学版)》《武汉大学学报(哲学社会科学版)》《浙江社会科学》,被引文章9篇,被引频次27次。

表22 高校学报及社科类综合刊(法学文章)被引文章学术研究热点专题栏目设置情况

序号	热点关键词	期刊名称	热点专题	被引文章量(篇)	累计被引文章量(篇)	累计被引频次(次)
1	民法典	《北京航空航天大学学报(社会科学版)》	法学论坛_民法典合同编立法研究专题(一)	1	23	89
		《甘肃社会科学》	法学_民法典编纂的体系性问题研究	2		
		《广东社会科学》	民法编纂与适用	6		
			民法典编纂			
		《河南社会科学》	民法典物权编热点问题专题研究	5		
			民法典人格权编专题研究			
		《暨南学报(哲学社会科学版)》	民法典编纂	1		
		《江西社会科学》	学子语类 担保物权立法研讨	1		
		《武汉大学学报(哲学社会科学版)》	法学研究_聚集《民法典》编撰	2		
		《浙江工商大学学报》	学术前沿_"民法典编纂与法学理论新发展"研究专题	2		
		《中州学刊》	法学研究_民法典分则编纂中的物权立法笔谈	3		

(续表)

序号	热点关键词	期刊名称	热点专题	被引文章量（篇）	累计被引文章量（篇）	累计被引频次（次）
2	人工智能	《北京工业大学学报(社会科学版)》	政治与法律研究_人工智能法规专题研究	1	26	78
		《甘肃社会科学》	人工智能与未来法治	1		
		《华南师范大学学报(社会科学版)》	政法论丛：人工智能刑事立法研究专题	3		
		《江西社会科学》	学子语类 人工智能法律规制研究	4		
		《理论探索》	互联网+人工智能法学	2		
		《求是学刊》	人工智能法律问题专论	2		
		《山东大学学报（哲学社会科学版)》	智能社会的挑战与应对	2		
		《上海大学学报(社会科学版)》	中国问题·人工智能与大数据专题	1		
		《上海师范大学学报(哲学社会科学版)》	人工智能与人类社会	2		
		《苏州大学学报(哲学社会科学版)》	人工智能专题研究	3		
		《武汉大学学报(哲学社会科学版)》	法学研究_聚焦人工智能时代的数据与个人信息	2		
		《浙江社会科学》	主题研讨：人工智能的法理与司法应用	3		

(续表)

序号	热点关键词	期刊名称	热点专题	被引文章量（篇）	累计被引文章量（篇）	累计被引频次（次）
3	个人信息	《重庆大学学报（社会科学版）》	法学研究_信息安全法专题研究	2	12	31
		《河南大学学报（社会科学版）》	"新兴（新型）权利法律问题研究：信息权的概念界定与刑法保护"专题	1		
		《河南社会科学》	"数据权利的本原探究与权利保护"专题研究	1		
		《苏州大学学报（哲学社会科学版）》	个人信息保护专题研究	1		
		《武汉大学学报（哲学社会科学版）》	法学研究_聚焦人工智能时代的数据与个人信息	2		
		《浙江工商大学学报》	"信息时代对刑事司法的挑战与应对"研究专题	4		
		《浙江社会科学》	数据·信息法学问题研究	1		
4	数据与算法	《河南社会科学》	"数据权利的本原探究与权利保护"专题研究	3	9	27
		《理论探索》	互联网+人工智能法学	1		
		《上海大学学报（社会科学版）》	中国问题·人工智能与大数据专题	1		
		《武汉大学学报（哲学社会科学版）》	法学研究_聚焦人工智能时代的数据与个人信息	2		
		《浙江社会科学》	数据·信息法学问题研究	2		
5	行政诉讼	《北京航空航天大学学报（社会科学版）》	法学论坛_《行政诉讼法》修改后的法解释学专题	3	7	16
		《行政与法》	行政法研究	3		
			宪法行政法研究			
		《浙江学刊》	主题研讨_行政协议的司法审查	1		

（续表）

序号	热点关键词	期刊名称	热点专题	被引文章量（篇）	累计被引文章量（篇）	累计被引频次（次）
6	检察专题	《浙江工商大学学报》	"检察环境公益诉讼司法疑难问题探究"专题（上）/"检察环境公益诉讼司法疑难问题探究"专题（下）	5	5	9
7	认罪认罚	《浙江工商大学学报》	"刑事辩护研究"专题	1	1	7
8	"三权"分置	《广东社会科学》	土地法制改革	2	4	6
		《苏州大学学报（哲学社会科学版）》	土地问题研究	2		
9	合宪性审查	《苏州大学学报（哲学社会科学版）》	合宪性审查专题研究	4	4	6
		合计			91	269

注：按照被引频次降序排序，表中所列期刊按照期刊名称拼音升序排序。

四、高被引作者及所属研究机构分析

高被引作者分析主要从高被引作者的被引频次、被引文章量、所属机构、职称分布以及期刊分布等进行多维度的深入分析。

（一）被引频次在 30 次以上的高被引作者有 66 位

2018—2019 年被引文章共计 6708 篇，涉及作者 3983 位。被引频次 30 次以上的高被引作者有 66 位，被引文章 622 篇，合计被引频次 3884 次，总占比 22.04%。

如表 23 所示，从被引频次上看，被引频次在 100 次以上的，作者有 7 位，被引文章 136 篇；被引频次在 70~99 次的，作者有 10 位，被引文章 120 篇；被引频次在 60~69 次的，作者有 8 位，被引文章 76 篇；被引频次在 50~59 次的，作者有 10 位，被引文章 82 篇；被引频次在 40~49 次的，作者有 9 位，被引文章 78 篇；被引频次在 30~39 次的，作者有 22 位，被引文章 130 篇。此外，被引频次在 30 次以下的，作者有 3917 位，被引文章 6086 篇。

表 23　被引频次在 30 次以上的作者情况

（按照被引频次降序排序）

被引频次(次)	作者数量(位)	作者情况[被引频次(次)/被引文章(篇)]
100+	7	王利明(189/32)、刘艳红(144/19)、杨立新(140/33)、刘宪权(121/17)、陈瑞华(116/12)、左卫民(112/16)、程啸(102/7)
70～99	10	高圣平(93/17)、丁晓东(87/8)、雷磊(86/15)、张明楷(85/15)、秦前红(82/18)、高富平(77/7)、房绍坤(74/18)、孙长永(71/5)、张翔(71/7)、周新(71/10)
60～69	8	崔建远(69/17)、吕忠梅(66/9)、张新宝(63/6)、马长山(61/8)、陈兴良(60/13)、熊秋红(60/3)、叶名怡(60/7)、周光权(60/13)
50～59	10	张凌寒(58/6)、陈国庆(57/2)、姜涛(57/15)、孙国祥(55/6)、王禄生(54/5)、陈景辉(52/10)、陈卫东(52/10)、郑戈(51/4)、陈金钊(50/14)、李奋飞(50/10)
40～49	9	卞建林(47/11)、张文显(47/7)、龙宗智(46/10)、高铭暄(45/9)、吴汉东(44/8)、季卫东(43/4)、江必新(42/15)、樊崇义(40/10)、沈岿(40/4)
30～39	22	劳东燕(39/8)、苗生明(39/3)、汪海燕(39/8)、郑智航(37/7)、梅夏英(36/4)、张卫平(35/11)、巩固(35/6)、彭诚信(35/7)、孙海波(34/7)、张守文(34/10)、石佳友(33/6)、王贵松(33/6)、陈璇(31/4)、程雷(31/4)、韩大元(31/8)、魏晓娜(31/3)、赵恒(31/3)、单平基(30/4)、黎宏(30/9)、时延安(30/6)、赵宏(30/4)、周汉华(30/2)
合计	66	3884/622

(二)高被引作者来自 32 家研究机构，以教授为主

如表 24 所示，从所属机构来看，66 位作者涉及的研究机构共 32 家。中国人民大学法学院有 18 位，清华大学法学院、中国政法大学各有 7 位，华东政法大学、北京大学法学院各有 4 位，东南大学法学院、上海交通大学凯原法学院各有 3 位，四川大学法学院、最高人民检察院、中国社会科学院法学研究所、天津大学法学院、山东大学法学院、广东外语外贸大学法学院、浙江大学光华法学院和北京师范大学法学院各有 2 位。武汉大学法学院、吉林大学法学院、西南政法大学等 17 家研究机构各有 1 位。

从高被引作者的职称分布来看，66 位作者中有 57 位教授，4 位副教授，2 位研究员，1 位助理研究员，1 位副检察长，1 位厅长。

表 24 被引频次在 30 次以上作者的研究机构分布情况

序号	研究机构	被引频次（次）	作者数量（位）	被引文章量（篇）	作者
1	中国人民大学法学院	978	18	152	王利明教授、杨立新教授、高圣平教授、丁晓东副教授、张翔教授、周新教授、张新宝教授、陈景辉教授、陈卫东教授、李奋飞教授、高铭暄教授、石佳友教授、王贵松教授、陈璇教授、程雷教授、韩大元教授、魏晓娜教授、时延安教授
2	清华大学法学院	424	7	73	程啸教授、张明楷教授、崔建远教授、吕忠梅教授、周光权教授、劳东燕教授、黎宏教授
3	华东政法大学	309	4	46	刘宪权教授、高富平教授、马长山教授、陈金钊教授
4	中国政法大学	264	7	53	雷磊教授、陈景辉教授、卞建林教授、樊崇义教授、汪海燕教授、孙海波副教授、赵宏教授
5	北京大学法学院	250	4	39	陈瑞华教授、陈兴良教授、沈岿教授、张守文教授
6	东南大学法学院	228	3	28	刘艳红教授、王禄生研究员、单平基副教授
7	四川大学法学院	158	2	26	左卫民教授、龙宗智教授
8	上海交通大学凯原法学院	129	3	15	郑戈教授、季卫东教授、彭诚信教授
9	最高人民检察院	92	2	4	陈国庆副检察长、苗生明厅长
10	中国社会科学院法学研究所	90	2	5	熊秋红教授、周汉华研究员
11	天津大学法学院	83	2	28	杨立新教授、张卫平教授
12	武汉大学法学院	82	1	18	秦前红教授
13	吉林大学法学院	74	1	18	房绍坤教授
14	西南政法大学	71	1	5	孙长永教授
15	山东大学法学院	68	2	10	郑智航教授、赵恒助理研究员
16	广东外语外贸大学法学院	66	2	10	周新教授、陈卫东教授

（续表）

序号	研究机构	被引频次（次）	作者数量（位）	被引文章量(篇)	作者
17	上海财经大学法学院	60	1	7	叶名怡教授
18	南京师范大学法学院	57	1	15	姜涛教授
19	浙江大学光华法学院	56	2	8	张文显教授、巩固教授
20	南京大学法学院	55	1	6	孙国祥教授
21	北京师范大学法学院	53	2	12	高铭暄教授、樊崇义教授
22	中南财经政法大学	44	1	8	吴汉东教授
23	东北师范大学政法学院	41	1	4	张凌寒副教授
24	对外经济贸易大学法学院	36	1	4	梅夏英教授
25	中国法学会	26	1	5	张文显教授
26	最高人民法院	25	1	9	江必新教授
27	中南大学法学院	17	1	6	江必新教授
28	北京航空航天大学法学院	16	1	1	张凌寒副教授
29	暨南大学法学院	16	1	2	崔建远教授
30	全国政协社会和法制委员会	11	1	3	吕忠梅教授
31	北京市人民检察院第二分院	4	1	1	苗生明厅长
32	北京科技大学文法学院	1	1	1	张凌寒副教授
	合计	3884	66	622	——

注：①同一作者在不同研究机构发表文章，按照研究机构分开统计。
②按照被引频次降序排列，被引频次相同按研究机构名称拼音升序排序，表中所列作者按照被引频次降序排列。
③作者数量去掉重复数据。

(三)高被引作者的被引文章来自69家期刊

被引频次在30次以上的66位作者的文章涉及的期刊共69家,其中核心期刊62家(法学专刊41家,高校学报及社科类综合刊21家),被引文章606篇,被引频次3841次;非核心期刊7家(均为法学专刊),被引文章16篇,被引频次43次。

如表25所示,法学期刊中被引文章在20篇以上的有12家,分别是《比较法研究》《中外法学》《中国法律评论》《法学研究》《中国法学》《清华法学》《政治与法律》《法学杂志》《国家检察官学院学报》《法学》《法学评论》《中国刑事法杂志》,合计294篇;被引文章在10~19篇之间的有11家,分别是《东方法学》《法律科学》《现代法学》《法学家》《环球法律评论》《法律适用(理论应用)》《法商研究》《法学论坛》《法制与社会发展》《华东政法大学学报》《政法论坛》,合计159篇;被引文章在5~9篇之间的有7家,合计47篇。此外,被引文章在5篇以下的有18家,合计41篇。

表25 法学期刊中高被引作者被引文章5篇以上情况

序号	被引文章量(篇)	期刊数量(家)	期刊名称[作者人数(位)/文章数量(篇)]	被引文章总量(篇)
1	20+	12	《比较法研究》(29/41),《中外法学》(27/30),《中国法律评论》(20/28),《法学研究》(24/25),《中国法学》(23/24),《清华法学》(20/22),《政治与法律》(18/22),《法学杂志》(19/21),《国家检察官学院学报》(19/21),《法学》(19/20),《法学评论》(17/20),《中国刑事法杂志》(15/20)	294
2	10~19	11	《东方法学》(16/19),《法律科学》(17/17),《现代法学》(15/17),《法学家》(15/16),《环球法律评论》(13/14),《法律适用(理论应用)》(5/13),《法商研究》(13/13),《法学论坛》(12/13),《法制与社会发展》(12/13),《华东政法大学学报》(10/12),《政法论坛》(11/12)	159

(续表)

序号	被引文章量（篇）	期刊数量（家）	期刊名称[作者人数（位）/文章数量（篇）]	被引文章总量（篇）
3	5~9	7	《当代法学》(8/8)， 《人民检察》(7/8)， 《上海政法学院学报》(5/8)， 《财经法学》(5/6)， 《交大法学》(5/6)， 《政法论丛》(6/6)， 《法治现代化研究》(5/7)	47

注：按照被引文章量降序排序。

如表 26 所示，高校学报及社科类综合刊（法学文章）中被引文章在 10 篇以上的有 1 家，为《中国社会科学》（11 篇）；被引文章在 5~9 篇的有 6 家，分别是《武汉大学学报（哲学社会科学版）》《河南社会科学》《浙江工商大学学报》《求是学刊》《山东大学学报（哲学社会科学版）》《中州学刊》，合计 39 篇；被引文章在 2~4 篇的有 8 家，合计 25 篇。此外，被引文章 2 篇以下的有 6 家，合计 6 篇。

表 26　高校学报及社科类综合刊中高被引作者被引文章 2 篇以上情况

被引文章量（篇）	期刊数量（家）	期刊名称[作者人数（位）/文章数量（篇）]	被引文章总量（篇）
10+	1	《中国社会科学》(11/11)	11
5~9	6	《武汉大学学报（哲学社会科学版）》(7/9)， 《河南社会科学》(5/7)， 《浙江工商大学学报》(7/7)， 《求是学刊》(4/6)， 《山东大学学报（哲学社会科学版）》(4/5)， 《中州学刊》(4/5)	39
2~4	8	《甘肃社会科学》(3/4)， 《暨南学报（哲学社会科学版）》(4/4)， 《苏州大学学报（哲学社会科学版）》(3/4)， 《北京航空航天大学学报（社会科学版）》(3/3)， 《广东社会科学》(2/3)， 《华南师范大学学报（社会科学版）》(3/3)， 《江西社会科学》(2/2)， 《浙江社会科学》(2/2)	25

注：按照被引文章量降序排序。

第三部分　高影响力法学期刊的共同特征及新变化

本报告通过研究法学期刊的新媒体传播情况以及 2018—2019 年法学期刊在 2020 年的引证情况，发现高影响力法学期刊存在一些共同特征，比如年度总体发文量比较稳定，在栏目策划方面与学术前沿热点问题有着高度的紧密性，针对当下立法热点积极策划推出相关的专栏或者专刊，同时高度关注新学科、新问题，在知识的融合方面和前沿动态的引领方面发挥着重要的作用。随着新媒体的迅猛发展，在新的时代背景下，高影响力法学期刊也呈现出一些新变化和新特征。

一、高影响力法学期刊的选题策划与栏目设计

（一）选题立意关注法治中国建设的重大问题

《中国法学》等 26 家法学核心专刊，被引频次总占比约七成，被引文章总占比五成以上。这些高影响力法学期刊在选题立意方面重点关注法治中国建设的重大问题，例如《中国法学》围绕法治政府建设、社会主义市场经济法治、中外法律史经验、行政法治建设、国际法与"一带一路"法治、新时代网络法治问题研究等选题进行策划，在引领法学前沿、推动法学理论创新和法学研究繁荣方面，发挥着不可替代的重要作用。

（二）策划紧扣法治热点，关注新兴法律问题

法学期刊对于法学学术研究的引领作用，还具体体现在对当下法治热点的敏感捕捉和精准策划。随着现代社会的快速发展尤其伴随着科技的新发展，法学研究也面临新的研究课题，经过本次调研发现，法学期刊、高校学报及社科类综合刊均加强了期刊选题策划和专题栏目设置。这些高影响力法学期刊在关注新领域、研究新问题方面发挥着积极作用，例如通过设置特色专题、特色专栏或专刊等方式，围绕"数据与算法""人工智能""个人信息""民法典""认罪认罚"等学术热点，引领法学研究的方向。

（三）结合各自刊物定位与特色，专注并引领专业领域研究的纵深发展

随着法学研究和法学期刊的繁荣发展，各种特色期刊也不断涌现，自 2015 年以来，《财经法学》《地方立法研究》《中国应用法学》《经贸法律评论》等法学期刊陆续创刊并快速发展。坚持各自办刊特色，可以更好地带动和引领专业特色领域的研究趋势，同时激发并引导更多专业作者进行研究并创作高品质的学术成果。

二、高影响力法学期刊的新媒体平台建设与协同宣传

（一）综合利用新媒体优势，组合进行多种形式特别策划

新媒体传播速度快、传播范围广、及时互动性强等特点和优势为法学期刊的发展带来了新的契机，法学期刊通过搭建高质量水平的新媒体传播平台，综合利用新媒体的优势特点，通过短视频、音频、图文、投票、话题、留言互动等多种方式进行特别策划，丰富并加强编辑、作者及读者之间的互动联系，同时加强学术前沿观点的深度传播，为法学期刊提升综合影响力起到积极的促进作用。

（二）灵活把握最佳宣传时机，提前策划并积极预热宣传

新媒体的灵活性和快捷性为法学期刊的宣传提供了更加便利的方式。法学核心期刊都非常重视通过自有新媒体和第三方平台进行期刊的宣传和学术传播，例如这些高影响力法学期刊通过自有微信公众号提前策划并积极预热宣传新刊目录及优质文章相当于"优先出版"，为广大读者提供法学学术前沿动态的同时，也为期刊赢得了极佳的宣传时机和宣传效果。同时，这些高影响力法学期刊也特别注重利用"北大法律信息网""法学学术前沿"等第三方平台进行多渠道传播，增加曝光度，最终实现良好的新媒体传播效果。

（三）积极挖掘并带动"流量作者"，集合多方力量协同宣传

互联网和新媒体的迅猛发展让"人人都成为自媒体"，法学期刊在新媒体方面也呈现出融合发展的态势。这些高影响力法学期刊由于自身刊物优势，整合并聚集了更多高质量的作者及文章，很多优质的作者是新媒体中自带流量的"大V"，通过积极挖掘和带动"流量作者"，整合期刊的广泛作者和读者资源，集合多方力量协同宣传，也为法学期刊的新媒体宣传提供了良好的精准助力。

三、高影响力法学期刊对青年学者的扶持与特别栏目策划

青年学者代表法学学术研究的未来，是学术期刊持续发展的生力军，是学术共同体发展的中坚力量，也是法学期刊尤其高影响力法学期刊重点关注和扶持的作者群体。被引频次30次以上的66位高被引作者中约有三成为青年学者。法学核心期刊通过刊载青年学者的文章或者开设青年学者相关特色专栏等形式为青年学者的成长以及学术成果的传播提供了优质平台，例如《中外法学》开设"青年"，《行政法学研究》《东方法学》开设"青年论坛"，《法学杂志》开设"青年法苑"，《河北法学》开设"青年法学会"等特色栏目，这些特色栏目的开设为青年学者提供了更优质的学术创作和发展空间，激励和引导着青年学者的成长。

结　语

通过法学期刊新媒体影响力和引证情况的分析,再次印证了法学核心期刊是法学学术研究的重要阵地,在引领和服务中国特色社会主义法治理论研究方面发挥了重要作用,高校学报及社科类综合刊在法学内容的发文和栏目选题策划上逐步加强,相信随着学术期刊质量、编辑策划以及新媒体传播能力的不断提升,法学期刊、高校学报及社科类综合刊中的法学栏目将会为推进习近平新时代中国特色社会主义法治体系建设发挥更大的作用。

【责任编辑:曹伟】

41家法学核心期刊2021年度学术盘点分析

——以北大法宝—法学期刊库为例*

北大法宝法学期刊研究组^{**}

摘要：法学学术期刊作为法学学术研究的主要阵地，分析法学核心期刊学术研究成果具有极其重要的意义。本文以北大法宝—法学期刊库作为数据统计源，统计分析2021年度41家法学核心期刊整体发文情况，归纳和总结学术研究热点、作者及研究机构发文情况。

关键词：法学核心期刊 2021年度 统计分析

导　语

中共中央宣传部、教育部、科技部2021年印发的《关于推动学术期刊繁荣发

收稿日期：2022-05-19

* 统计源：41家法学期刊分别为《北方法学》《比较法研究》《财经法学》《当代法学》《地方立法研究》《东方法学》《法律科学》《法律适用》《法商研究》《法学》《法学家》《法学论坛》《法学评论》《法学研究》《法学杂志》《法制与社会发展》《法治研究》《甘肃政法大学学报》《国际法研究》《国家检察官学院学报》《河北法学》《河南财经政法大学学报》《华东政法大学学报》《交大法学》《科技与法律》《南大法学》《清华法学》《苏州大学学报（法学版）》《现代法学》《行政法学研究》《政法论坛》《政治与法律》《知识产权》《中国法律评论》《中国法学》《中国海商法研究》《中国刑事法杂志》《中国应用法学》《中国政法大学学报》《中外法学》及《中国社会科学》（法学文章）。

** 北大法宝法学期刊研究组成员：刘馨宇、孙妹、曹伟、梁学曾、杨岩、高亚男、张艳霞。刘馨宇，北大法律信息网（北大法宝）编辑部主任；孙妹，北大法律信息网（北大法宝）编辑部副主任；曹伟，北大法宝学术中心副主任；梁学曾，北大法宝编辑；杨岩，北大法宝编辑；高亚男，北大法宝编辑；张艳霞，北大法宝编辑。研究指导：郭叶，北大法律信息网（北大法宝）编辑部副总编。

展的意见》中指出,"学术期刊是开展学术研究交流的重要平台,是传播思想文化的重要阵地,是促进理论创新和科技进步的重要力量。加强学术期刊建设,对于提升国家科技竞争力和文化软实力,构筑中国精神、中国价值、中国力量具有重要作用"。北大法宝—法学期刊库致力于打造智慧学术平台,为学者、学术期刊和学术机构开展学术研究提供智慧化体验。本文以北大法宝—法学期刊库作为数据统计源,梳理并总结2021年法学领域的学术热点,为法学界提供最新的法学学术前沿研究动态。

一、41家法学核心期刊2021年度发文盘点

(一)41家法学核心期刊2021年度总发文量为3469篇,期均发文量为12.4篇

本次数据统计源中41家法学核心期刊2021年度总发文量为3469篇。与2020年度35家法学核心期刊相比,《法商研究》《法学》《法学研究》《华东政法大学学报》《清华法学》《行政法学研究》等12家期刊发文量略有上升;《北方法学》《比较法研究》《当代法学》《东方法学》《法律科学》《法学论坛》等20家期刊发文量略有下降;《法学家》2021年度发文量同2020年度保持一致。从出版周期来看,41家法学核心期刊中,双月刊有32家,月刊有6家,季刊有3家。

如表1所示,32家双月刊中,发文量在100篇以上的有3家,为《法学杂志》《中国法律评论》《中国政法大学学报》;发文量在90篇至99篇的有7家,分别是《法律科学》《法学论坛》《法学评论》《河南财经政法大学学报》《科技与法律》《政法论坛》《中国法学》;发文量在70篇至89篇的有15家,分别为《北方法学》《比较法研究》《当代法学》《东方法学》《法商研究》《法学家》《法学研究》《法治研究》《甘肃政法大学学报》《华东政法大学学报》《清华法学》《现代法学》《行政法学研究》《中国应用法学》《中外法学》;发文量在69篇以下的有7家,分别为《财经法学》《地方立法研究》《法制与社会发展》《国际法研究》《国家检察官学院学报》《南大法学》《中国刑事法杂志》。

6家月刊中,《中国社会科学》仅统计法学文章,共计18篇;发文量在200篇以上的是《法律适用》;发文量在80篇至150篇的有4家,分别是《法学》《河北法学》《政治与法律》《知识产权》。

3家季刊中,《交大法学》发文量为52篇,《苏州大学学报(法学版)》发文量为51篇,《中国海商法研究》发文量为47篇。

表1　2021年度41家法学核心期刊发文情况

（排名不分先后，按照期刊名称拼音排序）

序号	期刊名称	核心标准	出版周期	期数（期）	发文量（篇）	期均发文量（篇）
1	《北方法学》	CSSCI扩展版/北大中文核心	双月刊	6	79	13.2
2	《比较法研究》	CLSCI/CSSCI/北大中文核心	双月刊	6	77	12.8
3	《财经法学》	CSSCI扩展版	双月刊	6	61	10.2
4	《当代法学》	CLSCI/CSSCI/北大中文核心	双月刊	6	81	13.5
5	《地方立法研究》	CSSCI扩展版	双月刊	6	46	7.7
6	《东方法学》	CLSCI/CSSCI/北大中文核心	双月刊	6	85	14.2
7	《法律科学》	CLSCI/CSSCI/北大中文核心	双月刊	6	95	15.8
8	《法律适用》	CSSCI扩展版/北大中文核心	月刊	12	210	17.5
9	《法商研究》	CLSCI/CSSCI/北大中文核心	双月刊	6	85	14.2
10	《法学》	CLSCI/CSSCI/北大中文核心	月刊	12	149	12.4
11	《法学家》	CLSCI/CSSCI/北大中文核心	双月刊	6	78	13
12	《法学论坛》	CLSCI/CSSCI/北大中文核心	双月刊	6	91	15.2
13	《法学评论》	CLSCI/CSSCI/北大中文核心	双月刊	6	98	16.3
14	《法学研究》	CLSCI/CSSCI/北大中文核心	双月刊	6	70	11.7
15	《法学杂志》	CLSCI/CSSCI扩展板/北大中文核心	双月刊	9	111	12.3
16	《法制与社会发展》	CLSCI/CSSCI/北大中文核心	双月刊	6	69	11.5
17	《法治研究》	CSSCI扩展版	双月刊	6	80	13.3

（续表）

序号	期刊名称	核心标准	出版周期	期数（期）	发文量（篇）	期均发文量（篇）
18	《甘肃政法大学学报》	CSSCI 扩展版	双月刊	6	72	12
19	《国际法研究》	CSSCI 扩展版	双月刊	6	41	6.8
20	《国家检察官学院学报》	CSSCI/北大中文核心	双月刊	6	63	10.5
21	《河北法学》	CSSCI 扩展版/北大中文核心	月刊	12	145	12.1
22	《河南财经政法大学学报》	CSSCI 扩展版	双月刊	6	96	16
23	《华东政法大学学报》	CLSCI/CSSCI/北大中文核心	双月刊	6	86	14.3
24	《交大法学》	CSSCI 扩展版	季刊	4	52	13
25	《科技与法律》	CSSCI 扩展版	双月刊	6	95	15.8
26	《南大法学》	CSSCI 扩展版	双月刊	6	57	9.5
27	《清华法学》	CLSCI/CSSCI/北大中文核心	双月刊	6	72	12
28	《苏州大学学报（法学版）》	CSSCI 扩展版	季刊	4	51	12.8
29	《现代法学》	CLSCI/CSSCI/北大中文核心	双月刊	6	82	13.7
30	《行政法学研究》	CLSCI/CSSCI/北大中文核心	双月刊	6	84	14
31	《政法论坛》	CLSCI/CSSCI/北大中文核心	双月刊	6	90	15
32	《政治与法律》	CLSCI/CSSCI/北大中文核心	月刊	12	143	11.9
33	《知识产权》	CSSCI 扩展版/北大中文核心	月刊	12	81	6.8
34	《中国法律评论》	CSSCI	双月刊	6	100	16.7
35	《中国法学》	CLSCI/CSSCI/北大中文核心	双月刊	6	91	15.2
36	《中国海商法研究》	CSSCI 扩展版	季刊	4	47	11.8

(续表)

序号	期刊名称	核心标准	出版周期	期数(期)	发文量(篇)	期均发文量(篇)
37	《中国社会科学》（法学文章）	CLSCI/CSSCI/北大中文核心	月刊	12	18	1.5
38	《中国刑事法杂志》	CLSCI/CSSCI/北大中文核心	双月刊	6	60	10
39	《中国应用法学》	CSSCI扩展版	双月刊	6	80	13.3
40	《中国政法大学学报》	CSSCI扩展版	双月刊	6	115	19.2
41	《中外法学》	CLSCI/CSSCI/北大中文核心	双月刊	6	83	13.8
	合计			279	3469	12.4

（二）文章以民商法学、诉讼法学、刑法学、理论法学4个学科为主，总占比59.9%

41家法学核心期刊2021年度总发文量为3469篇，涉及民商法学、诉讼法学、刑法学、理论法学、经济法学、行政法学、知识产权、国际法学、司法制度和宪法学等14个学科。如图1所示，文章以民商法学、诉讼法学、刑法学和理论法学4个学科为主，合计发文量为2079篇，总占比59.9%。经济法学、行政法学、知识产权、国际法学、司法制度和宪法学6个学科发文量为1202篇，总占比34.6%。法律史学、环境法学、劳动与社会保障法学和安全法学4个学科发文量为188篇，总占比5.4%，学术研究相对更薄弱。

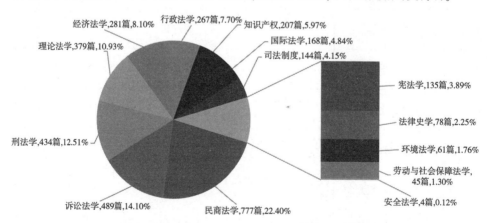

图1　2021年度41家法学核心期刊学科整体分布情况

（三）各刊民商法学文章居多，有17家期刊的民商法学发文量达20篇

从学科分布来看，41家法学核心期刊发文以民商法学文章居多，其他学科侧重点各有不同。具体如表2所示。

表 2 2021 年度 41 家法学核心期刊各刊各学科分布情况(篇)

(排名不分先后,按照期刊名称拼音排序)

期刊名称	民商法学	诉讼法学	刑法学	理论法学	经济法学	行政法学	知识产权	国际法学	司法制度	宪法学	法律史学	环境法学	劳动与社会保障法学	安全法学	合计
《北方法学》	27	16	9	8	4	3	6	2	0	1	0	2	1	0	79
《比较法研究》	27	12	9	6	8	4	1	3	1	3	1	1	1	0	77
《财经法学》	27	4	2	2	14	9	0	0	1	1	0	0	1	0	61
《当代法学》	23	17	9	1	7	3	2	8	2	2	3	3	1	0	81
《地方立法研究》	4	3	1	20	5	5	0	2	0	5	1	0	0	0	46
《东方法学》	18	10	7	21	12	4	1	1	2	2	1	5	1	0	85
《法律科学》	21	11	9	15	10	5	2	3	8	4	5	1	1	0	95
《法律适用》	65	41	27	7	16	9	6	7	27	1	0	3	1	0	210
《法商研究》	16	12	9	14	9	8	2	6	2	2	1	1	3	0	85
《法学》	24	19	28	23	7	16	4	6	6	5	2	1	8	0	149
《法学家》	30	8	14	7	5	5	0	1	0	7	0	0	1	0	78
《法学论坛》	19	12	14	12	9	9	2	5	0	8	0	0	1	0	91
《法学评论》	16	8	13	8	10	11	3	6	3	11	3	5	1	0	98
《法学研究》	18	11	5	7	2	6	5	3	1	8	3	0	1	0	70
《法学杂志》	29	24	9	7	14	8	5	8	2	3	0	2	0	0	111
《法制与社会发展》	12	10	8	20	4	2	0	0	6	5	1	1	0	0	69

(续表)

期刊名称	民商法学	诉讼法学	刑法学	理论法学	经济法学	行政法学	知识产权	国际法学	司法制度	宪法学	法律史学	环境法学	劳动与社会保障法学	安全法学	合计
《法治研究》	19	16	12	7	13	3	1	2	3	2	0	1	1	0	80
《甘肃政法大学学报》	14	9	13	7	5	6	1	4	3	1	2	5	0	2	72
《国际法研究》	1	2	0	0	1	0	0	34	2	1	0	0	0	0	41
《国家检察官学院学报》	12	19	18	0	0	3	0	0	7	2	1	0	1	0	63
《河北法学》	39	16	21	19	11	5	2	12	10	2	2	3	3	0	145
《河南财经政法大学学报》	16	19	9	8	8	8	8	3	4	2	3	3	5	0	96
《华东政法大学学报》	20	14	12	7	5	5	2	3	3	5	8	2	0	0	86
《交大法学》	11	6	5	8	8	4	2	0	2	1	5	0	0	0	52
《科技与法律》	13	1	8	7	19	0	43	2	1	0	0	0	1	0	95
《南大法学》	14	9	5	6	4	4	2	7	1	1	4	0	0	0	57
《清华法学》	25	3	10	10	3	4	1	1	5	4	3	3	0	0	72
《苏州大学学报（法学版）》	9	6	10	6	0	4	3	0	2	5	2	4	0	0	51
《现代法学》	23	7	7	10	14	5	6	2	3	2	1	2	0	0	82
《行政法学研究》	9	12	0	4	1	54	0	0	0	3	0	0	1	0	84
《政法论坛》	17	10	19	13	6	3	1	6	5	3	6	0	1	0	90
《政治与法律》	28	19	38	17	7	7	4	3	8	6	2	1	2	1	143
《知识产权》	2	3	1	0	8	0	67	0	0	0	0	0	0	0	81

（续表）

期刊名称	民商法学	诉讼法学	刑法学	理论法学	经济法学	行政法学	知识产权	国际法学	司法制度	宪法学	法律史学	环境法学	劳动与社会保障法学	安全法学	合计
《中国法律评论》	14	5	10	22	6	12	0	9	2	13	1	1	4	1	100
《中国法学》	18	13	11	21	4	10	2	0	2	4	3	2	1	0	91
《中国海商法研究》	24	6	0	2	0	3	1	10	0	0	0	1	0	0	47
《中国社会科学》（法学文章）	1	0	2	4	2	2	0	3	0	0	4	0	0	0	18
《中国刑事法杂志》	0	33	27	0	0	0	10	0	0	0	0	0	0	0	60
《中国应用法学》	21	21	8	3	3	8	6	1	18	4	0	1	2	0	80
《中国政法大学学报》	34	13	15	11	14	10	6	2	1	6	7	7	0	0	115
《中外法学》	17	9	15	9	3	10	6	3	1	6	3	0	1	0	83
合计	777	489	434	379	281	267	207	168	144	135	78	61	45	4	3469

民商法学文章数量在20篇以上[1]的期刊有17家,分别是《北方法学》《比较法研究》《财经法学》《当代法学》《法律科学》《法律适用》《法学》《法学家》《法学杂志》《河北法学》《华东政法大学学报》《清华法学》《现代法学》《政治与法律》《中国海商法研究》《中国应用法学》《中国政法大学学报》。其中有4家民商法学文章数量在30篇以上,分别为《法律适用》《法学家》《河北法学》《中国政法大学学报》,《法律适用》民商法学文章数量最多,为65篇。

诉讼法学文章数量在15篇以上的期刊有12家,分别是《北方法学》《当代法学》《法律适用》《法学》《法学杂志》《法治研究》《国家检察官学院学报》《河北法学》《河南财经政法大学学报》《政治与法律》《中国刑事法杂志》《中国应用法学》,其中《法律适用》《中国刑事法杂志》因刊物特性,诉讼法学文章数量居多,文章数量分别为41篇和33篇。

刑法学文章数量在15篇以上的期刊有8家,分别是《法律适用》《法学》《国家检察官学院学报》《河北法学》《政法论坛》《政治与法律》《中国刑事法杂志》《中外法学》,其中《政治与法律》刑法学文章数量最多,为38篇。

理论法学文章数量在10篇以上的期刊有15家,分别是《地方立法研究》《东方法学》《法律科学》《法商研究》《法学》《法学论坛》《法制与社会发展》《河北法学》《清华法学》《现代法学》《政法论坛》《政治与法律》《中国法律评论》《中国法学》《中国政法大学学报》。

经济法学文章数量在10篇以上的期刊有11家,分别是《财经法学》《东方法学》《法律科学》《法律适用》《法学评论》《法学杂志》《法治研究》《河北法学》《科技与法律》《现代法学》《中国政法大学学报》。

行政法学文章数量在10篇以上的期刊有6家,分别是《法学》《法学评论》《行政法学研究》《中国法律评论》《中国法学》《中外法学》,其中《行政法学研究》因刊物特性,行政法学文章数量最多,为54篇。

知识产权文章数量在5篇以上的期刊有11家,分别是《北方法学》《法律适用》《法学研究》《法学杂志》《河南财经政法大学学报》《科技与法律》《现代法学》《知识产权》《中国应用法学》《中国政法大学学报》《中外法学》,其中《知识产权》《科技与法律》因刊物特性,知识产权文章数量居多,分别为67篇和43篇。

国际法学文章数量在5篇以上的期刊有13家,分别是《当代法学》《法律适用》《法商研究》《法学》《法学论坛》《法学评论》《法学杂志》《国际法研究》《河北法学》《南大法学》《政法论坛》《中国法律评论》《中国海商法研究》,其中《国际法研究》因刊物特性,国际法学文章数量最多,为34篇。

---

[1] 统计说明:本部分统计均含本数。

(四) 各刊基金项目文章 2261 篇,占比 65.2%;国家社会科学基金项目文章 1354 篇,占比 39%;15 家期刊的基金项目文章占比达 70% 以上

根据表 3 所示,41 家法学核心期刊 2021 年度总发文量为 3469 篇,其中基金项目文章共计 2261 篇,占比 65.2%。与 2020 年相比,法学核心期刊基金项目文章占比基本保持平稳,均达六成以上。基金类型主要涉及中央国家级基金、地方省市级基金、高等院校基金、科研院所基金 4 种,其中中央国家级基金项目文章居多。基金项目文章占比达 70% 以上的期刊有 15 家,分别为《北方法学》《当代法学》《东方法学》《法律科学》《法商研究》《法学》《法学论坛》《法制与社会发展》《国家检察官学院学报》《河北法学》《华东政法大学学报》《现代法学》《行政法学研究》《政治与法律》及《中国社会科学》(法学文章)。其中《北方法学》《法商研究》《法学论坛》《河北法学》《现代法学》《行政法学研究》6 家期刊基金项目文章占比均在 80% 以上。

表3 2021 年度 41 家法学核心期刊基金项目文章情况

(排名不分先后,按照期刊名称拼音排序)

序号	期刊名称	发文量(篇)	基金文献量(篇)	基金项目文章占比
1	《北方法学》	79	66	83.5%
2	《比较法研究》	77	53	68.8%
3	《财经法学》	61	31	50.8%
4	《当代法学》	81	59	72.8%
5	《地方立法研究》	46	23	50.0%
6	《东方法学》	85	61	71.8%
7	《法律科学》	95	68	71.6%
8	《法律适用》	210	51	24.3%
9	《法商研究》	85	69	81.2%
10	《法学》	149	116	77.9%
11	《法学家》	78	52	66.7%
12	《法学论坛》	91	73	80.2%
13	《法学评论》	98	67	68.4%
14	《法学研究》	70	46	65.7%
15	《法学杂志》	111	71	64.0%
16	《法制与社会发展》	69	51	73.9%
17	《法治研究》	80	45	56.3%

(续表)

序号	期刊名称	发文量(篇)	基金文献量(篇)	基金项目文章占比
18	《甘肃政法大学学报》	72	50	69.4%
19	《国际法研究》	41	25	61.0%
20	《国家检察官学院学报》	63	45	71.4%
21	《河北法学》	145	125	86.2%
22	《河南财经政法大学学报》	96	66	68.8%
23	《华东政法大学学报》	86	66	76.7%
24	《交大法学》	52	31	59.6%
25	《科技与法律》	95	54	56.8%
26	《南大法学》	57	36	63.2%
27	《清华法学》	72	45	62.5%
28	《苏州大学学报(法学版)》	51	32	62.7%
29	《现代法学》	82	67	81.7%
30	《行政法学研究》	84	68	81.0%
31	《政法论坛》	90	59	65.6%
32	《政治与法律》	143	113	79.0%
33	《知识产权》	81	44	54.3%
34	《中国法律评论》	100	41	41.0%
35	《中国法学》	91	51	56.0%
36	《中国海商法研究》	47	32	68.1%
37	《中国社会科学》(法学文章)	18	12	66.7%
38	《中国刑事法杂志》	60	36	60.0%
39	《中国应用法学》	80	29	36.3%
40	《中国政法大学学报》	115	75	65.2%
41	《中外法学》	83	57	68.7%
	合计	3469	2261	65.2%

基金项目文章中存在一篇文章获得多种基金项目支持的情况,其中获得中央国家级基金项目支持的文章有1778篇,获得地方省市级基金项目支持的文章有484篇,获得高等院校基金项目支持的文章有448篇,获得科研院所基金项目支持的文

章有27篇,上述4种基金类型之外获得其他基金项目支持的文章有96篇。[1]

表4 2021年度41家法学核心期刊各类基金项目文章情况(篇)

(排名不分先后,按照期刊名称拼音排序)

期刊名称	中央国家级基金项目	高等院校基金项目	地方省市级基金项目	科研院所基金项目	其他基金项目
《北方法学》	53	9	21	1	2
《比较法研究》	39	11	4	1	8
《财经法学》	24	9	6	0	4
《当代法学》	49	12	14	0	1
《地方立法研究》	19	4	5	0	1
《东方法学》	57	10	8	0	2
《法律科学》	64	8	8	0	2
《法律适用》	31	12	23	1	1
《法商研究》	58	17	9	0	2
《法学》	103	26	21	0	5
《法学家》	44	9	6	0	1
《法学论坛》	58	18	16	1	1
《法学评论》	53	16	8	2	5
《法学研究》	35	10	5	0	1
《法学杂志》	54	15	10	2	1
《法制与社会发展》	43	6	9	1	7
《法治研究》	37	6	9	2	1
《甘肃政法大学学报》	40	11	12	1	2
《国际法研究》	23	2	2	1	2
《国家检察官学院学报》	38	14	6	0	1
《行政法学研究》	48	17	19	0	8
《河北法学》	84	20	44	3	7

[1] 统计方法:中央国家级基金分为国家类和部委类、最高人民法院、最高人民检察院和中国法学会等基金,若一篇文章获得多个中央国家级基金项目支持,只记一次;若获得多个地方省市级、高等院校级、科研院所级和其他基金项目支持,则按实际出现的次数计算。

(续表)

期刊名称	中央国家级基金项目	高等院校基金项目	地方省市级基金项目	科研院所基金项目	其他基金项目
《河南财经政法大学学报》	48	12	35	0	2
《华东政法大学学报》	56	17	13	2	5
《交大法学》	21	8	9	0	0
《科技与法律》	37	13	20	1	3
《南大法学》	27	6	9	1	1
《清华法学》	34	8	10	1	2
《苏州大学学报(法学版)》	26	7	3	0	0
《现代法学》	53	8	14	1	1
《政法论坛》	40	23	14	0	1
《政治与法律》	82	23	33	3	5
《知识产权》	33	5	8	1	3
《中国法律评论》	32	7	5	0	1
《中国法学》	48	1	2	0	0
《中国海商法研究》	24	6	7	0	0
《中国社会科学》(法学文章)	11	1	0	0	0
《中国刑事法杂志》	29	7	16	0	1
《中国应用法学》	23	6	5	1	0
《中国政法大学学报》	49	21	15	0	3
《中外法学》	51	7	1	0	3
合计	1778	448	484	27	96

刊载中央国家级基金项目支持的文章50篇以上[1]的期刊有13家,分别是《北方法学》《东方法学》《法律科学》《法商研究》《法学》《法学论坛》《法学评论》《法学杂志》《河北法学》《华东政法大学学报》《现代法学》《政治与法律》《中外法学》。其中《法学》刊载中央国家级基金项目支持的文章103篇,《河北法学》刊载中央国家级基金项目支持的文章84篇。刊载中央国家级基金项目支持的文章30篇至49篇的期刊有18家,分别是《比较法研究》《当代法学》《法律适用》《法学家》《法学研

---

[1] 统计说明:本部分统计均含本数。

究》《法制与发展》《法治研究》《甘肃政法大学学报》《国家检察官学院学报》《河南财经政法大学学报》《科技与法律》《清华法学》《行政法学研究》《政法论坛》《知识产权》《中国法律评论》《中国法学》《中国政法大学学报》。

刊载地方省市级基金项目支持的文章20篇以上的期刊有7家,分别是《北方法学》《法律适用》《法学》《河北法学》《河南财经政法大学学报》《科技与法律》《政治与法律》;10篇至19篇的期刊有11家,分别是《当代法学》《法学论坛》《法学杂志》《甘肃政法大学学报》《华东政法大学学报》《清华法学》《现代法学》《行政法学研究》《政法论坛》《中国刑事法杂志》《中国政法大学学报》。

刊载高等院校基金项目支持的文章20篇以上的期刊有5家,分别是《法学》《河北法学》《政法论坛》《政治与法律》《中国政法大学学报》;10篇至19篇的期刊有15家,分别是《比较法研究》《当代法学》《东方法学》《法律适用》《法商研究》《法学论坛》《法学评论》《法学研究》《法学杂志》《甘肃政法大学学报》《国家检察官学院学报》《河南财经政法大学学报》《华东政法大学学报》《科技与法律》《行政法学研究》。

本次数据统计源中41家法学核心期刊刊载基金项目支持文章中,《中国社会科学》(法学文章)刊载基金项目支持的文章12篇,其中获得中央国家级基金项目支持的文章11篇,获得高等院校基金项目支持的文章1篇。

41家法学核心期刊2021年度刊载国家社会科学基金项目支持的文章共1354篇,总占比39%。基金项目类型主要涉及国家社会科学基金重大/重点项目、国家社会科学基金一般项目、国家社会科学基金青年项目、国家社会科学基金西部项目、国家社会科学基金后期资助项目5种,其中国家社会科学基金重大/重点项目文章最多,共734篇,占比54.2%;国家社会科学基金一般项目、国家社会科学基金青年项目文章相对集中,共557篇,占比41.1%。

如表5所示,刊载国家社会科学基金重大/重点项目支持的文章20篇以上的期刊有17家,分别是《当代法学》《东方法学》《法律科学》《法商研究》《法学》《法学论坛》《法学杂志》《河北法学》《河南财经政法大学学报》《华东政法大学学报》《科技与法律》《现代法学》《行政法学研究》《政治与法律》《中国法律评论》《中国法学》《中外法学》。

表5 2021年度41家法学核心期刊各类国家社会科学基金项目文章(篇)

(排名不分先后,按照期刊名称拼音排序)

期刊名称	国家社会科学基金重大/重点项目	国家社会科学基金一般项目	国家社会科学基金青年项目	国家社会科学基金西部项目	国家社会科学基金后期资助项目
《北方法学》	15	15	7	1	4

（续表）

期刊名称	国家社会科学基金重大/重点项目	国家社会科学基金一般项目	国家社会科学基金青年项目	国家社会科学基金西部项目	国家社会科学基金后期资助项目
《比较法研究》	15	9	5	0	2
《财经法学》	10	4	4	0	1
《当代法学》	25	8	8	1	1
《地方立法研究》	9	4	2	0	0
《东方法学》	31	8	6	0	0
《法律科学》	30	14	6	0	1
《法律适用》	12	3	2	1	1
《法商研究》	20	18	5	0	4
《法学》	37	24	11	0	2
《法学家》	15	8	8	1	0
《法学论坛》	28	6	8	0	1
《法学评论》	17	14	7	0	1
《法学研究》	14	11	5	0	1
《法学杂志》	20	17	3	2	1
《法制与社会发展》	18	7	6	2	1
《法治研究》	19	6	3	1	4
《甘肃政法大学学报》	14	6	4	2	2
《国际法研究》	13	3	2	1	1
《国家检察官学院学报》	13	11	4	0	0
《行政法学研究》	23	6	4	0	2
《河北法学》	21	24	9	3	4
《河南财经政法大学学报》	20	12	4	0	0
《华东政法大学学报》	24	12	6	0	1
《交大法学》	10	4	2	1	0
《科技与法律》	20	5	1	2	1
《南大法学》	6	3	5	0	1
《清华法学》	12	9	9	1	0

（续表）

期刊名称	国家社会科学基金重大/重点项目	国家社会科学基金一般项目	国家社会科学基金青年项目	国家社会科学基金西部项目	国家社会科学基金后期资助项目
《苏州大学学报(法学版)》	11	6	2	0	1
《现代法学》	21	14	4	0	2
《政法论坛》	17	7	4	0	3
《政治与法律》	33	17	4	2	4
《知识产权》	18	4	2	1	2
《中国法律评论》	22	7	0	0	0
《中国法学》	23	12	4	1	0
《中国海商法研究》	12	2	3	0	1
《中国社会科学》(法学文章)	9	1	0	0	0
《中国刑事法杂志》	8	6	4	0	1
《中国应用法学》	8	1	1	0	0
《中国政法大学学报》	19	10	7	0	2
《中外法学》	22	11	7	0	2
合计	734	369	188	23	57

刊载国家社会科学基金一般项目支持的文章 10 篇以上的期刊有 16 家，分别是《北方法学》《法律科学》《法商研究》《法学》《法学评论》《法学研究》《法学杂志》《国家检察官学院学报》《河北法学》《河南财经政法大学学报》《华东政法大学学报》《现代法学》《政治与法律》《中国法学》《中国政法大学学报》《中外法学》。

刊载国家社会科学基金青年项目支持的文章 5 篇以上的期刊有 18 家，分别是《北方法学》《比较法研究》《当代法学》《东方法学》《法律科学》《法商研究》《法学》《法学家》《法学论坛》《法学评论》《法学研究》《法制与社会发展》《河北法学》《华东政法大学学报》《南大法学》《清华法学》《中国政法大学学报》《中外法学》。

本次数据统计源 41 家法学核心期刊刊载国家社会科学基金项目支持的文章中，《中国社会科学》(法学文章) 刊载 10 篇文章，其中获得国家社会科学基金重大/重点项目支持的文章 9 篇，获得国家社会科学基金一般项目支持的文章 1 篇。

二、41家法学核心期刊2021年度学术热点分析

(一)学术热点集中在"个人信息保护""数据治理""民法典""习近平法治思想""算法""担保制度""反垄断""知识产权""认罪认罚从宽"等方面

通过对41家法学核心期刊2021年度总发文量3469篇文章中的10170个关键词进行统计,如表6所示,41家法学核心期刊2021年度学术热点集中在"个人信息保护""数据治理""民法典""习近平法治思想""算法""担保制度""反垄断""知识产权""认罪认罚从宽"等方面,"企业合规""比例原则""人工智能""量刑建议"等内容关注程度相对较高。

词频在10次以上的关键词共120个,其中200次以上的为"个人信息保护""数据治理";100次至199次的为"民法典""习近平法治思想";51次至99次的为"算法""担保制度""反垄断""知识产权""认罪认罚从宽""企业合规""比例原则""人工智能""量刑建议";31次至50次的为"公益诉讼""监察制度""检察制度""人格权""商标""著作权""大数据""请求权""行政复议""反不正当竞争""诈骗罪""公司法""国家治理""法治""作品""公共利益";21次至30次的为"公共卫生""刑事诉讼法""行政处罚""惩罚性赔偿""法典化"等,共计33个;15次至20次的为"法律适用""构成要件""网络犯罪""危险犯""违法性"等,共计17个;10次至14次的为"法理""法律解释""公司治理""人类命运共同体""生态文明""数字经济"等,共计41个。

表6 2021年度41家法学核心期刊热点关键词情况[1]

序号	关键词	数量(个)	词频
1	个人信息保护、数据治理	2	200次以上
2	民法典、习近平法治思想	2	100次至199次
3	算法、担保制度、反垄断、知识产权、认罪认罚从宽	5	71次至99次
4	企业合规、比例原则、人工智能、量刑建议	4	51次至70次
5	公益诉讼、监察制度、检察制度、人格权、商标、著作权、大数据	7	41次至50次

---

[1] 统计说明:本部分热点关键词按照文章中关键词出现次数进行归类统计,例如,个人信息保护涵盖个人信息、隐私、个人信息保护等,数据治理涵盖数据安全、数据治理、数据权益、数据竞争等,民法典涵盖民法典编纂、中国民法典、民法典各分编等。

（续表）

序号	关键词	数量(个)	词频
6	请求权、行政复议、反不正当竞争、诈骗罪、公司法、国家治理、法治、作品、公共利益	9	31次至40次
7	公共卫生、刑事诉讼法、行政处罚、惩罚性赔偿、法典化、法教义学、行政诉讼、合宪性审查、司法解释、保证、损害赔偿、刑法修正案、财产权、区块链、社会治理、国家安全、合法性、基本权利、疫情防控、商业秘密、司法审查、土地承包经营权、刑事辩护、法律规制、生态环境、正当程序、正当防卫、行政行为、连带责任、侵权责任、因果关系、证明责任、智慧司法	33	21次至30次
8	法律适用、构成要件、网络犯罪、危险犯、违法性、信义义务、营商环境、国际法、法律行为、法益、类型化、不起诉、党内法规、地方立法、功能主义、规范性文件、实证研究	17	15次至20次
9	法理、法律解释、公司治理、人类命运共同体、生态文明、数字经济、盗窃罪、个人破产、行政协议、环境法典、立法、社会信用、生物安全、刑事司法、证明标准、公序良俗、合理使用、民事责任、市场支配地位、洗钱罪、党的领导、法律保护、法律监督、行政执法、"三权"分置、司法改革、司法适用、诉讼时效、一般条款、宅基地、逮捕、繁简分流、非法集资、共同犯罪、规制、合同效力、积极刑法观、基因编辑、权利保障、以人民为中心、中美贸易	41	10次至14次
合计		120	

（二）八成以上法学核心期刊关注了"民法典""个人信息保护"

通过对41家法学核心期刊（词频在40次以上）的20个热点关键词的1257篇文章的统计，如表7所示，学术热点在各刊有着不同程度的分布，其中"民法典"关注度最高，文章量为168篇（涉及35家期刊），"个人信息保护"文章量为159篇（涉及39家期刊），"数据治理"文章量为118篇（涉及32家期刊）。

"习近平法治思想""认罪认罚从宽""知识产权""反垄断""人工智能""比例原则""算法""担保制度""企业合规""检察制度""量刑建议""公益诉讼"文章量均在40篇以上。其中"习近平法治思想"文章量为83篇（涉及30家期刊），"认罪认罚从宽"文章量为62篇（涉及25家期刊），"知识产权"文章量为61篇（涉及15家期刊），"反垄断"文章量为60篇（涉及28家期刊），"人工智能"文章量为56篇（涉及26家期刊），"比例原则"文章量为55篇（涉及30家期刊），"算法"文章量为53篇（涉及26家期刊），"担保制度"文章量为47篇（涉及22家期刊），"企业合规"文章量为44篇（涉及19家期刊），"检察制度"文章量为43篇（涉及19家期刊），"量刑建议"文章量为40篇(涉及23家期刊),"公益诉讼"文章量为40篇(涉及20家期刊)。

表7 2021年度41家法学核心期刊学术热点分布情况

(按照关键词文章数量排序,文章数量相同按照关键词拼音排序,

表中所列期刊按期刊名称拼音排序)

序号	关键词	文章量(篇)	期刊名称/文章量(篇)
1	民法典	168	《北方法学》/4、《比较法研究》/7、《财经法学》/3、《当代法学》/8、《地方立法研究》/2、《东方法学》/8、《法律科学》/6、《法律适用》/13、《法商研究》/6、《法学》/6、《法学家》/2、《法学论坛》/3、《法学评论》/5、《法学杂志》/4、《法制与社会发展》/1、《法治研究》/5、《甘肃政法大学学报》/4、《国际法研究》/1、《国家检察官学院学报》/2、《河北法学》/9、《河南财经政法大学学报》/5、《交大法学》/1、《科技与法律》/6、《南大法学》/1、《清华法学》/5、《苏州大学学报(法学版)》/3、《现代法学》/8、《行政法学研究》/5、《政法论坛》/4、《政治与法律》/8、《知识产权》/7、《中国法学》/5、《中国应用法学》/4、《中国政法大学学报》/4、《中外法学》/3
2	个人信息保护	159	《北方法学》/2、《比较法研究》/9、《财经法学》/1、《当代法学》/1、《地方立法研究》/1、《东方法学》/7、《法律科学》/5、《法律适用》/6、《法商研究》/5、《法学》/4、《法学家》/5、《法学论坛》/7、《法学评论》/3、《法学研究》/2、《法学杂志》/6、《法制与社会发展》/4、《法治研究》/3、《甘肃政法大学学报》/1、《国家检察官学院学报》/7、《河北法学》/5、《河南财经政法大学学报》/2、《华东政法大学学报》/7、《交大法学》/1、《科技与法律》/11、《南大法学》/3、《清华法学》/7、《苏州大学学报(法学版)》/3、《现代法学》/4、《行政法学研究》/6、《政法论坛》/4、《政治与法律》/4、《知识产权》/3、《中国法律评论》/1、《中国法学》/3、《中国刑事法杂志》/1、《中国应用法学》/5、《中国社会科学》(法学文章)/1、《中国政法大学学报》/4、《中外法学》/5
3	数据治理	118	《北方法学》/2、《比较法研究》/6、《地方立法研究》/1、《东方法学》/5、《法律科学》/4、《法律适用》/1、《法商研究》/1、《法学》/2、《法学家》/1、《法学论坛》/6、《法学评论》/1、《法学研究》/2、《法学杂志》/6、《法制与社会发展》/1、《法治研究》/7、《甘肃政法大学学报》/1、《国际法研究》/1、《国家检察官学院学报》/4、《行政法学研究》/4、《河北法学》/5、《河南财经政法大学学报》/2、《华东政法大学学报》/1、《科技与法律》/18、《南大法学》/2、《清华法学》/1、《政法论坛》/5、《政治与法律》/5、《知识产权》/5、《中国法学》/2、《中国应用法学》/7、《中国政法大学学报》/5、《中外法学》/4

(续表)

序号	关键词	文章量(篇)	期刊名称/文章量(篇)
4	习近平法治思想	83	《比较法研究》/1、《当代法学》/1、《地方立法研究》/2、《东方法学》/11、《法律科学》/4、《法商研究》/3、《法学》/6、《法学家》/1、《法学论坛》/8、《法学评论》/2、《法学研究》/3、《法学杂志》/2、《法制与社会发展》/3、《甘肃政法大学学报》/1、《国际法研究》/1、《国家检察官学院学报》/2、《河北法学》/1、《河南财经政法大学学报》/4、《华东政法大学学报》/2、《清华法学》/1、《现代法学》/1、《行政法学研究》/1、《政法论坛》/2、《政治与法律》/3、《中国法律评论》/2、《中国法学》/8、《中国海商法研究》/1、《中国社会科学》(法学文章)/1、《中国政法大学学报》/3、《中外法学》/2
5	认罪认罚从宽	62	《北方法学》/2、《比较法研究》/2、《当代法学》/1、《东方法学》/2、《法律科学》/2、《法商研究》/5、《法学》/2、《法学家》/1、《法学论坛》/1、《法学评论》/1、《法学杂志》/4、《法治研究》/3、《甘肃政法大学学报》/1、《国家检察官学院学报》/3、《河北法学》/2、《河南财经政法大学学报》/7、《华东政法大学学报》/3、《交大法学》/1、《现代法学》/2、《政法论坛》/2、《政治与法律》/4、《中国刑事法杂志》/6、《中国应用法学》/2、《中国政法大学学报》/2、《中外法学》/1
6	知识产权	61	《当代法学》/1、《法律适用》/4、《法学》/1、《法学研究》/2、《国际法研究》/1、《河北法学》/1、《河南财经政法大学学报》/2、《华东政法大学学报》/1、《科技与法律》/10、《现代法学》/1、《政治与法律》/1、《知识产权》/25、《中国法学》/1、《中国应用法学》/7、《中国政法大学学报》/3
7	反垄断	60	《北方法学》/3、《比较法研究》/2、《财经法学》/5、《当代法学》/1、《东方法学》/1、《法律科学》/3、《法律适用》/3、《法商研究》/3、《法学》/2、《法学家》/1、《法学论坛》/2、《法学评论》/1、《法学研究》/2、《法学杂志》/1、《法制与社会发展》/1、《法治研究》/7、《甘肃政法大学学报》/1、《河北法学》/1、《河南财经政法大学学报》/1、《华东政法大学学报》/1、《交大法学》/3、《科技与法律》/5、《南大法学》/1、《现代法学》/2、《政治与法律》/1、《知识产权》/4、《中国社会科学》(法学文章)/1、《中国应用法学》/1

（续表）

序号	关键词	文章量(篇)	期刊名称/文章量(篇)
8	人工智能	56	《北方法学》/3、《当代法学》/2、《东方法学》/6、《法律科学》/2、《法律适用》/1、《法商研究》/2、《法学论坛》/1、《法学评论》/2、《法学研究》/1、《法学杂志》/2、《国家检察官学院学报》/1、《河北法学》/1、《河南财经政法大学学报》/1、《华东政法大学学报》/3、《科技与法律》/8、《现代法学》/4、《行政法学研究》/1、《政法论坛》/1、《政治与法律》/1、《知识产权》/2、《中国法学》/3、《中国海商法研究》/1、《中国社会科学》(法学文章)/1、《中国刑事法杂志》/1、《中国应用法学》/2、《中国政法大学学报》/3
9	比例原则	55	《北方法学》/1、《比较法研究》/4、《财经法学》/2、《当代法学》/1、《地方立法研究》/1、《东方法学》/3、《法律科学》/1、《法律适用》/2、《法商研究》/2、《法学》/1、《法学家》/2、《法学论坛》/1、《法学评论》/1、《法学研究》/2、《法制与社会发展》/1、《国际法研究》/1、《河北法学》/4、《华东政法大学学报》/1、《科技与法律》/2、《清华法学》/1、《苏州大学学报(法学版)》/1、《现代法学》/1、《行政法学研究》/2、《政治与法律》/3、《知识产权》/3、《中国法学》/2、《中国社会科学》(法学文章)/1、《中国刑事法杂志》/1、《中国政法大学学报》/3、《中外法学》/4
10	算法	53	《北方法学》/3、《比较法研究》/1、《财经法学》/1、《当代法学》/1、《地方立法研究》/1、《东方法学》/9、《法律科学》/1、《法商研究》/2、《法学》/1、《法学评论》/2、《法学杂志》/2、《法制与社会发展》/1、《法治研究》/2、《甘肃政法大学学报》/1、《河南财经政法大学学报》/1、《华东政法大学学报》/3、《交大法学》/1、《科技与法律》/3、《南大法学》/1、《苏州大学学报(法学版)》/2、《现代法学》/2、《行政法学研究》/1、《政法论坛》/4、《政治与法律》/1、《知识产权》/5、《中国法学》/1
11	担保制度	47	《北方法学》/2、《比较法研究》/5、《财经法学》/3、《东方法学》/1、《法律科学》/1、《法律适用》/10、《法学》/2、《法学家》/3、《法学论坛》/2、《法学研究》/1、《法学杂志》/3、《法治研究》/3、《甘肃政法大学学报》/1、《河北法学》/1、《华东政法大学学报》/1、《清华法学》/2、《现代法学》/1、《政法论坛》/1、《政治与法律》/1、《中国应用法学》/1、《中国政法大学学报》/1、《中外法学》/1

(续表)

序号	关键词	文章量(篇)	期刊名称/文章量(篇)
12	企业合规	44	《北方法学》/2、《比较法研究》/3、《财经法学》/1、《东方法学》/3、《法律科学》/1、《法律适用》/1、《法商研究》/1、《法学家》/1、《法学论坛》/5、《法学研究》/1、《法学杂志》/4、《法治研究》/3、《河北法学》/3、《华东政法大学学报》/1、《交大法学》/1、《行政法学研究》/1、《政法论坛》/1、《政治与法律》/2、《中国刑事法杂志》/9
13	检察制度	43	《财经法学》/1、《法律科学》/1、《法律适用》/2、《法学》/2、《法学论坛》/2、《法学评论》/3、《法学杂志》/3、《法治研究》/3、《甘肃政法大学学报》/1、《国家检察官学院学报》/6、《河北法学》/3、《河南财经政法大学学报》/3、《交大法学》/1、《政法论坛》/1、《政治与法律》/6、《知识产权》/1、《中国海商法研究》/1、《中国刑事法杂志》/2、《中国政法大学学报》/1
14	量刑建议	40	《比较法研究》/1、《东方法学》/2、《法律科学》/1、《法律适用》/1、《法商研究》/3、《法学》/2、《法学家》/1、《法学论坛》/1、《法学研究》/2、《法学杂志》/1、《法制与社会发展》/1、《法治研究》/5、《国家检察官学院学报》/2、《河北法学》/1、《河南财经政法大学学报》/4、《华东政法大学学报》/2、《现代法学》/1、《政法论坛》/1、《政治与法律》/2、《中国法学》/2、《中国刑事法杂志》/2、《中国应用法学》/1、《中外法学》/1
15	公益诉讼	40	《比较法研究》/2、《当代法学》/1、《东方法学》/1、《法律科学》/1、《法律适用》/2、《法商研究》/1、《法学论坛》/1、《法学评论》/1、《法学杂志》/2、《法治研究》/2、《国家检察官学院学报》/7、《河北法学》/5、《河南财经政法大学学报》/3、《华东政法大学学报》/1、《清华法学》/2、《行政法学研究》/2、《中国海商法研究》/2、《中国刑事法杂志》/1、《中国应用法学》/1、《中国政法大学学报》/2
16	大数据	37	《财经法学》/1、《东方法学》/3、《法律科学》/1、《法律适用》/1、《法学家》/1、《法学论坛》/3、《法学杂志》/2、《法治研究》/1、《甘肃政法大学学报》/2、《科技与法律》/3、《南大法学》/1、《现代法学》/2、《行政法学研究》/2、《政法论坛》/2、《知识产权》/1、《中国法学》/1、《中国社会科学》(法学文章)/1、《中国应用法学》/6、《中国政法大学学报》/1、《中外法学》/1

（续表）

序号	关键词	文章量（篇）	期刊名称/文章量（篇）
17	著作权	37	《北方法学》/1、《比较法研究》/1、《法律科学》/1、《法律适用》/1、《法学》/2、《法学论坛》/1、《法学评论》/1、《甘肃政法大学学报》/1、《河南财经政法大学学报》/2、《科技与法律》/7、《南大法学》/1、《清华法学》/1、《苏州大学学报（法学版）》/1、《现代法学》/3、《政治与法律》/1、《知识产权》/10、《中国法学》/1、《中外法学》/1
18	人格权	36	《北方法学》/1、《比较法研究》/3、《当代法学》/2、《东方法学》/1、《法律科学》/4、《法律适用》/2、《法商研究》/2、《法学》/1、《法学家》/2、《法学评论》/2、《法学研究》/1、《法制与社会发展》/1、《国家检察官学院学报》/2、《河北法学》/2、《科技与法律》/1、《清华法学》/1、《行政法学研究》/1、《政法论坛》/1、《知识产权》/3、《中国法学》/2、《中外法学》/1
19	监察制度	31	《北方法学》/2、《法商研究》/3、《法学》/4、《法学论坛》/1、《法学评论》/4、《法学杂志》/2、《法治研究》/3、《甘肃政法大学学报》/1、《河北法学》/3、《河南财经政法大学学报》/1、《华东政法大学学报》/1、《科技与法律》/1、《政法论坛》/1、《政治与法律》/1、《中国法学》/1、《中国刑事法杂志》/1、《中国政法大学学报》/1
20	商标	27	《北方法学》/2、《法学》/1、《法学论坛》/1、《法学研究》/1、《法学杂志》/3、《河南财经政法大学学报》/3、《科技与法律》/3、《现代法学》/1、《政治与法律》/1、《知识产权》/9、《中国应用法学》/1、《中外法学》/1
	合计	1257	

（三）学术热点呈现跨学科趋势

通过对41家法学核心期刊（词频在40次以上）的20个热点关键词在各法学学科中的分布样态进行统计，热点关键词在13个学科领域均有体现。如图2所示，民商法学与热点关键词关联程度较高，主要集中于"个人信息保护""民法典""担保制度""数据治理"等方面研究。理论法学、刑法学及司法制度学科各热点关键词则有所侧重。

通过统计分析，在理论法学、诉讼法学、刑法学、行政法学及司法制度5个学科领域，20个热点关键词比较散见，跨学科研究倾向较为明显，与民商法学、经济法学、知识产权等学科研究态势形成较为鲜明的对比。

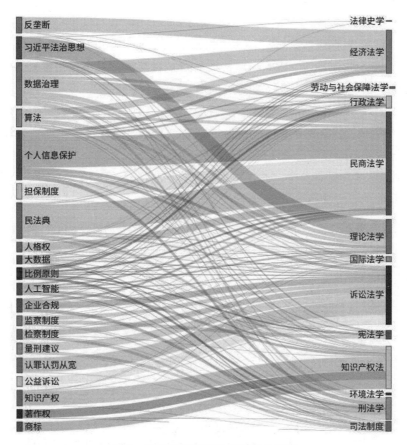

图 2　热点关键词学科关联度分布图

三、学术热点在 41 家法学核心期刊的专题栏目设置体现

学术热点在 41 家法学核心期刊的栏目设置与专题策划上有非常直观的体现,"民法典""习近平法治思想"备受各刊青睐;"个人信息保护""数据治理""知识产权""刑法修正案""反垄断与反不正当竞争""认罪认罚从宽"等,各刊各有侧重。具体如表 8 所示。

有 27 家期刊设有"民法典"相关特色专题,共 149 篇。有 29 家期刊设有"习近平法治思想"相关特色专题,共 103 篇。有 21 家期刊设有"个人信息保护"相关特色专题,共 78 篇。有 11 家期刊设有"数据治理"相关特色专题,共 64 篇。

有 6 家期刊设有"知识产权"相关特色专题,分别是《法律适用》《法商研究》《河南财经政法大学学报》《知识产权》《中国应用法学》《中国政法大学学报》,共 50 篇,其中《知识产权》因刊物特性,2021 年度常设"学术研究_习近平有关知识产权重要论述专项研究"专题。

有 7 家期刊设有"法典化"相关特色专题,分别是《当代法学》《东方法学》《法学评论》《苏州大学学报(法学版)》《政法论坛》《政治与法律》《中国法学》,共 34 篇。其中《东方法学》于 2021 年第 6 期特别策划"法典化"专刊。

有 9 家期刊设有"刑法修正案"相关特色专题,分别是《当代法学》《法学》《法学论坛》《法学杂志》《法治研究》《政法论坛》《政治与法律》《中国法律评论》《中国刑事法杂志》,共 33 篇。有 7 家期刊设有"反垄断与反不正当竞争"相关特色专题,分别是《财经法学》《法律科学》《法律适用》《法商研究》《法治研究》《交大法学》及《中国社会科学》(法学文章),共 33 篇。

表 8　2021 年度 41 家法学核心期刊学术热点专题栏目设置情况

(按照学术热点文章量降序排序,表中所列期刊按期刊名称拼音排序)

序号	关键词	期刊名称	期刊栏目	文章量(篇)	合计(篇)
1	民法典	《北方法学》	部门法专论	7	149
		《比较法研究》	论文	11	
			民法典研究		
			专题研讨		
		《财经法学》	财经法治热点:《民法典》实施	4	
		《当代法学》	民法典与公法对话	18	
			民法典专题		
		《地方立法研究》	民法典	3	
		《东方法学》	民法典适用	8	
		《法律科学》	民法典专题	2	
		《法律适用》	专题研究:民法典担保制度	3	
			专题研究:知识产权保护_最高人民法院关于审理知识产权民事案件司法解释系列解读		
		《法商研究》	法律适用	1	
		《法学家》	评注	11	
			主题研讨:民法典人格权立法的学理阐释		
			主题研讨二:聚焦《民法典》担保制度		
		《法学论坛》	法治前沿	2	

（续表）

序号	关键词	期刊名称	期刊栏目	文章量（篇）	合计（篇）
1	民法典	《法学杂志》	民法典担保制度司法解释的解释与适用	6	149
			民法典适用专题		
		《法制与社会发展》	民法典研究	1	
		《甘肃政法大学学报》	本期专题_民法典专题	5	
			探索争鸣		
			学术观点		
		《国家检察官学院学报》	主题研讨——民法典与商法续造	4	
		《河北法学》	青年法学家	13	
			专题研究民事诉讼法与民法的衔接		
			专题研究·民法典物权编		
		《河南财经政法大学学报》	法治中国	5	
			民法典专题		
		《华东政法大学学报》	专题研讨《民法典》合同编的解释与适用论	6	
			专题研讨 夫妻共同债务的认定与清偿:总结、比较与展望		
		《交大法学》	特集:夫妻共同债务与民法典适用	3	
		《苏州大学学报（法学版）》	本期聚焦:《民法典》重点问题评论	3	
		《现代法学》	《民法典》应用	3	
		《行政法学研究》	2020年行政法学年会	3	
		《政治与法律》	主题研讨——《民法典担保制度司法解释》的理解与适用	6	
			主题研讨——我国《民法典》适用研究		
		《知识产权》	实践探讨_《民法典》有关知识产权条款研究	5	
			学术研究_《知识产权强国建设纲要（2021—2035年）》专项研究		
			学术研究_习近平法治思想专项研究之一		
			学术研究_习近平有关知识产权重要论述专项研究之四		
			专题评述_知识产权惩罚性赔偿研究		

(续表)

序号	关键词	期刊名称	期刊栏目	文章量（篇）	合计（篇）
1	民法典	《中国法学》	民法典解读与适用	9	149
		《中国应用法学》	专题策划二：知识产权惩罚性赔偿研究	4	
			专题策划一：《民法典》适用与解读		
			专题策划一：数据权利保护研究		
		《中外法学》	专题：民法典的理论图景与现实展开	3	
2	习近平法治思想	《比较法研究》	习近平法治思想研究	2	103
		《地方立法研究》	习近平法治思想	1	
		《东方法学》	习近平法治思想研究	11	
		《法律科学》	习近平法治思想研究	4	
			习近平法治思想专论		
		《法律适用》	特稿	4	
		《法商研究》	马克思主义法学与新时代中国特色社会主义法治	3	
		《法学家》	聚焦	1	
		《法学论坛》	名家主持·习近平法治思想的生态文明法治理论研究	9	
			特别策划·习近平法治思想 中国百年法治的跨越		
		《法学评论》	习近平法治思想研究	4	
		《法学研究》	马克思主义法学专论	2	
		《法学杂志》	习近平法治思想的阐释	3	
		《法制与社会发展》	全面依法治国研究	10	
			习近平法治思想研究		
		《甘肃政法大学学报》	习近平法治思想专论	5	
		《国际法研究》	学习习近平法治思想专题	1	
		《国家检察官学院学报》	特稿	1	
		《河北法学》	专论	1	
		《河南财经政法大学学报》	习近平法治思想专栏	4	
		《华东政法大学学报》	法学论坛	2	

（续表）

序号	关键词	期刊名称	期刊栏目	文章量（篇）	合计（篇）
2	习近平法治思想	《现代法学》	习近平法治思想专论	1	103
		《行政法学研究》	习近平法治思想	1	
		《政法论坛》	学习习近平法治思想	4	
		《政治与法律》	主题研讨_习近平法治思想研究	3	
		《知识产权》	学术研究_习近平法治思想专项研究之一	4	
			学术研究_习近平法治思想专项研究之二		
		《中国法律评论》	特稿	2	
		《中国法学》	特稿	9	
			习近平法治思想研究		
		《中国海商法研究》	习近平法治思想研究	1	
		《中国社会科学》（法学文章）	21世纪马克思主义的原创性贡献	1	
		《中国政法大学学报》	习近平法治思想专栏	6	
		《中外法学》	习近平法治思想研究	3	
3	个人信息保护	《北方法学》	部门法专论	1	78
		《比较法研究》	专题研讨	9	
		《东方法学》	智慧法治	6	
		《法商研究》	网络与信息法	3	
		《法学家》	主题研讨一:《个人信息保护法》的阐释与适用	4	
			主题研讨一:个人信息保护与处理的法律应对		
		《法学杂志》	航天法治专题	2	
			信息安全保护专题		
		《法治研究》	司法领域的个人信息保护专题	4	
		《甘肃政法大学学报》	探索争鸣	1	
		《国家检察官学院学报》	主题研讨——个人信息的民法保护体系	5	
		《华东政法大学学报》	数字法治	6	
			专题研讨_数字时代的权利保护与制度变革		

（续表）

序号	关键词	期刊名称	期刊栏目	文章量（篇）	合计（篇）
3	个人信息保护	《清华法学》	专题_个人信息保护法	5	78
		《苏州大学学报（法学版）》	《个人信息保护法》专题研究	3	
		《现代法学》	个人信息保护法专题	2	
		《行政法学研究》	个人信息保护	6	
		《政法论坛》	主题研讨·个人信息保护的法律问题	4	
		《政治与法律》	主题研讨——大数据时代隐私权和个人信息保护研究	3	
		《中国法律评论》	专论一	5	
		《中国法学》	未来法治研究	3	
			学术专论		
		《中国社会科学》（法学文章）	学术基本理论、基本问题、基本概念再反思	1	
		《中国应用法学》	专题策划一：数据权利保护研究	3	
		《中外法学》	专题：数据法治	2	
4	数据治理	《比较法研究》	论文	9	64
		《东方法学》	智慧法治	7	
		《法学论坛》	特别策划·数据安全法律问题	3	
		《法学杂志》	数据要素市场培育的法治路径	4	
			信息安全保护专题		
		《国家检察官学院学报》	主题研讨——刑事司法中的数据安全保护	3	
		《华东政法大学学报》	数字法治	7	
		《南大法学》	专题：数据保护	2	
		《清华法学》	专题_再向数据法学	7	
		《政治与法律》	主题研讨——大数据时代隐私权和个人信息保护研究	6	
			主题研讨——数据交易法律制度研究		
		《中国应用法学》	专题策划一：数据权利保护研究	11	
			专题策划一：司法信息化研究		
		《中外法学》	数据治理	5	
			专题：数据法治		

(续表)

序号	关键词	期刊名称	期刊栏目	文章量（篇）	合计（篇）
5	知识产权	《法律适用》	专题研究:知识产权保护	4	50
			专题研究:知识产权保护_最高人民法院关于审理知识产权民事案件司法解释系列解读		
		《法商研究》	创新型国家与知识产权法	2	
		《河南财经政法大学学报》	知识产权法研究	3	
		《知识产权》	百家争鸣_NPE相关知识产权问题研究	26	
			实践探讨_《民法典》有关知识产权条款研究		
			学术研究_《知识产权强国建设纲要（2021—2035年）》专项研究		
			学术研究_习近平有关知识产权重要论述专项研究之一至之九		
			专题评述_知识产权惩罚性赔偿研究		
		《中国应用法学》	专题策划二:知识产权惩罚性赔偿研究	6	
			专题策划二:知识产权行政执法标准和司法裁判标准统一问题研究		
		《中国政法大学学报》	热点聚焦|国家社科基金重大课题"健全以公平为原则的产权保护制度研究"专题	9	
6	法典化[1]	《当代法学》	环境法典编纂专题	3	34
		《东方法学》	法典理论	13	
			环境法典		
			教育法典		
			劳动法典		
			诉讼法典		
			刑法典		
			行政法典		
		《法学评论》	生态文明与环境法治	6	

---

〔1〕 统计说明:"法典化"热点不包含民法典研究相关文章。

(续表)

序号	关键词	期刊名称	期刊栏目	文章量（篇）	合计（篇）
		《苏州大学学报（法学版）》	本期聚焦：环境法典的编纂	4	34
		《政法论坛》	主题研讨	1	
		《政治与法律》	主题研讨——法典化立法趋向与反思	3	
		《中国法学》	新时代法典化研究	4	
7	刑法修正案	《当代法学》	《刑法修正案（十一）》专题	4	33
		《法学》	《刑法修正案（十一）》专题	8	
		《法学论坛》	特别策划·国家治理现代化视域下的刑事治理	1	
		《法学杂志》	特稿	1	
		《法治研究》	理论前沿	3	
		《政法论坛》	主题研讨	1	
		《政治与法律》	主题研讨——《刑法修正案（十一）》与刑法观念的现代化	3	
		《中国法律评论》	专论一_《刑法修正案（十一）》理解与适用	5	
		《中国刑事法杂志》	《刑法修正案（十一）》专题研究	7	
8	反垄断与反不正当竞争	《财经法学》	财经法治热点：反垄断法治与平台治理	7	33
			财经法治热点：数字时代的法律治理		
		《法律科学》	反垄断法治	4	
		《法律适用》	专题研究一：电子商务平台消费者权益保护	1	
		《法商研究》	法律适用	1	
		《法治研究》	"网络不正当竞争"专题研究	12	
			平台经济领域反垄断专题		
			专题研究		
		《交大法学》	特集：互联网不正当竞争条款的反思与完善	7	
			特集：中国反垄断法的前沿展开		
		《中国社会科学》（法学文章）	新发展格局与高质量发展	1	

(续表)

序号	关键词	期刊名称	期刊栏目	文章量（篇）	合计（篇）
9	认罪认罚从宽	《法律科学》	认罪认罚制度专论	2	26
		《法商研究》	法学争鸣	2	
		《法学杂志》	认罪认罚从宽制度专题	3	
		《国家检察官学院学报》	法学专论	2	
		《华东政法大学学报》	法学论坛	2	
		《河南财经政法大学学报》	司法制度研究	7	
		《政治与法律》	主题研讨——认罪认罚从宽制度的现代化发展研究	3	
		《中国刑事法杂志》	二审认罪认罚从宽制度专题研究	5	
			认罪认罚从宽制度		
10	企业合规	《法学论坛》	名家主持·企业合规与检察改革	4	18
			特别策划_专题二：工程法领域政府治理机制研究		
		《法学研究》	2020年《法学研究》论坛专题	1	
		《法学杂志》	企业合规不起诉专题	4	
		《法治研究》	本刊特稿	1	
		《中国刑事法杂志》	企业合规改革试点专题研究	8	
			企业合规专题研究		
			刑事合规立法研究		
		《法学论坛》	名家主持·企业合规与检察改革	38	
11	检察理论	《法学论坛》	名家主持·企业合规与检察改革	3	18
		《国家检察官学院学报》	检察专论	12	
		《政治与法律》	主题研讨——检察职权优化的法理与限度	3	
12	公司法	《财经法学》	财经法治热点：《公司法》修改研究	4	18
		《法律科学》	公司法修改专题	3	
		《法律适用》	专题研究：关注公司法修改	3	

（续表）

序号	关键词	期刊名称	期刊栏目	文章量（篇）	合计（篇）
12	公司法	《现代法学》	公司法改革	3	18
		《政治与法律》	主题研讨——我国《公司法》修改中的重点问题研究	3	
		《中国法学》	公司法改革	2	
13	担保制度	《法律适用》	专题研究:民法典担保制度	4	13
			专题研究二:关于公司担保问题的探讨		
		《法学家》	主题研讨二:聚焦《民法典》担保制度	3	
		《法学杂志》	民法典担保制度司法解释的解释与适用	3	
		《政治与法律》	主题研讨——《民法典担保制度司法解释》的理解与适用	3	
14	人工智能	《东方法学》	智慧法治	4	10
		《现代法学》	人工智能法治	4	
		《中国法律评论》	专论二	2	
15	行政处罚	《法律科学》	《行政处罚法》实施专题	3	8
		《行政法学研究》	行政处罚法实施	3	
		《中外法学》	专论	2	
16	国家治理	《法学论坛》	特别策划·国家治理现代化视域下的刑事治理	4	8
		《中国社会科学》（法学文章）	国家治理与全球治理	4	
			合计		663

四、41家法学核心期刊 2021 年度作者盘点分析

（一）41家法学核心期刊高产作者49位，发文量为310篇

41家法学核心期刊 2021 年度总发文量为 3469 篇，涉及作者共 2464 位。发文量为 5 篇以上（含本数）的高产作者有 49 位[1]，共计 310 篇。如表 9 所示，其中发文量为 11 篇的有 2 位，分别是陈兴良教授、姜涛教授；发文量为 10 篇的有 2 位，分别

---

[1] 统计说明:《环球法律评论》《政法论丛》因合作版权原因未纳入数据统计源,49 位高产作者中程啸教授、江必新教授、李永军教授、王利明教授、王锡锌教授、周光权教授、丁晓东副教授、许可副教授在《环球法律评论》均发文 1 篇;冉克平教授、田宏杰教授、王利明教授在《政法论丛》均发文 1 篇。

表 9　2021 年度 41 家法学核心期刊高产作者发文情况
（按发文量降序排序，发文量相同的按作者姓名拼音排序）

序号	作者	所属单位	发文量（篇）	期刊名称	刊期	文章名
1	陈兴良	北京大学法学院	11	《法律科学》	2021.04	《虚开增值税专用发票罪的不法性质与司法认定》
				《法商研究》	2021.02	《民法对刑法的影响与刑法对民法的回应》
				《法学》	2021.01	《公共安全犯罪的立法思路嬗变：以〈刑法修正案（十一）〉为视角》
				《法学家》	2021.02	《非法经营罪范围的扩张及其限制——以行政许可为视角的考察》
				《法制与社会发展》	2021.05	《套路贷犯罪研究》
				《法治研究》	2021.03	《网络犯罪的类型及其司法认定》
				《华东政法大学学报》	2021.06	《高利放贷的法律规制：刑民双重视角的考察》
				《清华法学》	2021.01	《虚开增值税专用发票罪：罪名沿革与规范构造》
				《政法论坛》	2021.04	《虚开增值税专用发票罪：性质与界定》
				《中国法律评论》	2021.04	《法学知识的演进与分化——以社科法学与法教义学为视角》
				《中国刑事法杂志》	2021.02	《正当防卫教义学的评析与展开》
2	姜涛	南京师范大学法学院	11	《当代法学》	2021.02	《为风险刑法辩护》
				《东方法学》	2021.02	《基因编辑之刑法规制及其限度》
				《法律科学》	2021.02	《法益衡量中的事实还原运用——刑法解释的视角》
				《国家检察官学院学报》	2021.05	《中国刑法走向何处去：对积极刑法立法观的反思》

（续表）

序号	作者	所属单位	发文量（篇）	期刊名称	刊期	文章名
2	姜涛	南京师范大学法学院	11	《河北法学》	2021.10	《渎职犯罪因果关系的判断方法》
				《清华法学》	2021.06	《监督过失的限缩适用方案》
				《现代法学》	2021.02	《我国生物刑法的困境与出路》
				《政法论坛》	2021.05	《生物刑法与环境刑法分离论之提倡》
				《政治与法律》	2021.05	《需罚性在犯罪论体系中的功能与定位》
				《中国法学》	2021.03	《网络谣言的刑法治理：从宪法的视角》
				《中国刑事法杂志》	2021.03	《新罪之保护法益的证成规则——以侵犯公民个人信息罪的保护法益论证为例》
				《比较法研究》	2021.02	《登记的担保权顺位规则研究——以〈民法典〉第414条分析为中心》
				《当代法学》	2021.01	《人格尊严：民法典人格权编的首要价值》
				《东方法学》	2021.04	《论正常经营买受人规则》
				《法律科学》	2021.01	《〈民法典〉抵押物转让规则新解——兼评〈民法典〉第406条》
3	王利明	中国人民大学法学院	10	《法商研究》	2021.04	《民法典的体系化功能及其实现》
				《法学家》	2021.06	《论〈个人信息保护法〉的亮点、特色与适用》
				《法学家》	2021.01	《担保制度的现代化：对〈民法典〉第388条第1款的评析》
				《法学评论》	2021.02	《和而不同：隐私权与个人信息的规则界分和适用》
				《法学杂志》	2021.08	《论第三人代为履行——以〈民法典〉第524条为中心》
				《华东政法大学学报》	2021.03	《论"存疑推定为保证"——以债务加入与保证的区分为中心》

(续表)

序号	作者	所属单位	发文量（篇）	期刊名称	刊期	文章名
4	张明楷	清华大学法学院	10	《比较法研究》	2021.06	《袭警罪的基本问题》
				《东方法学》	2021.06	《刑法的解法典化与再法典化》
				《法商研究》	2021.01	《刑法学中的概念使用与创制》
				《法学》	2021.02	《〈刑法修正案（十一）〉对司法解释的否认及其问题解决》
				《法学家》	2021.01	《论实质的法益概念——对法益概念的立法批判机能的肯定》
				《法学评论》	2021.02	《通过职务行为套取补偿款的行为性质》
				《清华法学》	2021.01	《加重情节的作用变更》
				《政法论坛》	2021.04	《刑法修正案与刑法典化》
				《政治与法律》	2021.01	《挪用公款罪的数额计算》
				《中国刑事法杂志》	2021.05	《协助组织卖淫罪的重要问题》
5	江必新	中南大学法学院	9	《法律科学》	2021.05	《贯彻〈行政处罚法〉需重点把握的几个问题》
				《法学》	2021.09	《习近平法治思想关于法治中国建设相关论述的理论建树和实践发展》
				《法学论坛》	2021.01	《贯彻习近平法治思想建设高质量的法治中国的制度体系》
				《法学评论》	2021.02	《习近平法治思想对宪法理论和实践的发展创新》
				《法学研究》	2021.02	《习近平法治思想中的法治监督理论》
				《行政法学研究》	2021.04	《习近平法治思想中的法治政府建设理论研究》

(续表)

序号	作者	所属单位	发文量(篇)	期刊名称	刊期	文章名
5	江必新	中南大学法学院	9	《中国政法大学学报》	2021.02	《习近平法治思想之宪法理论研究论纲》
		全国人大宪法和法律委员会		《中国政法大学学报》	2021.06	《行政复议制度的改革与完善——基于制度分析的理论框架》
				《中国法律评论》	2021.06	《刑行民交叉疑难问题研究》
6	刘宪权	华东政法大学	9	《比较法研究》	2021.02	《〈刑法修正案（十一）〉中法定刑的调整与适用》
				《东方法学》	2021.02	《人工智能时代证券期货市场刑事风险的演变》
				《法律科学》	2021.04	《网络支付环境下涉信用卡犯罪对象新解》
				《法学》	2021.01	《金融犯罪最新刑事立法论评》
				《法学杂志》	2021.09	《最新刑法修正案司法适用疑难问题研究》
				《法治研究》	2021.06	《网络数据犯罪刑法规制体系的构建》
				《国家检察官学院学报》	2021.01	《网络黑灰产"上游犯罪"的刑法规制》
				《华东政法大学学报》	2021.01	《涉人工智能产品犯罪刑事责任的归属与性质认定》
				《政治与法律》	2021.04	《跨境证券犯罪刑事管辖及法律适用探讨》
7	刘艳红	东南大学法学院	9	《比较法研究》	2021.01	《积极预防性刑法观的中国实践发展——以〈刑法修正案（十一）〉为视角的分析》
				《当代法学》	2021.04	《洗钱罪删除"明知"要件后的理解与适用》
				《法制与社会发展》	2021.02	《刑法的根基与信仰》

（续表）

序号	作者	所属单位	发文量（篇）	期刊名称	刊期	文章名
7	刘艳红	东南大学法学院	9	《甘肃政法大学学报》	2021.04	《TQM 视域下"双一流"高校硕士学位论文全流程质量监管体系探索——以 G 省 2019 年硕士学位论文抽检评议结果为样本》
				《东方法学》	2021.05	《人工智能法学的"时代三问"》
		中国政法大学		《法律科学》	2021.05	《法秩序统一原理下侵害英雄烈士名誉、荣誉罪的保护对象研究》
				《法学论坛》	2021.05	《民刑共治：国家治理体系与治理能力现代化路径》
				《现代法学》	2021.04	《法秩序统一原理下未成年人保护的刑民衔接适用》
				《政治与法律》	2021.07	《化解积极刑法观正当性危机的有效立法——〈刑法修正案（十一）〉生物安全犯罪立法总置评》
8	程啸	清华大学法学院	8	《比较法研究》	2021.03	《论我国民法典中的人格权禁令制度》
				《财经法学》	2021.03	《论我国〈民法典〉及其司法解释中的保证期间》
				《法律适用》	2021.12	《论我国个人信息保护法中的查阅复制权》
				《法学家》	2021.06	《论个人信息共同处理者的民事责任》
				《法学评论》	2021.05	《论死者个人信息的保护》
				《国家检察官学院学报》	2021.05	《论我国个人信息保护法的基本原则》
				《清华法学》	2021.03	《论我国个人信息保护法中的个人信息处理规则》
				《中国法律评论》	2021.05	《侵害个人信息权益的侵权责任》

（续表）

序号	作者	所属单位	发文量（篇）	期刊名称	刊期	文章名
9	李建伟	中国政法大学	8	《当代法学》	2021.01	《股东查阅会计账簿的"不正当目的"抗辩研究——〈公司法〉第33条第2款的法教义学分析》
				《法律科学》	2021.03	《公司认可生效主义股权变动模式——以股权变动中的公司意思为中心》
				《法商研究》	2021.06	《关联公司法人人格否认的实证研究》
				《法学杂志》	2021.07	《决议行为特殊效力规则的民法解释》
				《河南财经政法大学学报》	2021.06	《民法典背景下商法内在体系的建构》
				《现代法学》	2021.06	《授权资本发行制与认缴制的融合——公司资本制度的变革及公司法修订选择》
				《政治与法律》	2021.11	《法源意义上的习惯与习惯法合一论——以商事习惯法为视角的研究》
				《中外法学》	2021.02	《法院如何支持股东的抽象股利分配请求——来自197份商事裁决书的类型化分析》
10	杨立新	兰州大学民法典研究院 中国人民大学法学院	8	《河南财经政法大学学报》	2021.02	《〈民法典〉对媒体行为及责任的规范》
				《东方法学》	2021.04	《自甘风险：本土化的概念定义、类型结构与法律适用——以白银山地马拉松赛体育事故为视角》
				《法律适用》	2021.10	《利用个人信息自动化决策的知情同意规则及保障个性化广告为视角的解读〈个人信息保护法〉第24条规定》
				《法学论坛》	2021.05	《侵权损害赔偿定期金规则的欠缺与具体适用》
				《国家检察官学院学报》	2021.05	《个人信息处理者侵害个人信息权益的民事责任》

（续表）

序号	作者	所属单位	发文量（篇）	期刊名称	刊期	文章名
10	杨立新	中国人民大学法学院	8	《河北法学》	2021.09	《同性同居者与其所生子女的亲子关系认定——依照〈民法典〉规定的亲子关系规则之解读》
				《现代法学》	2021.04	《侵权责任：排徊在债与责任之间的立法价值》
				《中国应用法学》	2021.03	《保障人工辅助生殖技术所生子女的生的尊严——认定人工辅助生殖技术所生子女的法律地位的基准点》
11	赵旭东	中国政法大学		《法律科学》	2021.03	《再思公司经理的法律定位与制度设计》
				《法律适用》	2021.07	《股权变动模式的比较研究与中国方案》
				《法学论坛》	2021.04	《商事登记效力体系的反思与重构》
				《法学评论》	2021.03	《股东会中心主义抑或董事会中心主义？——公司治理模式的界定、评判与选择》
				《法学杂志》	2021.09	《试论道德性企业社会责任的激励惩戒机制》
				《国家检察官学院学报》	2021.02	《股东优先购买权中转让股东"反悔权"的证成与构建》
				《现代法学》	2021.02	《中国公司治理制度的困境与出路》
				《中国政法大学学报》	2021.01	《论企业环境社会责任的制度设计》
12	蒋大兴	北京大学法学院	7	《北方法学》	2021.04	《论国企产权登记制度之废改——检讨"物权性凭证"的法律思维》
				《当代法学》	2021.06	《走向"合作主义"的公司法——公司法改革的另一种基础》
				《法学评论》	2021.03	《论公司组织法上的类型转换》
				《国家检察官学院学报》	2021.02	《超越商事交易裁判中的"普通民法逻辑"》

（续表）

序号	作者	所属单位	发文量（篇）	期刊名称	刊期	文章名
12	蒋大兴	北京大学法学院	7	《河北法学》	2021.06	《企业名称"用语用字选择"的私法自治——以〈语言文字法〉第14条之修正为例》
				《清华法学》	2021.03	《合意型股权变动的法律结构——"多重买卖"与权变动预告登记》
				《中国法学》	2021.02	《公司法改革的文化拘束》
				《法律科学》	2021.04	《同案同判：司法裁判中的衍生性义务与表征性价值》
				《法学评论》	2021.04	《"法的渊源"意味着什么？——基于法理论的思考》
				《河北法学》	2021.11	《法的渊源：一种新的分类法及其在中国语境中的运用》
				《清华法学》	2021.04	《法的渊源理论：视角、性质与任务》
13	雷磊	中国政法大学	7	《中国社会科学》	2021.06	《重构"法的渊源"范畴》
				《中国政法大学学报》	2021.06	《求解法学的知识密码——解读〈法学的知识谱系〉的一个"锁眼"与三把"钥匙"》
				《中外法学》	2021.06	《法社会学与规范性问题的关联方式——力量与限度》
14	刘权	中央财经大学法学院	7	《比较法研究》	2021.05	《比例原则适用的争议与反思》
				《法商研究》	2021.04	《比例原则的精确化及其限度——以成本收益分析的引入为视角》
				《法学家》	2021.05	《论个人信息处理的合法、正当、必要原则》
				《法制与社会发展》	2021.03	《权利滥用，权利边界与比例原则——从〈民法典〉第132条切入》

(续表)

序号	作者	所属单位	发文量（篇）	期刊名称	刊期	文章名
14	刘权	中央财经大学法学院	7	《现代法学》	2021.01	《比例原则审查基准的构建与适用》
				《政治与法律》	2021.04	《比例原则的中国宪法依据新释》
				《中国政法大学学报》	2021.06	《主渠道视野下行政复议与诉讼关系的重构》
15	吕忠梅	清华大学法学院	7	《法学论坛》	2021.02	《在习近平法治思想指引下建设生态文明法治体系》
				《甘肃政法大学学报》	2021.03	《自然保护地立法基本构想及其展开》
		中国法学会		《中国法学》	2021.01	《习近平法治思想的生态文明法治理论》
				《中国政法大学学报》	2021.06	《习近平生态环境法治理论的实践内涵》
				《当代法学》	2021.06	《中国环境法典的编纂条件及其基本定位》
				《东方法学》	2021.06	《中国环境法典法法典化模式选择及其展开》
				《苏州大学学报（法学版）》	2021.04	《环境法典编纂何以能——基于比较法的背景观察》
16	田宏杰	中国人民大学法学院	7	《法律适用》	2021.01	《防卫过当若干问题研究》
				《法治研究》	2021.04	《防卫过当的客观要件及其司法认定规则——以指导性案例的分析为核心》
				《法学论坛》	2021.01	《走向现代刑法：违法性认识的规范展开》
				《政治与法律》	2021.12	《刑民交叉问题的实体法立场与分析方法》
				《中国法律评论》	2021.06	《新型支付方式下的盗骗界分及其展开》
				《中国刑事法杂志》	2021.02	《行刑共治下的违规披露、不披露重要信息罪：立法变迁与司法适用》
				《中国应用法学》	2021.06	《代孕治理的时代之问与应然选择》

（续表）

序号	作者	所属单位	发文量（篇）	期刊名称	刊期	文章名
17	郭栋	北京大学法学院	6	《法商研究》	2021.05	《从共谋走向共治：治超执法中罚款票证的法治悖反与回归》
				《法学家》	2021.06	《法律的社会科学研究何以可能》
				《法学评论》	2021.05	《美好生活的法律保障：理论逻辑及其展开》
				《法制与社会发展》	2021.03	《法理概念的经义指向及近代转型》
				《中国法学》	2021.05	《法理概念的义项、构造与功能：基于120108份裁判文书的分析》
				《中国政法大学学报》	2021.06	《法学的科学性何以可能——评舒国滢教授著〈法学的知识谱系〉》
18	胡凌	北京大学法学院	6	《地方立法研究》	2021.03	《互联网"非法兴起"2.0——以数据财产权为例》
				《东方法学》	2021.04	《理解技术规制的一般模式：以脑机接口为例》
				《法制与社会发展》	2021.05	《功能视角下个人信息的公共性及其实现》
				《中外法学》	2021.06	《数字经济中的两种财产权——从要素到架构》
				《法学家》	2021.02	《刷脸：身份制度、个人信息与法律规制》
				《中国法律评论》	2021.02	《健康码、数字身份与认证基础设施的兴起》
19	刘斌	上海财经大学法学院 中国政法大学	6	《比较法研究》	2021.05	《重塑董事范畴：从形式主义迈向实质主义》
				《当代法学》	2021.02	《公司类型的差序规制与重构要素》
				《法学科学》	2021.04	《认真对待公司清偿能力模式》
				《法律适用》	2021.07	《公司机构设置的组织法逻辑与改革路径》
				《法学杂志》	2021.07	《公众公司的公司法地位再审视》
				《中国政法大学学报》	2021.02	《公司治理视域下公司法定意表意机制之检讨》

（续表）

序号	作者	所属单位	发文量（篇）	期刊名称	刊期	文章名
20	刘俊海	中国人民大学法学院	6	《比较法研究》	2021.04	《论公司社会责任的制度创新》
				《法学论坛》	2021.02	《论公司法与民法典的良性互动关系》
				《法学评论》	2021.05	《基于公司理性自治的公司法规范重塑》
				《法学杂志》	2021.02	《新〈公司法〉的设计理念与框架建议》
				《政法论坛》	2021.05	《股东中心主义的再认识》
				《政治与法律》	2021.06	《论合伙型私募基金有限合伙人的退伙财产请求权——合伙企业法和投资基金法的不同维度》
21	石佳友	中国人民大学法学院	6	《比较法研究》	2021.05	《个人信息保护的私法维度——兼论〈民法典〉与〈个人信息保护法〉的关系》
				《财经法学》	2021.02	《人脸识别技术中个人信息保护——兼论动态同意模式的建构》
				《法学论坛》	2021.04	《人体基因编辑活动的协同规制——以〈民法典〉第1009条为切入点》
				《现代法学》	2021.04	《履行不能与合同终止——以〈民法典〉第580条第2款为中心》
				《中国应用法学》	2021.01	《人体基因编辑的多维度治理——以〈民法典〉第1009条的解释为出发点》
				《中国政法大学学报》	2021.03	《健全以公平为原则的产权保护纲》

（续表）

序号	作者	所属单位	发文量（篇）	期刊名称	刊期	文章名
22	张文显	吉林大学法学院	6	《东方法学》	2021.01	《习近平法治思想的基本精神和核心要义》
				《法制与社会发展》	2021.01	《习近平法治思想的理论体系》
				《中国法律评论》	2021.03	《习近平法治思想的系统观念》
				《中国社会科学》	2021.03	《习近平法治思想的实践逻辑、理论逻辑和历史逻辑》
		浙江大学国家制度研究院		《法学》	2021.12	《习近平法治思想是全面依法治国的根本指导思想》
				《政治与法律》	2021.05	《坚持依法治国和依规治党有机统一》
23	张新宝	中国人民大学法学院	6	《比较法研究》	2021.03	《互联网生态"守门人"个人信息保护特别义务设置研究》
				《法商研究》	2021.05	《"公平责任"的再定位》
				《法学评论》	2021.06	《定期金给付方式在我国人身损害赔偿中的适用》
				《国家检察官学院学报》	2021.05	《个人信息保护公益诉讼制度的理解与适用》
				《中外法学》	2021.05	《个人信息处理的基本原则》
				《东方法学》	2021.05	《论个人信息权益的构造》
24	章志远	华东政法大学	6	《法学》	2021.08	《行政诉讼繁简分流的制度逻辑》
				《法学研究》	2021.03	《〈民法典〉时代行政审判因应诉源治理之道》
				《法治研究》	2021.05	《新时代发展阶段法治政府建设的时代特色——〈法治政府建设实施纲要（2021—2025年）〉法理解读》
				《行政法学研究》	2021.01	《法治视野中的民法典》
				《中国法律评论》	2021.05	《行政诉讼程序繁简分流改革的法理解读》

（续表）

序号	作者	所属单位	发文量（篇）	期刊名称	刊期	文章名
25	郑曦	北京外国语大学法学院	6	《比较法研究》	2021.01	《网络搜查及其规制研究》
				《当代法学》	2021.02	《刑事诉讼个人信息保护论纲》
				《东方法学》	2021.05	《刑事司法中的数据安全保护问题研究》
				《法治研究》	2021.05	《匿名化处理：刑事诉讼被遗忘权实现的另一种途径》
				《国家检察官学院学报》	2021.06	《刑事司法数据分类分级问题研究》
				《中国法学》	2021.03	《刑事诉讼中程序惯性的反思与规制》
26	陈兵	南开大学法学院	5	《法学》	2021.06	《互联网屏蔽行为的反不正当竞争法规制》
				《法治研究》	2021.02	《平台经济领域相关市场界定方法审视——以〈国务院反垄断委员会关于平台经济领域的反垄断指南〉第4条为中心的解读》
				《法治论坛》	2021.06	《互联网新型不正当竞争行为法律适用疑难问题及完善》
				《政法论坛》	2021.06	《保护与竞争：治理数据爬取行为的竞争法功能实现》
				《知识产权》	2021.08	《"数据+算法"双轮驱动下互联网平台合生态型垄断的规制》
27	陈金钊	华东政法大学	5	《东方法学》	2021.01	《体系话语中的法思考》
				《法商研究》	2021.03	《关联维度的法治中国及其话语意义》
				《清华法学》	2021.01	《法源的拟制性及其功能——以法之名的统合及整饬》
				《政治与法律》	2021.11	《法典化适用及其意义》
				《中国法学》	2021.01	《民法典意义的法理诠释》

（续表）

序号	作者	所属单位	发文量（篇）	期刊名称	刊期	文章名
28	陈瑞华	北京大学法学院	5	《比较法研究》	2021.03	《企业合规出罪的三种模式》
				《比较法研究》	2021.01	《论协商性的程序正义》
				《法学论坛》	2021.06	《论企业合规的基本价值》
				《中国法律评论》	2021.04	《企业合规不起诉改革的八大争议问题》
				《中国刑事法杂志》	2021.01	《企业合规不起诉制度研究》
29	崔建远	清华大学法学院	5	《财经法学》	2021.04	《担保制度解释的制度创新与难点释疑》
				《当代法学》	2021.03	《情事变更原则探微》
				《法律适用》	2021.04	《保理合同探微》
				《法治研究》	2021.04	《对非典型担保司法解释的解读》
				《清华法学》	2021.01	《补论混合共同担保人相互间不享有追偿权》
30	丁晓东	中国人民大学法学院	5	《地方立法研究》	2021.06	《从"马法"到马克思主义之法：网络法的法理学与部门法意义》
				《东方法学》	2021.03	《论数据垄断：大数据视野下反垄断的法理思考》
				《法律科学》	2021.04	《平台反垄断的法律标准——美国"运通案"的反思与互联网市场界定》
				《法学杂志》	2021.02	《互联网反不正当竞争的法理思考与制度重构——以合同性与财产性权益保护为中心》
				《法制与社会发展》	2021.04	《网络中立与平台中立——中立性视野下的网络架构与平台责任》

（续表）

序号	作者	所属单位	发文量（篇）	期刊名称	刊期	文章名
31	付子堂	西南政法大学	5	《法学》	2021.06	《习近平法治思想的人民立场与实践要义》
				《法学杂志》	2021.03	《法律家长主义与安乐死合法化的范围界限》
				《甘肃政法大学学报》	2021.05	《奋力建设良法善治中国》
				《河南财经政法大学学报》	2021.03	《中国法理学教材改革新论——以新中国法理学教材70年为研究对象》
				《现代法学》	2021.01	《学习领会习近平法治思想笔谈》
32	高圣平	中国人民大学法学院	5	《比较法研究》	2021.04	《土地经营权登记规则研究》
				《法律适用》	2021.05	《〈民法典〉房地一体抵押规则的解释与适用》
				《法学杂志》	2021.04	《特殊情形之下保证期间的计算三论》
				《现代法学》	2021.06	《再论公司法定代表人越权担保的法律效力》
				《政治与法律》	2021.08	《最高额保证合同法律适用中的争议问题》
33	公丕祥	南京师范大学法学院	5	《东方法学》	2021.02	《习近平法治思想中的改革论述》
				《法律科学》	2021.02	《习近平国家制度与法律制度思想论要》
				《法商研究》	2021.02	《习近平的法治与国家治理现代化思想》
				《法学》	2021.10	《中国式法治现代化新道路的内在逻辑》
				《法学论坛》	2021.01	《习近平法治思想:新时代伟大社会革命的理论产物》

(续表)

序号	作者	所属单位	发文量（篇）	期刊名称	刊期	文章名
34	韩大元	中国人民大学法学院	5	《当代法学》	2021.05	《论香港基本法序言中"繁荣和稳定"的规范内涵》
				《法学论坛》	2021.04	《论〈香港国安法〉第2条"根本性条款"的规范内涵》
				《法学评论》	2021.03	《法治中国建设六人谈》
				《苏州大学学报（法学版）》	2021.03	《中国近代以来宪法课程体系的演变》
				《中国法律评论》	2021.06	《中国宪法学文献史研究:学术脉络、框架与方法论》
35	何志鹏	吉林大学法学院	5	《北方法学》	2021.05	《气候变化教济的审思与突破:以人权法为视角的展开》
				《当代法学》	2021.05	《国家本位:现代性国际法的动力特征》
				《法商研究》	2021.03	《中国共产党的国际法治贡献》
				《政法论坛》	2021.05	《涉外法治:开放发展的规范导向》
				《中国法律评论》	2021.03	《立异与求同:中国国际法立场的司法改革理论》
36	黄文艺	中国人民大学法学院	5	《比较法研究》	2021.02	《论习近平法治思想中的司法改革理论》
				《东方法学》	2021.01	《习近平法治思想中的未来法治建设》
				《法律科学》	2021.02	《权力监督哲学与执法司法制约监督体系建设》
				《法学》	2021.03	《论习近平法治思想中的法治工作队伍建设理论》
				《法学论坛》	2021.01	《习近平法治思想要义解析》

(续表)

序号	作者	所属单位	发文量（篇）	期刊名称	刊期	文章名
37	李永军	中国政法大学	5	《比较法研究》	2021.02	《对我国民法上非法人组织概念的质疑》
				《法商研究》	2021.06	《论财产权利"登记能力"对物权效力体系的影响》
				《清华法学》	2021.02	《论意定担保物权种类划分的基础——对于我国民法典关于意定担保物权分类基础的质疑》
				《苏州大学学报（法学版）》	2021.01	《〈民法典〉涉他合同中第三人利益的实现途径》
				《政治与法律》	2021.04	《论我国〈民法典〉物权编规范体系中的客体特定原则》
38	门中敬	山东大学法学院（威海）	5	《东方法学》	2021.02	《信誉及社会责任：社会信用的概念重构》
				《法学杂志》	2021.06	《失信联合惩戒的正当性拷问与理论解决方案》
				《政法论坛》	2021.04	《我国合宪性审查的法理困境及其排除》
				《政治与法律》	2021.08	《控制行政权的范式转换：从分散控制到相对抑制》
				《中国法学》	2021.06	《我国政府架构下的权力配置模式及其定型化》
39	冉克平	武汉大学法学院	5	《当代法学》	2021.06	《〈民法典〉视域中离婚协议的夫妻财产给与条款》
				《法商研究》	2021.01	《论商事职务代理的清偿与执行规则》
				《法学杂志》	2021.08	《论夫妻债务的清偿与执行规则》
				《法制与社会发展》	2021.04	《"身份关系协议"准用〈民法典〉合同编的体系化释论》
				《河北法学》	2021.03	《债权让与限制特约效力释论》

（续表）

序号	作者	所属单位	发文量（篇）	期刊名称	刊期	文章名
40	苏宇	中国人民公安大学法学院	5	《东方法学》	2021.03	《数字代币监管的模式、架构与机制》
				《法学研究》	2021.01	《风险预防原则的结构化阐释》
				《华东政法大学学报》	2021.04	《论行政行为形式认定标准》
				《政法论坛》	2021.06	《网络爬虫的行政法规制》
				《中国法律评论》	2021.06	《"信息技术+法学"的教学、研究与平台建设：一个整体性的观察与反思》
41	王迁	华东政法大学	5	《法学》	2021.08	《论著作权保护刑民衔接的正当性》
				《法学研究》	2021.02	《著作权法中传播权的体系》
				《知识产权》	2021.02	《〈著作权法〉修改：关键条款的解读与分析（下）》
				《知识产权》	2021.01	《〈著作权法〉修改：关键条款的解读与分析（上）》
				《中外法学》	2021.03	《论视听作品的范围及权利归属》
42	王天玉	中国社会科学院法学研究所	5	《法学》	2021.08	《职工基本医疗保险个人账户的权利构造》
				《法学评论》	2021.06	《工作时间的法理重述及规范构造》
				《中国法律评论》	2021.04	《试点的价值：平台灵活就业人员职业伤害保障的制度约束》
				《中国应用法学》	2021.04	《平台骑手致第三人损害的外观主义归责》
				《中外法学》	2021.04	《职工基本养老保险"统账结合"的法理困境与制度重构》

（续表）

序号	作者	所属单位	发文量（篇）	期刊名称	刊期	文章名
43	王锡锌	北京大学法学院	5	《现代法学》	2021.05	《个人信息权益的三层构造及保护机制》
				《中国法学》	2021.01	《个人信息国家保护义务及展开》
				《清华法学》	2021.03	《个人信息保护法律体系的宪法基础》
				《中国法律评论》	2021.01	《论失信约束制度的法治约束》
				《中国社会科学》	2021.11	《国家保护视野中的个人信息权利束》
44	王毓莹	中国政法大学	5	《比较法研究》	2021.06	《民法典背景下人的担保独立性之证成与适用——以独立担保为视角》
				《法律适用》	2021.03	《公司担保规则的演进与发展》
				《法治研究》	2021.03	《涉商品房消费者之执行异议之诉的若干要件分析》
				《国家检察官学院学报》	2021.02	《隐名股东的身份认定及其显名路径——基于最高人民法院76份裁判文书的实证分析》
				《华东政法大学学报》	2021.05	《对赌纠纷裁判的法律适用逻辑与诉讼体系定位》
45	吴英姿	南京大学法学院	5	《当代法学》	2021.04	《民事速裁程序构建原理——兼及民事诉讼繁简分流改革的系统推进》
				《法律科学》	2021.02	《人格权禁令程序研究》
				《法律适用》	2021.10	《论无效裁判撤销程序》
				《苏州大学学报（法学版）》	2021.03	《督促程序性质重识与规则补正——由实践与规范脱节现象入手》
				《政法论坛》	2021.06	《我国第三人撤销之诉的"神"与"形"——第148—153号指导性案例研究》

（续表）

序号	作者	所属单位	发文量（篇）	期刊名称	刊期	文章名
46	许可	对外经济贸易大学法学院	5	《东方法学》	2021.05	《个人信息治理的科技之维》
				《清华法学》	2021.05	《论民法典的统一实施——理论辩正与实证分析》
				《政法论坛》	2021.04	《数据权利：范式统合与规范分殊》
				《中国法学》	2021.02	《数据爬取的正当性及其边界》
				《中国应用法学》	2021.01	《个人私密信息的再厘清——从隐私和个人信息的关系切入》
47	喻海松	最高人民法院	5	《法学》	2021.10	《罪名司法确定的实践逻辑与理论探究》
				《国家检察官学院学报》	2021.01	《网络犯罪黑灰产业链的样态与规制》
				《政治与法律》	2021.08	《网络外挂犯罪名适用的困境与转向——兼谈〈刑法修正案（十一）〉关于侵犯著作权罪修改的启示》
				《中国刑事法杂志》	2021.06	《动物犯罪司法规则体系的革新——以新近相关立法调整为契机》
				《中国应用法学》	2021.05	《网络犯罪刑事程序规则的新近发展——基于〈新刑事诉讼法解释〉的解读》
48	周光权	清华大学法学院	5	《比较法研究》	2021.06	《涉人脸识别犯罪的关键问题》
				《法学》	2021.01	《刑事立法进展与司法展望——〈刑法修正案（十一）〉总置评》
				《清华法学》	2021.03	《侵犯公民个人信息罪的行为对象》
				《政法论坛》	2021.05	《论刑法所固有的违法性》
				《中国法学》	2021.05	《法典化时代的刑法典修订》

(续表)

序号	作者	所属单位	发文量（篇）	期刊名称	刊期	文章名
49	左卫民	四川大学法学院	5	《法学评论》	2021.05	《监察案件提前介入：基于356份调查问卷的实证研究》
				《现代法学》	2021.06	《后疫情时代的在线诉讼：路向何方》
				《政法论坛》	2021.05	《AI法官的时代会到来吗——基于中外司法人工智能的对比与展望》
				《中国法学》	2021.05	《刑事诉讼中的"人"：一种主体性研究》
				《中国刑事法杂志》	2021.03	《神话与现实：美国轻罪案件诉讼程序勘迷》
合计	49位					310篇

是王利明教授、张明楷教授;发文量为9篇的有3位,分别是江必新教授、刘宪权教授和刘艳红教授;发文量为8篇的有4位,分别是程啸教授、李建伟教授、杨立新教授和赵旭东教授;发文量为7篇的有5位,分别是蒋大兴教授、雷磊教授、刘权副教授、吕忠梅教授和田宏杰教授;发文量为6篇的有9位;发文量为5篇的有24位。

通过对41家法学核心期刊发文量为5篇以上的49位高产作者统计分析,相较2020年(35家法学核心期刊,42位高产作者,268篇文章),期刊统计范围增加6家,高产作者数量增加7位,发文量增加42篇。

从49位高产作者的职称看,教授40位,副教授6位,副研究员1位,处长1位,博士后研究人员1位。从49位高产作者所属单位的地域分布看,高产作者主要集中在北京地区,有34位,占比69%。

从49位高产作者发文量看,相较2020年(35家法学核心期刊,42位高产作者),有20位作者在2021年仍属高产作者。[1] 如图3所示,有5位作者的发文量较2020年略有上升,其中陈兴良教授增加3篇;雷磊教授、田宏杰教授各增加2篇;刘艳红教授、吕忠梅教授各增加1篇。张明楷教授、高圣平教授、丁晓东副教授等6位作者发文量与2020年保持一致。

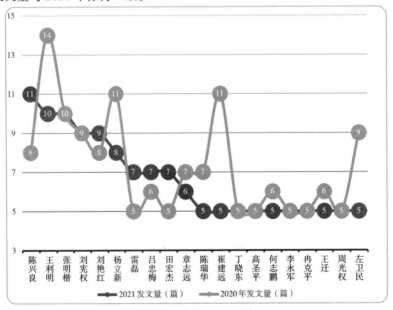

图3 2020—2021年20位高产作者年度发文变化情况
(按照2021年作者发文量降序排序,发文量相同按照姓名音序排序)

---

[1] 20位高产作者分别为:陈兴良、王利明、张明楷、刘宪权、刘艳红、杨立新、雷磊、吕忠梅、田宏杰、章志远、陈瑞华、崔建远、丁晓东、高圣平、何志鹏、李永军、冉克平、王迁、周光权、左卫民。

通过对 49 位高产作者的 310 篇文章的来源期刊进行统计(表 10),发文量在 15 篇以上的期刊有 2 家,分别是《东方法学》《比较法研究》;10 篇至 14 篇的期刊有 14 家,分别是《政治与法律》《法学》《法律科学》《中国法律评论》《政法论坛》《法学评论》《当代法学》《法商研究》《清华法学》《法学杂志》《法学论坛》《中国法学》《现代法学》《国家检察官学院学报》;5 篇至 9 篇的期刊有 10 家;5 篇以下期刊的有 10 家。

表 10　2021 年度 41 家法学核心期刊刊载 49 位高产作者文章情况

(按照发文量排序,发文量相同按照期刊名称拼音排序)

序号	发文量(篇)	期刊数量(家)	期刊名称/发文量(篇)
1	15+	2	《东方法学》/18、《比较法研究》/18
2	10~14	14	《政治与法律》/14、《法学》/14、《法律科学》/14、《中国法律评论》/13、《政法论坛》/13、《法学评论》/13《当代法学》/13、《法商研究》/12、《清华法学》/11、《法学杂志》/11、《法学论坛》/11、《中国法学》/10、《现代法学》/10、《国家检察官学院学报》/10
3	5~9	10	《中国政法大学学报》/9、《法治研究》/9、《法律适用》/9、《法制与社会发展》/8、《法学家》/8、《中国刑事法杂志》/7、《中外法学》/6、《中国应用法学》/6、《华东政法大学学报》/5、《河北法学》/5
4	1~4	10	《苏州大学学报(法学版)》/4、《法学研究》/4、《知识产权》/3、《河南财经政法大学学报》/3、《甘肃政法大学学报》/3、《财经法学》/3、《中国社会科学》(法学文章)/2、《行政法学研究》/2、《地方立法研究》/2、《北方法学》/2
合计		36	310

(二)九成以上的法学核心期刊不同程度刊发了副教授、讲师及博士研究生的文章

通过对 41 家法学核心期刊 2021 年度总发文量 3469 篇文章中 2464 位作者的职称和学历情况进行统计,职称为副教授、助理教授、讲师、博士研究生、博士后研究人员和博士后的作者共 1165 位,发文量 1467 篇。其中副教授 459 位,发文量 635 篇;博士研究生 351 位,发文量 375 篇;讲师 252 位,发文量 308 篇;助理教授 41 位,发文量 64 篇;博士后研究人员 34 位,发文量 52 篇;博士后 28 位,发文量 33 篇。

通过 2021 年 41 家法学核心期刊与 2020 年 35 家法学核心期刊作者职称统计比较分析(图 4),副教授 459 位,比 2020 年增加 37 位;发文量 635 篇,比 2020 年增加 55 篇。博士研究生 351 位,比 2020 年减少 69 位;发文量 375 篇,比 2020 年减少 95 篇。讲师 252 位,比 2020 年减少 14 位;发文量 308 篇,比 2020 年增加 3 篇。助理教

授41位,比2020年增加20位;发文量64篇,比2020年增加36篇。博士后研究人员34位,比2020年减少11位;发文量52篇,与2020年保持一致。博士后28位,比2020年增加9位;发文量33篇,比2020年增加13篇。

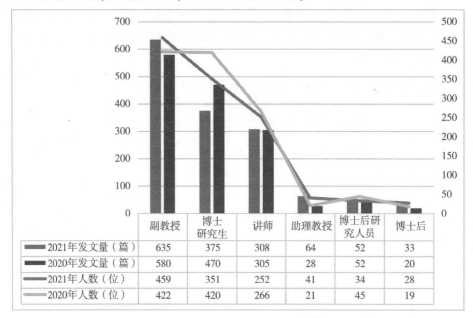

图4 副教授、博士研究生、讲师等6类职称人数和发文量年度变化情况

从发文量(表11)来看,有40家期刊刊载了作者职称为副教授的文章,发文量在20篇以上的有10家期刊,分别是《北方法学》《东方法学》《法商研究》《法学》《法学家》《河北法学》《政法论坛》《政治与法律》《中国政法大学学报》《中外法学》,其中《政法论坛》《政治与法律》最多,均为30篇;《法学》次之,为28篇。

有38家期刊刊载了博士研究生的文章,发文量在15篇以上的期刊有9家,分别是《法律适用》《甘肃政法大学学报》《河北法学》《河南财经政法大学学报》《华东政法大学学报》《交大法学》《科技与法律》《行政法学研究》《中国政法大学学报》,其中《法律适用》最多,为37篇,《科技与法律》次之,为36篇。有40家期刊刊载了作者职称为讲师的文章,发文量在10篇以上的期刊有9家,分别是《北方法学》《法学》《法学家》《法学论坛》《河北法学》《河南财经政法大学学报》《交大法学》《南大法学》《行政法学研究》,其中《河北法学》最多,为27篇,《北方法学》次之,为19篇。有32家期刊刊载了作者职称为助理教授的文章,发文量在4篇以上的期刊有4家,分别是《法制与社会发展》《政治与法律》《中国法律评论》《中外法学》,其中《政治与法律》《中外法学》最多,均为6篇。有26家期刊刊载了作者职称为博士后研究人员的文章,发文量在3篇以上的期刊有8家,分别是《当代法学》《法学评论》《法学杂志》《法制与社会发展》《华东政法大学学报》《政治与法律》《中国刑事法杂志》《中国政法大学学报》,其中《法学评论》《法制与社会发展》最多,均为4篇。有19家期刊刊载了作者职称为博士后的文章,发文量在5篇以上的期刊有1家,是《行政法学研究》,为7篇。

表11 2021年度41家法学核心期刊6类职称发文情况

(按职称的发文量降序排列,发文量相同按照期刊名称拼音排序)

序号	职称	人数(位)	发文量(篇)	期刊名称/发文量(篇)
1	副教授	459	635	《北方法学》/24、《比较法研究》/16、《财经法学》/15、《当代法学》/18、《地方立法研究》/7、《东方法学》/20、《法律科学》/16、《法律适用》/18、《法商研究》/23、《法学》/28、《法学家》/27、《法学论坛》/17、《法学评论》/16、《法学研究》/15、《法学杂志》/19、《法制与社会发展》/18、《法治研究》/8、《甘肃政法大学学报》/13、《国际法研究》/1、《国家检察官学院学报》/6、《河北法学》/23、《河南财经政法大学学报》/12、《华东政法大学学报》/16、《交大法学》/4、《科技与法律》/19、《南大法学》/12、《清华法学》/18、《苏州大学学报(法学版)》/5、《现代法学》/17、《行政法学研究》/6、《政法论坛》/30、《政治与法律》/30、《知识产权》/10、《中国法律评论》/13、《中国法学》/19、《中国海商法研究》/10、《中国刑事法杂志》/10、《中国应用法学》/6、《中国政法大学学报》/25、《中外法学》/25
2	博士研究生	351	375	《北方法学》/8、《比较法研究》/1、《财经法学》/11、《当代法学》/3、《地方立法研究》/6、《东方法学》/6、《法律科学》/6、《法律适用》/37、《法学》/9、《法学家》/3、《法学论坛》/5、《法学评论》/3、《法学研究》/3、《法学杂志》/10、《法制与社会发展》/6、《法治研究》/2、《甘肃政法大学学报》/21、《国际法研究》/3、《国家检察官学院学报》/5、《河北法学》/21、《河南财经政法大学学报》/25、《华东政法大学学报》/17、《交大法学》/15、《科技与法律》/36、《南大法学》/9、《清华法学》/2、《苏州大学学报(法学版)》/7、《现代法学》/4、《行政法学研究》/17、《政法论坛》/2、《政治与法律》/6、《知识产权》/12、《中国法律评论》/5、《中国海商法研究》/11、《中国刑事法杂志》/2、《中国应用法学》/5、《中国政法大学学报》/30、《中外法学》/1

（续表）

序号	职称	人数（位）	发文量（篇）	期刊名称/发文量（篇）
3	讲师	252	308	《北方法学》/19、《比较法研究》/3、《财经法学》/8、《当代法学》/3、《地方立法研究》/3、《东方法学》/6、《法律科学》/8、《法律适用》/7、《法商研究》/4、《法学》/17、《法学家》/12、《法学论坛》/12、《法学评论》/6、《法学研究》/1、《法学杂志》/5、《法制与社会发展》/7、《法治研究》/2、《甘肃政法大学学报》/9、《国际法研究》/6、《国家检察官学院学报》/6、《河北法学》27/、《河南财经政法大学学报》/13、《华东政法大学学报》/8、《交大法学》/16、《科技与法律》/3、《南大法学》/15、《清华法学》/4、《苏州大学学报(法学版)》/6、《行政法学研究》/13、《现代法学》/6、《政法论坛》/4、《政治与法律》/6、《知识产权》/8、《中国法律评论》/3、《中国法学》/1、《中国海商法研究》/7、《中国刑事法杂志》/2、《中国应用法学》/5、《中国政法大学学报》/8、《中外法学》/9
4	助理教授	41	64	《北方法学》/3、《比较法研究》/2、《财经法学》/1、《当代法学》/2、《地方立法研究》/1、《东方法学》/2、《法律科学》/1、《法律适用》/3、《法商研究》/3、《法学》/2、《法学家》/2、《法学评论》/1、《法学研究》/3、《法制与社会发展》/4、《甘肃政法大学学报》/1、《国际法研究》/1、《国家检察官学院学报》/1、《河北法学》/1、《河南财经政法大学学报》/1、《华东政法大学学报》/1、《交大法学》/1、《南大法学》/1、《行政法学研究》/1、《政法论坛》/3、《政治与法律》/6、《知识产权》/1、《中国法律评论》/4、《中国法学》/2、《中国海商法研究》/1、《中国应用法学》/1、《中国政法大学学报》/1、《中外法学》/6
5	博士后研究人员	34	52	《比较法研究》/1、《财经法学》/1、《当代法学》/3、《东方法学》/1、《法律科学》/1、《法律适用》/2、《法商研究》/1、《法学》/2、《法学家》/2、《法学评论》/4、《法学杂志》/3、《法制与社会发展》/4、《甘肃政法大学学报》/2、《河北法学》/2、《河南财经政法大学学报》/1、《华东政法大学学报》/3、《交大法学》/2、《科技与法律》/1、《现代法学》/1、《行政法学研究》/2、《政法论坛》/2、《政治与法律》/3、《中国法学》/1、《中国刑事法杂志》/3、《中国政法大学学报》/3、《中外法学》/1

(续表)

序号	职称	人数（位）	发文量（篇）	期刊名称/发文量（篇）
6	博士后	28	33	《比较法研究》/1、《东方法学》/1、《法学》/1、《法学家》/1、《法制与社会发展》/2、《法治研究》/2、《国际法研究》/1、《河北法学》/2、《河南财经政法大学学报》/2、《华东政法大学学报》/1、《科技与法律》/1、《清华法学》/2、《现代法学》/2、《行政法学研究》/7、《政治与法律》/1、《知识产权》/2、《中国法律评论》/1、《中国应用法学》/2、《中国政法大学学报》/1
	合计	1165	1467	

五、41家法学核心期刊2021年度研究机构分析

(一)研究机构共计476家,发文量在30篇以上的研究机构24家

2021年度,41家法学核心期刊共发文3469篇,研究机构476家。其中发文量在30篇以上的研究机构共24家,发文2098篇,总占比约60.5%。根据表12,发文量在200篇以上的研究机构有2家,分别是中国政法大学、中国人民大学法学院。发文量在100篇至199篇的研究机构有4家,分别华东政法大学、北京大学法学院、西南政法大学和清华大学法学院。发文量在50篇至99篇的研究机构有8家,分别是中国社会科学院、武汉大学法学院、上海交通大学凯原法学院、最高人民法院、吉林大学法学院、中南财经政法大学、南京大学法学院和中央财经大学法学院。发文量在30篇至49篇的研究机构有10家。

表12 2021年度41家法学核心期刊发文量在30篇以上的24家研究机构情况

(按发文量降序排序,发文量相同按研究机构名称拼音排序,作者列按作者姓名拼音排序)

序号	研究机构	发文量（篇）	作者
1	中国政法大学	328	安晋城、安朔、白冰、薄燕娜、卞建林、蔡元培、曹明德、车路遥、陈光中、陈锦波、陈景善、陈维厚、陈文聪、陈夏红、陈征、迟颖、崔梦豪、戴龙、戴孟勇、单纯、翟远见、杜闻、杜学亮、范伟、范晓波、费安玲、冯健、冯恺、冯晓青、付继存、付晓雅、高健军、高祥、顾永忠、管洪博、郭北南、郭江兰、郭旨龙、韩波、贺文奕、贺昱辰、胡立平、胡思博、黄河、黄进、黄鹏辉、霍政欣、江平、姜登峰、焦海涛、解志勇、金晶、孔梁成、

(续表)

序号	研究机构	发文量（篇）	作者
1	中国政法大学	328	孔庆江、旷涵潇、雷磊、黎敏、李爱君、李博、李鼎、李富鹏、李怀胜、李建伟、李经纬、李世佳、李曙光、李卫海、李夏旭、李响、李晓辉、李训虎、李扬、李永军、廉玲维、林鸿潮、林华、林建军、林静、刘保玉、刘斌、刘建、刘静坤、刘君博、刘玫、刘少军、刘甜甜、刘星、刘炫麟、刘艳红、刘艺、刘译矾、刘奕君、刘瑛、刘宇、刘子睿、柳经纬、娄宇、罗冠男、罗海敏、罗翔、罗智敏、吕梦醒、马更新、马国洋、马怀德、潘芳芳、秦奥蕾、曲新久、任泽宇、商磊、商希雪、邵方、申巍、施鹏鹏、施正文、石亚军、时建中、史明洲、苏洁澈、孙海波、孙阳、孙颖慧、陶钧、童肖安图、涂欣筠、汪海燕、王春蕾、王进喜、王军、王雷、王敏、王萍、王青斌、王人博、王万华、王蔚、王夏昊、王显勇、王晓淑、王新建、王怡坤、王银宏、王由海、王毓莹、王志永、王志远、王子毅、卫跃宁、文扬、吴官政、吴宏耀、吴尚聪、席涛、夏伟、肖沛权、谢澍、谢尧雯、熊秋红、徐文鸣、宣言、薛克鹏、闫佳、杨利华、杨伟东、杨秀清、杨绪峰、杨宇冠、杨尊源、易军、尹泠然、应松年、于程远、于冲、于飞、于文轩、喻中、元轶、岳万兵、曾文科、张保生、张琮军、张德美、张峰铭、张弓长、张航、张今、张晋藩、张丽英、张玲、张梦蝶、张宁、张钦昱、张清、张婷、张新庆、张学府、张莹莹、张雨田、赵峰、赵宏、赵廉慧、赵鹏、赵霞、赵鑫、赵旭东、赵一单、郑佳宁、郑家良、郑凯心、郑璇玉、郑玉双、周昀、周长玲、朱利江、朱明哲、朱晓娟、朱怡昂、朱勇、庄诗岳、邹学庚
2	中国人民大学法学院	210	安恒捷、蔡桂生、曹权之、陈嘉白、陈景辉、陈卫东、陈璇、程雷、邓矜婷、翟辉、丁庭威、丁晓东、杜吾青、范佳慧、范志勇、冯军、冯玉军、付立庆、高佳佳、高郦梅、高铭暄、高圣平、高仰光、葛金芬、郭禾、韩大元、何家弘、侯猛、胡守鑫、黄文艺、黄宗智、金海军、金印、赖成宇、黎建飞、李奋飞、李立众、李芊、李思佳、李雪松、李一达、李怡雯、李至、李志刚、李忠夏、刘春田、刘计划、刘建臣、刘俊海、刘琨、刘明祥、刘品新、刘韵清、龙翼飞、鲁纮序阳、陆海娜、陆家豪、陆一爽、马小红、孟涛、莫于川、聂友伦、宁园、彭小龙、钱坤、阙梓冰、邵明、沈佳、石佳友、石佳宇、石静霞、时延安、宋史超、汤维建、田宏杰、田一然、万勇、王贵松、王利明、王起超、王若冰、王世杰、王玮、王欣新、王旭、王晔琼、王艺璇、王轶、王莹、魏晓娜、吴至诚、夏沁、肖建国、肖中华、谢望原、邢海宝、熊丙万、徐舒浩、徐阳光、许瑞超、薛天涵、杨东、杨立新、杨同宇、姚辉、姚邢、叶林、张吉豫、张小虎、张新宝、张雪楳、张龑、张艳、钟维、周恒、朱虎、朱景文、竺效

(续表)

序号	研究机构	发文量（篇）	作者
3	华东政法大学	199	蔡一博、蔡艺、陈斌、陈川、陈海平、陈金钊、陈雷、陈绍玲、陈婉玲、程衍、丛立先、崔胜东、崔永东、戴国立、翟巍、翟仲、董春华、杜涛、方乐、房慧颖、冯硕、高富平、高小芳、郭清梅、韩亮、韩威威、韩新远、韩旭至、韩逸畴、何敏、何萍、何勤华、何颖、何云、侯莎、胡改蓉、胡学军、胡玉鸿、黄武双、姜天琦、金梦、兰磊、冷静、李卫华、李晓庆、李秀清、李尧、李迎昌、李运杨、练育强、林燕萍、刘东、刘风景、刘竞元、刘骏、刘美、刘松山、刘宪权、卢勤忠、陆宇峰、罗培新、吕靖文、吕玉赞、马斌、马乐、马寅翔、宁度、钱玉林、秦男、屈文生、沈骏峥、苏彦新、孙万怀、孙维飞、孙煜华、童之伟、万立、王东光、王刚、王捷、王静、王立民、王莲峰、王蒙、王迁、王文君、王小光、王晓华、王勇、王月明、魏广萍、吴冬兴、吴思远、夏朝羡、夏菲、项定宜、骁克、肖国兴、徐璐、徐同远、许凯、许亮、薛小蕙、杨代雄、杨凯、杨琴、杨铜铜、杨兴培、杨旭、杨知文、姚明斌、叶青、于改之、余圣琪、俞小海、虞李辉、虞浔、袁发强、张栋、张虎、张磊、张立新、张璐、张鹏、张馨予、张勇、张媛媛、张卓明、章志远、郑彧、钟刚、周海源、周舟、竺常贇、邹宏建
4	北京大学法学院	148	白建军、边仁君、曹志勋、常鹏翱、车浩、陈瑞华、陈诗婷、陈兴良、陈一峰、陈永生、初萌、戴昕、邓辉、邓卓行、高薇、巩固、郭栋、郭雳、韩仁洁、何其生、贺剑、洪艳蓉、胡凌、江海洋、江溯、蒋大兴、金诚轩、金锦萍、金自宁、李烁、李潇洋、刘凯湘、刘岩、刘哲玮、鲁谷辰、满艺姗、牛正浩、潘剑锋、潘宁、彭錞、钱子瑜、强世功、沈岿、苏力、唐应茂、唐志威、汪蓓、汪劲、王华伟、王锡锌、王新、王英州、魏昀天、吴洪淇、吴凯杰、谢琳、徐爱国、许德风、薛姵、薛军、阎天、杨明、叶静漪、易继明、于淼、俞祺、湛中乐、张龙、张守文、张翔、张晓霞、张梓弦、章永乐、郑淑凤、周雷、左亦鲁
5	西南政法大学	141	包冰锋、曹兴权、陈耿华、陈建平、陈伟、陈苇、陈喆、陈治、段文波、冯文杰、付其运、付子堂、傅向宇、高翔、谷佳杰、郭秉贵、郭文涛、郭晓雨、郭忠、郝志鹏、何永红、侯东德、侯国跃、胡晶晶、胡兴建、胡元聪、黄家镇、黄森林、黄忠、贾健、姜敏、雷浩伟、李昌盛、李凌、李燕、李耀跃、李雨峰、李振杰、林少伟、刘彬、刘梅湘、刘志伟、陆幸福、马登科、马家曦、马立群、梅傲、梅传强、倪朱亮、乔刚、全威巍、邵海、沈浩蓝、沈伟、石经海、舒金曦、孙德鹏、孙山、孙长永、谭启平、谭清值、谭宗泽、汪青松、王玫黎、王娜、王首杰、王杏飞、温泽彬、吴飞飞、吴太轩、向国慧、向燕、徐泉、徐以祥、许明月、闫静、闫召华、杨青贵、杨锐、杨姗、杨文明、叶明、

(续表)

序号	研究机构	发文量（篇）	作者
5	西南政法大学	141	叶研、伊舟、易健雄、余厚宏、喻少华、岳树梅、战东升、张春良、张耕、张惠彬、张吉喜、张建文、张鲁萍、张向东、张震、赵谦、赵万一、赵吟、赵莹、郑志峰、钟晓雯、钟英通、周尚君、周晓然、朱林方、朱战威
6	清华大学法学院	122	蔡嘉炜、蔡燊、陈楚风、陈杭平、陈靖远、陈曦笛、陈新宇、程啸、崔国斌、崔建远、邓海峰、翟家骏、傅廷中、高丝敏、韩成芳、韩富鹏、韩世远、何海波、黄赤橙、黄小飞、蒋舸、金鸿浩、琚明亮、劳东燕、黎宏、李凯、李平、李志恒、梁上上、梁译如、林威、刘迪、刘晗、刘嘉明、刘润泽、刘云、龙俊、路旸、吕忠梅、任品杰、任重、沙卫鹏、申卫星、沈朝晖、施天涛、汪洋、王钢、王洪亮、王嘉贤、王苑、王正鑫、王仲羊、魏冉、吴伟光、谢明睿、闫晴、杨雪、易延友、余凌云、张晨颖、张建伟、张璐、张明楷、张普、赵旭、郑尚元、周光权、卓增华
7	中国社会科学院	97	蔡睿、陈洁、戴瑞君、翟国强、邸莹、董坤、樊婧、冯珏、傅攀峰、高振翔、关淑芳、管育鹰、郝俊淇、何庆仁、何田田、贺海仁、胡昌明、姜文秀、金善明、李将、李林、李明德、李强、廖凡、林维、刘灿华、刘科学、刘仁文、刘绍宇、柳华文、柳建龙、卢超、马金星、马岭、毛晓飞、莫纪宏、孙南翔、孙其华、孙禹、孙远、谭观福、谭袁、唐林垚、田夫、王天玉、王亚敏、吴迪、吴用、席月民、萧鑫、谢自定、谢鸿飞、谢增毅、徐玖玖、杨一凡、姚佳、叶斌、叶子强、由长江、于晶、余佳楠、张鹏、赵磊、郑悦迪、钟瑞华、周汉华、朱广新、朱开鑫、邹海林
8	武汉大学法学院	95	蔡凌丽、蔡颖、陈本寒、陈海嵩、陈婕、陈金林、崔晓静、达璐、邓社民、冯果、冯胜勇、高圣惕、辜江南、谷骞、郭玉军、何荣功、黄明涛、黄志雄、江国华、敬力嘉、李承亮、李明鲁、李鸣捷、李伟民、李雪平、梁君瑜、廖奕、刘珊、刘志阳、孟勤国、苗沛霖、南玉梅、宁立志、皮勇、秦前红、秦天宝、冉克平、申晨、史令珊、孙晋、汤晓莹、唐刚、王超、王德夫、王树义、王帅、温世扬、夏晓宇、肖融、许恋天、杨巍、袁昊、袁康、袁野、占善刚、张红、张辉、张琦、张善斌、张素华、张演锋、张耀元、赵丰、郑涛、钟盛、周叶中
9	上海交通大学凯原法学院	70	白云锋、宾凯、曹博、程金华、董明非、范进学、方翔、郭延军、韩长印、侯利阳、胡加祥、黄宇骁、季卫东、蒋红珍、孔祥俊、李贝、李德旺、李剑、李晓波、李学尧、林喜芬、林彦、刘维、刘小璇、聂帅钧、彭诚信、沈国明、沈伟、寿步、王福华、王杰、谢宜璋、徐彦冰、薛桂芳、杨力、叶必丰、衣俊霖、袁曾、张陈果、张国斌、张旭东、郑戈、周晨、周铭川、朱芒、庄加园

（续表）

序号	研究机构	发文量（篇）	作者
10	最高人民法院	68	包献荣、宾岳成、陈龙业、丁文严、杜军、方文军、傅蕾、耿宝建、何帆、贺小荣、胡云腾、黄永维、姜伟、李俊晔、李娜、李一帆、李玉林、林广海、林文学、刘艾涛、刘贵祥、刘峥、罗霞、罗智勇、麻锦亮、孟祥、裴显鼎、沈红雨、司伟、司艳丽、万挺、王海峰、王倩、王肃之、吴青、肖峰、谢勇、徐世超、徐卓斌、阎巍、杨临萍、杨永清、于同志、余晓汉、虞政平、郁琳、喻海松、赵俊甫、赵珂、周强、周维明、最高人民法院环境资源审判庭、最高人民法院知识产权法庭调研组
11	吉林大学法学院	62	艾琳、蔡立东、曹相见、陈洪磊、陈劲阳、都亳、杜宴林、房绍坤、傅穹、龚浩川、郭晓燕、何君、何松威、何志鹏、贺宁、胡晓静、霍存福、李海平、李洪祥、李建华、李燕林、李拥军、刘国栋、刘红臻、吕子逸、马新彦、潘红艳、彭军、齐英程、钱大军、邱玉强、任喜荣、孙冲、孙良国、王充、王从光、王立栋、王鑫媛、王彦志、吴亚可、徐岱、杨帆、张赫曦、张文显、赵春晓
12	中南财经政法大学	62	曹新明、陈柏峰、陈会林、陈林林、陈实、陈小君、崔泽森、方世荣、何华、胡东海、黄绍坤、黄运康、焦俊峰、康均心、黎晓露、李栋、李雷、刘磊、刘征峰、戚建刚、钱叶芳、沈振甫、田国宝、童德华、汪君、王良顺、温世扬、吴汉东、夏昊晗、徐涤宇、徐汉明、徐强胜、徐伟功、徐小奔、徐智华、杨柳、姚莉、袁中华、昝强龙、张红、张静、张青波、张祖阳、孜里米拉·艾尼瓦尔
13	南京大学法学院	58	艾佳慧、曾洋、陈洪杰、陈坤、陈伟、范健、冯洁语、胡尔西旦·卡哈尔、胡晓红、黄旭巍、金健、李超、李晴、梁蒙娜、刘琳、刘勇、吕炳斌、潘重阳、彭岳、钱春、秦宗文、尚连杰、邵科、宋晓、宋亚辉、孙国祥、田芳、王建文、王滢、吴卫星、吴英姿、肖泽晟、徐凌波、鄢德奎、严仁群、杨鹿君、岳卫、张迪、张华、朱荣荣
14	中央财经大学法学院	50	陈华彬、董新义、郭栋磊、郭华、李敏、李陶、刘泊宁、刘权、缪因知、任妍姣、沈建峰、时业伟、宋志红、王世杰、王湘淳、王叶刚、吴韬、武腾、肖芳、邢会强、徐建刚、殷秋实、于文豪、袁建刚、周游、朱晓峰
15	浙江大学光华法学院	49	查云飞、程坦、高艳东、巩固、郭晔、胡铭、霍海红、蒋成旭、焦宝乾、李世阳、刘筱童、刘雪鹏、陆青、马光、牟绿叶、彭巍、石一峰、王贵国、王凌皞、王敏远、王肃之、魏斌、肖洒、徐万龙、张文显、章程、章剑生、赵骏、郑春燕、郑磊、周淳、周翠、周江洪、周翔

(续表)

序号	研究机构	发文量（篇）	作者
16	东南大学法学院	45	陈洪兵、陈禹衡、单平基、翟冬、龚向和、杭仁春、侯嘉淳、冀洋、李川、李红建、李蕊、李勇、梁云宝、刘练军、刘双阳、刘艳红、孟鸿志、欧阳本祺、钱小平、任丹丽、王禄生、王玮玲、熊樟林、徐珉川、杨春福、杨登峰、杨楠、叶泉、于立深、赵龙、周维栋
17	北京师范大学法学院	43	柴荣、崔文星、董皞、高铭暄、郭晔、何挺、贺丹、胡树琪、劳佳琦、李德嘉、李潇潇、李易尚、李毅、廖诗评、刘科、卢建平、米健、彭新林、秦晓静、商浩文、史立梅、唐璨、汪庆华、王秀梅、王运鹏、王志祥、吴宗宪、夏扬、熊跃敏、印波、赵秉志、赵炜佳
18	南京师范大学法学院	42	车骋、陈辉、崔拴林、杜维超、方乐、公丕祥、韩玉亭、姜涛、李浩、李晓亮、李雪健、梁志文、刘敏、刘远、刘韵、罗祥、马丁、马琳娜、倪斐、汪银涛、王腾、王彦强、吴欢、杨建、张海
19	西北政法大学	42	百晓锋、步洋洋、陈建军、陈子平、段阳伟、付玉明、桂梦美、郭富青、郭永辉、国瀚文、韩松、焦和平、李大勇、李瑰华、李洁、孙昊亮、孙山、谭堃、汪世荣、王鹏飞、王莹莹、王泽林、吴亚可、谢德成、闫晓君、严阳、杨彬权、杨强、杨宗科、伊卫风、张翔、赵姗姗
20	复旦大学法学院	35	班天可、蔡从燕、蔡培如、陈文清、戴瑜、杜宇、段厚省、葛江虬、赖骏楠、李世刚、刘志刚、马忠法、孟烨、闵奎元、史大晓、孙笑侠、涂云新、王志强、许多奇、叶会成、于浩、袁国何、张琳、张乃根、赵德关、朱丹
21	山东大学法学院	34	柴瑞娟、冯俊伟、郭传凯、李本灿、李杰、柳忠卫、门中敬、秦伟、宿营、孙光宁、台培森、汪全胜、王德志、王瑞君、向力、肖金明、张平华、张小宁、赵恒、郑智航、周文章、周啸天、朱福惠
22	厦门大学法学院	33	陈帮锋、陈鹏、程庆栋、郭春镇、郭婧、何丽新、姜孝贤、林秀芹、刘玉姿、刘志云、史欣媛、宋方青、孙丽岩、汪东升、王海洋、王兰、王天民、徐国栋、薛夷风、于飞、张榕、郑晓剑、周东平、周赟
23	苏州大学王健法学院	33	蔡仙、程雪阳、方新军、高林娜、黄学贤、柯伟才、李晓明、凌晔、刘芳、刘铁光、卢然、马宁、瞿郑龙、沈颖尹、施立栋、石肖雪、孙秋玉、王俊、吴俊、张学军、周杰、周永坤、朱谦、庄绪龙
24	对外经济贸易大学法学院	32	陈少青、陈学权、冯辉、韩立余、江山、孔祥稳、赖早兴、刘雅婷、马其家、马宇飞、梅夏英、邵长茂、苏号朋、王剑、王洲、许可、杨贝、张欣、张尧、赵玲、左海聪
	合计	2098	

通过对41家法学核心期刊发文量在30篇以上的24家高产研究机构统计分析,相较2020年(35家法学核心期刊,22家高产研究机构,1936篇文章),期刊统计范围增加6家,高产研究机构数量增加2家,发文量增加162篇。

从24家高产研究机构的发文量看,相较2020年(35家法学核心期刊,22家高产研究机构),有20家在2021年仍属高产研究机构。如图5所示,中国政法大学发文量涨幅最高,增加60篇;有5家研究机构发文量增长在10篇以上,分别是华东政法大学增加33篇,最高人民法院增加24篇,南京大学法学院增加21篇,北京大学法学院增加19篇,中央财经大学法学院增加14篇;有4家研究机构发文量增长在1篇至9篇,分别是上海交通大学凯原法学院增加8篇,复旦大学法学院增加4篇,西北政法大学增加2篇,东南大学法学院增加1篇。10家研究机构的发文量略有减少。

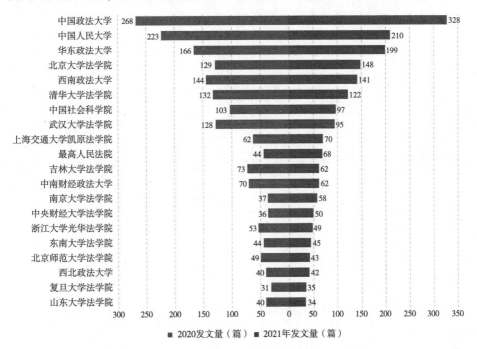

图5 2020—2021年20家高产研究机构年度发文情况
(按照研究机构发文量降序排序)

(二)5家高产研究机构发文覆盖法学核心期刊达九成以上

通过对24家高产研究机构所发的2098篇文章的来源期刊进行统计,如表13所示,在30家以上法学核心期刊发文的研究机构有11家,其中中国政法大学发文覆盖40家法学核心期刊;华东政法大学、中国人民大学法学院发文均覆盖39家法学核心期刊;北京大学法学院、西南政法大学发文均覆盖37家法学核心期刊;清华大

表 13 2021年度24家高产研究机构在41家法学核心期刊各刊发文情况（篇）

（按研究机构名称拼音升序排列）

序号	期刊名称	北京大学法学院	北京师范大学法学院	对外经济贸易大学法学院	复旦大学法学院	华东政法大学	吉林大学法学院	南京师范大学法学院	南京大学法学院	清华大学法学院	厦门大学法学院	山东大学法学院	上海交通大学凯原法学院	苏州大学王健法学院	武汉大学法学院	西北政法大学	西南政法大学	浙江大学光华法学院	中国人民大学法学院	中国社会科学院法学研究所	中国政法大学	中南财经政法大学	中央财经大学法学院	最高人民法院	合计
1	《北方法学》	4	0	0	0	2	2	1	0	0	1	0	0	2	6	1	7	1	0	1	0	1	0	0	29
2	《比较法研究》	6	1	4	0	5	0	4	5	0	0	2	0	2	2	0	2	1	8	4	15	0	3	1	63
3	《财经法学》	2	0	1	0	4	0	2	5	2	0	1	1	1	4	1	3	1	2	1	3	1	5	0	37
4	《当代法学》	7	0	2	1	2	8	3	3	0	0	2	1	2	1	2	3	2	7	1	9	2	0	0	60
5	《地方立法研究》	6	0	0	0	3	1	1	0	0	0	0	0	0	0	0	1	0	3	1	1	1	0	0	20
6	《东方法学》	5	1	2	1	14	1	0	3	1	2	2	4	1	2	0	2	0	5	0	7	2	1	0	58
7	《法律科学》	4	1	2	2	5	3	3	3	2	1	1	0	2	3	7	4	1	5	1	7	1	1	0	60
8	《法律适用》	5	3	1	2	6	2	3	4	0	0	0	0	0	2	0	3	0	19	7	11	1	1	42	118
9	《法商研究》	5	0	0	0	5	3	2	1	1	0	2	0	0	1	1	3	2	4	3	8	5	2	0	51
10	《法学》	7	0	2	1	20	1	4	4	1	1	0	4	4	4	2	4	3	4	5	13	8	5	1	97
11	《法学家》	6	1	1	1	1	4	2	7	1	0	1	1	0	6	1	2	2	4	1	4	1	4	0	54
12	《法学论坛》	2	1	5	0	2	1	1	1	0	6	0	1	0	4	0	0	3	8	0	12	1	1	0	51
13	《法学评论》	5	3	1	1	3	0	3	3	0	0	2	3	0	5	0	8	1	7	3	13	1	2	0	62

（续表）

序号	期刊名称	北京大学法学院	北京师范大学法学院	东南大学法学院	对外经济贸易大学法学院	复旦大学法学院	华东政法大学	吉林大学法学院	南京大学法学院	南京师范大学法学院	清华大学法学院	厦门大学法学院	山东大学法学院	上海交通大学凯原法学院	苏州大学王健法学院	武汉大学法学院	西北政法大学	西南政法大学	浙江大学光华法学院	中国人民大学法学院	中国社会科学院	中国政法大学	中南财经政法大学	中央财经大学法学院	最高人民法院	合计
14	《法学研究》	3	0	0	0	2	4	1	3	0	4	2	1	1	1	2	1	2	2	5	4	6	3	2	0	49
15	《法学杂志》	1	5	0	3	1	3	0	0	1	4	0	3	3	1	1	3	6	0	7	4	22	1	1	0	70
16	《法制与社会发展》	6	0	2	0	1	0	4	2	1	2	1	1	2	2	4	0	5	2	4	3	5	1	2	0	51
17	《法治研究》	2	2	1	1	1	8	1	0	0	2	0	0	2	1	1	0	1	2	4	4	6	1	1	2	44
18	《甘肃政法大学学报》	2	1	1	0	0	4	1	0	1	7	2	1	0	2	1	2	12	2	3	0	2	1	0	0	43
19	《国际法研究》	0	1	0	0	0	2	0	0	0	0	0	0	0	1	3	1	2	0	1	7	4	0	0	0	23
20	《国家检察官学院学报》	3	0	0	0	0	2	3	0	1	2	0	3	2	0	1	2	2	0	6	2	13	0	0	1	43
21	《行政法学研究》	2	0	3	0	2	5	1	2	0	2	0	0	0	1	2	2	1	4	1	1	15	2	1	1	48
22	《河北法学》	1	4	0	0	0	6	1	1	0	4	2	2	2	0	9	3	9	0	6	4	6	2	0	0	65
23	《河南财经政法大学学报》	1	1	1	1	0	10	1	2	2	0	1	0	0	2	4	0	7	0	2	2	5	0	0	0	44
24	《华东政法大学学报》	2	2	4	1	0	14	2	1	0	4	1	1	0	0	5	1	6	2	9	2	9	2	2	0	70

（续表）

序号	期刊名称	北京大学法学院	北京师范大学法学院	对外经济贸易大学法学院	复旦大学法学院	华东政法大学	吉林大学法学院	南京大学法学院	南京师范大学法学院	清华大学法学院	厦门大学法学院	山东大学法学院	上海交通大学凯原法学院	苏州大学王健法学院	武汉大学法学院	西北政法大学	浙江大学光华法学院	中国人民大学法学院	中国社会科学院	中国政法大学	中南财经政法大学	中央财经大学法学院	最高人民法院	合计
25	《交大法学》	1	1	1	1	5	1	1	0	1	0	0	7	0	0	0	1	1	1	2	3	2	0	1	29
26	《科技与法律》	0	0	0	1	13	1	1	1	2	0	0	1	0	3	11	0	1	3	1	6	4	0	0	51
27	《南大法学》	2	0	2	2	3	2	3	1	0	0	0	1	3	1	2	1	1	4	1	1	1	1	1	31
28	《清华法学》	7	0	0	2	3	0	3	1	7	0	1	2	1	1	0	0	0	6	1	11	1	4	0	54
29	《苏州大学学报(法学版)》	0	0	1	0	1	0	1	1	3	3	1	1	5	3	0	1	2	1	1	2	0	0	28
30	《现代法学》	4	1	1	1	2	3	1	1	2	1	0	5	0	1	8	2	4	2	1	7	1	2	0	51
31	《政法论坛》	2	2	2	0	4	2	2	2	6	4	1	0	0	1	3	1	1	5	0	23	2	1	1	65
32	《政治与法律》	2	3	1	2	11	2	4	3	5	1	3	4	2	0	2	6	3	10	5	12	1	1	2	86
33	《知识产权》	5	0	1	1	7	0	1	0	3	2	0	3	1	1	1	5	0	4	3	2	2	0	1	42
34	《中国法律评论》	13	4	0	2	2	3	0	0	3	1	0	7	4	0	4	0	4	6	1	9	1	0	2	63
35	《中国法学》	8	2	1	0	4	1	1	1	6	1	1	2	0	3	3	0	0	10	4	8	2	3	0	62
36	《中国海商法研究》	1	0	0	1	3	0	0	0	2	0	0	0	0	1	1	2	3	0	1	2	0	0	0	17

（续表）

序号	期刊名称	北京大学法学院	北京师范大学法学院	东南大学法学院	对外经济贸易大学法学院	复旦大学法学院	华东政法大学	吉林大学法学院	南京大学法学院	南京师范大学法学院	清华大学法学院	厦门大学法学院	山东大学法学院	上海交通大学凯原法学院	苏州大学王健法学院	武汉大学法学院	西北政法大学	西南政法大学	浙江大学光华法学院	中国人民大学法学院	中国社会科学院法学研究所	中国政法大学	中南财经政法大学	中央财经大学法学院	最高人民法院	合计
37	《中国社会科学》（法学文章）	1	1	0	0	1	1	2	0	0	0	0	0	1	0	1	0	1	1	2	0	2	0	0	0	14
38	《中国刑事法杂志》	4	1	0	1	0	0	1	2	1	4	0	0	0	0	1	1	4	0	5	0	8	1	0	1	35
39	《中国应用法学》	0	1	0	0	0	1	0	0	0	0	0	0	0	0	1	1	1	0	8	3	1	0	0	11	29
40	《中国政法大学学报》	4	1	0	0	0	3	2	0	1	4	0	2	2	1	2	0	1	0	8	5	29	1	3	0	67
41	《中外法学》	7	0	0	2	2	6	1	0	2	4	2	2	1	1	0	1	2	4	8	7	7	2	1	0	64
	合计	148	43	45	32	35	199	62	58	42	122	33	34	70	33	95	42	141	49	210	97	328	62	50	68	2098

学法学院、武汉大学法学院、中国社会科学院和中南财经政法大学发文均覆盖35家法学核心期刊;吉林大学法学院发文覆盖32家法学核心期刊;上海交通大学凯原法学院发文覆盖30家法学核心期刊。

从统计情况上看,发文量在100篇以上的有6家研究机构,分别是中国政法大学、中国人民大学法学院、华东政法大学、北京大学法学院、西南政法大学、清华大学法学院。

中国政法大学发表的文章主要刊载在12家期刊,分别是《比较法研究》《法律适用》《法学》《法学论坛》《法学评论》《法学杂志》《国家检察官学院学报》《清华法学》《行政法学研究》《政法论坛》《政治与法律》《中国政法大学学报》,共189篇,占比57.6%。中国人民大学法学院发表的文章主要刊载在12家期刊,分别是《比较法研究》《当代法学》《法律适用》《法学论坛》《法学评论》《法学杂志》《华东政法大学学报》《政治与法律》《中国法学》《中国应用法学》《中国政法大学学报》《中外法学》,共109篇,占比51.9%。华东政法大学发表的文章主要刊载在11家期刊,分别是《东方法学》《法律适用》《法学》《法治研究》《河北法学》《河南财经政法大学学报》《华东政法大学学报》《科技与法律》《政治与法律》《知识产权》《中外法学》,共115篇,占比57.8%。北京大学法学院发表的文章主要刊载在15家期刊,分别是《比较法研究》《当代法学》《地方立法研究》《东方法学》《法律适用》《法商研究》《法学》《法学家》《法学评论》《法制与社会发展》《清华法学》《知识产权》《中国法律评论》《中国法学》《中外法学》,共98篇,占比66.2%。西南政法大学发表的文章主要刊载在10家期刊,分别是《北方法学》《法学评论》《法学杂志》《甘肃政法大学学报》《河北法学》《河南财经政法大学学报》《华东政法大学学报》《科技与法律》《现代法学》《政治与法律》,共80篇,占比56.7%。清华大学法学院发表的文章主要刊载在17家期刊,分别是《比较法研究》《财经法学》《法律适用》《法学》《法学家》《法学研究》《法学杂志》《甘肃政法大学学报》《河北法学》《华东政法大学学报》《清华法学》《政法论坛》《政治与法律》《中国法学》《中国刑事法杂志》《中国政法大学学报》《中外法学》,共84篇,占比68.9%。

六、结语

北大法宝—法学期刊库的蓬勃发展离不开期刊社、高校老师和广大法律同人的鼓励与支持,在此由衷表示感谢!我们将持续关注法学期刊研究工作,以期为法学界提供学术前沿研究动态,为法学事业的繁荣发展尽一点绵薄之力。

【责任编辑:曹伟】

"生产、销售有毒、有害食品罪"大数据检索报告

张艺伟[*]

摘要：通过对2020—2021年100起被认定构成生产、销售有毒、有害食品罪的案件进行大数据检索分析，发现该罪具有发生集中于传统食品行业和减肥药、保健品领域，虽然数量相对少但刑罚普遍较高，禁止令的适用比例远高于从业禁止以及附带民事公益诉讼逐渐兴起等特点。同时，从客观上否定有毒、有害食品的定性，从主观上排除故意的心态，以及案件符合情节显著轻微的要求都属于较有成效的辩护思路。

关键词：有毒有害　禁止令　附带公益诉讼　辩护

随着我国生活水平的提升，人民提高了对美好生活的追求，食品行业获得了空前发展，但与发展相伴而生的还有层出不穷的食品安全问题。其中的违法严重者将触犯刑律，构成生产、销售有毒、有害食品罪。鉴于以上原因，本文选取了2020—2021年认定为该罪的100起案件，对其展开大数据分析，相关结论仅供参考。

根据《食品安全法》第150条的规定，食品指的是各种供人食用或者饮用的成品和原料以及按照传统既是食品又是中药材的物品，但是不包括以治疗为目的的物品；食品安全指的是食品无毒、无害，符合应当有的营养要求，对人体健康不造成任何急性、亚急性或者慢性危害。本文在此语境意义上使用食品与食品安全两个概念。

收稿日期：2020-03-30

[*] 张艺伟，北京张燕生律师事务所刑辩研究委员会负责人，中国政法大学刑法学硕士。

一、数据来源

时间:2020—2021 年
数据采集渠道:北大法宝—司法案例库
罪名:生产、销售有毒、有害食品罪
文书类型:判决
案件数量:100 起
数据采集时间:2022 年 3 月

二、检索结果可视化分析

借助北大法宝—司法案例库,本次检索获取了 2020—2021 年判决认定构成生产、销售有毒、有害食品罪的案件,从中随机选取 100 起案件。

(一)发生领域

虽然罪名限定为生产、销售有毒、有害"食品",但根据《食品安全法》第 150 条的规定,生产、销售有毒、有害食品罪中的"食品"并非日常用语意义上的"食品"一词。在选取的 100 起案件中,以行为出现的具体领域为标准,可以较为清晰地划分出两个领域:传统食品行业与减肥药、保健品领域。

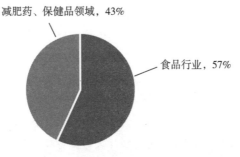

图 1 生产、销售有毒、有害食品罪的发生领域

如图 1 所示,发生于传统食品行业的案件仍占据较大比例,达到 57%,典型行为如在制作的食物中添加罂粟粉末,使用"地沟油"熬制汤料,在面食制作中添加明矾,等等。这些犯罪行为由来已久,为了达到提鲜、增味、使消费者产生依赖性等目的,行为人在所经营的食品中掺入有毒、有害的非食品原料,寄希望于通过这一方式提高营业额,获得利润。大多数有毒、有害物质不仅会对身体健康造成损害,而且完全无法被人体吸收,往往会滞留体内若干年,对人体健康造成持续的破坏。食品安

全问题造成急性中毒甚至死亡的比例总体而言并不高,但其中的有毒、有害物质却会潜伏在消费者的身体内造成深远的影响。

与此同时,减肥药、保健品领域的生产、销售有毒、有害食品案件占比也不容忽视,达到了惊人的 43%,常见的行为如生产、销售含有"西布曲明"的减肥药、含有"西地那非"成分的性保健品等。这一领域的经营者瞄准大众或希望快速瘦身或寻求身体保健的欲望,搭上蓬勃发展的网络电商平台的顺风车,如通过线上多渠道投放广告招揽客源、线下专人负责上货供应等方式,其可能危害的地域、人数也呈几何式扩展。因此,虽然这一领域现阶段的案发比例尚低于传统食品行业,但无论从危害范围还是物质毒性角度,都不容小觑。

(二)刑罚分布

相比较而言,传统食品行业案件整体呈现出刑罚较轻、差距不大的特点,量刑较为集中地分布在 1 年以下有期徒刑,比例达 80.7%,众数为 6 个月有期徒刑并宣告缓刑,中位数为 9 个月有期徒刑(如图 2 所示)。但减肥药、保健品领域却大不相同,刑期在 1 年以下的案件占比 39.5%,刑期在 1 年以上 3 年以下、3 年以上 5 年以下以及 5 年以上的案件分别占比 27.9%、18.6% 和 14%,虽然众数同样为 6 个月有期徒刑并宣告缓刑,但中位数达到了 2 年有期徒刑(如图 3 所示)。比之传统食品行业,减肥药、保健品领域的案件量刑更重的特点清晰可见。

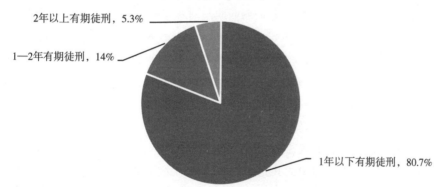

图 2　传统食品行业 57 起案件刑罚分布

根据笔者的分析,这一明显的差距主要源于以下两个方面:

1. 危害性存在一定差别

虽然 100 起案件中,食品或减肥药、保健品中的物质经鉴定均为有毒、有害物质(否则不会论以生产、销售有毒、有害食品罪),但所添加具体物质的毒性却存在一些差异。试举一例,传统食品行业常发的行为如在火锅或汤料中添加罂粟壳,这当然属于对人体具有破坏作用的有害物质,但根据相关研究和报道,罂粟壳中的吗啡等生物碱是产生毒性的主要物质,然而其吗啡含量只有 0.05%～0.5%,在经过汤料稀

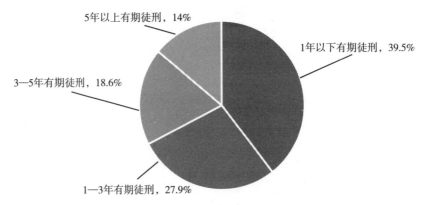

图 3　减肥药、保健品领域 43 起案件刑罚分布

释进入人体后,带来的效果微乎其微。换言之,罂粟壳中对人体有害的成分如吗啡,含量不高,经食物稀释后的效果又打折扣;且脱离量的累积只谈质也是不周全的,日常生活中,大家一般不会每日都吃同样的食物,量的累积过程也会有所延缓,两者叠加导致在火锅中添加罂粟壳的行为单就对个人的危害而言,程度有所下降。

与之相比,在保健品或减肥药中添加的物质显示出危害性更大的特点。以在减肥药中添加西布曲明并销售为例来说明。国家食品药品监督管理总局在 2010 年已经宣布国内停止生产、销售和使用西布曲明制剂和原料药。原因在于其副作用明显且剧烈:增大心率、升高血压,严重影响中枢神经系统,严重时可导致中风甚至死亡。因此仅从质上看,该行为的危害性便陡然上升。更何况无论是"减肥药"还是"保健品",都将不可避免地出现消费者在一段时间内规律性、频繁化服用的情况,质的危害再加量的累积,对消费者产生的影响无疑是更为强烈的。

2.生产、销售的规模、渠道存在一定差别

近几年,生产、销售有毒、有害食品罪的犯罪主体两极化的差别逐步显现。一极是以企业单位或是形成组织的共犯为主体,依托于成型的生产经营链条、专业人员的参与、体系化的人员分工、较为稳定的输出渠道,已经实现了通过犯罪稳定获利,显示出食品犯罪专业化与职业化的新特点。而另一极则是传统的食品行业,其具有小、乱、散的特点,大量文化水平不高的小商贩、个体户以店铺或生产食品为生,在小规模食品生产、销售中寄希望于添加某些物质留住顾客、增加销量。

而这两极化的情形基本可以与减肥药、保健品领域和传统食品行业相契合。如张某勇、梁某、赵某华等生产、销售有毒、有害食品案[1],张某勇等六人在明知购买

---

[1] 参见张某勇、梁某、赵某华等生产、销售有毒、有害食品案,浙江省杭州市萧山区人民法院(2019)浙 0109 刑初 1130 号刑事判决书。

的减肥胶囊含有酚酞等违禁成分的情况下,仍予以销售。值得注意的是,在犯罪行为实施过程中,六人分工明确、配合默契,进货途径成型,销售渠道多样(微信、淘宝、咸鱼等),货物种类繁杂,涉及金额近百万,足可见其犯罪已成体系。而与之相对,传统食品行业中触犯生产、销售有毒、有害食品罪的仍多见于小作坊式店面。两相比较,可见两种领域中犯罪的规模、涉及的金额等也存在显著差异。

上述两方面因素可能是导致传统食品行业中生产、销售有毒、有害食品案件的处罚比之减肥药、保健品领域较轻的一部分原因。

(三)传统食品行业的案发仍主要依靠抽样检查,犯罪黑数大

由于减肥药、保健品领域生产、销售有毒、有害食品案件的判决中大多并未提及案发途径,对这一问题进行分析存在数据来源上的困难,故此部分的统计仅涉及传统食品行业的案发途径。

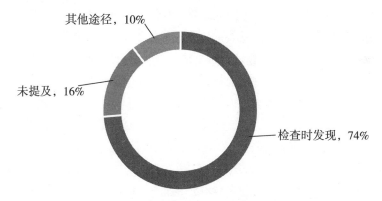

图4　传统食品行业的案发途径

如图4,在57份判决中,"检查时发现"占74%的绝对比例,这一途径主要包括各地的市场监督管理局在进行或日常或专项的抽样检查时发现犯罪行为。比如胡某琼在售卖狗肉汤时添加罂粟壳的行为,就是当地市场监督管理局在"非法添加罂粟壳"专项整治行动中,对其狗肉馆的狗肉汤抽样检查时发现的。[1] 74%的比例已经非常高,还未算上16%在判决中未提到案发途径的案件中可能存在这一情形的数量。只有10%的案件案发途径是被告人自首、被害群众举报等。

由此可以作出推断,至少在传统的食品行业,生产、销售有毒、有害食品罪仍存在较大的犯罪黑数。虽然查证的食品安全犯罪数量不少,但不能忽视的是可能隐藏其下的"冰山"。一方面,这样的犯罪黑数是由于侦查机关获知食品安全犯罪案件途径是有限的,正如图4所显示的,实务中案发多是由于侦查机关的随机抽查。站在

---

[1] 参见胡某琼生产、销售有毒、有害食品案,贵州省安顺市西秀区人民法院(2021)黔0402刑初258号刑事附带民事判决书。

消费者的角度,一来由于有毒、有害食品对身体的破坏常呈现潜伏性特征,故消费者多数不会将自己的身体变化与某样食物直接联系,因此可能完全意识不到某一食品有毒、有害,自然无从报案;二来即便消费者意识到购买了可以认定为有毒、有害的食品,但由于法治意识还有欠缺,不会当然地将其与刑事案件关联而只是认为其属于简单的赔偿问题,这导致消费者协会接到的投诉很多,但食品安全犯罪的报案并不多。这样的客观情况遇到了食品安全犯罪方向"捉襟见肘"的专业警力,犯罪黑数自然较大。

另一方面,上文所述传统食品行业小、乱、散的特征也给案件侦破增加了难度;再加上许多初级的犯罪小作坊具有活动性与反侦查意识较强的特点,如随走随停的食品小商贩、无证经营的隐蔽门店等,都导致追查、证实犯罪的难度较大。因此,虽然公安部在2019年通报全国公安机关打击食品安全犯罪工作情况时说道,"侦破案件数量成倍增长,年均办案数量已经从此前年均仅为不足千起上升为目前年均3万起左右"[1],但仍可能存在不少的食品安全犯罪处于暗处,未被发现。

与此相对,减肥药、保健品领域虽然未纳入分析,但是从这一领域的自身特点和判决内容来看,其发案途径或许与上述传统食品行业不同,呈现出多渠道案发的特点。首先,由于这一领域在销售货物、联络客户时对网络的使用率极高,因此网络警察等力量可以有效介入,在清洁网络空间的同时促使这类案件的犯罪线索暴露并移送当地公安。其次,有赖于宣传力度的增加,大众虽然对这类减肥药、保健品怀揣希望,但大部分人对于其不安全、不合法的情况也是有认知的,因此相对于传统食品行业消费者"不知不觉就吃了有毒、有害物质"的情形,减肥药、保健品领域的受害人发觉犯罪行为并进行举报的可能性更大。因此相较而言,这一领域的案发渠道呈现出多样化的特征。

(四)禁止令与从业禁止的适用

《刑法》第72条第2款规定了宣告缓刑的禁止令:"宣告缓刑,可以根据犯罪情况,同时禁止犯罪分子在缓刑考验期限内从事特定活动,进入特定区域、场所,接触特定的人。"2015年《刑法修正案(九)》增加《刑法》第37条之一,即从业禁止规定,该条第1款规定:"因利用职业便利实施犯罪,或者实施违背职业要求的特定义务的犯罪被判处刑罚的,人民法院可以根据犯罪情况和预防再犯罪的需要,禁止其自刑罚执行完毕之日或者假释之日起从事相关职业,期限为三年至五年。"

禁止令与从业禁止两者在适用对象、适用期限、触犯后果上存在较大差异,但在内容上的确具有相似之处,即同样属于对犯罪人实施某种特定行为的禁止措施。如

---

[1]《食品药品犯罪侦查局首次在公安部新闻发布会亮相》,载人民网,http://legal.people.com.cn/n1/2019/0627/c42510-31199708.html。

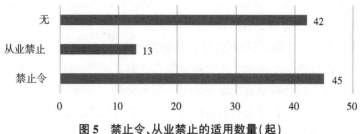

图 5 禁止令、从业禁止的适用数量(起)

图 5 所示,在 100 起生产、销售有毒、有害食品案件中,适用禁止令的有 45 起,适用率达到 45%,当然如果考虑到《刑法》第 72 条规定禁止令的适用前提是宣告缓刑,从而将案件限缩为宣告缓刑案件(55 起)的话,这一比例将达到 82%。而适用从业禁止的案件则显著少于适用禁止令的,仅为 13 件,适用率为 13%。可以看到两者虽然都为"可以"适用的选择性规定,但实务中的适用率却相差巨大。这一现象的出现可能有若干方面的原因:

①缓刑的较高适用率一方面推动了禁止令的广泛适用,另一方面压缩了从业禁止的适用空间。虽早在 2011 年最高人民法院下发的《关于进一步加大力度,依法严惩危害食品安全及相关职务犯罪的通知》就已经明确了食品安全犯罪需要从严掌握缓刑适用的政策。但是在 100 起案件中,符合"被判处拘役、三年以下有期徒刑"条件的案件共 87 起,而宣告缓刑的案件共 55 起,鉴于缓刑的适用前提为"被判处拘役、三年以下有期徒刑",因此,63.2% 的缓刑适用率依然是不低的。与此同时,由于从业禁止的适用条件为"自刑罚执行完毕之日或者假释之日起",而缓刑的适用后果为"原判刑罚不再执行",因此适用了缓刑的案件不符合从业禁止的适用条件。而为了达到对利用职权便利实施特定犯罪者的惩罚兼预防效果,禁止令在宣告缓刑的案件中予以适用可谓理所当然,2021 年《最高人民法院、最高人民检察院关于办理危害食品安全刑事案件适用法律若干问题的解释》第 22 条第 1 款亦规定:"对实施本解释规定之犯罪的犯罪分子,应当依照刑法规定的条件,严格适用缓刑、免予刑事处罚。对于依法适用缓刑的,可以根据犯罪情况,同时宣告禁止令。"

②对从业禁止本身的研究与适用均存在模糊之处,尚未形成明确且行之有效的适用准则。目前,我国关于从业禁止制度的研讨仍有大量空白地带。虽然学界已形成其更符合保安处分的倾向性观点,但若是如此,如何评判行为人未来的持续危险状态是否已达到预防犯罪的目的?是否需要将从业禁止完全视作保安处分进而对其进行完善?诸多类似问题均无定论,导致实务中无明确的裁判准则可供参考,因此谨慎适用的潜在态度逐渐定型。这导致实务中甚至出现并非根据案情确定适用与否,而是取决于作出判决的法院是否有适用的先例和惯性的情形,反映出从业禁

止适用的模糊性,这种可操作性的缺乏成为该制度实际适用的一大阻碍因素。

(五)附带民事公益诉讼的适用

2018年《最高人民法院、最高人民检察院关于检察公益诉讼案件适用法律若干问题的解释》第20条第1款赋予人民检察院在提起公诉时,可以附带提起民事公益诉讼的权力:"人民检察院对破坏生态环境和资源保护,食品药品安全领域侵害众多消费者合法权益等损害社会公共利益的犯罪行为提起刑事公诉时,可以向人民法院一并提起附带民事公益诉讼,由人民法院同一审判组织审理。"《民事诉讼法》第58条亦有相关规定。而生产、销售有毒、有害食品案件恰好符合"食品药品安全领域侵害众多消费者合法权益"这一条件。如图6所示,在100起案件中,有15起是检察院在提起公诉时一并提起了附带民事公益诉讼,占比15%,体现了检察院对这一权力的行使,其中传统食品行业有5起,减肥药、保健品领域有10起。

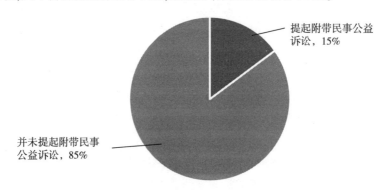

图6 是否提起附带民事公益诉讼的案件占比

比之通常的刑事判决,由检察院提起附带民事公益诉讼的案件的不同之处主要在于:①惩罚性赔偿金的判定。《食品安全法》第148条规定,"生产不符合食品安全标准的食品或者经营明知是不符合食品安全标准的食品,消费者除要求赔偿损失外,还可以向生产者或者经营者要求支付价款十倍或者损失三倍的赔偿金"。在公益诉讼中,消费者协会与检察院同样属于提起诉讼的适格主体,既然如此,检察院起诉要求支付价款十倍的赔偿金以及法院据此判决便行之有据。②赔礼道歉的判定。根据《最高人民法院关于审理消费民事公益诉讼案件适用法律若干问题的解释》的规定,原告在消费民事公益诉讼案件中,请求被告承担停止侵害、排除妨碍、消除危险、赔礼道歉等民事责任的,人民法院可予支持。因此,要求食品药品安全领域侵害人民食品安全的行为人赔礼道歉也符合法律规定。

三、涉嫌生产、销售有毒、有害食品犯罪的主要辩护思路初探

(一) 客观上,排除尚无法证明生产、销售的是有毒、有害食品

《最高人民法院、最高人民检察院关于办理危害食品安全刑事案件适用法律若干问题的解释》中对于如何认定"有毒、有害的非食品原料"进行了明确规定。结合这一规定和最高人民法院指导案例70号北京阳光一佰生物技术开发有限公司、习文有等生产、销售有毒、有害食品案所确定的裁判规则,可以得出生产、销售有毒、有害食品罪中"有毒、有害的非食品原料"判断的依据:①被法律、法规明确禁止在食品生产经营活动中添加、使用的物质;②被国务院有关部门列入《食品中可能违法添加的非食用物质名单》《保健食品中可能非法添加的物质名单》和国务院有关部门公告的禁用农药、《食品动物中禁止使用的药品及其他化合物清单》等名单上的物质;③不属于禁用名单中的物质,但与名单中的物质具有同等属性,且根据检验报告和专家意见能够确定该物质对人体具有同等危害的物质。在具体案件中主张出现的物质客观上不属于"有毒、有害的非食品原料",或是根据现有证据尚无法得出生产、销售的是有毒、有害食品的结论,是很好的辩护方向。

如吴某某生产、销售有毒、有害食品案[1],吴某某利用工业白蜡对屠宰后的鸭子进行脱毛,之后将加工后的鸭肉在山亭镇市场用于销售,其间共计销售300只鸭子。经鉴定,受鉴的黄色固体物的红外谱图具有烷烃类和酯类物质的吸收特征,与棕榈蜡的红外谱图具有较高的吻合度。据此,公安机关将该案移送至莆田市秀屿区人民检察院。检察院在审查后认定,根据《食品安全国家标准食品添加剂使用标准》的规定,工业白蜡属于需要规定功能和使用范围的食品加工助剂,被不起诉人吴某某用于畜禽脱毛属于超出其功能和范围使用,但其性质上不属于有毒、有害的非食品性原料。检察院由此认定该案不符合起诉条件,决定不予起诉。

(二) 行为人主观心态的辩护:对生产、销售的是有毒、有害食品不具有明知

判定行为人构成生产、销售有毒、有害食品罪的前提是行为人明知其所添加的原材料或是自己销售的物品中添加了有毒、有害物质,如果其并不能认识到这一点,该罪的构成自然无从提起。对于主观明知这一难以证明的要素,司法解释采用了类似罪名常用的证明方式——由客观行为推定明知的存在。《最高人民法院、最高人民检察院关于办理危害食品安全刑事案件适用法律若干问题的解释》第10条明文列举了六项可以认定存在明知的情形,如长期从事相关食品行业,却不依法履行保障食品安全义务的;没有合法有效的购货凭证,且不能提供或拒不提供销售食

---

[1] 参见福建省莆田市秀屿区人民检察院秀检公刑不诉(2015)22号不起诉决定书。

品来源的;以明显低于市场价格进货或销售且无合理理由的;等等。虽然该规定十分明确,但细究起来这些情形未必能确定、唯一地导向生产、销售有毒、有害食品罪的主观明知:以明显低于市场的价格进货会不会只意识到购进的食品"不符合安全标准"? 没有合法的购货凭证有没有可能是因为家庭小作坊经营从无索要凭据的良好习惯? 因此能否根据上述规定的情形就认定明知的存在,笔者认为理论上与实务中均存在商榷的余地。由此也引申出生产、销售有毒、有害食品罪在主观明知方面的辩护思路。

如田守林生产、销售有毒、有害食品案[1],再审时,法院明确将"原审被告人田守林在销售涉案保健品食品时主观上是否明知其为有毒、有害食品"作为争议焦点,进而指出"仅凭原审被告人田守林在购买涉案保健品食品时未向销售方获取《保健食品批准证书》复印件和产品检验合格证,来认定其明知食品中含有有毒、有害成分,理据不足,本院不予采纳",据此推翻原审的有罪判决,改判被告人田守林无罪。这意味着在生产、销售有毒、有害食品案件的辩护中,主观心态依然是值得坚守的阵地。

(三)情节显著轻微危害不大

如上文所述,一些案件的犯罪地点为家庭式小作坊,行为人一时起心动念,实施行为时间短、添加有害物质剂量小、获利微乎其微、损害后果也尚未显现抑或涉案行为属于当地的传统做法等。这样的案件中,辩护人便可以提出情节显著轻微危害不大的辩护意见,甚至如果介入较早,完全有可能在与检察院的沟通中争取不起诉的结果。

如秦某甲生产、销售有毒、有害食品案[2],石柱土家族自治县人民检察院便认为,虽然"秦某甲明知硫酸铝铵不能用于食品添加剂而在其销售的食品中添加",因此构成生产、销售有毒、有害食品罪;但"其添加时间不长,认罪态度较好,犯罪情节轻微,危害不大",因此不予起诉。

又如曾轰动一时的"毒豆芽案",即郭某某、鲁某某生产销售有毒、有害物质案[3],法院在判决中写明:"被告人郭某某、鲁某某虽在生产绿豆芽的过程中使用了非食品原料并予以销售,但没有证据证明二被告人在豆芽上喷洒'速长王'后所检测出的4-氯苯氧乙酸钠、6-苄基腺嘌呤、赤霉素等三种物质对人体能造成何种危害,该三种物质的安全性亦尚不清楚。二被告人行为应属情节显著轻微危害不大,不认为是犯罪。"

由此可见,对于生产、销售有毒、有害食品罪的出罪而言,运用直接体现刑法谦

---

[1] 参见河北省青龙满族自治县人民法院(2019)冀0321刑再2号刑事判决书。
[2] 参见重庆市石柱土家族自治县人民检察院石检公诉刑不诉(2015)45号不起诉决定书。
[3] 参见辽宁省葫芦岛市中级人民法院(2015)葫刑终字第00033号刑事判决书。

抑性的《刑法》第 13 条"但书"规定,无疑是一条十分值得尝试的辩护路径。

(四)认罪认罚的适用

如果在上述方面都难以做到突破,运用认罪认罚制度也不失为一种为被告人争取最大权益的方式。在统计的 100 起案件中,适用认罪认罚制度的有 96 起,适用率达到了惊人的 96%,甚至远高于最高人民检察院发布的 2021 年刑事案件认罪认罚制度适用率 85% 这一本就非常高的比例。[1] 在生产、销售有毒、有害食品案件中,认罪认罚制度之所以会有如此高的适用比例,一是因为生产、销售有毒、有害食品罪的认定本身需要较多客观证据的支撑,比如检测报告、物证等,比之行贿、受贿等"一对一犯罪"而言,更多的客观证据能更大限度地固定并还原犯罪事实。在诸多客观证据面前,被告人也会更容易承认自己所实施的犯罪行为。事实也的确如此,即便是在剩余 4 起被告人持有异议的案件中,被告人也都对自己生产、销售有毒、有害食品的行为没有异议,只是对认定的犯罪数额提出了辩解意见。二是如上文所分析的,生产、销售有毒、有害食品罪虽然法定刑上限较高,但是除却特别重大、集团性的案件,总体刑罚并不算重。这样的刑罚分布中,适用认罪认罚可以减少 20%~30% 的刑罚,效果显然十分可观,再加上适用认罪认罚后还可以适用缓刑,大多数被告人在本身对罪名就无异议的情况下自然也十分愿意认罪认罚。

如此高的认罪认罚适用率为律师处理生产、销售有毒、有害食品案件开拓了思路,如果被告人愿意适用的话,这也是有效辩护的一种可能。当然辩护律师在适用这一制度时也应当尽可能地谨慎,首先应当保证向被告人清楚解释这一制度的适用过程及后果,许多被告人对于这一专业的术语和程序是完全不清楚的,这就需要律师的全程参与;其次要完全尊重被告人的自我选择权,耐心聆听被告人陈述案情和对是否适用这一制度的看法,避免越俎代庖;最后在被告人确认愿意认罪认罚后,应当积极与办案机关沟通,争取更大的减轻处罚幅度,促使被告人从认罪认罚的适用中得到最大优惠。

【责任编辑:张文硕】

---

〔1〕 参见《2021 年认罪认罚从宽制度适用率超过 85%》,载正义网,http://news.jcrb.com/jsxw/2022/202203/t20220308_2375051.html。

焦点法谈

智慧检索：
人工智能环境下法律检索的未来

范静怡* 刘 明**

摘要：当今人工智能被广泛应用于许多涉及人类智能的领域，其中法律是一个重要的研究和应用领域，特别是在已拥有大量法律信息检索系统的法律检索领域。本文从计算机检索和人工智能的发展，以及人工智能与法律检索相结合的历史入手，分析当前计算机辅助法律检索在信息资源、检索技术以及司法实践中亟待解决的问题，认为在互联网、大数据等技术快速发展的环境下，法律检索的发展趋势是精准的、主动的智慧化、智能化检索。但目前人工智能在法律检索领域仍然是人机协同方式，起辅助作用，要完全取代人的工作还有很多问题需要解决。

关键词：人工智能 法律检索 智慧化 智能化

一、法律检索

"法律检索"一词来源于英美法系的"Legal Research"。从字面意义上理解，"Legal Research"通常翻译为法律研究，但作为一个英美法常用术语，在真实的语境中，"Legal Research"是指鉴定、检索必要信息以支持法律决定的过程（the process of identifying and retrieving information necessary to support legal decision-making），这个过程始于法律工作者对某一法律问题相关事实的分析，终结于对法律调研结果的应

收稿日期：2022-07-15
* 范静怡，中国政法大学图书馆研究馆员。
** 刘明，中国人民大学法学院图书馆副研究馆员。

用和交流(begins with analysis of the facts of a problem and concludes with the application and communication of the results of the investigation)。[1] 在《元照英美法词典》中,"Legal Research"有两个含义,其一指"查找和收集有关某一法律问题的法律根据(authorities)。亦指为法律检索目的而有效地编排和整理关于某一法律问题的法律根据方面的研究"。其二是"指对法律问题及与法律相关的问题作系统的探讨与考察。在各主要法学院及一些研究机构都有从事法律研究的项目或研究人员。有一些研究结果可能会用于支持或反对某项法律改革。在司法方面,也存在一些将深入探讨的法律研究用于准备某些评论要点,或供法官撰写判决参考之用"[2]。王昶认为"Legal Research"译为"法律研究"是错误的,全面的解释是"法律研究方法论和法律文献与信息检索","Legal Research"是一种法律研究方法,也是法律文献与信息检索的过程,同时也包括检索的结果。[3] 因此,法律检索是一个"寻找法律"的过程,即查找和运用法律、分析问题、提出解决方案,无论对律师、法官,还是对法学研究者和法学生来说,都是必备的技能。

　　法律工作者要解决一个具体的法律问题时,首先需要将问题简单化处理,即拆解问题,了解问题的概念及相关法律规定,明确哪些法律适用于此问题、法律的生效时间及其适用范围,研究并了解相关法律具体的实施情况,关注相关法律法规的发展动向及其可能的影响,以及司法实践的情况,研究经典案例等。在此基础上了解相关专家学者的观点,得出确定的或可能的结论。因此,需要利用法律资源以及其本身的检索逻辑,在浩如烟海的法律资源中找到自己需要的、具有法律效力的法律文献以及专家学者对于此法律问题的观点、论述,构建解答自己的法律问题所依赖的法律、案例体系,因此,法律检索是"寻找法律"过程中的一项重要工作。

　　无论是从事法律实务工作还是法律研究,面对具体的法律问题,首先要有解决问题的思路。对于实务工作来说,面对浩如烟海的法律条文、案例,特别是计算机、网络技术的发展带来的数据存储量的激增,法律检索可以快速找到解决问题的线索,构建解答法律问题所依赖的法律、案例体系及依据,从而理清问题脉络,找到解决问题的思路。如律师可以围绕所代理案件的争议焦点,通过检索相关的法律、以往的案例等,梳理辩护思路,将论点和论据准备充足。对于法学研究来说,法律检索还能够发现当前法律未能解决的新问题或者研究的新视角,从而确定新的研究方向。

---

〔1〕 See Jacobstein J M, Mersky R M., Fundamentals of Legal Research(8th ed.), Foundation Press, 2002, p. 1.
〔2〕 薛波主编:《元照英美法词典》(缩印版),北京大学出版社2013年版,第822页。
〔3〕 参见王昶编著:《美国法律文献与信息检索》,中国政法大学出版社2014年版,第9页。

二、法律检索的历史

(一)手工检索与计算机检索

与其他文献信息检索一样,法律检索也经历了从手工检索到计算机检索的过程,计算机检索包括单机检索、联机检索、网络检索,目前绝大多数检索都在网络上进行。检索就是查找,信息检索就是大量的相关信息按一定的方式和规律组织和存储起来,形成某种信息集合,并根据用户特定需求快速高效地查找出相关信息的过程。从广义上讲,信息检索包括存储过程和检索过程;对信息用户来说,往往仅指查找所需信息的检索过程。[1]

检索需要信息源,且是经过分类与标引的信息源,无论手工检索还是计算机检索。在手工检索阶段产生的规范性检索语言为计算机检索奠定了基础。信息检索语言是文献信息标引的规则和标准,是沟通信息存储与检索的桥梁。在信息存储过程中,信息检索语言描述信息的内容和外部特征,形成检索标识;在检索过程中,信息检索语言描述检索提问,形成提问标识;当提问标识与检索标识完全匹配或部分匹配时,结果即为命中信息或文献。手工检索工具主要有目录、文摘、索引等,手工检索与计算机检索的信息源载体不同,手工检索信息源为印刷型文献。

对于从事立法、司法、行政、律师业务和法学研究的法律工作者来说,迅速、准确、完整地检索出所需的法律信息资源是非常重要的。计算机技术出现之前的法律检索资源主要是印刷型法律文献资源,如法律法规汇编、案例汇编,以及印刷型的专著、论文等,但印刷型文献在存储空间和信息量方面存在很大的局限性,并且此类文献具有印刷周期长、最新资料更新慢、检索途径少、速度慢、效率低等缺点。

计算机检索是指利用计算机存储和检索信息,检索的信息源为存储在计算机或网络上的文档或数据库,包括存储在磁盘、磁带、光盘等介质上的资源以及目前主流的网络数据库,具体来说,是指用户在计算机或计算机检索网络的终端机上,使用特定的检索指令、检索词和检索策略,从计算机检索系统的数据库中检索出所需的信息,继而再由终端设备显示或打印的过程。在图书馆和档案界,还有一部分文献资料被储存在缩微胶卷(胶片)上,需要利用缩微阅读器、阅读复印机或专门的检索设备进行检索。计算机检索的优点为检索资源量大、资源更新快、检索途径多样,且检索速度快、效率高等。因此,其自出现后发展迅猛,已成为目前主要的检索方式。

计算机辅助的法律检索也是伴随计算机和网络技术的快速发展而产生的。计算机技术应用于法律检索必须有可供检索的法律资料库,即存储法律信息及相关资

---

[1] 参见钟云萍主编:《信息检索与利用》,北京理工大学出版社2019年版,第18页。

源的资料库,资料库中的法律信息如法律法规、案例、专家学者观点等须按一定的规则进行加工,通过分类技术赋予法律信息特征标识即形成索引系统,如法规标题、颁布部门、颁布日期、法规效力等;对案例来说,案件及判决的当事人、案由、审理法官及法院、代理人或辩护人信息、案件的审理时间等都是非常重要的特征标识;专家学者观点所发表的载体大多是论文或专著文献,其特征标识一般为文献标题、作者、内容主题、关键词、文献来源、发表时间等。将赋予特征标识的法律信息数据按一定的格式、顺序编排后存入计算机,计算机在程序指令的控制下对数据进行处理,形成机读数据库,并存储在存储介质上,完成信息的加工存储过程。之后是检索,用户对要解决的法律问题进行分析,明确问题的主题概念、需要检索的文献信息范围,再对涉及的主题用数据库系统的检索语言表示出来,利用适合的检索技术及逻辑关系匹配,形成检索策略进行检索,即使用特定的检索指令、检索词和检索策略,在计算机检索系统的数据库中进行检索。这个过程是将用户需求的字符串与数据库当中存储的字符串进行类比、匹配及逻辑运算,直至用户的检索提问与数据库当中经过特征标识的信息及逻辑组配关系一致时,即视为检索出用户所需的法律信息。

(二)计算机辅助法律检索的发展

计算机辅助法律检索最初是开发计算机检索系统,这个系统是单机系统。当用户已知一些简单信息,将这些信息转换成计算机可识别的检索指令时,就可以查找到存储在计算机内的所匹配的法律信息资源。最早将计算机技术应用于法律信息检索的实践是在1960年,美国匹兹堡大学的约翰·霍蒂(John Horty)向美国律师协会年会提交了开发计算机检索法律系统的实施计划,1963年霍蒂教授和IBM公司帮助美国空军法务局设计开发了名为LIFT(Legal Information Through Electronics)的法律全文信息检索系统,该系统用磁盘方式检索与空军有关的法律信息,1974年改名为"联邦法律信息检索系统"。1968年匹兹堡大学赞助创立Aspen公司,推出了一些基于计算机新技术的法律信息系统。

计算机检索大幅度提高了法律研究的效率,随着网络技术的发展,以英美为主的西方国家纷纷建立法律信息系统。LexisNexis是世界上著名的为法律研究提供全文检索的联系系统之一,始建于1960年,由美国俄亥俄州律师协会发起,1967年开始在该州率先使用,为律师提供法律检索服务,1972年正式推出法律信息检索服务平台,提供俄亥俄州和纽约州的法规、案例以及美国联邦法规、判例法的完整文本。1961年美国William S. Hein公司成立,逐渐发展为高质量的法律出版商,公司在20世纪90年代快速发展,1991年在美国法学院协会(AALS)会议上,首次推出了美国条约索引的CD-ROOM产品,2000年5月推出当时世界上最大的基于图像的法律研究数据库HeinOnline。1974年美国司法部建立了JURIS系统(Juristic Retrieval and Inquiry System),该系统由许多包含联邦成文法规、联邦最高法院判例汇编和司法部内部文件的子数据库组成,采用联网方式。1975年,另一个著名的法律检索系统Westlaw也由汤姆森路透法律信息集团旗下美国West出版公司开发推出。1997年,Wolters Kluwer出版集团开始了在线产品的研发,提供法律、商业、税务、会计、金融、审计、风险管理、合规和医疗卫生等领域的服务,自1985年起服务中国市场,提供法律法规、财务和税务信息检索服务,内容涉及财税、金融、商业法规、公司和人力资源以及知识产权保护等领域,2011年在中国推出了本土化法律数据库"威科先行"。20世纪90年代,各大法律检索系统相继推出在线的法律信息检索服务,标志着计算机辅助法律研究及司法实践迈入了新时代。

我国在此方面起步稍晚。由于法律法规不断更新,加之印刷型法律检索工具的局限,我国从20世纪80年代开始研制法律法规数据库。1986年,北京大学法律系研制的"中国法律涉外经济法规查询系统"通过鉴定,标志着我国法律法规数据库进入了应用阶段;1998年,北京大学法制信息中心开发"中国法律检索系统"浏览器版,"北大法宝"正式上线,随后众多法律检索数据库纷纷问世。从20世纪80年代到21世纪初期,我国建成法律信息检索系统20个左右,开发法律数据库100多个。这时期法律信息系统主要有:"国家条法信息系统""法律数据添加系统""中国法律信息库""量刑综合平衡与电脑辅助量刑研究系统""中国刑法专家系统""中外法律信息检索系统""最高人民法院司法解释数据库""法学书目数据库""中国法律检索系统"等。[1] 21世纪初期,以"北大法宝"为代表的网络版法律信息检索系统占据了市场的大部分份额。

2010年印发了《最高人民法院关于人民法院在互联网公布裁判文书的规定》和《最高人民法院关于人民法院直播录播庭审活动的规定》。2013年《最高人民法院关于人民法院在互联网公布裁判文书的规定》(法释〔2013〕26号)正式发布,依据该规定,最高人民法院在互联网设立中国裁判文书网,统一公布各级人民法院的生效裁判文书。同年7月1日开通"中国裁判文书网"。2016年该规定进行了修订,其中第2条规定"中国裁判文书网是全国法院公布裁判文书的统一平台。各级人民法院在本院政务网站及司法公开平台设置中国裁判文书网的链接",同时还规定除法律规定的特殊情形外,人民法院发生法律效力的判决书、裁定书、决定书一般均应在互联网公布。随着各级、各地法院裁判文书上传至该网,裁判文书得以公开,此举宣传了法治,提高了司法透明度,让普通民众以迅捷明了的方式知悉法院判决,更为法官、检察官、律师及社会各界提供了办案参考,对法律研究也发挥了重要作用。

自2013年《最高人民法院关于人民法院在互联网公布裁判文书的规定》发布,特别是2016年该规定修订后,我国司法公开不断推进,加之信息技术的迅猛发

---

[1] 参见赵媛:《法律信息检索工具研究》,载《法律文献信息与研究》1998年第1期。

展,新的法律信息检索系统如雨后春笋般涌现,原有法律信息检索系统不断升级,国家层面主导建设的以"中国裁判文书网"和2021年2月开通的"国家法律法规数据库"为代表;商业公司、出版单位、律所等研发的有"中国法律知识资源总库""无讼案例""把手案例""聚法案例""元典智库""法信"等;还有21世纪初期逐步进入中国市场的国外出版集团开发的中国法律信息检索系统,如"威科先行""万律""律商联讯"等,依托计算机技术发展起来的法律检索系统呈现出百花齐放的局面。

毋庸置疑,通过法律检索完成资料的查询和获取,寻找问题的最佳解决方法和依据,对于学术研究者来说是创新选题、完成研究的必备条件。法律信息检索系统的出现与蓬勃发展使法律工作者得以利用法律资源及其本身的检索逻辑,快速、全面地找到自己需要的具有法律效力的法律文献以及专家学者对于所研究法律问题的观点和论述,构建解答自己的法律问题所依赖的法律、案例体系。

(三)计算机辅助法律检索的困境

计算机检索离不开技术的发展,互联网技术的迅速发展使社会进入大数据时代。大数据环境下信息资源的特点是数据类型多样、来源广泛、数据结构复杂、数据实效性更强、资源量增加更加迅速且体量巨大等。海量、快速、类型多样的数据带来了信息获取与存储的便利和高效,但同时无法使用过去常规的数据存储和分析分类方式对资源进行分类、组织、管理和利用。有一些系统如LexisNexis和Westlaw在20世纪90年代就提供了自然语言检索功能,但检索结果的精准度远远不够。

法律信息也面临同样的困境,国内外的法律法规、案例、法律研究成果类型繁多,法律信息的结构更加复杂,社会发展特别是新技术发展带来了更多的社会问题,法律信息的更新也更快。据2022年4月25日中共中央宣传部举行的"中国这十年"系列主题新闻发布会上发布的信息,"与上一个十年相比,我们新制定的法律数量增加三分之一,修改的法律数量增加近2倍,通过有关法律问题和重大问题的决定增加1.5倍"[1]。随着依法治国基本方略的全面贯彻以及司法改革的不断深入,公民的法律意识逐步提高,法院受理的案件数量也大幅增长,案件受理、审判数量居高不下,据"北大法宝"数据库的收录统计,2012—2021年司法案例有1.1亿多件,而2002—2011年司法案例有200余万件[2],近十年的案件数量是过去十年的5.57倍。

从法官数量和结案数量看,根据2017年5月22日最高人民法院党组会议审议通过的《最高人民法院首批法官入额工作方案》的规定,按照中央关于法官员额控制在中央政法专项编制的39%以内的要求,最高人民法院首批法官员额比例控制在

---

[1] 《以良法促发展保善治——"中国这十年"系列主题新闻发布会聚焦新时代立法工作的成就与进展》,载中国人大网,http://www.npc.gov.cn/npc/c30834/202204/b3aa78886afa4251b99966027e3bf786.shtml,2022年6月18日访问。

[2] 参见北大法宝—司法案例库,https://www.pkulaw.com/case/,2022年6月23日访问。

30%以内。[1] 按照此标准,从2014年试点到2017年全国司法改革初步完成,全国各级法院法官的任职总人数由过去的21万余人,减少至12万余人,实际中往往会预留10%左右的名额[2],最后进入法定员额制的法官低于30%。相对法官办案数量,案多人少的矛盾日益突出。2016年法官员额制改革后,全国法官人均办案数量急速攀升,2021年1月1日至11月15日,全国法院共受理案件3051.7万件,新收案件数量同比增长10.8%;与2019年同期相比,新收案件数量增长3.8%,两年平均增长1.9%;结案2391.9万件,结案数增长6.9%,未结案件数量659.8万件;全国共计约12.7万名员额法官,人均受理案件240件,人均结案188件。[3] 部分地区基层人民法院的收案量更高,如2013年至2017年,北京市朝阳区人民法院的收案量一直呈持续上升态势,2013年收案量为6.2万余件,2017年这一数字增长至13万余件,短短四年的时间,收案量增长了近一倍,而朝阳法院入额法官仅247人[4];广州市天河区人民法院2017年1—10月收案总量达6.5万件,办结案件达3.85万件,人均结案约730件[5]。更快、更准确地进行法律检索以帮助法律工作者,是缓解目前司法资源紧张的有效手段。

传统的法律检索系统在检索时要输入多个关键词,而且是规范的关键词检索。在法律领域要利用经提炼的"法言法语"检索,这就给法律检索设置了一个门槛,普通人没有受过专业的法律训练,或者对某一法律领域不熟悉就无法提炼出合适的关键词;并且每个关键词命中很多法律、法条、案例等,无法匹配出精准的目标信息,需要对检索结果逐篇逐条一一筛选,查全、查准需要投入大量的时间和精力,影响了检索的准确性和效率。由于法律工作是面对复杂的、不确定的问题给出判断,高效、智能的法律检索才能解决当前的痛点,同时还能为法律思维带来根本性转变,即由经验决策向数据决策的转变。

三、人工智能法律检索的发展

法律检索与信息检索一样,经历了从19世纪80年代至21世纪初期的信息检

---

[1] 参见徐隽:《最高法员额法官是怎样选任的》,载《人民日报》2017年7月12日,第18版。
[2] 参见夏纪森:《员额制下法官的职业认同实证研究——基于在安徽省某市法官员额制试点法院的调查》,载《法学杂志》2018年第1期。
[3] 参见《最高法相关负责人就全国法院整治年底不立案相关工作情况答记者问》,载中华人民共和国最高人民法院网站,https://www.court.gov.cn/zixun-xiangqing-332841.html,2022年6月23日访问。
[4] 参见《一年结案13万件的背后——北京朝阳法院以改革思维破解办案难题调查》,载中华人民共和国最高人民法院网站,https://www.court.gov.cn/zixun-xiangqing-77712.html,2022年6月25日访问。
[5] 参见《10个月,人均结案730件!——广东广州天河区法院繁简分流"四个一"改革纪实》,载中华人民共和国最高人民法院网站,https://www.court.gov.cn/zixun-xiangqing-67602.html,2022年6月25日访问。

索、21世纪初期至目前乃至未来一段时间的知识检索。尽管计算机辅助法律检索对法律工作的许多方面产生了巨大影响,大大提高了工作效率,然而这些影响还不能称之为革命性的,真正的"革命"是运用计算机帮助法律工作者进行法律推理。多年来法律专家会同计算机专家在此方面进行了大量的研究工作,取得了一定的进展。快速发展的互联网、大数据、人工智能等技术,正在或将要为法律检索与研究的精准性、高效率、智能化带来飞跃,今后的目标是朝着人工智能引领下的智慧检索发展。

(一)人工智能发展历程

人工智能(Artificial Intelligence),简称 AI,它是计算机学科的一个分支,是指研究如何用计算机去模拟、延伸和扩展人的智能,并设计制造出具有更高智能水平的计算机的理论、方法、技术和应用系统的一门新兴的科学技术,从而用机器去实现目前必须借助人类智慧才能完成的任务。该领域的研究主要包括:机器人、语言和图像识别、自然语言处理(NLP)和专家系统等。人工智能包括的科学知识十分广泛,算法是核心,计算和数据是基础。

1950 年,伟大的计算机科学家艾伦·图灵(Alan Turing)发表了一篇划时代的论文《计算机器与智能》(Computing Machinery and Intelligence),预言了创造具有真正智能的机器的可能性。1956 年在美国达特茅斯学院举办的一次学术会议上,学者们讨论了通过机器来模仿人类学习以及其他方面的智能这一主题,斯坦福大学教授麦卡锡首次提出了"人工智能"概念,这一年也被称为"人工智能元年"。自此以后,人工智能研究在机器学习、定理证明、模式识别、问题求解、专家系统及人工智能语言等方面都取得了一系列引人瞩目的成就。1969 年国际人工智能联合会议(International Joint Conferences on Artificial Intelligence, IJCAI)首次召开,1970 年《人工智能》杂志创刊。

1977 年,费根鲍姆(Feigenbaum)教授在第五届国际人工智能联合会议上提出了"知识工程"概念,推动了以知识为中心的研究,这时的人工智能技术开始走向专业化,它会借用某个领域专家的知识来武装自己,专家系统的研究在多领域取得重大突破,实现了从获取智能的基于能力的策略到基于知识的方法研究的转变。20 世纪 80 年代,卡内基梅隆大学为 DEC 公司制造出了专家系统 XCON,在决策方面能提供有价值的内容,标志着专家系统从理论到实际应用的转变。但专家系统在发展过程中也逐渐暴露出一些问题,如其应用领域狭窄,仅仅局限于某些特定情景,且知识获取困难、维护费用居高不下等。

随着 20 世纪 90 年代搜索引擎的问世,互联网得到了爆炸式的发展,人工智能研究开始由单个智能主体研究转向基于网络环境的分布式人工智能研究,人工智能的研究领域和应用逐渐渗透到社会生活的各个方面。这一时期的计算智能(Computing Intelligence, CI)弥补了人工智能在数学理论和计算上的不足,丰富了 AI 理论框架。随着理论和技术的发展，人们开始研究机器学习和算法。1997 年，超级计算机"深蓝"击败国际象棋世界冠军，在世界范围引起轰动，其重大意义在于虽然它不能证明人工智能可以像人一样思考，但可以证明人工智能在推算及信息处理上要比人类更快。2006 年，杰弗里·辛顿与其学生发表了《学习多层表现》（Learning Multiple Layers of Representation），首次提出神经网络深度学习（Deep Learning）算法，奠定了后来神经网络的全新架构，至今仍然是人工智能深度学习的核心技术。2008 年以后，随着移动互联网技术、云计算技术的爆发式发展，网络上积累了历史上超乎想象的数据量，这为人工智能的后续发展提供了足够的数据素材和动力。

2012 年 6 月，谷歌的研究人员从 YouTube 视频中提取了 1000 万个未标记的图像，训练一个由 16000 个电脑处理器组成的庞大神经网络。在没有给出任何识别信息的情况下，人工智能通过深度学习算法准确地从中识别出了猫科动物的照片，这是人工智能深度学习的首个案例，它意味着人工智能开始有了一定程度的"思考"能力。2016 年，谷歌研发的基于深度神经网络和搜索树的智能机器人"阿尔法狗"（AlphaGo）在围棋上击败了人类，标志着人工智能一个里程碑式的进步，在人工智能的研究和应用上再次给了人们一个惊喜。

人工智能的发展一直存在两条路径：第一条是通过对人类大脑的逆向工程模拟，让机器具有人类的智能，即依据逻辑进行"思考"，但由于这类专家系统涉及的知识领域狭窄，仅仅局限于某些特定情景，难以适用于其他类别，而且随着系统越来越大，管理和分析有效数据也越来越困难，随之输出结果中会出现更多的错误。专家系统的知识更新必须通过对底层逻辑模型的不断更新来实现，不会随着时间的推移而自动更新和学习，因此大大增加了使用成本，使得这一研发路径陷入瓶颈。第二条则是通过对海量数据的积累与深度的学习能力，使得计算机可以对一些事务提供类似智能化的决策、判断和应对解决方案。在法律领域，当前基于关键字的法律检索已远不能满足法律信息爆炸时期人们对于法律检索的预期，未来将通过检索、挖掘利用海量立法、司法案件资源，提供面向各类需求的资源推送、结果预判等服务。

我国的人工智能研究起步较晚但发展迅速。2016 年 5 月，国家发展和改革委员会、科技部等四部门联合印发《"互联网+"人工智能三年行动实施方案》[1]；党的十九大提出，推动互联网、大数据、人工智能与实体经济深度融合。人工智能研究已上升为国家发展战略，人工智能也在很多行业得到应用，在法律领域，法律检索具有重复性、程式化的特点，更有利于人工智能技术在此领域的研发和突破。

（二）法律检索与人工智能的结合

1959 年卢西恩（Lucien）提出要以法律文献或案例数据信息库为依托建立裁量

---

[1] 参见《四部门关于印发〈"互联网+"人工智能三年行动实施方案〉的通知》，载中华人民共和国中央人民政府网站，http://www.gov.cn/xinwen/2016-05/23/content_5075944.htm，2022 年 6 月 23 日访问。

模型以辅助法官[1];1970年布坎南(Buchanan)和黑德里克(Headrick)发表的《关于人工智能和法律推理若干问题的考察》[2]一文,被认为是对法律推理进行人工智能研究的开端。1987年首届国际人工智能与法律会议(ICAIL)在美国波士顿举办,这是一次具有里程碑意义的法律人工智能会议,标志着人工智能在法律领域应用研究的开始。1991年国际人工智能与法律协会(IAAIL)正式成立,旨在推动人工智能与法律这一跨学科领域的研究和应用。2012年本奇-卡鹏(Bench-Capon)等人共同撰写了《法律人工智能史上的50篇论文》[3]一文,将1987年ICAIL以来的50篇标志性论文进行了梳理,其中有7篇与法律信息检索有关。法律研究、法律检索与人工智能的关系越来越密切,更多的人关注了人工智能在法律领域的应用。

法律人工智能研究与发展同样也是沿着两条途径前进。20世纪80年代至21世纪初期,涌现出一些解决法律问题的专家系统,即让机器仿照最优秀的人类专家来解决法律问题,如刑法专家系统、婚姻法专家系统、合同法专家系统等,具有代表性的有D.沃特曼和M.皮特森与RAND公司开发的LDS法律判决辅助系统,这是专家系统在司法领域的第一次应用。专家系统的原理是让计算机学习法律知识,在事先给定的规则下进行推理和搜索,像律师等相关领域的专家一样运行。但法律专家并不是只凭借法律条文和过去的判例来工作,他们在提供法律咨询或在法庭展开辩论时,需要依据法律以外的社会规范和常识以及人类情感等因素作出综合判断,才能得出最妥善的解决方案;对专家系统来说,常识或人类情感方面的知识都是难题,人们可以不断输入法律条文和过去的判例,却无法让计算机学会常识和人们在各种情况下产生的情感等,从某种意义上说,专家系统仅仅是一种智力克隆,因此很快就遇到了障碍。[4]

在互联网、大数据、算法等技术的促进下,人工智能有望给法律行业带来更深入、更彻底的变革。传统的法律检索通过运用计算机技术,将法律文本、裁判文书等法律资料进行数字化加工,形成了一个个法律信息资料库或数据库,这些法律数据库帮助法律工作者通过自动化范畴的文本识别和关键词匹配进行法律检索,只要在目标文本内找到这些关键词,就可视为命中检索。但这些对于快速发展的社会背景

---

[1] See Lucien Mehl, Automation in the Legal Word: from the Machine Processing of Legal Information to the Law Machine, Proceedings of Conference on the Mechanisation of Thought Processes Mechanisation of Thought Processes, London, 1959, p. 755, 780, 787.

[2] See Bruce G.Buchanan, Thomas E. Headrick, Some Speculation About Artificial Intelligence and Legal Reasoning, 23 Stanford Law Review 40, 40-62(1970).

[3] See T. Bench-Capon, M. Araszkiewicz, K. Ashley et al., A History of AI and Law in 50 Papers: 25 Years of the International Conference on AI and Law, 20 Artificial Intelligence and Law 215, 215-319(2012).

[4] 参见[日]新井纪子:《当人工智能考上名校》,郎旭冉译,民主与建设出版社2020年版,第13—14页。

下涌现出来的法律问题以及法律工作者数量不足的现状是远远不够的。人工智能技术基础上的法律检索应是基于自然语言处理和深度学习的语义检索和法律问答,更高阶的人工智能法律检索系统自身可以理解一段事实陈述并自动识别其中的法律问题与法律冲突,准确地完成检索并分析大量的法律素材,提供最佳的问题解决方案,整个过程主要由系统完成而没有人工干预,因而大大提高了检索准确率及工作效率,减少人工因素错误。人工智能法律检索系统也从最早的基于规则(Rule-Based)的专家法律系统向以深度学习、机器学习、大数据等为支撑的自主系统转变。

经过三十多年的发展,利用人工智能技术开发出的法律产品不断涌现。斯坦福大学法学院和计算机科学学院于2006年创建、2015年被LexisNexis收购的项目"Lex Machina",可以通过自然语言处理、机器学习及语义处理规则对诉讼文书等非结构性的文本数据进行挖掘,从中提取与文书相关的核心信息,挖掘有关法官、律师事务所和公司的诉讼信息,形成有价值的数据分析结论,帮助律师或企业制定诉讼策略,自称能比诉讼律师更准确地判断美国专利诉讼的成功概率。这类系统可以搜检海量诉讼材料,能比初级律师和律师助理更准确地抓取相关文件。

最著名的是2014年美国德同(Dentons)与IBM公司的认知技术平台"沃森"(Watson)合作,一起开发的法律人工智能产品——机器人律师ROSS,"Legal Research"是ROSS的一项重要功能,它利用强大的自然语言处理和机器学习技术向律师呈现最相关、最有价值的分析性法律回答,而并非像传统法律数据库那样,仅仅呈现一大堆检索结果。经过不断发展,ROSS使用了许多不同的机器学习技术,比如依存句法分析(Dependency Parsing)、命名实体识别(Name Entity Recognition)、词嵌入(Language Embedding)等,较之传统的法律检索系统,ROSS可以更少的时间、更快的速度检索到超出传统数据库大约30%的相关内容。[1] 另外,总部位于赫尔辛基的Trademark Now公司也提供了一个基于网络的智能商标管理平台,利用语义技术、文本分析和自然语言处理,以及图像和视频技术实现了商标和专利检索以及版权监测等知识产权法律工作的自动化。

我国的人工智能法律服务一直在稳步推进。在司法领域,2012年上海就推出了"C2J(Court to Judge)法官智能辅助办案系统",该系统信息量大、检索方便,可以为法官检索出相关的法律信息,提高判案的精准度。[2] 2016年7月中共中央办公厅、国务院办公厅发布《国家信息化发展战略纲要》,将建设"智慧法院"列入国家信息

---

〔1〕 See ROSS Intelligence,https://blog.rossintelligence.com/category/legaltech,Vasit date 2022-6-28.

〔2〕 参见《我院率先打造智慧法院 推出C2J法官智能辅助办案系统》,载上海市第二中级人民法院网站,https://www.shezfy.com/view.html?id=69980,2022年6月25日访问。

化发展战略。[1] 2017年,智能机器人"小法"在安徽省合肥市问世,它拥有强大的法律数据库,能够对几万个专业法律领域如刑法、行政法、诉讼法的问题,通过语音或文字与用户进行沟通解答[2];深圳的"龙华小法"法律援助机器人拥有大量的法律法规及案例数据,以及5000多个案例剖析点和大量的专业问答信息供用户自主检索利用,"龙华小法"具有高辨识度智能语音识别技术和人脸识别技术,用户首次使用"龙华小法"后,后台会自动采集其人脸信息并存储其输入的资料信息,再次使用时即可"刷脸"调阅,这是人工智能技术在法律援助及法律咨询服务领域的一个尝试[3]。2021年8月,上海检察机关"司法案例智能检索系统"(i-CASE系统)上线试运行。[4] 人工智能技术已经越来越多地在我国司法领域得到应用,但目前大多是应用于辅助办案的类案系统,通过挖掘利用海量司法案件资源,提供面向各类诉讼需求的相似案例推送、诉讼结果预判等服务,为减少不必要的诉讼提供有力支持。

在专业的法律信息检索领域,各大法律信息检索系统纷纷发力。"北大法宝"以北大法宝法律信息资源为基础,充分运用自然语言处理、机器学习、大数据分析、数据可视化等技术,开发智慧立法、智慧司法、智慧执法、智慧法务等智慧系统和行业解决方案。"法信"将国内领先的机器学习、人工智能算法与法律知识体系(图谱)相结合,推出"类案检索""同案智推"两个大数据引擎。其中"类案检索"引擎通过底层案件事实、法律知识、司法实务三套大数据维度体系,对海量案例和最高人民法院八大类权威案例要旨及地方参阅案例标记了15.3万颗粒的案件画像维度,为法律人快速检索相似案例提供精准推送,并同步推送法信码等法律知识解决方案。"元典智库"支持不同种类的数据,充分整合检索资源,对关键词进行自然语言处理分类,实现对用户搜索意图的智能预测;通过知识图谱提供实体信息和关联推荐的综合呈现;不再狭隘地指向内容匹配,而是动态地呈现内容关联,为用户提供发散性的、开阔性的视角;支持用户特征和行为分析,为实现个性化的用户输入提示、结果排序、知识推荐提供支撑。

四、人工智能环境下法律检索的趋势与未来

随着科学技术的不断发展,在超强运算能力、大数据和快速发展的算法的影响

---

[1] 参见《中共中央办公厅、国务院办公厅印发〈国家信息化发展战略纲要〉》,载中华人民共和国中央人民政府网站,http://www.gov.cn/xinwen/2016-07/27/content_5095297.htm。

[2] 参见李后祥:《合肥一法院试水智能机器人法律咨询》,载《合肥晚报》2017年8月18日,第A15版。

[3] 参见《"龙华小法"试点运行》,载《广州日报》2017年6月16日,第SZA15版。

[4] 参见《司法案例智能检索系统i-CASE上线试运行!》,载上海政法综治网,http://www.shzfzz.net/node2/zzb/n4484/n4490/n4508/u1ai1607432.html,2022年6月25日访问。

下,人工智能对法律研究、法律检索影响的深度和广度不断提高,从法律研究、法律实践的需求和技术发展的脉络和趋势看,法律检索一定是向个性化、自动化、智能化的智慧检索发展。智慧检索的特点是精准和主动,意味着检索系统可以通过对文本、图像、视频等信息进行智慧型处理,基于自然语言处理和知识图谱等技术,结合AI算法,实现精准检索,并找到同类案件的裁判规律和趋势;可以利用信息过滤技术、自然语言处理技术、语音识别技术、图像识别与视频搜索技术等实现通过用户的信息进行信息资源的收集与处理,并根据用户的不同身份、场景等个性化需求、偏好等筛选信息资源。针对个案,当用户提出的查询请求不明确时,检索系统可以利用知识库中的推理机制来推测用户的模糊请求以及潜在的需求,选择出最合适的解答推送给用户,实现智慧化服务。简单来说,智慧检索可以做到以用户为主体,充分了解用户的个性化需求,并根据用户的检索特点进行信息的精准检索推送。

(一)智慧化的法律检索是精准检索

用户提供一个基于自然语言或音频、视频、图像等检索条件的案件事实,法律人工智能搜索引擎马上能够检索输出与此案件最相关的法规、匹配度最高的案例及判决,系统可以自主理解事件实情并自主识别法律争议点,检索到最准确的信息,并分析检索出的信息,提供给用户所需要的法律解决方案。通俗来说,无论用户输入法律专业的关键词,还是以生活用语描述基本案情;不论是起诉书、答辩状的图片或文本乃至裁判文书等,智能系统都可以进行检索,并且对检索结果如法律法规、相似案例及判决、争议焦点、法院法官的观点等进行筛选甄别,对其真实性、准确性、法条的效力等进行验证,经过筛选后一键生成检索报告。这个过程无须人工参与,系统可以自动实现信息整合,结合用户需求完成智能检索,提供信息的智能、高效获取服务,减少人为因素给信息检索带来的影响。

(二)智慧化的法律检索是主动智能推送

系统利用大数据服务平台建立描述用户需求和偏好的目标用户模型,为用户画像,建立用户标签,根据用户标签了解、识别并准确预测用户的真实需求和潜在需求,实现基于用户使用偏好和潜在需求的主动的、个性化的解决方案智能推送。同时优化算法依据,通过丰富、灵活、全面的数据统计功能,系统实时监测推送效果,动态调整检索结果、解决方案的权重和排序,将最佳方案推送给用户,以满足不同用户的个性化需求,达到服务智能化、精准化。

(三)智慧化的法律检索系统具有强大的反馈机制

人工智能是人类智能的延伸。只有真正具有思维功能的人工智能,才能够像人一样思考、推理和判断,因此,智慧化的法律检索应有自动反馈和纠错机制。自动反馈需要系统具有强大的计算能力,用户接收系统推送的解决方案后,根据推理、判断,将自己的看法和判断反馈给系统,建立人机交互的质量动态量化评分机制。系统经过频繁的用户反馈和互动,利用强大的机器学习和计算能力不断进行完善,可以优化检索结果、推理和判断,优化系统功能,使解决方案的推送更加符合用户需求。

五、共生和替代

诚然,人工智能可以为法律检索带来革命性的变化和飞跃,但要清楚地认识到,法律检索虽然具有常规和重复的特点,但基于检索结果的判断和解决方案需要系统具有高度复杂的处理能力,使其更适应人脑的思维水平。

在"沃森"之后,搜索引擎可能会使用竞争性的算法对每个检索结果进行评分,精选出最相关的结果,但"最相关"未必是用户所需要的最佳结果。实现检索系统的主动、智能推送需要建立一个以案件事实、要件、所涉法律关系等为标准的体系,以基本事实、争议焦点、法律适用为基础,并依据其法律关系,以法律知识结构的不同的层级形成结构化的法律知识图谱,捕捉、寻找不同案件之间的相似点或相关性特征。人工智能技术促进下法律知识图谱的建立可以更好地呈现法律知识、关联法律知识,使系统可以进行主动、智能化推送,但其局限也在于此。人工智能对法律语言的学习和使用,并不意味着它能够像人类一样理解法律语言,而只是对其进行逐层分析[1],对于一些较为复杂的、不经常发生且很难预测的案件,目前的智能技术和系统还难以进行更智慧的判断,仍然需要人工干预。

法律工作者根据不同的事实,参考智能系统给出的解决方案、推送、预测进行评价,以自己的专业知识和丰富的经验,进行更为复杂的推理和解析,达到自己和用户满意的结果。因此,人工智能环境下法律检索的趋势和未来是智能化、智慧化,可以取代基础的、常规的、重复性工作如类案检索、裁判文书写作、证据分析和推理等,可以大大提高法律工作者的工作效率,是法律研究的得力助手。但是利用人工智能技术的法律信息检索系统和真正意义上人的思维有本质区别,当前其在法律领域的应用仍将以人机协同形式出现,完全代替人的工作还有很长的路要走。

【责任编辑:李婉秋】

---

[1] 参见蔡自兴、蒙祖强编著:《人工智能基础》(第3版),高等教育出版社2016年版,第272页。

数字政府建设中的行政法基础理论

——基于 2022 年各地数字政府建设工作重点的分析*

刘学涛** 陈晓锋***

摘要： 2022年国务院《政府工作报告》既为数字政府建设描绘了新蓝图，也为行政法学研究提出了新议题。国务院《政府工作报告》12次提及"数字"，可见这既是亮点，也是重点。数字政府建设包括两个层面：一是法治政府的数字化，二是数字政府的法治化。法治政府的数字化本质是技术问题和管理问题。数字政府的法治化则是法律问题，特别是行政法问题。数字政府的法治化建构可分为两个方向：一是基于传统法学原理的规范，二是基于新型分析工具的规范。政府治理的数字化并未改变政府活动是国家公权力行为的本质，故其理应受到传统法治理念、原则及其规则的限制。数字政府治理的核心是数据的运用，因此，数字治理理论势必是数字政府建设中需要贯彻的基础理论。与此同时，数字政府与以往传统政府的区别之一就在于及时、高效，那么要更好地发挥数字政府的优势，就需要行政效能理论与责任政府理论的辅佐。数字政府建设作为一项新的行政任务，需要去探索、挖掘，政府规制理论也是其发展过程中的一块理论基石。

关键词： 数字政府 数字治理 行政效能 责任政府 政府规制

收稿日期：2022-05-20

* 本文系陕西省2023年软科学研究计划一般项目"新冠疫情背景下公民隐私的行政保护机制构建"（项目编号：2023-CX-RKX-176）、陕西省教育厅科研项目"新时代'枫桥经验'与大调解体系制度建设研究"（项目编号：21JK0391）的阶段性研究成果。

** 刘学涛，西北政法大学枫桥经验与社会治理研究院研究员，法学博士。

*** 陈晓锋，西安科技大学高新学院经济与管理学院学工办副主任、助教，法学硕士。

2022年3月5日上午,第十三届全国人民代表大会第五次会议在人民大会堂开幕,国务院总理李克强作《政府工作报告》。报告指出:"加强数字政府建设,推动政务数据共享,进一步压减各类证明事项,扩大'跨省通办'范围,基本实现电子证照互通互认,便利企业跨区域经营,加快解决群众关切事项的异地办理问题。"刘旺洪认为:"任何一个法律部门和法学体系都必须有深厚而坚实的理论基础和科学的理论逻辑的建构,否则这个法律部门的存在就缺乏合理性基础,这一法学理论体系就不能称之为现代科学。"[1]一套成熟的理论犹如构建一种社会制度大厦的基石。任何一种社会制度的形成和发展离不开一定成熟理论的指导。"每一种行政法背后,皆蕴藏着一种国家理论。"[2]高凛教授认为:"行政法学的理论基础是指导行政法制建设和行政法学的基本思想,是构建行政法学的基石。"[3]对于行政法理论基础,武步云教授则认为:"(1)它必须是能够正确地解释行政法的本质、功能、价值的理论基础;(2)它必须是行政法作为一种部门法赖以建立其体系,因而也是行政法学的基本范畴、原理和体系赖以建立的基础;(3)它必须能够揭示行政法产生、发展的客观规律。"[4]"现代社会可以通过一系列的历史特征而加以表示,每一个现代社会的特征都反映在法律制度深刻的变革上。"[5]任何一种理论的建立,都是对其研究对象内在规律和本质要求的高度提炼和总结,总结和提炼的目的终归还是推动实践的发展。[6]数字政府治理的核心是数据的运用,因此,数字治理理论势必是数字政府建设中需要贯彻的基础理论。与此同时,数字政府与以往传统政府的区别之一就在于及时、高效,那么要更好地发挥数字政府的优势,就需要行政效能理论与责任政府理论的辅佐。数字政府建设作为一项新的行政任务,需要去探索、挖掘,政府规制理论也是其发展过程中的一块理论基石。本文以2022年各地数字政府建设工作重点为样本,通过分析其工作重点,结合行政法治理论,得出结论:数字政府建设离不开数字治理、行政效能、责任政府、政府规制等理论的合理运用。

一、从省级政府工作报告看2022年各地数字政府建设工作重点

数字政府建设作为我国的国家战略,在中央和地方政府现代化治理的改革实践

---

[1] 刘旺洪:《权利与权力:行政法的理论逻辑》,载《江苏行政学院学报》2001年第2期。
[2] [英]卡罗尔·哈洛,[英]理查德·罗林斯:《法律与行政》,杨伟东等译,商务印书馆2004年版,第29页。
[3] 高凛:《控权论:现代行政法学的理论基础》,载《南京师大学报(社会科学版)》1998年第4期。
[4] 武步云:《行政法的理论基础——公共权力论》,载《法律科学》1994年第3期。
[5] 李佳:《社会变迁与行政法学方法论》,载《社会科学研究》2012年第2期。
[6] 参见张治宇:《合作行政法——行政法学理论基础之重构与应用》,西南政法大学2016年博士学位论文。

中经历了一个从自为到自觉的过程;作为地方战略,经历了从被动到主动、从单因驱动到双轮驱动、从局部探索到整体改革的历程。在此过程中,多地基于本地区的资源优势与主要问题,打造出一批地方数字政府治理的品牌项目。值得关注的是在各省(自治区、直辖市)的政府工作报告中,数字政府建设被摆在了突出地位。

(一)北京市:"无事不扰,无处不在"的"6+4"一体化综合监管体系

2022年,北京市坚持从办好"一件事"入手,打造"无事不扰,无处不在"的"6+4"一体化综合监管体系。加快数字政务建设,推动更多事项由网上掌上"可办"转向"好办易办",让企业和群众享有随时在线、集成便利的政务服务;加强数字政府建设,继续做好12345市民热线服务,深化"每月一题"和"服务包"等工作机制,持续开展"局处长走流程",进一步提高惠企便民服务效率和水平。

(二)天津市:打造一批应用示范场景,强化"双随机、一公开"监管

2022年,天津市推动数字赋能转型发展,深入实施数字化发展三年行动,统筹推进数字经济、数字社会和数字政府建设,坚持应用引领,强化工作机制,打造一批应用示范场景,推动数据更好地互联互通,提升企业和群众获得感。

(三)河北省:加快行政许可事项标准化建设,实现电子证照全覆盖

2022年,河北省全面推行"互联网+政务服务",提升就近办、自助办、网上办水平;提升政务服务效能,建设数字政府。

(四)山西省:深入推进"证照分离"改革,对新业态新领域实行包容审慎监管

2022年,山西省充分释放便企利民红利,提升政务服务能力,完善一体化在线政务服务平台功能,在基层便民服务机构、银行网点、商场等服务场所推广自助政务服务,推动群众办事"一窗受理、限时办结、最多跑一次"。

(五)内蒙古自治区:优化"一网通办",启动"一网统管",深化"蒙速办·四办"服务

2022年,内蒙古自治区优化"一网通办",启动"一网统管",深化"蒙速办·四办"服务,实现教育、社保、医疗和企业开办、经营许可等高频事项"一次办""掌上办""跨省通办",推进12345政务服务热线"一线通达",让群众反映的事有人盯、有人办。

(六)辽宁省:探索推行惠企政策"免申即享"改革,全面提升"辽事通"应用水平

2022年,辽宁省加快建设数字政府,建设一体化数据资源管理和应用支撑系统,聚焦只提交一次材料、高效办成一件事,加快推进"一网通办",全面提升省一体化政务服务平台和"辽事通"应用水平,高频政务服务清单内事项实现网上办、掌上办、一次办;以"一网协同"倒逼数据资源开放共享,建设一体化协同办公平台,推动跨部门、跨层级、跨地区协同联动。

(七)吉林省:营造高效便利的政务环境,持续深化"证照分离""证照一码通"改革

2022年,吉林省建立规范化行政执法事项清单,推广行政检查执法备案智能综

合管理平台应用,加快数字政府建设,实现更多政务服务事项"省内通办""跨省通办";加强社会信用体系建设,加大失信惩戒力度;启动建设长春智慧法务区。

(八)黑龙江省:推进"证照分离""多证合一"改革,持续提升市场主体准入便利度

2022年,黑龙江省深化"放管服"改革,加强政府权责清单标准化管理;加强数字政府建设,提升政务服务效能,深入推进"办事不求人";落实大数据应用、精准赋码等精细管控措施,最大程度减少对群众生产生活的影响,以最短时间、最小成本获得最大防控成效。

(九)上海市:推进"一网通办"迭代升级,布局全域用场景,加快治理数字化

2022年,上海市加快治理数字化。推进"一网通办"迭代升级,布局全域应用场景,再推出一批零跑动、零材料、免申即享、智能速办事项,加快打造线上线下深度融合的全方位服务体系;深化"一网统管"建设,完善城市运行数字体征系统,推出一批应用场景;完成部门信息化职能整合优化,推进城市数字底座建设,强化数据共享;落实数据条例,健全数字法规、制度、标准和政策体系,支持数据资源开发和应用,探索数据跨境安全有序流动,完善数字社会权益保护机制。

(十)江苏省:深化"一件事"改革,推动"跨省通办""一网通办",推动有效市场和有为政府更好结合

2022年,江苏省出台促进数字经济发展的新政策新举措,强化数据开放和数据保护,统筹数字经济、数字政府、数字社会生态体系建设,发展互联网服务和相关产品,努力打造全国数字经济创新发展新高地。

(十一)浙江省:完善一体化智能化公共数据平台,迭代升级数字化改革

2022年,浙江省迭代升级数字化改革,优化数字化改革体系架构,全面推进跨部门跨层级跨领域的业务流程优化、制度重塑、系统重构;完善一体化智能化公共数据平台,建成功能强大、支撑有力的数字资源系统;围绕党建统领、数字政府、数字经济、数字社会、数字法治和基层治理等系统,加快打造一批管用实用好用的重大应用。

(十二)安徽省:深化"互联网+政务服务",推进"一屏通办"改革

2022年,安徽省加强数据要素市场培育,组建数字江淮公司,设立省大数据交易服务机构,建设全省一体化数据基础平台;推动政府运行方式、业务流程和服务模式创新,深化"互联网+政务服务",推进"一屏通办"改革。

(十三)福建省:持续优化在线政务服务平台,建好政务信息"一张网"

2022年,福建省建好政务信息"一张网",完善"五级十五同"动态管理机制,推出更多的"一件事"集成服务事项;探索推行"一业一证"改革,推进"跨省通办""省内通办""一网通办",实现线上服务"不打烊"、线下服务"不打折"。

（十四）江西省：升级"赣服通"，形成前后端功能分离新模式

2022年，江西省打通数据壁垒，深化综合窗口和"一件事一次办"改革，全面推行"一网通办""一照通办"，在低风险行业全面推行告知承诺制；打造"赣服通"5.0版，形成"赣服通"前端受理、"赣政通"后端办理的政务服务新模式；梳理集成惠企政策，建设政策兑现"惠企通"，推广免申即享模式。

（十五）山东省：完善全省一体化大数据平台，建设"无证明之省"

2022年，山东省实施数字赋能增效行动，坚持数字政府建设先行，启动数字政府强基工程，完善全省一体化大数据平台；提速数字机关建设，完善"山东通"协同办公平台；深化"数源""数治""数用"行动，全方位推进大数据创新应用；建设"无证明之省"，优化"爱山东"政务服务平台功能，加大电子证照、电子印章推广应用，建设全省统一的"居民码""企业码"。

（十六）河南省：组建省级政务服务大厅，推动省级审批事项大厅之外无审批

2022年，河南省组建省级政务服务大厅，推动省级审批事项大厅之外无审批；实现建设工程全流程审批时间不超过60天；加快数字政府建设，加强一体化政务服务平台和"互联网+监管"系统建设，推动电子证照扩大应用领域和互通互认，深化全省通办和跨省通办。

（十七）湖北省：持续推进"高效办成一件事"，做到线上只进一网、线下就近办理

2022年，湖北省持续推进"高效办成一件事"；深化"放管服"改革，推动数字赋能、业务协同、流程再造、制度重塑，做到线上只进一网、线下就近办理；探索项目测绘"多测合一"、各类规划"多规合一"、专题评价"多评合一"、图纸审查"多审合一"、竣工验收"多验合一"，加快"证照分离""一业一证"改革，"一事联办"事项扩大到40项以上。

（十八）湖南省：加快数字政府建设，打造"一件事一次办"升级版

2022年，湖南省加快数字政府建设，深化"放管服"改革，打造"一件事一次办"升级版，推动更多事项"一网通办""全省通办""跨省通办"，提升监管规范化、法治化、精细化水平；深化工程建设项目审批制度改革；全面推行政务服务"好差评"和行政效能电子监察"红黄牌"制度，办好12345热线。

（十九）广东省：全面推进"数字政府2.0"建设

2022年，广东省全面推进"数字政府2.0"建设，强化全省"一片云、一张网"，升级省市一体化政务大数据中心，推动数字政府基础能力均衡化发展；深化政务服务"一网通办"，全面实施政务服务事项同源管理，优化"粤省事""粤商通""粤政易"平台功能，探索构建个人、法人数字空间；深化"跨省通办、跨境通办"和省域治理"一网统管"，强化数字政府网络和数据安全防护。

(二十)广西壮族自治区:推广应用"智桂通"平台,深化"证照分离"改革

2022年,广西壮族自治区持续深化"放管服"改革,推行基层"一枚印章管审批(服务)",推广应用"智桂通"平台;深化"证照分离"改革和企业投资项目承诺制改革,推进招标投标全流程电子化、企业注销便利化。

(二十一)海南省:强化整体政府理念,推进政府数字化转型

2022年,海南省强化整体政府理念,推进政府数字化转型,下决心解决数据壁垒问题,拓展场景应用,加强"一网通办""一网协同""一网监管";引入智慧化手段,更多地采用信用监管,完善风险预警快速反应机制;寓监管于服务之中,致力打造无感知、有温度的监管。

(二十二)四川省:促进公共服务数字化便捷化,打造"城市大脑"和"政务中枢"

2022年,四川省实施国家"东数西算"工程,启动建设省大数据资源中心,打造国家级天府数据中心集群;培育数字应用新业态,打造智慧医疗、智慧康养、智慧交通、智能建造等数字应用场景;促进公共服务数字化便捷化,打造"城市大脑"和"政务中枢";探索建设数字资产交易中心,支持有条件的市(州)开展政府数据授权运营。

(二十三)贵州省:以"一云一网一平台"为载体,加快数字政府建设

2022年,贵州省以"一云一网一平台"为载体,加快数字政府建设,提升数字化治理能力;实施《贵州省优化营商环境条例》,深化"放管服"改革,推进行政审批"三减一降",深入实施"一窗通办'2+2'模式""一网通办""跨省通办"等改革,"全程网办"事项达到70%;加快推进数据要素市场化配置改革,优化提升贵阳大数据交易所,在数据授权使用、登记确权、技术标准等方面实现突破。

(二十四)云南省:持续升级一体化政务服务平台和"一部手机办事通"

2022年,云南省完善信用信息共享平台,推动投资项目和工程建设项目全链条优化审批、全流程监管;持续升级一体化政务服务平台和"一部手机办事通",深化拓展"一网通办""跨省通办",建好用好政府网站,更好地利企便民。

(二十五)重庆市:推进政务服务事项通办改革,提升"渝快办"效能

2022年,重庆市推进政务服务事项通办改革,提升"渝快办"效能,深化"全渝通办""跨省通办",丰富"一卡通一码通"应用场景,启动实施第三批"川渝通办"事项;加快城市综合管理服务平台建设,推进城市建成区数字化管理全覆盖,构建"一云承载、一图呈现、一网统管、一端服务"的城市智管新格局;运用大数据提升社会治理能力。

(二十六)西藏自治区:推进"政务服务一网通办""互联网+"模式

2022年,西藏自治区坚持把发展经济的着力点放在实体经济上,深化"放管服"改革,深入推进"政务服务一网通办""互联网+"模式,扩大"证照分离"改革和个体

工商户"智能审批"改革覆盖面;落实"跨省通办""一件事一次办",努力实现审批事项最少、审批时间最短、审批效率最高、审批服务最好,市场主体增长 6.5%。

(二十七)陕西省:实现更多政务服务一网通办、跨省通办、秒批秒办

2022 年,陕西省整合改造升级政务"一张网""一朵云"和大数据中心平台,促进数据资源质量和数字政府效能全面提升;持续推进"放管服"改革,深入实施新一轮优化营商环境三年行动,全力打造"秦务员"一体化政务服务和"秦政通"一体化协同办公平台,实现更多政务服务一网通办、跨省通办、秒批秒办。

(二十八)甘肃省:紧盯"中西部领先、全国一流"目标,加快建设企业和群众满意的数字政府

2022 年,甘肃省全面推进"一网通办""一网统管""一网协同",着力打造"甘快办""甘政通""12345 热线""不来即享"和"一码通"特色品牌;启动数字政府运营指挥中心实体化运行,实现"一屏知全省、一键政务通";完善政务服务"好差评"制度,打造政务服务升级版,让市场主体和广大群众享受实实在在的数字红利。

(二十九)青海省:推动更多政务服务网上办、掌上办、就近办、跨省通办

2022 年,青海省优化政务服务平台和移动端功能,推动更多政务服务网上办、掌上办、就近办、跨省通办。

(三十)宁夏回族自治区:精简涉企经营许可,推行"一证准营""简易注销"

2022 年,宁夏回族自治区精简涉企经营许可,推行"一证准营""简易注销";拓展"我的宁夏"APP 功能应用,巩固"一窗办理、集成服务"改革成效,实现更多事项网上可办、一次能办、跨省通办;做优"互联网+监管"系统,推进"双随机、一公开"监管常态化,依法保护各类市场主体合法权益。

(三十一)新疆维吾尔自治区:大力推进"数字政府"建设,加快构建市场化法治化国际化营商环境

2022 年,新疆维吾尔自治区大力推进"数字政府"建设,大力推进政务服务"一网通办",全面推进"跨省通办",推广"异地可办、区内通办";深化"一件事一次办"改革,优化办理流程,促进政务服务向基层延伸,推进政务服务标准化、规范化、便利化;健全政务数据共享协调机制,创新政务数据应用场景,加快推进数据有序共享;持续深化公共资源整合共享,全面推进交易全流程电子化和交易数据应用,加强监管、提升效能。

2022 年全国各省(自治区、直辖市)政府工作报告中数字政府建设成为重要组成部分,"一网通办""跨省通办""一件事一次办""证照分离""免审即享"等热词亮点频出,政务服务从网上掌上"可办"转向"好办易办"的趋势明显。数字政府建设中的行政法基础理论是 2022 年各地数字政府建设工作的政策指引与行动指南。

二、数字政府建设中的数字治理理论

信息时代的最显著特征,或者说让工业社会快速进入信息社会的载体,是互联网,让传统社会快速生成包含现实社会和网络社会的双层社会的技术载体,也是互联网。互联网的快速发展使得数字治理成为可能,因为互联网可以充分保障数字治理的发展。"数字治理理论(Digital Governance Theory)发轫于新公共管理运动的衰微与数字时代治理的兴起之际,强调信息技术和信息系统对公共管理的影响。"[1]该理论是治理理论与互联网数字技术结合催生的新的公共管理理论标准范式,它的代表人物是英国学者帕却克·邓利维(Patrick Dunleavy),该理论强调信息技术和信息系统在公共部门改革中的重要作用,从而构建公共部门扁平化的管理机制,促进权力运行的共享,逐步实现还权于社会、还权于民的善治过程。

通过数据政府赋能,能够优化管理审批流程,降低营商成本。2022年国务院《政府工作报告》强调,加强数字政府建设,推动政务数据共享,进一步压减各类证明事项,扩大"跨省通办"范围,基本实现电子证照互通互认,便利企业跨区域经营,加快解决群众关切事项的异地办理问题,还要推进政务服务事项集成化办理,推出优化不动产登记、车辆检测等便民举措。同时,促进数字经济发展中"加强数字中国建设整体布局""建设数字信息基础设施""逐步构建全国一体化大数据中心体系""推进5G规模化应用""促进产业数字化转型""发展智慧城市、数字乡村""完善数字经济治理"等报告内容,都明确指向下一阶段通过数字政府建设赋能赋权,改善法治营商环境的重要任务。

新时代,数字治理能力成为政府治理能力的重要组成部分。在促进国家治理体系和治理能力现代化方面,数字技术和信息资源的作用日益凸显。没有信息化,就没有治理体系和治理能力的现代化。通过对于数字治理理论的分析,我们可以发现其并不是行政法的基础理论,但是可以作为在数字政府建设中应用的理论,本文期冀可以借鉴该理论,将其作为数字政府建设中行政法变革的理论基础之一。原因在于,数字治理理论具有极大的优势和潜力:首先,对公民与企业来说,可以不受地域与时间的限制,只要有互联网的地方,就可以随时获取政府信息和享受不受时空限制的公共服务。其次,政府网站无可比拟的检索功能可以帮助用户快速找到所需信息。[2] 最后,数字政府便捷的复制、下载、存储与信息传递功能也是传统公开方式所无法与之相比的。[3] 并不是说由于数字化优势明显所以就将数字治理理论纳入

---

[1] 韩兆柱、马文娟:《数字治理理论研究综述》,载《甘肃行政学院学报》2016年第1期。
[2] 参见王芳、王小丽:《基于电子政务的信息公开服务》,载《图书情报工作》2006年第8期。
[3] 参见王印红:《数字治理与政府改革创新》,新华出版社2019年版,第49页。

进来,而是因为数字政府建设的核心在于数字化,可以认为,数字技术的发展构成了数字政府建设的基础。所以从源头上看,数字治理理论可以对本文的研究起到重要的指导,有助于数字政府建设理论与实践的进一步发展。

三、数字政府建设中的行政效能理论

从行政效益根本论角度看,"国家作为一种社会组织形式,其价值追求是实现社会整体效益最大化"[1]。对于现代国家行政而言,效益原则所面向的是如何以最小的法律、政策制定成本和实施成本获得最大的成果。简言之,也可将效益原则理解为"手段与目的"的最优化问题。虽然在一段时间内,我国行政法学界忽视对行政法效率价值的研究,认为效率是政治学的基本价值而非属行政法学范畴。[2]但是现代社会行政事务繁多复杂,行政职权膨胀,机构臃肿,导致行政效率低下。如何提高行政效率成为行政法面临的重要课题,效率原则逐渐发展成为行政法上一项重要的原则。[3]"所有法律活动都要以资源的有效配置——效率的极大化为目标。"[4]有学者认为,"在行政法上效率系指国家行为(含设定组织或进行任何程序)之节约、合于经济计算,一般指在目的已决定下之时间、人员、财政等方面之节约"[5]。本文认为行政效率是对行政法传统的控权功能、程序功能和保护功能等的必要补充,有时无效率的程序可能并不优于无程序的效率,如果一味地"恐惧"行政权而漠视行政效率的低下,最终受到损害的还是社会公众。

"效能"一词,带有非常鲜明的中国特色,最早提出这一概念的是毛泽东及其领导集体。根据民主人士李鼎铭先生在1941年11月提出的"精兵简政"建议,中共中央于同年12月发出"精兵简政"指示,要求切实整顿各级组织机构,精简机关,提高效能。关于效能,《现代汉语词典》(第7版)的解释是:"事物所蕴藏的有利的作用。"根据这一定义,行政效能的含义主要为:行政组织及其人员按照科学化、法治化的规范要求,通过积极、忠实地履行工作职责而体现出来的一种行为效应,它以实现最佳的行政效益为目标,以社会、公民作为最终的评判主体,力求以最少的行政消耗获得最大的行政效益。提高机关行政效能,增强政府执行力和公信力,是新时代法治政府建设的根本要求,更是深化行政体制改革的重要目标。近年来,全国各地都开始了行政效能革命,目的在于强化对行政机关行为的约束,更好地服务群众,做到

---

[1] 谢永霞、周佑勇:《论行政法的效益原则》,载《湖南社会科学》2014年第1期。
[2] 参见王成栋:《论行政法的效率原则》,载《行政法学研究》2006年第2期。
[3] 参见陈军:《变化与回应:公私合作的行政法研究》,中国政法大学出版社2014年版,第286页。
[4] 钱弘道:《法律经济学的理论基础》,载《法学研究》2002年第4期。
[5] 翁岳生主编:《行政法》(上),中国法制出版社2002年版,第83页。

政府管理向政府服务的转变,同时也让公众能有效地监督行政主体。行政法学者杨桦教授也曾提及:"行政效能是指政府行政管理活动所能达成的程度。与行政效率相比,行政效能更加注重行政目标的达成程度或影响程度,以管理活动的质量作为行政绩效的标准,而非纯粹的时效或速率。"[1]

虽然效益、效率、效能三个词语听起来容易混淆,但是仔细对比发现,三者各有侧重。正如沈岿教授所总结的,"使用'效能'一词,其既有对'效率'的要求,关切投入与产出的比率,更有超出'效率'的要求,关切产出的价值可欲性、价值权衡与协调。至于在'效能'与'效益'之间选择前者,主要是因为效能在制定法上的使用度和接受度更高"[2]。因此,本文也使用效能一词,行政效能(Effectiveness)所关注的是行政目的,或者说是行政目的所达成的程度。行政机关是国家管理公共事务的重要机构,其管理范围涵盖社会生活的各个方面,所以提高行政机关的工作效能,对社会经济文化稳定发展具有重要的作用。行政效能之所以成为行政所追求的重要目标,就是因为它不仅仅是简单的行政效率的体现,更蕴含了公平正义等其他价值。因此行政机关的行政行为要尽量提高效能,用最短的时间完成最大的工作量。

数字政府建设通过现代网络技术,极大地提高了行政资源的整合程度,有效地打破了不同职能部门的条块分割,使它们能够以公民申请办理的行政业务为导向,协同地为社会提供服务,减少了职能部门之间的内耗,提升了政府整体效能。[3]"行政机关承担着对私人经济社会权利的保护职能,行政效能的提高对私人权益也同样意义重大。"[4]数字政府建设不是借由信息化取代人工的过程,相反,政府在数字化转型的进程中,通过对公务员本身进行赋能,能够增加政府履职过程中可达的深度和广度。尤其在"现场"这一特定情形,公务员在数据共享的前提下基于网络端的应用,可以实现政府能力在"现场"的集成,从而提升政府整体履职效能和社会治理精度。

四、数字政府建设中的责任政府理论

英国最早对责任政府进行了研究,所谓责任政府,就是对其决策与行为负责的政府。"责任政府是基于各国现行的政府体制而构建的一种对议会或公民负责的施政方式,其对于更好地行使行政权,减少权力运行的负效应有相当大的积极作

---

[1] 杨桦:《电子行政登记及其法律规制》,载《广东社会科学》2015年第2期。
[2] 沈岿:《论行政法上的效能原则》,载《清华法学》2019年第4期。
[3] 参见杨桦、黄喆:《电子化行政行为及其法律规制研究》,广东教育出版社2014年版,第36页。
[4] 李洪雷:《面向新时代的行政法基本原理》,载《安徽大学学报(哲学社会科学版)》2020年第3期。

用。"[1]在传统行政法范式中,"国家行政权由政府行使,政府向议会和人民负责。'责任政府'并不要求人民直接参与国家行政权或其他国家权力的行使"[2]。而在数字政府建设中,尤其在云计算、大数据、物联网的数字技术影响下,移动互联思维所带来的颠覆、创新效应,客观上也要求政府必须积极回应市场和社会主体的诉求,因此更要提倡政府有威和有为。[3]

党的十九大提出完善党委领导、政府负责、社会协同、公众参与、法治保障的社会治理体制。党的十九届四中全会发展了十九大的理论成果,在完善社会治理体制方面增加了"民主协商"和"科技支撑"。数字政府恰好回应了我国体制性改革的要求,并顺应了数字时代对政府转型的技术倒逼。数字政府建设的推进,未来将极大改变现有的治理结构,加速政府治理体系和治理能力现代化的进程,重新形塑政府治理的诸多方式和治理主体。在数字政府建设的过程中,通过扁平化改革纵向跨越传统政府庞大的中间阶层,实现政府决策层与社会公众的直接沟通,这不仅有利于缩短行政决策与实施的过程,提高工作效率,而且有助于降低信息在传递过程中出现的损耗,最大限度地确保信息的完整与真实。通过网络化横向整合传统政府的各部门职能,以社会管理与公共服务的具体功能为导向,重组政府工作流程,突破部门利益,从而解决条块分割的效率瓶颈问题。[4] 我们可以发现,数字政府建设对于政府部门的工作及效率势必会有很大的改善与提高,使得政府工作更加让人民群众满意。

在法治的框架下,责任政府就是为了防止行政机关及其工作人员做错事后不承担责任。正如罗豪才教授指出的那样,"我们要进一步强化政府责任的观念,政府的行为可能会违法、会有不当,政府就要对自己的行为承担责任,这是行政法治的一项基本要求"[5]。法治政府必定是责任政府。政府的权力要法定,责任也要法定,权力和责任要相统一,要使政府行使权力的活动处于负责的状态,当其违法与不当行使职权,或不履行法定职责时,应依法承担法律责任,做到有权必有责,用权受监督,违法须追究,侵权应赔偿。[6]

---

〔1〕 高秦伟:《构建责任政府:现代政府管理的必然要求》,载《中共济南市委党校学报》2002年第1期。
〔2〕 姜明安:《新世纪行政法发展的走向》,载《中国法学》2002年第1期。
〔3〕 参见杨海坤:《"四个全面"战略布局下如何全面推进法治政府建设》,载《法学评论》2015年第5期。
〔4〕 参见田禾主编:《亚洲信息法研究》,中国人民公安大学出版社2007年版,第204页。
〔5〕 刘建锋:《市场经济要求加强行政法治——访全国政协副主席、中国致公党中央主席、著名法学家罗豪才》,载《中国经济时报》2001年7月11日。
〔6〕 参见石佑启:《论民法典时代的法治政府建设》,载《学术研究》2020年第9期。

五、数字政府建设中的政府规制理论

"规制"是行政组织为解决市场失灵问题,针对市场主体所采取的各种干预和控制手段,不仅仅包括许可。规制也称"政府管制"(或称"政策工具"),与传统行政法理论以司法审查为导向并重视类型化不同,它更侧重行政政策的实体面向,关心行政实务能否达成行政任务,是以问题为导向的功能主义行政法理论。"规制"一词来源于英文"Regulation",是法律法规对监管对象进行管理、限制的行为。关于"规制"的定义和内涵,学界存在不同的认识与说法,有学者将规制定义为政府的行政机构以颁布法律、规章、命令为手段,对微观经济主体的市场交易行为进行的直接干预和控制。[1] 这样的定义将规制作为一种治理市场经济的手段,而本文为了更好地追本溯源,对于规制一词,采用英文原义,即仅指法律法规对监管对象进行管理、限制的行为。

现代行政为了实现行政目的和完成行政任务,不断产生大量新的规制手段,行政行为形式理论难以分析、归纳和类型化。政府规制研究的兴起对中国行政法学体系的变革产生了不容忽视的影响。"晚近的另一个趋势就是对政府管制的研究和良好治理的追求。"[2] 传统的行政法学研究囿于合法性审查的藩篱,永远无法告诉我们什么才是最好的政策。政府规制研究的兴起则将"政府规制职权的配置、规制机构的内部架构、规制形式的选择以及监管程序的设计等新问题"纳入行政法学的分析视野之中,从而有助于"革新传统行政法学的概念架构和学理体系,逐步建立起对真实世界行政过程有解释力的现代行政法学体系"[3]。政府规制研究进入行政法学体系,客观上也使得行政法学能够不断吸纳经济学、社会学、政治学、行政学等学科的相关内容和研究方法,为行政法学成为一门开放的社会科学打开了一扇窗户。[4]

进入信息社会以来,人类生活逐渐呈现出越来越多的不可预知性。乌尔里希·贝克的风险社会理论将风险推向社会科学研究的中心。"风险可以被界定为系统地处理现代化自身引致的危险和不安全感的方式。"[5] 传统意义上的科学权威逐渐被打破,"科学的确定性是相对的,不确定性是其固有的"[6]。"科学不确定性"一词

---

〔1〕 参见余晖:《政府与企业:从宏观管理到微观管制》,福建人民出版社1997年版,第10页。
〔2〕 应松年主编:《行政法与行政诉讼法》,中国政法大学出版社2008年版,第28页。
〔3〕 朱新力、宋华琳:《现代行政法学的建构与政府规制研究的兴起》,载《法律科学》2005年第5期。
〔4〕 参见陶品竹:《中国行政法学体系的反思与变革》,中国政法大学出版社2015年版,第28页。
〔5〕 [德]乌尔里希·贝克:《风险社会》,何博闻译,译林出版社2004年版,第19页。
〔6〕 沈岿:《风险评估的行政法治问题——以食品安全监管领域为例》,载《浙江学刊》2011年第3期。

被用来指科学中不同形式的信息缺乏：知识的复杂性、数据的缺乏、结果的不可预测性以及预测的随机性。这意味着规制过程中越来越多的科学知识无法达到统一明确的立场。"任何参与为风险决策提供信息的科学家都不会对事实的不确定性感到意外。认识数据的局限性是基本的科学训练。"[1]政府规制理论可以为数字政府建设提供学理基础。

六、余论

在习近平法治思想和全国"两会"精神指引下，行政法治理论与实务要致力于推动法治政府建设实现从开局良好到率先突破。在中央全面依法治国工作会议上，习近平总书记提出了法治政府建设率先突破的重大命题。《法治政府建设实施纲要（2021—2025年）》则对法治政府建设率先突破重大命题的法理蕴含及其实践指向进行了充分确证和系统部署。这就表明，法治政府建设率先突破是新发展阶段行政法治发展的紧迫时代使命。与此同时，法治政府建设开局良好是全国"两会"对当前行政法治发展的科学判断。《法治政府建设实施纲要（2021—2025年）》指出："坚持运用互联网、大数据、人工智能等技术手段促进依法行政，着力实现政府治理信息化与法治化深度融合，优化革新政府治理流程和方式，大力提升法治政府建设数字化水平。"2022年国务院《政府工作报告》既为数字政府建设描绘了新蓝图，也为行政法学研究提出了新议题。国务院《政府工作报告》12次提及"数字"，可见这既是亮点，也是重点。数字政府建设包括两个层面：一是法治政府的数字化，二是数字政府的法治化。法治政府的数字化本质是技术问题和管理问题。数字政府的法治化则是法律问题，特别是行政法问题。数字政府的法治化建构可分为两个方向：一是基于传统法学原理的规范，二是基于新型分析工具的规范。政府治理的数字化并未改变政府活动是国家公权力行为的本质，故其理应受到传统法治理念、原则及其规则的限制。循此思路，在数字政府建设的全球时代浪潮中，中国各省（自治区、直辖市）数字政府发展已取得长足进步，但仍有较大提升空间。只有持续完善数字背后的数据资源体系、数字生态体系、政策制度体系、规范标准体系以及数字人才体系，数字政府建设才能持续不断地高歌猛进。

【责任编辑：李婉秋】

---

[1] [英]巴鲁克·费斯科霍夫等：《人类可接受风险》，王红漫译，北京大学出版社2009年版，第2页。

语言权利保障的人权路径
——兼论我国少数民族语言权利保障

孙圆圆*

摘要:语言是一个民族历史记忆和文化的载体,应对世界范围内的语言歧视现象,目前有三条保障语言权利的路径:生态语言学路径、语言人权路径、少数人语言权利路径,后两者合称为"人权路径"。国际人权法和我国的法律体系虽然都涉及语言权利的保障,但是在保障使用母语权利和获得通用语言充分指导权利方面的侧重点存在较大差异。国内法律体系在民族平等、民族团结的指导原则之下,着重实施双语教学,推进通用语言的学习,在一定程度上有利于保障少数民族人民的发展权及其民族语言文化的保存和进一步的发展。

关键字:语言 人权 少数民族 发展

语言是一个民族历史记忆和文化的载体,在学习和使用民族语言的过程中,相伴而生的民族文化则成为维系民族认同的根本所在,是各民族成员保持民族一体感和认同感的重要标志。[1] 然而,在全球化和网络信息化的冲击下,民族语言的多样性受到了极大的冲击。当今世界上极少数的语言占据了互联网上大部分甚至是所有的空间。经济发展水平有限的国家或地区不能为因特网在本国或本地区的发展提供充分的条件,本族语言在因特网上得以展示的机会就很少,甚至没有。[2] 一些

收稿日期:2022-05-20

* 孙圆圆,中国政法大学人权研究院2020级博士研究生。

〔1〕 参见吴慧:《全球化场域中的语言安全与中华民族文化认同》,载《内蒙古社会科学(汉文版)》2019年第3期。

〔2〕 参见王春辉、高莉:《因特网上的语言多样性问题》,载《语言文字应用》2009年第2期。

信息量小、使用人数少的语言消亡也呈现加速趋势。而在我国,除了汉语,其他少数民族的语言遭受到的冲击更大。2018年联合国消除种族歧视委员会在对我国国家报告进行审议的过程中,就对我国少数民族在公共教育、诉讼和媒体中使用本民族语言的权利表达了关切。

国际人权法对于语言权利的性质和含义还没有一个确定性的结论,对语言权利的保障散见于各个国际人权文件中。语言权利既与种族权利、宗教权利等一样是实现平等和不歧视的基础之一,也作为少数人权利之一出现在《公民权利及政治权利国际公约》之中,同时在《经济、社会及文化权利国际公约》中也被认为是文化权利的下位概念,是教育中的一个非常重要的方面,"正如法国历史学家卡米尔·朱莉安所言,显而易见的是,'如果不教授一种语言,就等于杀死这种语言'"[1]。它既带有政治权利的意味,对于保障公民的知情权和建议权有重要的工具价值;也带有经济上的利益,对语言的熟练使用是获得经济和社会机遇的关键因素;还具有强烈的文化权利的属性。[2] 本文对目前已有的语言权利保护路径进行总结,在此基础上,梳理国际人权法和我国法律体系对语言权利保障的主要路径。

一、语言权利保障的三种路径

语言权利的倡导者一直以来都致力于阐述、预言少数群体所面临的歧视状况;少数民族及其成员的语言和其他类型的文化都面临被主导民族的文化所侵蚀甚至被同化的难题。[3] 即便是在具有种族语言多样性的社会中,也并非所有的群体都能受到平等保护,或者享有平等的社会参与的权利。[4] 就目前来说,对语言权利的保障主要有三条路径:生态语言学路径(Language Ecology)、语言人权路径(Linguistic Human Rights)、少数人语言权利路径(Minority Language Rights)。也有学者将语言人权路径和少数人语言权利路径作为同一视角,即"人权路径"。[5]

(一)生态语言学路径

生态语言学,顾名思义,将语言多样性类比为生物多样性,重点关注语言的保护和复兴,而且经常会用一些比喻,如"谋杀""濒危""灭绝"和"死亡"等来形容某种语

---

[1] 联合国人权理事会:《少数群体的教育、语言和人权:少数群体问题特别报告员的报告》,A/HRC/43/47,第32段。

[2] 参见王婧方:《欧盟实施多元化语言政策的原因——基于语言权利的分析》,载《技术与创新管理》2017年第5期。

[3] See Lionel Wee, Language Without Rights, Oxford University Press, 2010, p. 57.

[4] See Lionel Wee, Language Without Rights, Oxford University Press, 2010, p. 57.

[5] 参见何山华:《从建构和实践看西方语言权利话语体系》,载《中国社会科学报》2020年5月26日,第3版。

言的命运。该路径以世界上很多语言即将消失为出发点,将语言作为世界生态系统的一部分,语言的濒危则会造成世界生态系统的崩溃。[1] 因而,濒危语言应该被予以特殊的保护。该路径的用语虽然最容易被大众所接受,但是其理论存在重要的缺陷。

第一,该路径更加关注语言权利的对象,反而忽视了语言使用者的存在。我们必须承认的是,语言是人类文化的承载者,也是文化中非常重要的一部分。它包含了人类对于自然世界的思考和文化成就,一种语言的消失就意味着一种人类知识和记忆的丧失,这是非常可惜的。但是,语言使用者不仅仅是承载语言甚至是这种人类知识和记忆的工具,他们作为人应该获得一种更值得过的生活。在很多情况下,语言使用者自己的利益和选择与对语言多样性的保护是背道而驰的。[2] 第二,该路径其实强化了语言达尔文主义。"物竞天择,适者生存",很多生物的灭绝是因为不适应地球环境的变化,是大自然进化的必然。那么这种隐喻强化了人们固有的观点,即语言丧失是社会和语言进化周期中不可避免的一部分。人们会将一种语言的丧失或死亡仅仅看作其本身或其语言使用者在语言世界竞争中的失败,在这种语言世界中,当然只有适者才能生存,并且应该生存。[3]

(二)语言人权路径

"语言人权"这一概念是从基本人权的"平等与非歧视"原则中推导出来的。相比于生态语言学路径,语言人权路径更关注"人"。该路径最大的吸引力来自其标准的普遍性,也就是该路径只考虑满足必要的和最基本的需求,且适用于所有人,不论历史、数量或者国籍。[4] 但同时,其也意味着一个人学习、使用其母语的权利同其他基本人权一样,是一种不可剥夺的权利。语言人权分为个人权利和集体权利两个部分。在个人层面上,语言人权意味着"每个人都可以积极认同自己的母语……它意味着学习母语的权利,包括至少通过母语进行基础教育的权利,以及在各种(官方)情况下使用母语的权利……对这些权利的限制可能被认为是对基本语言人权的侵犯"[5]。在集体层面上,语言人权意味着少数群体的生存权,即"享有和发展他们的语言的权利,以及少数民族建立和维持学校及其他培训和教育机构,并以他们自己的语言开设课程和教学的权利。它还包括保证在国家政治事务中的代表权,并给

---

[1] See Lionel Wee, Language Without Rights, Oxford University Press, 2010, p. 58.

[2] See Lionel Wee, Language Without Rights, Oxford University Press, 2010, p. 64.

[3] See Stephen May, Language and Minority Rights: Ethnicity, Nationalism and the Politics of Language, 2nd ed., Routledge Press, 2012, p. 4.

[4] See Will Kymlicka and Alan Patten, Language Rights and Political Theory, Oxford University Press, 2007, p. 35.

[5] Tove Skutnabb-Kangas and Robert Phillipson eds., Linguistic Human Rights: Overcoming Linguistic Discrimination, Mouton de Gruyter, 1994, p. 12.

予自治权……对这些权利的限制也可能被认为是对基本语言人权的侵犯"[1]。

语言人权虽然作为一项个人权利是无可争议的,但是作为一项集体权利便没那么容易被接受了。作为一项社会实践,一种语言要生存和维持活力不能仅仅依靠一个人的使用。相反,它要求一群人坚持使用这种语言作为他们交流的工具,并且最好能够延续给下一代。[2] 因此,语言人权的集体权利属性是这项权利存续的必要特征。关于集体权利特征的争议首先来自对"集体"的界定,集体是一个非常抽象的概念,在西方国家,民族国家(nation-state)的兴起使得"一个民族一个国家"的架构成为主流,理想的民族国家设计是一个民族使用一种语言。但是语言对应的文化意义上的族群(ethnicity)概念,与民族(nation)并不完全对应,而且即便是同一个文化意义上的民族,其语言也可能有许多种类。在具体实际层面上,对语言群体进行划分,并且赋予其权利,是难以做到的。[3] 但事实上,即便是被划定的语言群体中的个人,也极有可能拒绝接受这种被给予的身份和权利,他们会宁愿选择放弃使用少数民族的母语,转而学习国家通用语言。

由集体概念也引发了对于"集体人权"的质疑。集体人权在三代人权中是晚近出现的概念,很多国家和学者尚不能接受这一人权种类,如杰克·唐纳利(Jack Donnelly)是"集体权利"的坚定反对者,他认为除了极少数的例外(民族自决权和土著人权利),个人权利能够涵盖集体权利的保障,在个人权利无法覆盖的地方,集体权利也无法提供有效的救济。[4] 但是,在语言人权这一路径中,不能将集体人权排除在外,因为对于坚持这一路径的人来说,这项人权的核心就是获得一门语言,特别是少数民族的母语,并且在教育系统和其他制度化的领域能够使用这种语言。

(三)少数人语言权利路径

少数人语言权利路径的倡导者提出,语言作为"少数人"群体的一种决定性核心身份特征,是其身份认同的重要依托,应予特别保护。[5] 少数人语言权利的倡导者从保护少数群体出发,避免了使用语言人权的概念,从而避免了试图从人权的角度解释语言权利的概念问题。对该路径来说,语言权利始终是且仅仅是群体权利。[6] 在这一路径看来,少数人语言的灭绝是少数人在政治上被边缘化、处于劣势地位的

---

[1] Tove Skutnabb-Kangas and Robert Phillipson eds., Linguistic Human Rights: Overcoming Linguistic Discrimination, Mouton de Gruyter, 1994, p. 12.

[2] See Lionel Wee, Language Without Rights, Oxford University Press, 2010, p. 69.

[3] See Stephen May, Language and Minority Rights: Ethnicity, Nationalism and the Politics of Language, 2nd ed., Routledge Press, 2012, p. 8.

[4] See Jack Donnelly, Universal Human Rights in Theory and Practice, 3rd ed., Cornell University Press, 2013, p. 46.

[5] 参见何山华:《从建构和实践看西方语言权利话语体系》,载《中国社会科学报》2020年5月26日,第3版。

[6] See Lionel Wee, Language Without Rights, Oxford University Press, 2010, p. 71.

结果。该路径的倡导者斯蒂芬·梅(Stephen May)在批评生态语言学路径时便提及"语言丧失不只是,甚至都不是最基础的一个语言问题——它更多的是与权力、偏见、不平等的竞争,在很多情况下与明显的偏见和附属地位有关……现如今大部分正在消失的语言的使用者都是处于边缘地带或者说是处于附属地位的群体……少数民族语言的丧失总是更广泛的社会、文化和政治错误过程的一部分"[1]。

少数人语言权利路径希望将少数民族的语言和文化正式纳入公民领域,在公民社会中成功地重塑少数语言——即以促进为导向的语言权利。[2] 该路径通过保障个人权利的平等,以实现整个社会的自由民主的理论,并试图调和集体权利(group rights)和自由民主(liberal democracy)的概念。语言是对一个群体的文化身份特别重要的方面,因此在一个种族多元化的社会中,为确保语言占主导地位的群体与语言少数群体之间的平等,就需要语言权利,以实现语言少数群体的自治,进而实现自由民主。[3]

语言人权路径与少数人语言权利路径在一定程度上有所重合。少数人语言权利路径的倡导者威尔·金利卡(Will Kymlicka)非常明确地将他对群体权利和多元文化主义的主张与人权理念联系起来,在人权框架中构建语言政策的模式。[4] 语言人权路径和少数人语言权利路径的区别只在于:语言人权的拥护者倾向于将少数群体视为一种既定的身份,并且他们拒绝卷入围绕个人和集体身份及其相关权利主张开展的辩论,这场辩论的复杂性令他们望而却步;相比之下,少数人语言权利的倡导者似乎更愿意面对这种复杂性。[5] 从国际人权法的角度来看,少数人权利的保护也处于国际人权法框架的保护之下。因此,语言人权路径与少数人语言权利路径可以统称为"人权路径"。

二、国际人权法对少数人语言权利的保障

从生态语言学的角度,联合国教育、科学及文化组织通过了《世界文化多样性宣言》(2001年),2018年在我国召开的首届世界语言资源保护大会及其通过的《岳麓宣言》也以"保护语言多样性"为主题。目前国际人权法中还没有一个统一的国际

---

[1] Stephen May, Language and Minority Rights: Ethnicity, Nationalism and the Politics of Language, 2nd ed., Routledge Press, 2012, p. 12.

[2] See Stephen May, Language and Minority Rights: Ethnicity, Nationalism and the Politics of Language, 2nd ed., Routledge Press, 2012, p. 332.

[3] See Lionel Wee, Language Without Rights. Oxford University Press, 2010, p. 72.

[4] See Will Kymlicka and Alan Patten, Language Rights and Political Theory, Oxford University Press, 2007, p. 288.

[5] See Lionel Wee, Language Without Rights, Oxford University Press, 2010, p. 72, footnote 6.

文件来确认和保障语言权利。已有的文件中对于语言权利的保障既有采取少数人语言权利路径，促进平等发展，将对语言权利的保障作为进一步实现少数人权利的手段；也有从普遍人权的角度出发，采取语言人权路径，促进语言人权的实现。综合分析国际人权文件和条约机构等的解释性文件，语言权利的内涵一般包括三部分：平等与不歧视原则、少数民族使用自己的语言接受教育与诉讼的权利和接受国家通用语言充分指导的权利。

（一）平等与不歧视原则下的语言权利

对于语言权利的倡导，最直接的目的就是反对语言歧视。最初，语言作为禁止歧视的基础出现在国际人权文件中。基于反思"二战"中发生的针对少数人的惨绝人寰的侵犯人权甚至大屠杀事件，也为了避免相应情况的再次发生，当时的联合国经济及社会理事会下的人权委员会牵头通过了《世界人权宣言》。该宣言第2条即提及"人人有资格享有本宣言所载的一切权利和自由，不分种族、肤色、性别、语言、宗教……任何区别"，在此，语言是禁止歧视的一个方面。联合国教育、科学及文化组织在促进教育领域的平等上发挥着重要的作用。该组织1960年通过的《取缔教育歧视公约》第1条规定了禁止基于语言或其他理由的"任何区别、排斥、限制或特惠，其目的或效果为取消或损害教育上的待遇平等"，同时在第2条（乙）款中明确指出，基于语言原因设立或维持分开的教育制度或学校的，不构成歧视。1966年的联合国两项公约，即《经济、社会及文化权利国际公约》和《公民权利及政治权利国际公约》，延续了将语言作为禁止歧视的一个方面。

在并未对语言权利进行明确认的联合国核心人权公约中，对于这项权利的保障往往借助最基本的人权原则——平等与不歧视。例如，联合国消除种族歧视委员会在给比利时报告的结论性意见中就该国语言和教育问题发表评论，认为在某些情况下少数群体有权接受母语教育，比利时"在其中一些机构中禁止使用母语……可能导致对少数群体和难民的间接歧视"[1]，禁止歧视的规定是其作出此番评论的唯一依据。此外，欧洲人权法院在比利时语言案[2]中也承认了根据不歧视的规定来支持在公共教育中使用特定语言的可能性，而在某些情况下，如果当局拒绝这样做，可被视为武断、不合理或不正当，并因此构成歧视。

（二）少数民族使用自己的语言接受教育与诉讼的权利

平等与不歧视原则保障所有人的权利不受歧视，而少数人语言权利则进一步保

---

[1] UN CERD, Concluding Observations of the Committee on the Elimination of Racial Discrimination Denmark, CERD/C/60/CO/5, para 12.

[2] See European Court of Human Rights, case "Relating to certain aspects of the laws on the use of languages in education in Belgium" v. Belgium (merits), Application no 1474/62; 1677/62; 1691/62; 1769/63; 1994/63; 2126/64.

障具有一定身份特征的群体的权利不受歧视。少数人权利是《公民权利及政治权利国际公约》第 27 条所确定的。该条将种族、宗教或语言作为少数人身份特征之一，团体中的个人享有与团体中其他人共同享受其固有文化、信奉躬行其固有宗教或使用其固有语言的权利。该条中的少数人权利应作广义上的理解，即种族、宗教或语言上的少数人，都享有文化权利、宗教权利和语言权利。通常来讲，种族和宗教上的少数群体都会形成文化上的少数民族（ethnic minority），有自己本民族的语言文字，语言权利有强烈的必要性。与自决权是赋予一个民族的权利不同，此处的少数人权利是"赋予个人的这类权利，并且同涉及给予个人的其他个人权利一样，载于《公约》的第三部分，并且能够在《公约》中予以确认"[1]。虽然少数人权利中受到保护的权利是个人的权利，但是它们又取决于少数群体维持其文化、语言和宗教的能力，具有一定的集体特性，"因此可能也有必要由国家采取积极的措施以保护少数人群体的特性以及其成员享受和发展自己的文化和语言并同群体内的其他成员一起信奉宗教的权利"[2]。

1989 年通过的《儿童权利公约》第 30 条与 1966 年通过的《公民权利及政治权利国际公约》第 27 条对少数人权利的保护几乎相同。此外，如《土著和部落人民公约》《欧洲区域或少数群体语言宪章》《欧洲保护少数群体框架公约》《在民族或族裔、宗教和语言上属于少数群体的人的权利宣言》《联合国土著人民权利宣言》《维也纳宣言和行动纲领》等国际或区域人权条约都吸纳了少数人语言权利标准。

《在民族或族裔、宗教和语言上属于少数群体的人的权利宣言》第 1 条承认语言对个人和社区的中心地位，第 1 款庄严声明"各国应在各自领土内保护少数群体的存在及……语言上的特征并应鼓励促进该特征的条件"，并且在第 2 款补充规定："各国应采取适当的立法和其他措施以实现这些目的。"该宣言中国家对于本国少数群体在语言方面保护的义务，不仅涉及保护还有促进。相比国家通用语言来说，少数民族学习、使用母语的权利，首先应该得到国家政权的尊重，即少数民族有"在相互之间、私下、或公开、使用自己语言的权利"[3]，政府机关不得干涉和禁止。

为保障少数民族能够有效行使语言权利，需要国家在一定程度上提供保障，予以促进，主要包括教育和提供法庭翻译两个方面。在接受母语教育方面，国际人权法领域，特别是涉及教育领域的少数人语言权利的不具有约束力的文件激增。20 世纪 50 年代，国际法已逐渐转向更加直接地承认少数群体权利或语言权利，首先是国际劳工组织 1957 年的《土著和部落人口公约》，其中虽然没有使用"少数群体"一词，但规定土著居民有权以母语或在不可行情况下以其所属群体最常用的语言接受

---

[1] 联合国人权事务委员会《第 23 号一般性意见：第二十七条（少数群体的权利）》第 3.1 条。
[2] 联合国人权事务委员会《第 23 号一般性意见：第二十七条（少数群体的权利）》第 6.2 条。
[3] 联合国人权事务委员会《第 23 号一般性意见：第二十七条（少数群体的权利）》第 5.3 条。

教育。1960年联合国教育、科学及文化组织通过的《取缔教育歧视公约》[1]第5条第1款第(丙)项指出,"必须确认少数民族的成员有权进行他们自己的教育活动,包括维持学校及按照每一国家的教育政策使用或教授他们自己的语言",条件是"行使这一权利的方式,不得妨碍这些少数民族的成员了解整个社会的文化和语言以及参加这个社会的活动,亦不得损害国家主权"。

在提供法庭翻译方面,《公民权利及政治权利国际公约》第14条第3款赋予被告人享有在法庭上使用的他们不能懂或不能说的语言得免费通译协助的特定权利。虽然这项权利不是赋予本国的少数民族,但是少数民族成员在法庭上依然享有以非母语进行陈述、辩护和免费通译协助的权利。

在上述人权文件中,少数人语言权利主要集中在承认少数民族使用本民族语言的权利,特别是在教育中以本民族语言接受教育的权利。

(三)少数民族接受国家通用语言充分指导的权利

语言权利在国际人权框架中通常被作为教育权的下位概念,在保障教育权之时,也会单独给予语言权利特别的关切。教育的功用不仅在于对文化的传承,也在于认识和理解更加多元化的世界,义务教育阶段更多地承担教化和开启民智的作用。国际人权法的一些文件及其解释中也注重少数民族接受国家通用语言充分指导的权利。《世界人权宣言》第26条第2款规定:"教育的目的在于充分发展人的个性并加强对人权和基本自由的尊重。教育应促进各国、各种族或各宗教集团间的了解、容忍和友谊,并应促进联合国维护和平的各项活动。"《在民族或族裔、宗教和语言上属于少数群体的人的权利宣言》第4条第4款规定:"各国应酌情在教育领域采取措施……属于少数群体的人应有充分机会获得对整个社会的了解。"第5款规定:"各国应考虑采取适当措施,使属于少数群体的人可充分参与其本国的经济进步和发展。"

一个国家的通用语言更多的是民族之间交流、沟通的媒介工具,学习国家通用语言更有利于整个国家各个民族之间的了解、容忍和友谊。对于一个国家中处于欠发达地区的少数民族而言,若要实现发展,必须能够得到通用语言的充分指导,才不会被孤立,特别是在现今社会才不会因语言障碍而出现"数字鸿沟"的问题。这一点也得到了联合国人权条约机构的支持。联合国经济、社会和文化权利委员会审议国家报告中的教育权问题时认为,要确保来自少数群体的儿童以通用语言接受充分的指导,以便从其教育中获益。例如,对于列支敦士登,该委员会提出"鼓励缔约国通过为移民儿童提供德语强化培训继续减少语言障碍,举办适当

---

[1] 中国澳门特别行政区于1999年10月21日加入该公约。

的补习班以期迎头赶上……"〔1〕

三、我国对少数民族语言权利的保障

习近平总书记在 2015 年 3 月 8 日参加广西壮族自治区代表团审议时强调"把加快民族地区发展、维护少数民族群众合法权益纳入法治化轨道"。我国少数民族语言权利的保障也应严格遵照法治思想的指导,从民族团结、民族平等原则出发,将语言权利保障作为少数民族文化权利保障的一个重要部分。目前,我国已初步建立起少数民族语言权利保障的法律体系,教育领域的少数民族语言权利得到了从宪法到法律法规的保障,其中的双语教育政策更是为少数民族的发展奠定了更好的基础。

(一)我国宪法对少数民族语言权利的承认

《宪法》作为我国的根本大法,其重要的作用就是对于人权的确认和保障。在少数民族权利的保障中,我国《宪法》首先规定了各民族一律平等,国家保障各少数民族的合法权利和利益。在此基础上,平等成为我国处理民族关系的基本准则,因此各民族的语言权利也应该受到平等的保护,而不受歧视。与其他国家不同的是,我国在坚持各民族一律平等之外还特别强调民族团结,各民族之间休戚与共、共同发展、共同繁荣。各民族的文化应该百花齐放,承载其文化的语言也不能任其凋敝。

我国《宪法》第 4 条第 4 款规定,"各民族都有使用和发展自己的语言文字的自由"。"自由"与"权利"相依,这是对我国少数民族语言权利最为基础也最为根本的规定,这为保障各民族学习、使用自己语言文字的权利提供了条件。

首先,我们要认识到这里的自由并不是单纯地指消极自由,即放任各民族自行使用和发展其语言文字,国家仅仅履行不予干涉的义务。从语言多样性的角度来讲,民族文化的承载者是我们整个国家文化多样性、文化资源持续不断创造的重要媒介。我国作为社会主义国家,国家性质决定了我们的国家会提供更加便利的条件,帮助落后地区少数民族语言文字保存和发展。在民主集中制的组织建构下,从中央到地方,都应该提供条件保证国家整体的文化资源丰富多彩,不被灭失。

其次,这里的语言权利主要是"使用"和"发展"的权利。语言使用的场景不仅包括我们所熟知的课堂、法庭或者相关地区的公共基础设施等,还应该包括少数民族聚居的社区、公务机构等。此外,我们必须认识到虽然使用的场所有很多,但教育是一门语言得以传承和发展的重要途径。法国历史学家卡米尔·朱莉安说,如果不

---

〔1〕 联合国经济、社会和文化权利委员会:《审议缔约国根据〈公约〉第十六条和第十七条提交的报告——经济、社会和文化权利委员会的结论性意见:列支敦士登》,E/C.12/LIE/CO/1,第 36 段。

教授一种语言,就等于杀死这种语言。[1]

在我国宪法中,语言权利是作为少数民族权利的部分出现的,并不是文化权利的一部分或下位概念。其意义更多地在于彰显少数民族的公民权利和政治权利,方便少数民族以自己的语言和文字进行政治参与,是民族平等和民族团结的重要象征。《宪法》中的少数民族语言权利规定为少数民族语言权利保障提供了最高位阶的支持,有利于明确国家机关及其他社会主体尊重和支持少数民族语言权利的边界。[2]

(二)我国法律对少数民族语言权利的保障

在建设中国特色社会主义法治体系方面,我国法律法规从教育、诉讼、政治参与、媒体等方面对少数民族语言权利进行保障。语言类和民族区域自治类法律对语言权利的保障,基本集中于政治、司法参与等领域,教育领域对语言权利的保障还是更多地与教育类专门法律相关。

在国家法律层面,专门涉及少数民族语言权利的主要有《国家通用语言文字法》和《民族区域自治法》两项。2001 年修正的《民族区域自治法》对于语言的规定遵循宪法精神,很多具体条款与宪法条文表述基本一致。民族区域自治制度是我国非常重要的一项制度创新,非常考验中央及地方政府的治理能力。民族问题牵一发而动全身,语言既是民族治理网络中的重要一环,也是重要的工具和载体。民族区域自治的法治化进程中,对少数民族语言权利的保障是民族区域自治的重要象征,只有提供民族地方文字的文件和其他基础性的设施,才能便于少数民族平等的政治参与,使其更加关心和了解本民族地方的事务。

2000 年通过的《国家通用语言文字法》是我国第一部语言方面的专门法,首次以法律形式确立普通话的通用语言地位以及国家对于此地位的维护所应承担的义务,也承认各民族都有使用和发展自己的语言文字的自由。这部法律彰显了我国法治建设的中国特色,权利的保障从来不是漂浮于云端之上的,而是应该有着深厚的资源根基,这一根基便是民族地区的发展和人民群众的根本利益。

(三)注重双语教育,促进少数民族发展

我国社会主义法治建设必须为了人民、依靠人民、造福人民、保护人民。人民美好幸福生活是最大的人权。因而我国在保障少数民族语言权利的同时,也注重通用语言的普及,实施双语教育,促进少数民族人民更好地发展。2015 年修正的《教育

---

[1] 参见联合国人权理事会:《少数群体的教育、语言和人权:少数群体问题特别报告员的报告》,A/HRC/43/47,第 32 段。

[2] 参见潘英:《少数民族语言权利保护的宪法精神研究》,载《贵州民族研究》2018 年第 5 期。

法》正式规定在民族自治地方以少数民族学生为主的学校实施双语教育。[1] 双语教育过程中,国家通用的语言文字和本民族或者当地民族通用的语言文字并重[2],并且在此过程中国家提供资金、教师培养、教辅资料等方面的支持。

学习少数民族语言,可以传承少数民族的文化,让孩子们知道自己从哪里来,增强民族自心力和自信心。而学习通用的语言最主要的原因还是其功用:兼顾少数民族同胞的发展权,避免由于在通用语言教育上与其他地区或民族的不平等,造成语言能力与专业知识技能差异、就业机会差别及贫富差距等问题。[3] 少数民族有丰富的文化资源,如果能够进行更好的发掘,可以在当地形成良好的文化产业,带动当地的就业和人才培育。年轻人自愿选择放弃民族语言的学习,是民族语言继续发展的最大障碍。民族产业兴起,使年轻人留在当地,反过来能够更好地保存和发展其本民族的文化和语言。以黔南为例,2018年开始推行的"双培"行动计划帮助少数民族解决汉语交流障碍,提高汉语交际能力,是其学习脱贫致富技能的重要途径,也成为当地脱贫攻坚的有效举措。[4]

四、结论

语言权利话语范式虽然得到了联合国人权条约机构的积极支持,但迄今为止还是没有作为独立概念被纳入现有的有约束力的国际人权公约,甚至是作为"软法"的宣言中。我国语言权利保障的路径与国际人权法路径基本一致,既从平等与不歧视的人权基本原则出发进行普遍保护,又从语言作为少数人身份认同的标志,将语言权利作为少数民族权利之一进行保障。不同之处在于,国际人权法将对母语的使用和发展作为语言权利的最重要内容加以规定,对于通用语言的提及少之又少。在我国的法律体系和政治话语中,对通用语言的推广和学习是促进民族团结、实现各民族交流互通的重要措施。2021年1月30日发布的《内蒙古自治区促进民族团结进步条例》第19条在强调全面加强国家通用语言文字教育的基础上,规定"不断提高各族群众科学文化素质",同时兼顾"尊重、支持各少数民族语言文字的学习和使用"。这与我国一直以来所坚持的"以发展促人权"的理论密不可分。我国的少数民族权利保障,强调通过提升少数民族公民的科学文化素质、夯实民族地区的经济

---

[1] 参见马文华:《少数民族双语教育的合目的性探究》,载《新疆师范大学学报(哲学社会科学版)》2017年第5期。

[2] 参见马文华:《少数民族双语教育的合目的性探究》,载《新疆师范大学学报(哲学社会科学版)》2017年第5期。

[3] 参见肖建飞:《语言权利研究:关于语言的法律政治学》,法律出版社2012年版,第232页。

[4] 参见《【各地传真】黔南"双培"行动计划助推少数民族群众奔小康》,载搜狐网,https://www.sohu.com/a/378173194_166865,2022年10月19日访问。

基础,来实现少数民族公民政治、经济、社会权利保障整体水平的提升。[1] 同时,我们也必须注意到在法律的基层执行过程中确实出现了令少数民族比较抵触的政策和措施,特别是在强制推行通用语言的教育方面。这除了考验政府依法治理的能力,也亟须我国在语言权利理论构建方面实现突破。因此,对于少数民族语言权利的保障,我国应建立起自己的理论范式,融合语言人权路径与少数人语言权利路径,从少数民族的自身发展权利出发,探索出新的具有中国特色的语言权利保障路径。

【责任编辑:李婉秋】

---

〔1〕 参见常安:《论国家通用语言文字在民族地区的推广和普及——从权利保障到国家建设》,载《西南民族大学学报(人文社会科学版)》2021年第1期。

作为公法权利的语言权利：主体、权能及限制

陈法钧[*]

摘要：中国法上语言权利的主体包括公民、民族和特殊行政区域；但民族和特殊行政区域的语言权利仅用于处理其与国家的关系，公民与它们之间的语言文字的法律关系主要遵循"权利—权力"逻辑。现代化和市场经济发展使语言权利的经济文化权利面向日趋重要，学习和使用国家通用语言文字的权利是当代公民语言权利的核心，也是国家履行尊重和保障公民语言权利之义务的重点对象。民族自治地方、特殊行政区域的语言权利主要表现为语言文字方面的自治权利，其所受的严格限制已使之与公法权利趋同，须服从于法治原则、人权保障及国家目的。人民福祉是中国法上语言权利蕴含的本质目的，公民语言权利是国家法治统一、社会现代化、国族共同体意识塑造和公民权益保护的有机联结点。

关键词：语言权利　公法权利　权能　国家通用语言文字　权利限制

一、引言

全国人大常委会法工委 2020 年与 2021 年的备案审查工作情况的报告将涉及语言文字的民族自治地方性法规的违宪事由归结为与《宪法》第 19 条第 5 款"国家推广全国通用的普通话"的规定不一致，指向其对国家法治统一的违背。然而，这些

收稿日期：2022-05-20

[*] 陈法钧，北京大学法学院 2022 级宪法学与行政法学专业硕士研究生。

与国家通用语言文字的推广推行相抵牾的地方性法规,是否还侵犯了公民基于宪法及法律所享有的权利和利益,尤其是与此直接相关的语言文字法益,是有待厘清的问题。正如2021年的备案审查工作情况的报告将与语言文字相关的合宪性审查列于"坚持'有错必纠',切实维护国家法治统一"部分,中国公法学界对语言文字问题的研究亦集中于语言文字的制度面向,即语言文字制度的政治宪制功能。社会主义法治统一与公民权益保护具有高度的内在一致性,前述地方性法规既然在语言文字方面抵触宪法和有关法律承载的"国家法治统一"价值,那么它们同样有危及公民权益的潜在风险。公民依据全国性法律享有的语言文字权利可以和狭义层面的法治统一"站在一起",共同作为全国人大常委会备案审查机关等全国性的层级监督者对地方性法规加以监督、纠正乃至废止的宪制性理由。因此,公民的语言文字相关法益,理应成为考察语言文字涉宪性问题尤其是地方性语言文字法规范是否合宪的重要切入口。就本文的核心概念"语言权利"而言,由于文字本质上是语言的书面化,文字可被视为一种书面语言,口头语言和书面语言共同组成现代语言的整体,语言文字权利实际上可以认为是口头语言权利和书面语言权利的结合体;而大部分外国学者、国际文件和国内学者所论述的"语言权"概念都同时包括狭义语言权利和文字权利。故本文认为"语言权""语言权利"和"语言文字权利"具有相同的法律意义。

二、语言权利的中国法规范依据

从"有名权利"角度看,我国法规范体系中尚无法律、法规、规章、自治条例或单行条例直接包含"语言权利"之名称。退而检视中国成文法上涉及语言文字的权利或利益。《宪法》第4条第4款规定,"各民族都有使用和发展自己的语言文字的自由"。第19条第5款规定:"国家推广全国通用的普通话。"第121条规定:"民族自治地方的自治机关在执行职务的时候,依照本民族自治地方自治条例的规定,使用当地通用的一种或者几种语言文字。"第139条规定:"各民族公民都有用本民族语言文字进行诉讼的权利。人民法院和人民检察院对于不通晓当地通用的语言文字的诉讼参与人,应当为他们翻译。在少数民族聚居或者多民族共同居住的地区,应当用当地通用的语言进行审理;起诉书、判决书、布告和其他文书应当根据实际需要使用当地通用的一种或者几种文字。"《民族区域自治法》《教育法》和三大诉讼法等对《宪法》的上述条文作出了一系列具体化规定。《国家通用语言文字法》第4条第1款规定:"公民有学习和使用国家通用语言文字的权利。"

准确而言,《宪法》第4条第4款规定的应是"语言自由"。"语言权利"有复合性、多层性特征,《宪法》总纲存在"语言文字自由条款"应被视为《宪法》对"语言文字方面的权利和利益"加以承认的表征。《宪法》在"国家机构"一章中对国家机关和公民语言使用的一系列规定,同样反映了根本大法对语言文字相关宪法性法益的承认与维护,《民族区域自治法》等法律则对此进一步具体化。在宪法和法律以外,有一个部门规范性文件、一个人民团体规定、两个全国人大专门委员会工作文件及两个部门工作文件中出现了"语言权""语言权利""语言文字权利"或"语言文字权益"概念。其中部门规范性文件即《教育部关于贯彻落实〈国务院实施《中华人民共和国民族区域自治法》若干规定〉的通知》,规定"在坚持各民族语言文字平等的原则、保障各民族使用和发展本民族语言文字自由的同时,为少数民族群众学习、使用普通话和规范汉字的语言权利以及国家通用语言文字在民族地区的推广与普及提供法律保障"。

全国人大民族委员会在审议代表所提出的制定少数民族语言文字法相关议案时,曾两次作出直接涉及语言文字权利的报告并被全国人大常委会通过。2008 年该委员会报告称党和国家"尊重少数民族的语言文字权利,制定和执行了一系列使用和发展少数民族语言文字的政策,并通过立法保障各民族的语言文字权利。宪法规定,各民族都有使用和发展本民族语言文字的权利",强调我国相关法律"充分体现了尊重和保护少数民族语言文字权利的原则。通过贯彻执行党和国家关于少数民族语言文字的法律法规和政策,少数民族语言文字权利得到了充分尊重和保障,少数民族语言文字工作取得了显著成绩",提出"既坚持尊重和保障少数民族使用和发展语言文字权利的原则,又要遵循语言文字发展的规律"[1]。2010 年该委员会以基本相同的表述重申了上述内容。[2] 教育部语言文字信息管理司的工作文件指出:"推动通用手语、通用盲文标准研制,维护残疾人语言权利。"[3]此外,一些含有"语言权"字样的项目也曾出现在国家民族事务委员会或地方各类机关发布的立项通知文件中。[4]

将前述涉及语言文字权利的中国法规范与直接列明"语言权"概念的公法文件相结合,可推导出语言权利是中国法上具有宪法位阶的权利。全国人大常委会根据《宪法》第 67 条有"解释宪法,监督宪法的实施"之职权,从法解释的基本特征来看,其于 2008 年和 2010 年所通过的两个报告的相关部分实际上构成了对《宪法》和

---

[1] 《全国人民代表大会民族委员会关于第十一届全国人民代表大会第一次会议主席团交付审议的代表提出的议案审议结果的报告》,2008 年 10 月 28 日通过。

[2] 参见《全国人民代表大会民族委员会关于第十一届全国人民代表大会第三次会议主席团交付审议的代表提出的议案审议结果的报告》,2010 年 12 月 25 日通过。

[3] 《教育部语言文字信息管理司关于印发〈教育部语言文字信息管理司 2016 年工作要点〉的通知》,教语信司函[2016]17 号,2016 年 2 月 25 日发布。

[4] 参见《国家民委关于 2016 年度民族问题研究项目课题立项的通知》。江苏省、内蒙古自治区、广西壮族自治区政府或教育部门都曾发布此种涉及立项的工作文件。

《民族区域自治法》的解释。但基于两个报告均是全国人大常委会议事过程中的工作文件,这种解释应被视为一种"工作解释",其效力范围主要及于该机构内部。尽管全国人大常委会是国家立法机关,但"法律解释"通常被认为不具有规范创制性,而是阐明、总结、细化已有的法规范,故全国人大常委会的工作文件应被视为对中国法源中语言文字法益相关条款的"总结",代表着国家立法机关对中国法上确已存在"语言权利"的规范性判断。行政机关或人民团体工作文件中所提及的语言权利概念,同样是其对中国法上存在语言权利的肯定性判断。鉴于国家立法机关和行政机关对于宪法和法律相关条款的此种总结概括性的"判断"尚未超出法规范的文义和目的射程,处于法解释的边界之内,故其法解释具有可接受性,即语言权利属于中国法上的现存权利。总而言之,虽无法从《宪法》和法律的单一条款中直接觅得成文化的"语言权利"本身,但通过对宪法和法律上的一系列语言文字相关条款进行体系化整合,可推导解释出作为中国法上权利的语言权利,其规范载体是众多相关的法规范条款的联合,甚至是整体意义上的《宪法》本身。与个人信息受保护权、隐私权等在《宪法》中没有直接依据的"未列举基本权利"相比[1],部分重要法益已被直接载明于《宪法》的语言权利的宪法性地位,可谓具有更为坚实的规范基础。

三、语言权利的主体

(一)语言权利主体的"群体"维度

1.作为语言权利主体的"各民族"

不少相关研究指出,语言权利主体并非和人身自由等经典基本权利的主体一样只有单一自然人,即个体公民,语言权利的主体还可以是群体,甚至群体才是语言权利的主要主体,作为语言权利主体的群体主要是现代意义上的"民族",其中国法依据在于,《宪法》第4条第4款正是对"各民族"而非其他主体的语言自由加以规定。

《宪法》第4条规定"国家保障各少数民族的合法的权利和利益",这在文义上明确表达了"各少数民族"的宪法权利主体身份,相比之下,《宪法》并不承认各地区、各普通行政区、各国家机关、各人民团体等的权利主体身份。在规范法学视域中,"权利主体"意味着一种独立性、主体性、恒常性、自主性的法律身份,意味着以"当事人"之姿态参与法律关系的资格,意味着自主地提出权利和利益诉求的机会。而普通行政区在中国宪制中并无此种身份,其所获得的一切分配均取决于国家意志,其无法作为宪制性主体主动地向国家提出利益诉求,对中央层级的国家机构没

---

[1] 参见王锡锌、彭錞:《个人信息保护法律体系的宪法基础》,载《清华法学》2021年第3期;任颖:《数字时代隐私权保护的法理构造与规则重塑》,载《东方法学》2022年第2期。

有作出抗辩的主体资格;国家只需以"国家机构"的面目出场便可对普通行政区作出决断。那么,应如何认识将各民族列为具有宪制性地位的权利主体的宪法规范?民族作为宪法权利主体的逻辑与公民有何异同?如何理解《宪法》赋予各民族的"语言自由"权利的确切属性?

宪法确定其权利主体的逻辑植根于制宪过程。在美德等一些西方国家宪法上,拥有"权利"者除公民外还有作为地域性概念的"州",如《美国联邦宪法》第十修正案规定了各州"剩余权利";而西方多民族发达国家鲜见在其宪法中承认"各民族"的权利主体属性,从其制宪史来看,该表述模式并不让人意外。以美国为例,其制宪目的可谓是保护殖民地人民以及十三个殖民地(州)的权利和自由,无论制宪主体是各州还是人民,都与"族裔"无所牵涉;若要在规范层面使"民族"概念在美国制宪时刻出场,其也只能是作为"我们人民"同义词的"美利坚民族",而非盎格鲁-撒克逊人等各族裔。中国宪法上的制宪者被表述为"中国各族人民",体现出我国制宪主体所具有的广泛代表性和高度正当性。但"中国各族人民"制宪并不等同于"中国的各个民族"制宪。我国宪法上制宪主体的规范意涵是:来自各个民族的人民,在反对外来入侵和国内压迫的革命斗争中被中国共产党凝聚在一起,形成了致力于中华民族伟大复兴历史使命的人民共同体,正是这一共同体产生了建国制宪以确定其奋斗成果的合意。

中国的制宪主体并非"各个民族"而是"来自各个民族的中国人民",天然而稳定地成为宪法上权利主体的只能是"中国人民"这一规范整体的最自然、最直接的组成部分——个体公民。从宪法最终呈现的规范内容来看,制宪者们在参与制宪时已"隐去"了民族、地区等身份属性,其在根本上所代表和关切的是作为新国家之人民合体的"中华民族";让"各民族"成为宪法权利主体,是由于中国历史和现实告诉制宪者,某些掌握更多社会资源的强势者往往会处心积虑地利用不平等的民族身份,制造对于个体的压迫和奴役,赋予"各民族"权利主体的资格属性,正是寄望于以"民族平等"的规范架构防范对于某些易受压迫群体的潜在侵害,其根本性意旨仍在于更无漏洞地维护个体公民的权益,并昭显新国家共同体的合法性、良善性与先进性。具体到语言文字领域,一方面,中国历史上曾多次出现统治者借助统一语言文字实行暴力性、强制性民族同化的反人道场景;另一方面,将少数民族民众使用非官方语言文字的行为加以污名化,并与民族分裂、民族等差相关联,进而打压少数族裔的做法同样层出不穷。正是为了多维度、高强度地全面保护少数民族人民在语言文字及相关领域的权益,制宪者决定将"各民族"亦设定为语言权利的"宪定主体",以期各民族的语言文字权利与个体公民的语言文字权利相辅相成,共同实现更高水平的基本权益保护。换言之,少数民族的语言权利本质乃是现代中国主权者为更好地维护人民福祉而在法律层面创设的具有纠偏性、补充性、手段性的规范存在,作为一种带有主权者建构色彩的"纠偏性权利",它与所谓"集体性自然权利"或"群体对国家的分权制衡"不可混为一谈。

2.行政区域作为语言权利主体的宪制空间

除了"民族"和"公民",我国《宪法》还规定了"民族自治地方"为权利主体,即在第89条"国务院职权条款"第11项规定国务院"领导和管理民族事务,保障少数民族的平等权利和民族自治地方的自治权利"。此外,一些研究者注意到,除了少数民族语言,"方言"的使用也常常体现为特定行政区域内某些人群的类同化权益诉求。

讨论民族自治地方或特别行政区是否属于宪法规定的语言权利主体,实质上即分别考察语言权利是否属于它们"自治权利"或"高度自治权"的组成部分。《中华人民共和国香港特别行政区基本法》(以下简称《香港特区基本法》)涉及语言文字的条款共有两处,其一是规定中英文同为特区公权力机构的"正式语文"[1],其二是规定特区政府"自行制定有关教育的发展和改进的政策",包括"教学语言"[2];《中华人民共和国澳门特别行政区基本法》(以下简称《澳门特区基本法》)则在此两种规范以外,还规定"语言"特征不得导致不平等对待澳门居民[3]。港澳特区的基本法关于英文或葡萄牙文为正式语文的规定,容许特区公权力机关使用不属于国家通用语言文字的外文,其本质应被理解为中国的主权者为特区所设定的局部宪制。尽管主权者在设定过程中对外国和特区的意见予以了较多参考,但并不意味着"在两种正式语文中择一而用"是特区"天然固有"或"剩余"的权利,或来自《中华人民共和国政府和大不列颠及北爱尔兰联合王国政府关于香港问题的联合声明》和《中华人民共和国政府和葡萄牙共和国政府关于澳门问题的联合声明》的赋予。特区公权力机关在基本法制定后可以行使"选择适用"两种特定语言的权利,这种"选择适用权"具有法定性、有限自由性、自主性的特征,与法定的消极自由相类似,应属于《宪法》和基本法确定的高度自治权的一部分。从规范属性来看,教育政策相关条款在港澳特区的基本法上总体落入高度自治权的范围,教育领域的基本法条款所表述的内容均明显归属于"两制"方面,倾向于赋予特区极为广泛的自主决定、自我管理空间,故基于文义解释和体系解释,特区政府自行制定"教学语言"政策的基本法规定,也应被视为国家赋予特区在"教学语言"事项上的高度自治权利。需指出的是,我国制宪者将港澳特区所从事的高度自治规定为"高度自治权"而非简

---

[1]《香港特区基本法》第9条规定:"香港特别行政区的行政机关、立法机关和司法机关,除使用中文外,还可使用英文,英文也是正式语文。"

[2]《香港特区基本法》第136条第1款规定:"香港特别行政区政府在原有教育制度的基础上,自行制定有关教育的发展和改进的政策,包括教育体制和管理、教学语言、经费分配、考试制度、学位制度和承认学历等政策。"

[3]《澳门特区基本法》第25条规定:"澳门居民在法律面前一律平等,不因国籍、血统、种族、性别、语言、宗教、政治或思想信仰、文化程度、经济状况或社会条件而受到歧视。"

单地称之为"高度自治制度",其目的在于为特区创设保障其繁荣发展所需的相关法律资格和行为能力,更妥善地处理国家与特区的关系;将高度自治加以"权利化"不意味着承认港澳特区存在国家不可干预的固有或剩余的权利,更不表示它们有与国家对抗、分立的宪制空间。事实上将地方自治"权利化"并不违背国际上通行做法,其与所谓"地方自决"甚至分离权风马牛不相及。基于港澳特区基本法的全国性基本法律地位,且其赋予特区语言文字方面高度自治权利的规定亦不与《宪法》精神和原则相抵触,特别行政区可以成为中国法上的语言权利主体。

就民族自治地方而言,从规范内容来看,现行《宪法》和《民族区域自治法》等法律关于语言文字的规定通常表现为对自治区域课以相关作为义务,如"民族自治地方的自治机关保障本地方各民族都有使用和发展自己的语言文字的自由"及"招收少数民族学生为主的学校(班级)和其他教育机构,有条件的应当采用少数民族文字的课本,并用少数民族语言讲课"等教育职能规定。其实质性意涵在于通过设定民族自治地方机关的相关职权以更好地保护公民的语言权利,而非宣示民族自治地方的自治权利。与"自治权利"可能构成直接关联的语言文字方面的规定为《宪法》第121条及《民族区域自治法》第21条,根据二者的规定,民族自治地方的自治机关在执行职务的时候,依照本民族自治地方自治条例的规定,使用当地通用的一种或者几种语言文字;同时使用几种通用的语言文字执行职务的,可以以实行区域自治的民族的语言文字为主。由于《国家通用语言文字法》对国家机关使用国家通用语言文字提出了一般性要求,若民族自治地方的自治机关未通过制定自治条例对国家的一般规定加以变通,则其并无使用非通用语言文字的空间。就法律效力层级而言,自治条例和单行条例是位阶相等的地方性规范,二者的制定主体和报批程序等相同,主要差别仅在于内容。因此,对于《民族区域自治法》第21条中的"自治条例"可从实质解释的角度进行扩大解释,即其指代自治条例和单行条例两种地方性规范,若作此种法解释,则自治区用"单行条例"授权自治机关使用本地区少数民族语言文字没有构成与上位法的字面抵触。

《宪法》和法律通过规定语言文字领域有限立法自治权的方式,赋予了民族自治地方确定其自治机关"选择适用"本地少数民族通用语言作为公务用语的空间,这种"选择适用权"独立于民族自治地方的机关,作为我国国家机关在教育领域、司法领域、文化领域等对少数民族公民语言权利的一般性尊重和保障义务,是制度性、法定性、自主性的自治权利。故少数民族自治地方和特别行政区相似地作为中国法上的语言权利主体,它们的自治权利或高度自治权体系中均含有语言文字自治,尤其是特定机关公务用语方面的"选择适用权"。对于特殊行政区域而言,语言权利以"自治"权利组成部分的面目而规范性地存在,直接调整特殊行政区域与国家的法律关系这一"公主体"内部关系;尽管自治机关选择的公务用语会间接影响公民的语言文字使用,但仍不足以改变该权利关系的公主体内部性特征。可见特殊行政区域的语言权利和少数民族的语言权利有相似性,是公民语言权利的规范性延伸,是为适应中国多民族不平衡发展的历史与现实国情而对公民权益所构造的"强化保护",其语言权利"屏障"置于公民之外,以保护公民权利免受与其不对等的"超公民主体"的压制。

在一般行政区域之中也可能存在不同于国家通用语言文字的语言甚至文字,即"方言"。《国家通用语言文字法》第 16 条第 1 款和第 2 款是涉及公主体使用方言的法规范,分别规定了两种"可以使用方言"的情形,即"国家机关的工作人员执行公务时确需使用的"和"经国务院广播电视部门或省级广播电视部门批准的播音用语",它们均对公主体的职权加以设定,该职权设定既无"相对独立自主性""央地分权"或"对抗国家"的意涵,也与自治权利无涉,地方性的职权主体不得借此向国家或第三方主张法益。故除特别行政区、少数民族自治地方以外的"一般行政区域"并非语言权利的主体,它们所拥有的经过严格限定的方言使用职权也并非一种权利或利益,而纯粹是经典意义上的地方国家机关职权。

(二)公民是中国法上最重要的语言权利主体

中国法上关于公民在诉讼中使用其民族语言文字的系列规定,国家机关在司法等职权活动中为公民提供其民族语言文字服务的系列规定,教育机构为公民提供通用语言文字教育与少数民族语言文字教育的系列规定,等等,均直接指向了国家对公民语言文字法益的尊重和保障,《宪法》中的此类规定更宣示着公民语言文字法益在中国是具有根本大法位阶的重大法益。此外,从自由平等、公民"法无禁止即自由"及公民人格发展乃至人类关于语言文字的生理学特征等一般化视角,可普遍性地推断出公民作为"人"应享有值得国家尊重的语言文字利益,这也是许多国内文献已详细论证的命题。然而,从整体化、体系化地证成公民语言权利作为中国法上现存权利的角度来看,仍需寻找《宪法》中"语言文字自由条款""民族自治机关公务用语条款"乃至"国家推广普通话条款"等宪法规范与公民语言文字法益更直接、更稳固的规范性关联。

规范性关联的探寻本质上属于法解释问题。就"语言文字自由条款"而言,中国制宪权的行使者并非各个民族,《宪法》规定民族为权利主体不是基于其制宪者身份承认某种"利益分配根本方案",而是出于在特殊国情下更无漏洞、更高强度地保护中国公民权利的现实考量。正如张翔教授所言,2004 年《宪法修正案》所增添的"国家尊重和保障人权条款"为整部宪法注入了全新的、具有根本性意义的人文价值,为宪法诸条款的解释和适用提供了崭新的评价关联。[1] 故对语言文字相关宪法条款

---

〔1〕 参见张翔:《立法中的宪法教义学——兼论与社科法学的沟通》,载《中国法律评论》2021 年第 4 期。

的理解也应关照其蕴含的深刻人权意旨。该条款所在的《宪法》第4条将"语言文字"与"风俗习惯"并列,而在根据斯大林经典民族理论进行的中华民族识别和法律性民族身份划分工作中,"风俗习惯"并不被认为是"民族识别"的要素抑或一个民族的构成性要素。尽管保护民族风俗习惯会产生促进国内文化多样性、保持国内民族多元性的客观效果,但即使在将国内"民族"视为宪法权利主体的语境下,也难以认为"风俗习惯自由条款"所首要保护的是作为"超公民实体"的"民族"的利益,因为"风俗习惯"与各民族中个体公民的具体现实生活最为贴近,其与"民族"的法益关联相比无疑是间接的、非首要的,因此,公民应是"风俗习惯的自由"这一宪法性法益的首要主体和主要受益者。根据体系解释的方法,被规定在同一句话中的"语言文字的自由"与"风俗习惯的自由"理应具备相近的法理逻辑,制宪资料显示,少数民族人民在生活、学习等具有人身性特征的场景中的语言文字使用同属制宪者制定该宪法条款的考量范围。在"国家尊重和保障人权条款"入宪后,"语言文字自由条款"蕴含的人民权利保障底色进一步强化和彰显,其与公民语言文字法益的规范关联也更为巩固。"民族自治机关公务用语条款"和"国家推广普通话条款"在讨论和制定时同样包含便利公民享受社会公共服务、有效行使当家作主权利、参与社会主义市场经济活动、提升物质和精神生活水平等以个体公民为受益对象的考量,《宪法》"国家尊重和保障人权条款"的根本价值目标进一步凸显了它们保障和发展人民利益的宪制功能。个体公民作为中国法源中语言权利的首要主体的地位,在"国家尊重和保障人权条款"入宪、"人权保障"成为根本性的国家目标和国家价值的当下日趋强固。

四、语言权利的权能内涵

(一)语言权利的公法属性

中国近代以来,对语言文字相关利益的保护与"少数人"或"特殊者"始终有千丝万缕的关系。中国共产党执政以前所出台或在其领导下制定的语言文字相关规范均不认为语言文字利益保护所主要指向的是"平等主体间"的法律或政治关系,而是带有强烈的防止"反动政府"或"优势民族"等语言优势群体压迫、控制居于少数或劣势地位的民族等群体的意向。中华人民共和国建立后,语言文字利益保护将重点明确为防止地方政府或司法机关侵犯少数民族群众的语言文字利益,阻遏在国家机关中占据主导性力量的优势民族利用其政治优势和社会优势侵夺语言劣势群体的利益。少数民族语言文字使用相关的法规范主要被规定于公法尤其是宪法性法律上,如《宪法》《民族区域自治法》等,即使是《民事诉讼法》中关于诉讼主体语言文字使用的规定,同样主要调整司法机关与诉讼当事人的关系而非诉讼参与者之间的关系。

因此，根据中国法上语言权利的历史源流和规范属性，它应被认定为公法权利，即调整非平等主体之间、"权力"与"权利"之间、国家与"非国家主体"之间法律关系的权利。基于语言权利主体的复杂性和多元性，某一特定主体在语言权利法律关系中既有可能作为权利主体，亦有可能扮演权力主体。例如一个少数民族自治地方在面对国家时，可被拟制为语言劣势者，应成为受国家保护的语言权利主体；但该自治地方的机关在面对其内部的非主体民族时，又将作为负有尊重这些非主体民族语言文字自由、为非主体民族提供特定语言文字服务之公法义务的权力主体。《国家通用语言文字法》等全国性法规范和许多民族自治地方的语言文字立法均对各类国家机关及其工作人员侵犯公民、少数民族的语言权利加以明确禁止，并相应规定了一系列法律责任。

历史和现实告诉人们，可能限制语言权利的"不平等"主体并非只有国家机关，以"优势民族"为主要代表的语言优势群体往往会成为压制少数人语言权利行使的重要角色；类似于"民族"这样有公主体身份的语言优势群体，在语言文字事项上实质性地符合"非平等主体"或"高权主体"的特征。历史上，优势民族等群体对他者施加语言支配的手段可以是基于人数优势的暴力强制或社会关系压制；在国家垄断暴力并深度介入社会治理的现代，语言优势群体的语言支配则可能转而与国家设置的相关"制度"进行结合。作为公法权利的语言权利主要调整国家与公民、民族、特殊行政区域间的关系，亦带有防范"优势民族"等语言优势群体侵害语言劣势群体之语言文字利益的意涵。因此，在特定地区的优势民族对该地劣势民族的语言权利施加妨害时，公法应对此加以规制，确保劣势一方的公法权利不受侵犯，换言之，优势民族此时将变为公法义务乃至宪法义务的负担者。"国家"以外的主体负担宪法义务在我国并无法律障碍，《宪法》序言明确要求，"全国各族人民"和国家机关等公主体一样"必须以宪法为根本的活动准则，并且负有维护宪法尊严、保证宪法实施的职责"，而《宪法》关于权利保护的诸禁止性规定和《宪法》第5条关于遵宪守法的规定也并未限定其规范对象仅为"国家机关"。因此，我们甚至无须借鉴"第三者效力"或"国家行为（州行为）"等扩张宪法义务对象的域外公法理论，来证成要求优势民族尊重劣势者语言权利的合法性与正当性。

那么，应如何将优势民族等群体的此种公法义务落到实处？鉴于我国当前的公法诉讼制度并无将"民族"等语言群体纳为诉讼主体的空间，加之语言群体也缺乏自主独立形成有效意思表示的制度条件，防范语言优势群体侵犯权利的重点仍应落回基于我国单一制国家形式的权力层级监督之上。具言之，优势民族侵夺语言劣势者权利的最可能渠道应是其占据多数地位的自治机关，尤其是立法自治机关，此时侵权的方式则将呈现为优势民族"以自治地方之名"而事实性地滥用民族区域自治权利,制定过度张扬本民族语言文字优势、片面维护本民族语言文字利益、侵夺当地语言劣势群体权利的法规范或民族政策、语言政策、教育政策等。这时,以备案审查为代表的层级监督制度便可发挥监督效力,依上位法对侵犯公民尤其是语言劣势群体公民权益的地方性规范或政策决定予以处置。

当然,所谓语言劣势群体是场景化、地方化、相对化的身份概念,汉族等人口众多的民族完全可能在某些民族自治地方成为语言劣势群体。某些语言劣势群体被侵夺的语言权利可能恰好表现为"使用国家通用语言文字"的权利而非"使用少数民族语言文字"的权利,如原本就将普通话与汉字作为母语的汉、回族、满族等。当优势民族制定片面维护"本民族语言文字利益"的规范时,亦有可能不当限制该民族自身公民基于全国性法律享有的权益,如自主选择使用国家通用语言文字的权利。因此,语言侵权情境和后果的复杂性也对备案审查等监督机制的精细化、科学化、民主化运作提出了更高要求。语言优势群体除优势民族以外还有优势方言群体甚至宗族群体等,但鉴于民族自治地方以外的地方国家机关并无语言文字方面的立法权限,故优势方言群体等以此种方式侵犯语言劣势者权利的可能性并不明显。不过,地方行政机关尚享有国家法律肯认的有限的方言公务使用权,故亦需防止优势方言群体基于其在地方行政机关体系中的结构性、普遍性优势而有意无意地滥用方言公务使用权,并事实上构成对当地语言劣势群体(通常表现为不通晓该优势方言者)使用国家通用语言文字权利的不当限制。

(二)语言权利之权能的体系化叙述

作为公法权利的现代语言权利并不只局限于保障人们"用哪种语言说话",而是具有广泛权能内涵和重大价值份量的一种"大权利"。郭友旭将语言权利界定为"围绕选择使用母语或其他语言形成的一系列权利的总称",认为语言权利是一系列权利的总和,是权利束而非单一权利;语言权利的旨趣是保障权利主体在语言选择上的自由,防范国家公权力实施语言同化政策措施,使有关权利主体避免非自愿的语言转用。[1]"维基百科"将语言权利定义为"个人和群体选择一种或几种语言作为私人或公共领域的交流工具的权利",具体包括"以使用者掌握和自由选择的语言从事法律行为、行政行为和司法行为等的权利"[2]。上述定义反映了语言权利权能内涵的广泛性、多样性与某种不确定性。语言权利的核心内涵应是对于特定语言的学习权和使用权,这两种权能为几乎所有语言权利研究者及关于语言文字权益的众多各类国际或国内规范所认可。而语言的传播权、发展权、研究权、接受权、保护权、管理权等则相对而言位于语言权利内涵的边缘地带,不同的研究者们对此看法殊

---

[1] 参见郭友旭:《语言权利的法理》,云南大学出版社2010年版,第73页。
[2] 转引自郭友旭:《语言权利的法理》,云南大学出版社2010年版,第77—78页。

异,尚无现行有效的法律将其明确为语言权利的组成部分。本文认为,中国法上的语言权利是学习、使用和发展法所规定的语言的权利,其权能内涵主要包括语言学习权、语言使用权及其他权能。

为使关于权能内涵的讨论更为清晰,还需对语言权利的"对象"或"客体"加以梳理。语言权利的对象即口头语言和书面语言(文字)。在中国法律渊源中,国家通用语言文字、少数民族语言文字、方言、残疾人语言文字四种类型的语言文字被认为与法益直接关联,外国语、古语文、自创语言等则不在此列。残疾人作为生理意义上的少数劣势群体,与少数民族、方言群体等狭义社会学意义上的少数群体具有本质不同,残疾人语言文字与国家通用语言文字的关系逻辑,也殊异于少数民族语言文字、方言与国家通用语言文字的关系逻辑。[1] 因此,本文对残疾人语言文字相关法益不展开讨论,将论述集中于国家通用语言文字、少数民族语言文字以及方言这三种语言权利对象。

(三)公民语言权利的权能内涵

1.语言学习权

语言学习权即语言文字学习权,是学习并追求掌握语言的权利,作为语言权利的一项权能,它具有高度的人身性,只为公民所享有。在中国法上,语言学习权并不等同于学习"任何语言"的权利,其主要含义应是学习"法所规定的语言"的权利。"法所规定"是指《宪法》《民族区域自治法》《国家通用语言文字法》《教育法》及据此制定的下位法规范关于语言学习的系列规定,即只有学习国家通用语言文字及本民族语言文字的法益已被"权利化"并属于语言学习权的范畴。至于公民学习二者之外其他语言的行为,根据"法无禁止即自由"的法治原则及"国家尊重和保障人权"的宪法条款,此类行为可落入公民在私域范围内的"一般行为自由",公民可在不违反法律和不侵犯他人权利的前提下自行决定,但国家对此并不负有给付义务和强有力的具体保护义务,这种宽泛而松散的自由也不足以构成"权利"。

《国家通用语言文字法》第4条规定公民有学习和使用国家通用语言文字的权利,明确国家为公民学习和使用国家通用语言文字提供条件。《民族区域自治法》第37条规定了招收少数民族学生为主的教育机构在语言文字教育方面的职责及政府关于少数民族语言教材、出版物等的支持保障措施。《教育法》第12条规定了国家通用语言文字为全国性的教学语言并由国家予以保障,民族自治地方的双语教育受国家保障。公民的语言学习权要求国家履行相应的尊重和保障义务。尊重义务对应的是语言学习权的消极面向,即在法律范围内,国家既不干涉公民在公共教育机

---

[1] 中国残疾人联合会、教育部、国家语委、国家新闻出版广电总局发布的《国家手语和盲文规范化行动计划(2015—2020年)》称,"规范手语和盲文,关乎残疾人语言文字权益的实现""保障听力残疾人和视力残疾人的语言文字权利"。

构学习本民族或所在地通用的民族语言文字的自由,国家尤其是民族自治地方也不干涉公民在公共教育机构学习国家通用语言文字的自由。保障义务对应的是语言学习权的积极面向,即国家应积极作为,包括民族自治地方在内的各级各类政府需为公民提供在公共教育机构学习国家通用语言文字或其民族语言文字的条件,对此予以物质保障和资金支持,履行给付义务;同时,国家应防范和制止侵犯公民语言学习权的各类行为。

2. 语言使用权

语言使用权即语言文字使用权,是公民在公共空间特别是行政活动、司法活动等公共活动中使用法所规定的语言的权利。与公民的语言学习权相类似,语言使用权同样指向对国家通用语言文字和本民族语言文字的"公共性使用"。我国法源中目前直接涉及公民在公共场合使用语言的有《宪法》及三大诉讼法关于诉讼语言的规定,例如《宪法》第139条,该条还明确了司法机关保障少数民族当事人在诉讼活动中使用其民族语言的具体职责。《国家通用语言文字法》等以"机关公法义务"的方式,要求国家机关为公民提供国家通用语言文字或其本民族语言文字的公共服务,履行相应的给付义务,实质性地保障了公民使用国家通用语言文字或在法律规定的范围内使用其本民族语言文字参与公共活动的权利。

3. 其他权能

语言权利还包括传播以本民族语言文字创作的作品、对本民族语言文字及其历史等进行研究、出于本人的愿望而促进本民族语言文字的发展等多方面的权能内涵,甚至体现为公民依法参与国家或地方权力机关、行政机关等就与其自身相关的语言文字问题所进行的民主决策。但一方面,这些权能普遍与语言使用权高度勾连,一定程度上只是语言使用权的延伸或场景化应用;另一方面,它们与科学研究自由、文学艺术创作自由、言论自由、出版自由、知识产权、就业权利、营业自由、政治参与权利等宪法和法律明确规定的权利亦有千丝万缕的联系,在现实中一般无须通过语言权利的管道加以保护。因此,本文对语言学习权和语言使用权以外的其他权能不再作详细探讨。

4. 当代公民语言权利的核心部分

在国家独立、民族解放、抗战建国的革命年代,语言文字是具有身份标识性和文化符号性的民族文化结晶,对公民而言,使用本国通用的语言是对自己"独立国家公民"这一政治身份的宣扬,体现着对国家独立、民族尊严的坚持;使用本民族语言则是对其民族身份的认同,蕴含对自身民族取得平等地位的追求。中华人民共和国成立后,民族区域自治的全域推广和民族识别的全面铺开,使得语言对于公民而言主要变为区分其民族身份的标志;但在民族识别和民族身份登记基本完成后,认定公民民族身份的主要依据转变为血缘承继关系,语言已不在法律层面的公民民族身份区分中直接发挥作用。改革开放后,市场经济发展和科学文化进步在全国范围内呈非均衡性,使用国家通用语言文字尤其是规范汉字地区的经济发展水平和现代化进程都普遍远高于使用少数民族语言文字的地区,而在教育和科学技术领域,前沿尖端成果也普遍以国家通用语言文字为载体和表现形式。因此,对国家通用语言文字的学习和使用与个体公民的学习成长、就业收入等形成了前所未有的密切联系。少数民族语言文字作为民族身份标识的区别性功能及立足于其上的政治建构功能、社会群体塑造功能,已和当下公民"对美好生活的向往"越来越缺乏直接关联。

现代化从来都与普遍性有密不可分的联系,全国范围内的现代化建设预示着语言将更多地扮演"同质性工具"的角色,语言的工具性、手段性、中介性特征也愈发明显。从法律角度看,现代化和市场经济条件下的语言权利将更多地作为一种工具性权利,承载起公民的受教育权、劳动就业权等经济文化权利,而中国的同质性语言文字工具应是国家通用语言文字,学习和使用国家通用语言文字的权利将是公民受教育权、劳动就业权得以充分实现的有力保障。由此可见,学习和使用国家通用语言文字的权利已成为当下中国公民语言权利的核心部分。从权利实现的现实情况来看,国家通用语言文字使用权与公民切身利益的关联主要表现为在经济活动特别是就业、商务活动中使用国家通用语言文字,而这种使用权主要属于消极自由,在现实中基本没有也不易受到地方性规范的限制。相比之下,国家通用语言文字学习权的主要行权场合在公共教育机构,且需地方政府为其提供相应的给付和资源分配,往往更易受地方性规范或地方政府行为的限制,或面临"保护不足"与"授益匮乏"的困境;而"学习"恰是有效使用一门语言的前提,故国家通用语言文字学习权可谓居于当代公民语言文字法益体系的枢纽位置。对于各级公权力主体特别是作为最高国家权力机关的全国人大而言,在维护语言文字法治统一、保障公民语言文字法益的行动中,应将尊重和保障公民学习国家通用语言文字的权利放在核心位置,通过备案审查等有力的监督举措,确保地方特别是民族自治地方在管理当地教育文化事业时不仅不能以"语言自治"之名侵越国家通用语言文字学习权,还要落实"分配行政"对服务型政府的要求,保障公民在公共教育机构学习国家通用语言文字的权利得以充分实现,从而为公民语言权利所承载的经济文化权利提供坚实基础。

(四)民族、特殊行政区域语言权利的权能内涵

我国全国性法律赋予民族、特殊行政区域的语言权利以语言使用权为核心。民族自治地方和少数民族语言权利的主要权能,是依全国性法律赋权自主选择在特定情境下使用本民族或本地区通用的民族语言。特殊行政区域语言权利主要为在公务活动和公共教育活动中自主选择适用法所规定的几种文字的自由。特殊行政区域、少数民族的语言权利主要指向其与"国家"的法律关系,即在宪法和全国性法律规定的范围内,民族自治地方、少数民族、特别行政区可自主选择使用特定的语言文

字,国家应予尊重和保障,不能以违反宪法和法律的方式来限制这些主体对自身所用语言文字的合法选择,国家干预它们的语言权利时应受宪法和法律约束,这也是其他领域"自治权利"所蕴含的基本内核。

民族自治地方、特殊行政区域的语言权利作为一种自治权利并无对抗其所属公民的功能。民族自治地方或特别行政区与公民的关系属于典型的"权力—权利"关系,当它们选择公务用语或公共教学语言时,对国家而言这固然是行使语言自治权或立法自治权;但对所属公民而言,这是行使制定法规范的地方性立法权,是高权性的公权力行为。当"少数民族"凭借其在特定地方立法或行政机关多数地位实质性地行使语言权利时,少数民族与其所属公民的关系、优势少数民族与当地非该民族公民的关系仍应通过"权力—权利"的逻辑进行处理,即不适用"权利—权利"逻辑或"权利冲突"的范式来解决非公民语言权利主体与公民之间可能存在的相关冲突。当民族自治地方以行使自治权利的面目实质性地运用其"权力"侵犯某些公民根据全国性法律享有的语言文字法益或其他相关法益时,单一制国家的层级监督机制将发挥效用,通过备案审查等维护社会主义法治统一的渠道,对侵犯公民权益的地方性规范或其他公法行为予以阻止,《宪法》和法律规定的公民权利将成为国家维护法治统一、实施层级监督的重要理由和规范依据;公民也可通过提出备案审查建议、来信来访、参政议政等方式,主动参与国家维护其语言权利的监督活动。

五、语言权利的限制

(一)公民语言权利的限制

根据公法教义学理论,对公民语言权利的限制可分为"内在限制"与"外在限制"。公民语言权利的内在限制是对其保护范围的限制,它来自我国《宪法》的明文规定或植根于根本性的法律原则,为语言权利的保护范围划定了边界。《宪法》规定公民"必须以宪法为根本的活动准则,并且负有维护宪法尊严、保证宪法实施的职责",在享受权利的同时"必须履行宪法和法律规定的义务",并"不得损害国家的、社会的、集体的利益和其他公民的合法的自由和权利",且公民"必须遵守宪法和法律""遵守公共秩序,尊重社会公德",也"不得有超越宪法和法律的特权",这是宪法对公民权利内在有限性、公民权利与义务相统一原则、禁止权利滥用原则的概括表述。就语言文字权益可能涉及的事项,《宪法》序言宣告"在维护民族团结的斗争中,要反对大民族主义,主要是大汉族主义,也要反对地方民族主义";第52条和第54条分别规定,公民"有维护国家统一和全国各民族团结的义务",且"有维护祖国的安全、荣誉和利益的义务,不得有危害祖国的安全、荣誉和利益的行为"。因此,公民语言权利的内在限制主要体现在不得利用语言从事"地方民族主义"性质的行为,不得利用语言破坏"国家统一和全国各民族团结",以及不得利用语言"危害祖国的安全、荣誉和利益"。内在限制是基于语言文字的本质属性及宪法精神与原则而生成的,其限制内容应由有权机关进行法解释而得出,通常不涉及对其进行合宪性检验的问题。当公民滥用语言权利尤其是少数民族语言相关权利的行为逾越语言权利的内在限制时,其行为便不再受《宪法》和法律的保护,并可能被追究相应的法律责任。[1]

公民语言权利的外在限制是公权力能动作用的结果,主要形式表现为立法干预、行政干预或司法干预,可分抽象行为与具体行为两类,其目的是维护社会公共利益、防范和制止公民的权利行使行为对其他主体的权利和自由构成侵害。具体性外在限制主要体现为具体行政行为或司法个案审判活动,例如,某公民在公共教育机构中未获得学习国家通用语言文字的基本条件而求助于教育行政部门,后者却置之不理,未对公民语言权利尽国家保护义务,以不作为方式干预了语言权利的行使。抽象性外在限制主要是立法机关和行政机关制定普遍适用的法规范,或设定机关、学校的语言文字使用和教育职责,或直接规定公民的语言文字学习和使用行为的方式及其合法性判断边界,或通过调节资源配置间接影响公民语言权利的实现程度。例如,若某地方性法规规定公民须在义务教育阶段接受全过程的少数民族语言文字教育,无论其有无提及国家通用语言文字教学相关事宜、是否对国家通用语言文字学习加以否定,在分配行政、给付行政的视角下,由于地方和学校物质资源、人力资源及学生时间资源的有限性,都必然有力影响当地公共教育机构的教育教学资源配置方式,实质性地限制当地公民在公共教育机构学习和掌握国家通用语言文字的机会。对于语言权利的外在限制,公民可通过《宪法》和法律规定的相关渠道进行抗辩,其合宪性也应通过合宪性审查等方式加以检验,满足"限制的限制";当外在限制的合宪性得以证成时,它便成为语言权利法秩序的一部分,公民在行使语言权利时应予以尊重,外在限制也反过来塑造着公民语言权利行使的合法边界。

(二)民族、特殊行政区域语言权利的限制

与对公民相比,《宪法》为民族、特殊行政区域的语言权利设置了更多规范,预示其语言权利可能受到比公民语言权利更为严格的内在与外在限制。民族自治地方、特殊行政区域在行使语言自治权时,会产生对公民具有高权性、管理性、强制性的反射性的公法效力。故作为公民权利最高守护者的中央国家机关尤其是全国人大,对这种能够支配公民权利的"权利"会相应地施以更为严格的规限。

民族、特殊行政区域语言权利的内在限制主要分为两方面。第一,《宪法》上的公民权利构成对语言自治权的内在限制。公民依据《宪法》享有受教育权、劳动就业

---

[1] 参见王锡锌:《滥用知情权的逻辑及展开》,载《法学研究》2017年第6期。

权、科学研究权、文学艺术创作权等经济文化权利,民族自治地方等不得在行使语言自治权时,直接或间接地制约这些权利的充分实现,或不为其提供国家规定的最基本条件。第二,《宪法》序言及正文中的国家目标条款及《宪法》精神与原则,构成语言自治权的内在限制。根据《宪法》的规定,民族、特殊行政区域均须"以宪法为根本的活动准则,并且负有维护宪法尊严、保证宪法实施的职责","必须遵守宪法和法律",且"不得有超越宪法和法律的特权"。《宪法》序言第 11 段规定了我国民族宪制的核心内容,其内在地要求民族自治地方行使语言自治权时不得破坏平等团结互助和谐的社会主义民族关系,不得侵犯当地非主体民族的平等权利,不得从事"地方民族主义"行为。《宪法》第 4 条则要求,行使语言自治权时"禁止对任何民族的歧视和压迫""禁止破坏民族团结和制造民族分裂的行为",更不得实施可能导致民族自治地方"分离"的自治活动。《宪法》第 19 条确立了"国家推广全国通用的普通话"的国家目标条款,意味着语言自治权的行使不能在根本上抵触推广普通话的宪法精神,不能实质性地损害普通话推广的核心内容。此外,《宪法》中的国家机构条款及其蕴含的精神和原则,实质上构成关于内在限制的实施和保障机制,例如全国人大及其常委会可对行使语言自治权的地方性立法行为进行合宪性审查,这种审查按照前述的两种内在限制来源规范进行,即监督性的国家机构条款本身未创造新的内在限制,而是对内在限制加以制度化落实。

《宪法》第 115 条规定,民族自治地方的自治机关"行使宪法第三章第五节规定的地方国家机关的职权",同时"依照宪法、民族区域自治法和其他法律规定的权限行使自治权"。这为中央尤其是全国人大对包括语言自治权在内的自治权进行"外在限制"提供了宪法依据。然而,与来源于宪法规范或法律原则、主要对语言自治权发挥"界定"作用的内在限制不同,外在限制更多的是由具体的国家机关主动采取措施对语言自治权实现边界予以动态塑造,表现为国家机关能动地"处理"语言自治权。中央政府在处理公民语言权利和非公民主体语言自治权的问题上的取态和方法有本质性差别,从《民族区域自治法》第 4 条便可窥见一斑。该条细化了《宪法》第 115 条,在规范层面确立了民族自治地方"同时行使"地方国家机关职权和自治权的行为模式,体现了国家权力机关对当前语言自治权的认知方式。民族自治地方职权与"权利"的"同时行使",对作为全国性立法者和监督者的国家权力机关而言意味着"同等对待"和"一并监督"。民族自治地方面对国家行使其自治权的行为通常会为自治地方的对内职权行使行为所接续,自治地方行使立法自治权或变通执行权时,其法律效果却并不仅限于"自治地方相对于国家的有限自由与自主",还会伴随对其所属公民的某种职权性的管理或服务。《宪法》和法律都将自治权的行权边界称为"权限",而"权限"这一概念通常被用于表述"权力"的活动范围,鲜见于公民权利限制的相关表述,这也透露出在制宪者和最高立法者的判断中,自治权与职权有某种"亲缘关系"。《民族区域自治法》第 7 条要求,民族自治地方的自治机关要把国家的整体利益放在首位,积极完成上级国家机关交给的各项任务。这一规定并未对自治机关所处的具体法律状态加以区分,换言之,无论是行使自治权还是行使职权,法律均要求自治机关须"把国家的整体利益放在首位,积极完成上级国家机关交给的各项任务",这超越了法律对其他权利主体行使其"权利"时的公益性要求,即自治地方不仅不能滥用其语言自治权,还要在行使语言自治权时积极主动地实现国家整体目标。

出于维护国家法治统一、保障公民依照全国性法律享有的权益,中央在宪法框架内增强了对非公民主体尤其是民族自治地方语言权利的外在限制,一定程度上将其视同地方国家机关的"职权"进行严格管理、制约和监督,近年来更是依托备案审查等机制对语言自治权的越界行使保持高压态势,这对于保护公民学习和使用国家通用语言文字的权利及背后的经济文化权利具有显著的积极意义。国家在看待非公民主体尤其是民族自治地方行使语言自治权时应持有对立统一的观点:一方面,推动学习和使用承载着重大经济社会文化利益的国家通用语言文字是大多数少数民族和民族自治地方民众当下的核心关切;另一方面,对于部分少数民族民众珍视和传承其民族语言文字的真实愿望亦应充分尊重。进而在备案审查等层级监督机制中,国家应以动态的、场景化的视角,细致权衡语言自治权行使所导致的资源配置情况以及资源配置格局对公民不同权益诉求实现程度的影响,将监督落实于少数民族或民族自治地方这一整体概念背后的"人"之境况,融合法治统一与权利保护,在优先注重公民普遍化诉求的同时兼顾少数人的合理诉求,具体判断语言自治行为的合宪性。

六、结语

追本溯源,中国法上的语言权利尤其是少数民族和民族自治地方的语言权利,在诞生背景及目的指向上,与西方国家的少数群体语言文字权益保护政策、国际法上的各类少数族群语言文字权益保护文件有一定相似性,即在语言文字领域,对历史形成的民族不平等、民族压迫、少数人受歧视等侵犯人之为人基本尊严的不良现象予以"纠偏",更充分保障具体公民尤其是"居于少数地位者"的权益。但随着中国现代化进程的跨越式推进,少数民族群众对语言文字的核心关切已转变为更好地学习和掌握国家通用语言文字,最大限度地发挥语言文字的经济文化功能,获取通往现代化优质生活的垫脚石。而与中国具有相似语言分布形态[1]的西方大

---

〔1〕 即存在一种居于绝对优势的语言文字,同时存在数种作为某些少数群体母语的语言文字,美国、德国、法国、日本、英国等西方大国均符合此种情形。

国,却鲜见"少数人的语言"在公共教育机构被教学、传播,因此西方出现"文化多元主义"等后现代思潮,以为少数人语言的公共使用和传播营造些许空间,对其从未清偿的历史欠账予以些微补救。若以"绝大多数人掌握从事现代经济文化活动所通用之语言文字"作为"语言文字现代化"的衡量标尺,中国的语言文字现代化还远未完成。西方大国在少数人语言权利的制度化、宪法化保障上远落后于中国,但其语言文字现代化却几乎不受任何制度或法律阻碍,公共教育机构亦几乎将所有的教学资源配置在其主流语言教学之上,而西方大国的主流语言正是与现代市场经济和现代科技文化勾连最为紧密的"现代化"语言。"少数人权利保护"和"现代化"议题在语言文字领域似乎出现了脱节。但若超越对"权利平等"的狭窄化理解,在当今中国的语境下,少数群体所需要的平等权并不仅限于"自身原有的独特性不被歧视",还包括"能够平等拥有多数人都普遍享有的良善之物",例如国家通用语言文字。质言之,在市场经济深入发展但存在区域不平衡性的当代中国,语言文字现代化事业与维护包括少数民族人民在内的广大民众的语言权利相辅相成。

在强化国家通用语言文字主体地位、重点保护公民国家通用语言文字权利的新历史阶段,中国仍会尊重特定公民学习特定少数民族语言文字的自由,保障非公民主体语言自治权的依法行使,但这并非基于"文化多元主义"的西式逻辑或"纠偏、抢救"的历史遗留性文化窘境,而是对我国宪制中固有的"加强保障少数群体权利"逻辑的坚守,以求更充分地实现劣势者的平等福利。因此,片面维持少数人的"独特性"而制约其谋求共同体多数成员普遍追寻的现代化良善生活,并不会是"福利导向"的中国式语言权利保护所通向的结局。"中华民族共同体意识"和"人民对美好生活的向往"是中国语言权利保护和发展的双重基石,尤其是在国家通用语言文字领域,学习和使用国家通用语言文字的权利既可为中华民族共同体意识的铸牢添砖加瓦,也能为民族自治地方公民特别是少数民族公民的美好生活铺路搭桥。在当下,中华民族共同体意识与中国人民的美好生活形成了空前紧密的关联,它也因此在中央维护全国法治统一的考量中占据日趋关键的地位。[1] "公民福祉"应是一种"权利"的核心关切和首要存在理由,而中国法上的语言权作为公法权利,在此基础上进一步为国家法治统一、中华民族共同体意识塑造和公民权益保护的有机联结、相互促进、共同实现提供了良好切入点。

【责任编辑:高亚男】

---

[1] 参见王理万:《国家通用语言文字制度的宪法逻辑——以铸牢中华民族共同体意识为视角》,载《中南民族大学学报(人文社会科学版)》2022年第3期。

深层链接行为的著作权法规制研究

毛铭浩[*]

摘要：深层链接行为所涉及的著作权法问题，在学界及司法实务界一直存在争议。虽然国内外的司法判例及理论研究相继提出不同的侵权认定标准，但还是无法为该问题提供一个较为合理的解决方案。本文通过梳理和分析国内外相关的理论研究和司法判决，得出深层链接行为的法律困境成因主要是两个方面：一是深层链接行为的法律定性存在争议；二是信息网络传播权的权利范畴界定存在分歧。相关国际公约及我国有关信息网络传播权的法律法规、司法解释的抽象模糊，使得信息网络传播权的权利范畴界定存在不同的认识，进而在涉及深层链接行为是否构成提供行为时，理论和司法实践一直存在分歧。在明确其困境成因的基础上，对相关规制理论进行历史梳理和分析，将深层链接行为的法律性质确定为著作权法规制下的提供行为，使其落入信息网络传播权的权利范畴。在具体侵权认定上，新实质替代标准不仅符合立法目的以及信息网络传播权的认定思路，而且相关信息网络传播权的司法解释可作为其法律依据。

关键词：深层链接行为　提供行为　信息网络传播权　新实质替代标准

一、问题的提出

通过研究版权法的历史可以发现，版权法的发展史就是一部技术发展史。每一次重大的技术变革都会给版权法制度带来挑战，而版权法的发展正是对技术发展

收稿日期：2022-04-14

[*] 毛铭浩，华中科技大学法律硕士（法学）研究生。

的回应。[1] 作为互联网基础的网络链接,其不仅是互联网实现互通互联的核心要素,而且所涉及的法律争议总是与互联网的发展紧密相连,在互联网发展的一二十年里,有关网络链接的法律争议也呈现出复杂化和升级化的趋势。

网络链接最初的主要功能是信息定位,帮助用户在开放的互联网空间里快速、准确地找到目标信息,属于信息网络服务的范畴,不构成提供行为。[2] 对于此种链接的法律定性,学界和司法实务界基本达成共识,并没有太多争议。[3] 但是随着互联网技术的发展,网络链接技术也在发生变化,特别是网络聚合平台等新型商业模式的快速兴起,深层链接技术也进一步得到更加广泛的应用。网络链接技术的多样化发展,不仅使深层链接具有提供信息定位的功能,而且可使用户绕过被链网站,直接在设链网站的页面获得作品。[4] 由于我国法律法规以及司法解释对此类网络链接并无明确规定,并且信息网络传播权的权利规则条文也比较笼统、抽象,使得此类网络链接模糊了提供服务和提供作品的类型化边界,从而引起学界和司法实务界的广泛讨论。国内外相关的理论观点及侵权认定标准的相继提出,也是为了能够明晰深层链接行为的法律性质及合理界定信息网络传播权或者向公众提供权的权利范畴,以便更好地处理相关的著作权侵权纠纷。但令人困惑的是,涉及深层链接的问题一直没有得到合理的解决,并且理论上的冲突和司法实践上的矛盾一直存在,以至于该问题十几年来不仅困扰我国著作权法学界和司法实务界,而且在国外也备受争议,似乎已然成为一个世界性的难题。[5]

2020年11月修正通过的《著作权法》对信息网络传播权的权利规则条文进行了修改,将"以有线或者无线方式向公众提供作品"的表述修改为"以有线或者无线方式向公众提供",删掉了"作品"。[6] 此种修改是否会对信息网络传播权的权利范畴界定产生影响?是否可涵盖深层链接行为等行为类型?本文将对深层链接行为的法律性质和信息网络传播权的权利范畴两方面予以分析,以便在著作权法体系下觅得针对深层链接行为的合理规制路径。

---

[1] 参见万勇:《论国际版权公约中"向公众提供权"的含义》,载《知识产权》2017年第2期。
[2] 参见陈绍玲:《再论网络中设链行为的法律定性——兼与崔国斌先生商榷》,载《知识产权》2016年第10期。
[3] 参见王迁:《论提供"深层链接"行为的法律定性及其规制》,载《法学》2016年第10期。
[4] 参见吕长军:《简析深度链接、加框链接与盗链——以信息网络传播权视角》,载《中国版权》2016年第2期;吴永祺、万小丽:《聚合平台深层链接:以"链接服务"掩饰"内容提供"》,载《电子知识产权》2016年第8期。
[5] 参见刘银良:《信息网络传播权框架下深层链接的法律性质探究》,载《环球法律评论》2017年第6期。
[6] 《著作权法》第10条第1款第12项规定:"信息网络传播权,即以有线或者无线方式向公众提供,使公众可以在其选定的时间和地点获得作品的权利。"

二、深层链接行为著作权法规制的困境成因

深层链接作为一种新型的互联网技术,其应用不仅会对互联网环境下的信息传播实践产生影响,而且会相应带来商业模式上的变革。而新的社会实践就会产生新的社会关系,进而对已有的法律规则提出新的法律适用问题。[1] 在法律规定信息网络传播权之初,其控制的提供行为在社会实践中主要表现为将作品置于开放的互联网空间予以传播,传播的形式也主要是提供网络服务的普通链接。因此,当新型的传播形式比如深层链接出现时,应当如何认定其法律性质,以及现有的信息网络传播权规则是否可以涵盖此种行为类型,是新的社会实践提出的法律难题。

因此,深层链接行为著作权法规制的困境成因主要是两个方面:一是相较于普通链接行为,其法律定性是否存在实质性差异;二是现有的信息网络传播权规则是否可以涵盖新的行为形态,也即信息网络传播权控制下的提供行为应当如何界定。

(一)深层链接行为的法律定性争议

链接是互联网的基础及核心要素。[2] 链接的存在不仅是使互联网区别于其他传播技术的关键特征,也使得互联网本身成为信息网络时代的核心标志。从某种意义上来讲,链接是网络得以运行的线索。链接作为互联网发展的核心要素,尚未有国际文本对其基本含义作出明确界定。

根据学者的分类,网络链接可根据被链接作品在用户界面上呈现方式的不同而分为普通链接、加框链接、嵌入链接或者内链接等类型。[3] 表面链接是指将用户从一个网站的网页转移至另一个网站的主页。相较于链接至网站主页的表面链接而言,深层链接则是将用户链接至网站的内部页面,即主页之外的任何网页。两种链接均是为了方便用户寻找信息,在不同网页之间跳转,统称为普通链接。随着链接技术的不断发展,出现了功能更多的加框链接等链接类型。加框链接是通过加框技术来显示某个特定页面,并且无须跳转至被链网站。用户一旦点击框架内的超文本链接,即可在链接网站获取被链网页的内容。而嵌入链接也可使用户直接在链接网站网页获取被链网站的内容,只因此种链接方式无须用户对其激活,因此被称为嵌入链接或内链接。此类新型链接相较于普通链接而言,实质性差异在于无须跳转至目标网站即可获取该网站内容。据此,本文将网络链接划分为普通链接和深层链接两种不同类型,以便更好地对不同类型的链接行为进行法律定性并确定侵权责任的

---

[1] 参见徐珉川:《论互联网"提供作品"行为的界定》,载《中外法学》2020年第2期。

[2] See Raphael A. Gutirrez and Les G. Hilger II, Deep Linking: Integral Design or Infringement, 6 Intell. Prop. L. Bull., 9(2001).

[3] 参见崔国斌:《加框链接的著作权法规制》,载《政治与法律》2014年第5期。

划分。正是由于加框链接等深层链接与普通链接存在较多差异,其在优化提供信息定位功能的同时,也导致被链作品成为设链网站网页的组成部分,进而在行为效果方面模糊了提供作品和提供网络服务之间的界限,在理论界和司法实务界产生诸多争议。

在深层链接行为法律性质的认定上存在分歧,主要原因在于:一方面,深层链接与普通链接相比,不仅在技术层面存在不同,而且在具体行为形态层面也存在差异;另一方面,相关的法律法规和司法解释对此类新型网络链接并无明确规定。

(二)信息网络传播权的权利范畴界定争议

深层链接行为的法律定性之所以存在著作权法上的争议,是因为信息网络传播权的法律表述抽象笼统,导致权利范畴的界定不明确。因此在认定提供行为时,理论界和实务界对提供行为的法律内涵存在不同理解,进而提出不同的侵权认定标准。理论研究和司法实践提出的不同标准争议的背后,本质上是在著作权法规则的理解和解释上存在分歧。接下来对信息网络传播行为进行合理界定,进而梳理信息网络传播权的权利范畴所存在的争议。

1.信息网络传播行为的范畴认定

分析有关信息网络传播权基本内涵及侵权行为认定的规则条文可发现,信息网络传播行为的范畴界定是一个基本问题。在范畴界定的具体思路上,一般认为,该行为与提供行为的内涵并无差异,并且仅仅包括将作品首次置于开放的信息网络中,而仅为此提供网络服务的行为被排除在外。[1] 法院在判决中对于信息网络传播行为有不同的认定,如链接行为[2]、信息存储空间提供行为[3],这些行为类型一般情况下并不会被认为是信息网络传播行为。学界对信息网络传播行为的范畴也有不同的认识:有观点认为,信息网络传播行为是指将作品首次置于信息网络中,并且其传播具有交互性特点。具体而言,包括 P2P 软件用户共享作品的行为,但不包括对第三方网站中作品设置链接等辅助传播行为[4];并且其本质上是提供内容服务,与为信息网络传播提供技术服务的行为存在很大差异。不同观点则指出,信息网络传播行为在我国现行的法律体系中应当作广义解释,其基本范畴不仅包括提供行为,还应当包含网络服务提供行为在内。[5]

随着《信息网络传播权保护条例》和《最高人民法院关于审理侵害信息网络传播权民事纠纷案件适用法律若干问题的规定》(以下简称《侵害信息网络传播权若

---

[1] 参见孔祥俊:《论信息网络传播行为》,载《人民司法》2012 年第 7 期;于雯雯:《网络著作权侵权责任研究》,知识产权出版社 2020 年版,第 33 页。

[2] 参见上海市第二中级人民法院(2009)沪二中民五(知)终字第 4 号民事判决书。

[3] 参见上海市浦东新区人民法院(2009)浦民三(知)初字第 85 号民事判决书。

[4] 参见王迁:《论"网络传播行为"的界定及其侵权认定》,载《法学》2006 年第 5 期。

[5] 参见孔祥俊:《论信息网络传播行为》,载《人民司法》2012 年第 7 期。

干规定》)的出台,在法律层面明确了信息网络传播行为的法律性质及相应的法律责任。《信息网络传播权保护条例》第 18 条是关于提供行为的直接侵权的规定,而第 20 条至第 23 条则规定了网络服务提供行为不承担赔偿责任的情形。因此,无论是提供技术服务还是内容服务,均属于网络服务提供行为。而《侵害信息网络传播权若干规定》第 3 条至第 7 条则将信息网络传播行为的范畴及责任承担进一步明确,将其划分为提供行为和网络服务提供行为两种类型,并且责任承担分别对应直接侵权和间接侵权。相较于《信息网络传播权保护条例》,《侵害信息网络传播权若干规定》不仅对提供行为的认定加以解释,而且在间接侵权认定上,将网络服务提供行为分为教唆侵权和帮助侵权两种类型予以规制。

综上所述,在我国现有的著作权法体系下,信息网络传播行为不仅包括提供行为,也包含网络服务提供行为。后者是提供网络环境下的技术服务,并不涉及作品内容的提供。本文将在此行为划分基础上,来认定网络著作权中的直接侵权和间接侵权,从而构建网络环境下著作权保护的规则体系。

2. 信息网络传播权的权利内涵模糊

从上述分析中可以得出结论,我国立法将信息网络传播行为在事实上划分成提供行为和网络服务提供行为,进而分别承担直接侵权责任和间接侵权责任。《著作权法》通过对专有权利控制的行为范畴进行规定,从而实现对相关行为是否构成直接侵权的认定。这也就意味着,对是否直接侵害专有权利的判断,需以特定行为是否符合该权利控制下的行为范畴为认定依据。分析《著作权法》相关规则条文可知,信息网络传播权的行为范畴需从两个方面来界定:一是实施了"向公众提供"的行为;二是产生公众获得作品可能性的法律效果。

基于《著作权法》和《信息网络传播权保护条例》的规定,《侵害信息网络传播权若干规定》对信息网络传播权控制的行为范畴作出了进一步具体的规定。该规定第 3 条第 1 款对直接侵权的含义予以明确,也即未经权利人许可,将作品置于互联网环境中。至于提供行为的认定,第 2 款通过不完全列举的方式规定了几种典型的提供行为,并对行为产生的法律效果予以明确,即从行为本身和行为效果两方面对信息网络传播权的行为范畴予以界定。此款对于提供行为范畴的解释,虽然相较于《著作权法》和《信息网络传播权保护条例》更具有可操作性,但是理论界和司法实务界在信息网络传播权的直接侵权认定上仍存在很大分歧。其原因在于,我国的司法实践一直采用服务器标准来判断行为是否构成对信息网络传播权的直接侵犯,但是互联网技术及商业模式的不断发展,特别是深层链接的出现,使得该标准不断被质疑和挑战,理论界和司法实务界相继提出了新的直接侵权认定标准。这些判断标准本质上都是对提供行为进行解释和认定,而根本的分歧在于深层链接行为是否符合提供行为的法定构成。

综上所述，作为一种新的链接技术，深层链接不仅仅在技术层面区别于普通链接，并且可使公众在设链网站获得作品内容。由于我国关于如何界定信息网络传播权控制下的提供行为存在争议，特别是在判断深层链接行为的法律性质方面产生了根本分歧，进而在服务器标准之外，又发展出不同的侵权认定标准。正是由于理论界和司法实务界在上述两个问题上并未达成共识，使得深层链接行为的著作权法规制成为一个尚未得到合理解决的法律困境。

三、深层链接行为规制理论的历史梳理

目前理论界和司法实务界一般认为，深层链接行为构成对著作权人或者被许可人合法权益的侵犯[1]，进而会产生利益失衡，对其进行法律规制并不存在争议[2]。针对互联网出现的新型网络链接行为，理论研究和司法实践相继提出和不断完善对其适用的定性标准，本质上也即提供行为的认定标准。[3] 从 Perfect10, Inc. v. Google, Inc.案[4]确立的服务器标准与用户感知标准之争开始，随后有法律标准、实质替代标准、控制标准等侵权认定标准被相继提出和不断完善，侵权认定的争议焦点在于深层链接行为是否符合提供行为的法定构成，进而构成对相应权利的直接侵害。根据《著作权法》关于信息网络传播权的规则条文可知，其行为范畴包括两个认定要素：提供行为和公众获得作品可能性。上述标准看似是对于深层链接行为定性的分歧，实则是对于上述两个核心要素的理解和认定存在差异，进而在深层链接行为的法律规制上产生不同的路径和思路。因此，本文将根据对两个要素侧重的不同，把目前理论界和司法实务界的侵权认定标准大致分为三种思路：一种是侧重分析提供行为本身，提供行为应当产生公众获得作品可能性的法律效果；另一种则强调公众获得作品可能性这一行为效果，进而认定相关行为构成提供行为；最后一种则认为使公众可获得作品的控制行为起主要作用，两要素应当是并行关系，提供行为并不必然产生公众可能获得作品的状态这一效果。

（一）侧重"提供行为"要素的认定思路

在此种思路下，关于提供行为这一要素的具体内容认定方面，又存在提供行为是否仅仅指初始上传行为的分歧。据此可将认定标准分为服务器标准和其他标准。

1.服务器标准：提供行为即初始上传行为

服务器标准起源于 2006 年美国法院在 Perfect 10, Inc. v. Google, Inc.案中所作

---

[1] 参见崔国斌：《加框链接的著作权法规制》，载《政治与法律》2014 年第 5 期。
[2] 参见杨勇：《深度链接的法律规制探究》，载《中国版权》2015 年第 1 期。
[3] 参见徐珉川：《论互联网"提供作品"行为的界定》，载《中外法学》2020 年第 2 期。
[4] See Perfect 10, Inc. v. Google, Inc., 416 F. Supp. 2d 828 (C. D. Cal. 2006).

出的判决,随后被我国司法实务界和理论界采用。自此之后,该标准一度成为判断网络链接行为侵权的主流标准,甚至被认为是唯一的标准。该标准的基本思路是只有将作品上传至开放的服务器并产生公众可获得状态的实际效果的行为,才符合提供行为的法定构成。

主张服务器标准的核心观点则是基于对国际公约及与信息网络传播权关联的规则条文的法律解释,认为提供行为是指将作品首次置于开放的服务器中,进而产生公众获取作品可能性的事实行为。[1] 如果对此种情形下的作品进行再次传播或者提供,并不构成提供行为,进而将深层链接等新型链接方式排除在外。[2] 在此前提下,关于深层链接行为侵权与否的判断,又发展出两种不同的理论解释路径:

一种观点指出,提供行为的构成需满足形成传播源这一要素,仅仅对接收端施加影响的行为不会产生新的传播源。[3] 将作品上传至向公众开放的服务器,使该作品处于公众可获得状态,因此形成传播源的,构成提供行为。而深层链接行为的链向对象是已公开存在于服务器中的作品,设链行为本身只对接收端产生影响,并且只会扩大已处于公众可获得状态作品的实际传播范围[4],并不会产生新的传播源,因此不构成提供行为。传播源理论实则是从另一种角度对提供行为属于初始上传行为的再论证。

另一种观点则是通过对公开传播权进行解释,认为深层链接行为仅仅是向公众提供作品的网址而非作品本身,不满足提供行为的构成要素。一般只有在设链网站和存有侵权内容的服务器共同实施设链行为时,才可将其认定为提供行为。所以,深层链接行为产生的法律问题应由民法和反不正当竞争法规制。[5]

2. 其他标准:提供行为还应包括再提供行为

相较于提供行为仅仅指作品上传行为这一认定思路而言,另一种规制路径的核心论点在于,依据法律规定,并不能将提供行为的控制范围仅限于上传作品至服务器的初始提供行为。以下标准采用不同的论证方法和角度对提供行为的实质内涵进行解释,将深层链接行为认定为再提供行为。

(1)实质呈现标准:初始提供行为和作品展示行为

实质呈现标准指出,我国现行法律法规以及司法解释并未明确规定提供行为仅

---

[1] 参见王迁:《网络环境中版权直接侵权的认定》,载《东方法学》2009年第2期;冯刚:《涉及深度链接的侵害信息网络传播权纠纷问题研究》,载《知识产权》2016年第8期;刘家瑞:《为何历史选择了服务器标准——兼论聚合链接的归责原则》,载《知识产权》2017年第2期。

[2] 参见王迁:《认定信息网络传播行为应采用"服务器标准"》,载《检察日报》2017年7月2日,第3版。

[3] 参见王迁:《论提供"深层链接"行为的法律定性及其规制》,载《法学》2016年第10期。

[4] 参见王迁:《网络环境中版权直接侵权的认定》,载《东方法学》2009年第2期。

[5] 参见陈绍玲:《论网络中设链行为的法律定性》,载《知识产权》2015年第12期。

仅是直接上传作品于服务器的初始上传行为,相关国际公约的规定是以最低限度保护为原则,并未对上限进行限制。所以,该标准从权利立法角度出发,认为提供行为还涵盖作品展示行为,也即设链网站将目标网站的作品在其网页上进行展示,进而使用户获得作品。[1] 此时,设链网站是为了获得作品传播利益,应当承担直接侵权责任。此种标准侧重于设链者对作品提供者身份的有效替代,而不涉及对被链网站利益是否受损的探讨。

(2)法律标准:初始提供行为和某些网络服务提供行为

法律标准则对信息网络传播行为作广义解释,将网络服务提供行为也包括在其控制范围之内。在个案认定时,可根据价值取舍将部分网络服务提供行为认定为提供行为,其认定依据则是相关行为效果已经等同于提供行为对权利所造成的直接侵害。[2] 对于提供行为的认定,应当判断是否构成对著作权专有权利的行使或者直接侵犯,也即是否将作品初次置于信息网络环境。因此,对已置于互联网空间的作品进行再提供或是实施仅具有信息定位功能的网络服务行为,均不符合提供行为的法定构成。[3]

(3)后续提供标准:初始提供行为和后续提供行为

后续提供标准也是回归著作权权利属性本身,以法律标准为基础提出的一种认定标准。相较于法律标准,该标准强调行为本身侵害著作权人或者权利人对信息网络传播权的排他性控制。在此基础上进一步指出,信息网络传播权被侵权与否的判断标准需结合法律规定和相关法律事实:只要未获权利人授权或者许可,直接行使权利或者损害权利人对权利的排他性控制,即可认定构成直接侵权。[4]

(4)提供标准:初始提供行为和其他符合法定要件的提供行为

提供标准也是以法律标准为基础,但是相较于法律标准和后续提供标准而言,其对提供行为的两个核心要素均进行分析和论证。主张者提出,提供行为认定的关键在于将作品在互联网空间中向用户提供或者传播。具体而言,提供行为范畴的认定标准在于,相关行为是否同时满足"提供行为"和"公众获得作品可能性"两个要素。后者是前者的判断依据,两者结合即可完整界定提供行为。这是法律文本的具体规定,也是法律标准应该具有的实质性内涵。在这两个要素中,提供行为占主要地位。[5]

---

〔1〕参见崔国斌:《加框链接的著作权法规制》,载《政治与法律》2014年第5期;崔国斌:《得形忘意的服务器标准》,载《知识产权》2016年第8期。

〔2〕参见孔祥俊:《论信息网络传播行为》,载《人民司法》2012年第7期。

〔3〕参见孔祥俊:《网络著作权保护法律理念与裁判方法》,中国法制出版社2015年版,第68页。

〔4〕参见王艳芳:《论侵害信息网络传播权行为的认定标准》,载《中外法学》2017年第2期。

〔5〕参见刘银良:《信息网络传播权的侵权判定——从"用户感知标准"到"提供标准"》,载《法学》2017年第10期。

(5)间接提供标准:初始提供行为和间接提供行为

间接提供标准的提出者则从国际条约的角度,对向公众提供权或者信息网络传播权的具体含义进行了阐释。向公众提供权包括三层内容:第一层是向公众提供进而使公众可以获得作品的行为,并不要求实际传输;第二层是向公众提供权不仅限于初始提供,还包括作品实际传输之前的技术提供及后续传输的行为[1];第三层是向公众提供必须使作品处于公众可获得的状态。因此,提出者认为深层链接行为属于向公众提供权的控制范围,并且因受到国际版权法学界早期处理固定式服务卫星的规制方案的启发,进而提出间接提供标准——将信息网络传播权所控制的提供行为解释为直接和间接两种方式,深层链接行为使得作品有被公众获取的可能性。[2]

(6)新型消费者标准:初始提供行为和再次提供行为

新型消费者标准的最初内容来源于1948年布鲁塞尔会议中关于向公众提供权的修改建议。有学者则在此基础上对该标准进行分析并提出,在获得许可的初始传播的接收端,接收者进行再次传播或者提供的行为,符合向公众提供权的法定行为构成,进而也使得行为主体具有新型消费者的法律地位。[3]

在上述解释的前提下,提出者进一步对向公众提供权的含义进行分析,提出向公众提供作品的行为需要满足两个要素,即对作品访问采取必要措施并且达到了公众获取作品可能性的效果,至于公众是否实际上检索并利用这个访问路径则在所不问。提供行为的构成需同时具备上述两个要素。[4]

(二)侧重"公众获得作品可能性"要素的认定思路

1.用户感知标准及其衍生标准

作为最初认定链接行为侵权与否的判断依据,用户感知标准也来源于美国的Perfect 10, Inc. v. Google, Inc.案。被告以服务器标准抗辩,原告则主张用户感知标准,认为被告通过设链行为展示其受版权保护的作品,此种行为使得部分用户主观上对作品的提供者产生了误认。这一主张也成为用户感知标准基本的内容构成。用户感知标准的具体内容可概括为:应当以用户的主观感受为依据,对深层链接行为是否属于提供行为的法律问题予以判断。当用户认为设链网站实施提供行为,则行为人应承担直接侵权责任。至于设链行为是否属于初始提供行为,不影响其性质认定。[5]

新用户感知标准则是研究者在对用户感知标准进行重新解读后提出的一种认

---

[1] 参见万勇:《论国际版权公约中"向公众提供权"的含义》,载《知识产权》2017年第2期。
[2] 参见万勇:《深层链接法律规制理论的反思与重构》,载《法律科学》2020年第1期。
[3] 参见张金平:《信息网络传播权中"向公众提供"的内涵》,载《清华法学》2018年第2期。
[4] 参见张金平:《信息网络传播权中"向公众提供"的内涵》,载《清华法学》2018年第2期。
[5] 参见张金平:《信息网络传播权中"向公众提供"的内涵》,载《清华法学》2018年第2期。

定标准。该标准是以用户是否可感知作品存在为判断依据,进而认定相关设链行为是否符合提供行为的法定构成。[1]

在司法实践中,有法官提出所谓用户标准:认定深层链接行为法律性质时,应当以用户主观上是否将设链网站作为提供行为主体看待,或者虽对内容提供主体未发生误认,但链接行为可产生用户直接获得相关内容的实际效果这两种具体情形为判断依据;而不是仅仅考察设链网站服务器是否存储相关资源,进而作为提供行为的范畴界定标准。如果相关链接并不符合上述用户标准的两种情形,则应当依据有关间接侵权的规则条文对其分析和规制。[2]

2.链接不替代标准

链接不替代标准是对相关链接行为进行经济分析,也即以行为是否影响权利人的传播利益为侵权认定依据。可使得用户在设链网站直接获得作品的链接行为,当然对权利人的传播利益产生消极影响,此种链接也即替代链接。[3] 因此,对于链接行为侵权与否的判定,应当考察其性质是否等同于对原权利人传播利益产生替代效果的替代链接。换言之,替代链接在行为效果上直接侵害权利人所应获得的传播利益,应当承担相应侵权责任。

3.实质替代标准

在涉及深层链接行为的司法实践中,我国法院通过对《侵害信息网络传播权若干规定》有关规则条文及案件事实进行解释和分析,主动提出并运用一种新的侵权认定标准即实质替代标准。此种认定标准也是考察链接行为产生的法律效果:如果相关行为对权利人合法权益造成损害,基本等同于直接向公众提供作品获得的利益,则该行为符合直接侵权的法定构成,进而应承担直接侵权责任。

实质替代标准的规制思路是考察行为产生的实际法律效果是否符合提供行为的法定结果,进而在深层链接行为的效果认定上,认为其产生新的公众可获得作品的传播渠道,直接侵害了权利人对其合法权益的绝对支配,进而符合直接侵权的法定构成。

(三)以"控制行为"要素为主导的认定思路

控制标准是从信息网络传播权定义的角度出发,认为信息网络传播权具有三个要素:提供行为的提供要素是前提;控制要素是核心,即通过信息网络进行交互式传播;最后是获得传播效果的效果要素。所以无论是直接提供还是间接提供,只要符

---

[1] 参见刘银良:《信息网络传播权的侵权判定——从"用户感知标准"到"提供标准"》,载《法学》2017年第10期。

[2] 参见芮松艳:《深层链接行为直接侵权的认定——以用户标准为原则,以技术标准为例外》,载《中国专利与商标》2009年第4期。

[3] 参见石必胜:《论链接不替代原则——以下载链接的经济分析为进路》,载《科技与法律》2008年第5期。

合上述三个要素,则可认定属于信息网络传播权的控制范围。具体到深层链接问题,提出者认为,对提供行为的认定必须以特定域名为前提,也即对链接行为侵权与否的判断,需在获得许可的域名范围内进行界定。设链者将被链网站的作品置于其未经许可的域名控制下,此种行为已然构成对权利的直接侵害。[1]

(四)以"新公众"要素为依据的认定思路

欧盟法院在审理涉及深层链接的案件时,并未对向公众提供行为的范畴界定进行具体化分析,而是仅仅将公众获得作品可能性这一效果作为向公众提供行为的判断依据。在此基础上,再根据 2001 年 5 月 22 日欧洲议会和理事会《关于协调信息社会中版权和相关若干方面的第 2001/29/EC 号指令》(以下简称《版权指令》)规定的版权利益和社会公共利益平衡原则限定向公众提供行为的公众的控制范围。

2014 年年初,Nils Svensson and Others v. Retriever Sveige AB 案[2]确立了所谓新公众标准。法院在该案中指出,《版权指令》第 3 条第 1 款规定的向公众提供行为涵盖了两层含义,也即"提供行为"和"向公众"的范畴认定。构成提供行为只需行为本身可产生公众获得作品可能性的效果;至于"向公众"的判断,则提出所谓"新公众"规则:作品在网络上已经被初始传播的,深层链接行为将相同作品以相同技术手段再次传播,必须指向"新公众"才构成向公众提供行为。也就是说,提供指向的对象必须是权利人在授权他人提供时未考虑到的公众,也就是新公众。因此,该标准实际上也强调了著作权人对作品授权范围具有排他性的权利。权利人将作品初始提供给信息网络时,已对权利行使的范围作了预估。链接行为只有扩大权利人对被链网站预估的受众范围时,才符合向公众提供行为的法定构成。该标准在同年年底的 Best Water International v. Mebes and Potsch 案中也得到运用。[3] 法院在判决中指出,由于争议的作品最初是由原告上传至互联网并向所有网络用户开放,之后的链接行为也同样在信息网络环境下进行,因此不符合向公众提供权的控制范围。

四、深层链接行为的著作权法解释与调整

由上述国内外理论和司法实践的分析可得出,深层链接行为产生的著作权法问题的关键在于,深层链接行为是否符合向公众传播或提供行为的法定构成,进而落入相关专有权利的控制范围。国内及国外对此均产生争议,并提出不同的认定标准和思路,但并没有使该问题得到合理的解决。仔细分析有关理论研究和司法裁判可以发现,不同的观点及侵权认定标准在论证路径上可以分为两个层面:一个是从实

---

[1] 参见杨勇:《从控制角度看信息网络传播权定义的是与非》,载《知识产权》2017 年第 2 期。
[2] See Case C-466/12, Nils Svensson and Others v. Retriever Sveige AB, EU: C: 2014: 76.
[3] See Case C-348/13, Best Water International v. Mebes and Potsch, EU: C: 2014: 2315.

践角度去认定不同链接行为的法律性质;另一个是从权利的法律规范角度去认定提供行为。虽然面对同一个法律问题,但是这两种论证路径得出的结论却大相径庭,并使得各方观点存在分歧。本文认为,无论是普通链接还是深层链接,均是具体的社会实践形态,会随着技术发展及商业模式的变化而变化,而对于深层链接行为法律性质的判断,实则是对提供行为的范畴进行界定。首先,通过分析深层链接与普通链接的区别和差异,进而确定深层链接行为在著作权法意义上的含义,对深层链接行为法律性质作出合理认定;其次,在现有的信息网络传播权规则下,应当以该权利的规范性目标为指引和约束,明确权利本质和边界,进而对相关规则进行法律解释,为信息网络传播权的权利范畴提供合理的界定方案。

(一)深层链接行为的法律性质认定

上文提到,现有的链接技术类型可根据点击后产生的实际效果,也即是否将用户引导至被链网站,划分为发生跳转的普通链接和不发生跳转的深层链接。关于普通链接行为的法律性质,并无什么争议。一般认为,普通链接行为仅仅具有帮助信息定位、促进作品传播的功能,作品传播行为由被链网站实施完成。而对于深层链接行为,理论研究和司法实践中一直存在争议。在我国及美国的理论研究和司法实践中,无论是服务器标准还是之后发展出的实质呈现标准、实质替代标准等,其分歧的真正原因在于对深层链接行为的法律性质认识不一。而欧盟法院并没有区分和分析网络链接行为本身是否存在不同的法律属性,而是通过解释向公众提供权的含义及立法目标,对相关的网络链接行为进行侵权与否的认定,这也是欧盟法院及欧盟各成员国对于该问题一直没有一个合理解决方案的根本原因。

正如上文所述,之所以对深层链接行为的法律定性产生分歧,根本原因在于相较于普通链接,深层链接技术及功能上的差异是否会产生不同的著作权法效果尚不明确。而关于普通链接行为与深层链接行为性质是否相同的认识又来源于对《世界知识产权组织版权条约》第8条和我国《著作权法》第10条第1款第12项规定以及相关司法解释解读和理解的差异。因此,下文将对涉及深层链接的国际公约、法律法规以及司法解释进行重新解读,并将深层链接与普通链接的性质进行分析,进而对深层链接行为的法律性质进行合理认定。

1.对国际公约及我国相关规定的再解读

根据前述梳理的相关理论研究可知,在向公众提供权或者信息网络传播权的视野下,在信息网络环境中传播作品的基础方式,即将作品提供至服务器并产生公众获得可能性的实际效果,是提供行为最基础的模式。在此前提下,深层链接行为法律性质的争议焦点就在于如何认识初始提供行为和再提供行为。我国学界和实务界对于初始提供行为的解释,主要观点由服务器标准的支持者提出,其依据主要是《关于保护文学和艺术作品若干问题的条约》实质性条款的基础提案(以下简称《基础提案》）第 10 条以及我国《侵害信息网络传播权若干规定》第 3 条第 2 款的规定。《基础提案》第 10 条被认为是《世界知识产权组织版权条约》第 8 条的立法解释，进而在界定提供行为的范畴时，作为重要的条文依据而被高频率引用。[1]

　　服务器标准的支持者对《基础提案》第 10 条的规定进行解释，认为初始提供行为是使作品首次处于可为公众获得状态的行为，即向公众提供作品的行为是指对作品提供访问的行为且是最初的行为，而并不包括第二次及之后的再提供行为；并且还认为《世界知识产权组织版权条约》第 8 条的议定声明明确将链接排除在提供行为的范围之外。[2] 然而《基础提案》第 10 条关于初始提供行为的表述，仅仅将其作为一种典型情形予以规定，目的是与提供网络存储空间、信息定位的链接或使信号传输更为便捷等单纯的网络服务行为相区分，并没有将其与再提供行为相对立进而排除在提供行为的范围之外。[3] 正如学者所说，该条很明显仅仅强调，相较于提供通信连接等行为而言，初始提供行为才属于向公众提供权的提供行为范畴。[4] 而《世界知识产权组织版权条约》第 8 条的议定声明[5]仅仅排除提供实物设施的情形，并不能直接认定链接被排除在传播行为之外。除此之外，《基础草案》第 10 条注释也涉及初始提供行为认定的论述，"重要的是提供行为的初始行为；至于服务器空间、传播连接、传输设备以及信号的路由选择，则是无关紧要的"[6]。对于"重要的是提供行为的初始行为"这句话的理解，有观点则将初始上传行为等同于向公众提供权意义下的提供行为。但正如《基础提案》第 10 条本身规定的那样，重要的是，提供行为的初始行为也可作出如下理解：将作品首次提供于互利网环境中的行为均符合提供行为的法定构成，但这并不意味着向公众提供行为仅仅指初始上传行为。换言之，初始上传行为是构成向公众提供权意义下提供行为的充分但非必要条件。[7]

　　《世界知识产权组织版权条约》第 8 条制定的初衷是应对未来可能的技术发展与应用，因此在向公众提供权的规定上遵循了技术中立原则，即无论现在或者未来采取何种技术手段向公众提供，都可以被该条规定的权利涵盖。因此，从国际公约关于向公众提供权的规定和解释来看，初始上传行为并不属于对向公众提供权意义

---

[1] 参见王迁：《论提供"深层链接"行为的法律定性及其规制》，载《法学》2016 年第 10 期。

[2] 参见冯刚：《涉及深度链接的侵害信息网络传播权纠纷问题研究》，载《知识产权》2016 年第 8 期。

[3] 参见刘银良：《信息网络传播权的侵权判定——从"用户感知标准"到"提供标准"》，载《法学》2017 年第 10 期。

[4] 参见张金平：《信息网络传播权中"向公众提供"的内涵》，载《清华法学》2018 年第 2 期。

[5] 《世界知识产权组织版权条约》第 8 条的议定声明规定："不言而喻，仅仅为促成或进行传播提供实物设施不致构成本条约或《伯尔尼公约》意义下的传播。"

[6] [匈]米哈依·菲彻尔：《版权法与因特网》，郭寿康等译，中国大百科全书出版社 2009 年版，第 350 页。

[7] 参见万勇：《论国际版权公约中"向公众提供权"的含义》，载《知识产权》2017 年第 2 期。

下的提供行为的解释和界定；而就深层链接行为本身而言，其符合使作品处于公众可获得的状态这一要求，进而属于《世界知识产权组织版权条约》规定的向公众提供权的涵盖范围。

2020年，《著作权法》第10条第1款第12项对信息网络传播权的定义进行了修改，将"提供作品"中的"作品"一词去掉。信息网络传播权的规定最初来源于《世界知识产权组织版权条约》第8条后半段的规定，该条对于向公众提供权意义下的提供行为表述为"以有线或者无线的方式向公众传播，包括将其作品向公众提供，使公众中的成员在其个人选定的地点和时间可获得这些作品"。通过对比表述可以发现，信息网络传播权在修改后，其关于提供行为的表述才与向公众提供权意义下的提供行为完全符合。正如学者指出的，《世界知识产权组织版权条约》与《伯尔尼公约》关于"提供"这一术语规定的含义相同，即指的是使作品处于可为公众获得的状态的行为，至于行为本身的技术特征并无任何限定，这也是"提供"作为"伞形解决方案"的核心要素被各缔约国普遍接受的原因所在。[1] 因此如果说由于改法之前关于提供行为的表述限定于"提供作品"，并且仅限于初始提供，那么在去掉"作品"这一限定之后，是否意味着提供行为也可包含深层链接等行为？很明显，根据《世界知识产权组织版权条约》第8条的规定及我国立法修改的结果，完全可以将使作品处于公众可获得状态的其他提供行为纳入提供行为的范围，也就在立法层面对提供行为可包含深层链接等新型传播方式予以肯定。

服务器标准的支持者对《侵害信息网络传播权若干规定》第3条第2款关于提供行为的规定，会作出如下解释：该款规定的"置于信息网络中"通常应被理解为置于服务器中，进而可作为初始提供行为等同于提供行为的法律依据。但仔细分析会发现，该款虽然具体规定了提供行为的重要类型，但并未将此类型作为提供行为范畴界定的唯一标准和依据。原因在于，该款本身是以"等方式"的规定对行为类型进行不完全列举，并对行为产生的实际效果予以明确，即使公众直接获取相关资源或信息具有可能性。不完全列举的意义就在于，如果行为人采取深层链接等其他未明确规定的作品传播方式，产生公众在网络中获取作品可能性的实际效果，则应当被认定为符合该款的规定进而可将其性质界定为提供行为。因此，《侵害信息网络传播权若干规定》并未明确排除其他可让作品处于公众可获得状态的提供行为。

综上所述，无论是《世界知识产权组织版权条约》第8条及议定声明、《基础提案》等对于提供行为的规定和解释，还是我国《著作权法》及司法解释关于提供行为范畴的规定和解释，均无法得出初始上传行为即提供行为本身，而且在立法和司法层面均可得出提供行为可包含其他符合法定要件的行为的结论。

---

[1] 参见万勇：《论国际版权公约中"向公众提供权"的含义》，载《知识产权》2017年第2期。

2. 深层链接行为的著作权法含义界定

无论是国际条约,还是我国法律法规以及司法解释,均无法从规则本身明确得出深层链接行为不可满足提供行为的法定构成的结论。在对我国现有信息网络传播权的相关规则条文进行分析和解释的基础上,有关深层链接行为法律性质的探讨以及如何规制的问题,我国学界主要存在两种代表性理论解释和规制路径:

有学者指出,现有著作权法规则体系建立在维持著作权人权益与公众利益平衡的基础之上,侵权行为救济方式的多样性也体现该立法价值。在涉及链接侵权规制问题上,则具体表现为维护著作权人利益与实现链接的技术功能之间的平衡。在法律规制手段上,其认为应当以被链作品是否存在侵权为判断依据,进而对链接行为侵权与否进行认定。具体而言,前述理论解释下的规制路径是,链向对象如果属于侵权作品,并且将其向公众提供,则对直接侵权主体范围予以法律拟制,进而使其承担直接侵权责任;反之,无论是链向合法作品,还是仅仅提供对非法作品的链接服务,均不会构成直接侵权,应对其采取其他侵权救济方法予以规制。[1] 不同于该路径以链向对象的侵权与否作为对链接本身进行规制的判断标准,另一种规制路径则是运用法律解释的方法,结合相关规则条文的立法目的以及法律文本,对两种链接行为及其产生的实际效果予以分析比较,进而对深层链接行为的法律性质予以界定。[2]

因此,本文认为相较于普通链接行为,深层链接行为因其技术上的不同功能,进而在著作权法上产生了不同的法律效果,应当承担不同于普通链接行为的侵权责任。具体而言,以提供行为的法定构成为论证路径,对深层链接行为和普通链接行为进行如下差异性分析:

首先,从提供行为本身的角度出发,普通链接行为将用户引导至被链网站进而获取相关内容,因此提供行为是由被链网站实施,设链网站对于作品等内容并没有任何控制力。但是在深层链接的情形中,设链网站可以将被链网站的内容直接变为其组成部分,对相关内容进行控制和利用,并向用户传播,因而对被链网站上的作品等内容具有较强的控制力。其次,从公众获得作品可能性这一实际效果出发,深层链接行为使得用户可直接在设链网站获得作品,无须像普通链接行为那样在被链网站对相关内容进行获取。最后,从权利人享有的传播利益角度看,深层链接的设置使得行为人可将被链网站作为一种外置服务器,对其相关内容予以控制和利用,进而向公众传播。虽然其自身的服务器并不对相关资源复制、存储,但却产生了与直接传播行为相同的法律效果,增加了用户的获取渠道,扩大了受著作权保护的作品

---

〔1〕 参见张鹏:《规制网络链接行为的思维与手段》,载《华东政法大学学报》2018年第1期。

〔2〕 参见刘银良:《信息网络传播权框架下深层链接的法律性质探究》,载《环球法律评论》2017年第6期;徐珉川:《论互联网"提供作品"行为的界定》,载《中外法学》2020年第2期。

传播范围,分流了被链网站的用户流量,进而不当地损害了权利人在互联网环境下的传播利益,对其作品市场产生了消极影响,也就违背了信息网络传播权的立法目标。这也是北京市海淀区中级人民法院在深圳市腾讯计算机系统有限公司、北京易联伟达科技有限公司侵害作品信息网络传播权纠纷案[1]中采取实质性替代标准的根本原因。

综上所述,网络链接技术发展多样化,不仅存在单纯的信息定位与指引功能,也有同时提供信息定位和作品的情形,网络链接行为进而落入信息网络传播权的控制范围之内。所以应当区分普通链接行为和深层链接行为,并根据不同的法律性质使其承担不同的法律责任:普通链接行为仅仅具有提供相关内容或者资源的网址,进而帮助用户准确、便捷地获取相关信息的功能,并不符合直接侵权的认定标准,而应当由间接侵权相关规则予以判断和规制;而深层链接行为则会使得用户在设链网站直接获得作品等内容,可能构成直接侵权。

换言之,在我国信息网络传播行为的网络服务提供行为和提供行为二分法体系下,网络链接可分为普通链接和深层链接,并且两者产生的实际效果在著作权法上具有不同的法律含义:普通链接行为因其信息定位功能应当定性为网络服务提供行为,而深层链接行为因其提供作品等内容则属于提供行为,进而落入信息网络传播权的控制范围。

(二)深层链接行为侵权判定标准的重构

深层链接行为因其在功能和性质上表现出与普通链接行为实质上的差异性,进而产生著作权法意义上不同的法律效果,这是从实践角度进行论证得出的结论。但是深层链接行为法律定性的争议在法律规范性层面则源于对信息网络传播权的权利范畴认定存在的争议和分歧,即如何理解我国《著作权法》关于信息网络传播权规定的具体含义。目前理论界和司法实务界提出的认定标准的基础,即对信息网络传播权意义下的提供行为要素的理解和解读,实质上是对著作权法定内容的类型化界定。但是正如有的观点指出的,任何具体标准的论证过程,都应当明确相应的规范性目标[2],并在该目标的指引下明确权利属性、合理界定权利边界,同时合理辨析不同侵权认定标准的优势与不足,进而对深层链接行为的侵权认定标准进行重构。

1.信息网络传播权的权利本质及其范畴界定

我国现行《著作权法》对著作权专有权利的规定,是以特定行为作为其权利法定内容,进而控制对作品的使用行为。从具体条文来看,《著作权法》采取列举加兜底条款的方式,对著作权权利范围涵盖的具体行为作出规定。此种权利规则的构造并

---

[1] 参见北京市海淀区人民法院(2015)海民(知)初字第40920号民事判决书。
[2] 参见徐珉川:《论互联网"提供作品"行为的界定》,载《中外法学》2020年第2期。

不能使人对著作权本质有清晰的认识,进而在一定程度上也影响了对著作权边界的合理判断。正是由于对著作权的权利本质有不同认识,进而在著作权侵权的实质内涵理解上存在分歧,也就造成理论研究和司法实践相继提出不同的认定标准,并且也未对问题的解决提供有效帮助。

著作权的权利本质与著作权制度的立法宗旨,即著作权的规范性目标密切相关。根据我国《著作权法》第 1 条的规定,著作权的设立及保护的目的是激励作品创作和传播。创作行为决定了著作权的产生,而传播行为则是权利行使和实现的表现方式。[1] 并且根据该法第 10 条第 1 款的规定,著作权权利的实现方式在于权利人对作品利用的有效控制并获取因作品利用而产生的经济利益。[2] 而作为调整作品传播行为的法定权利之一的信息网络传播权,其最基础的规范性目标或者立法目的就是保护作品的传播利益,换句话说,信息网络传播权的权利本质也就是控制作品的传播,以确保权利人排他性权利的有效实现。众所周知,信息网络传播权作为一项绝对权,排他性效力则是该权利的应有之义,也是其权利本质的实现方式,表现为对作品上特定利益的排他性控制,即对作品传播利益的排他性专有。根据《著作权法》有关信息网络传播权的条文规则可知,其排他性效力的体现,即对提供行为的有效控制。由公众可在其选定的时间和地点获得作品这一行为效果能够看出,信息网络传播权的排他性只能表现为对提供行为的控制力,以确保权利人或者被许可人获得特定的经济利益。[3]

综上所述,在明确信息网络传播权的规范性目标即保护作品的传播利益这一前提下,从信息网络传播权的定义及其具有的排他性效力出发,只要行为人未经权利人许可,将作品等内容在信息网络环境下向公众提供和传播,进而产生公众获取相关内容可能性的实际效果,那么此种行为即属于信息网络传播权的权利范畴。

2. 新实质替代标准的提出与适用

通过上文对国内外现有的侵权认定标准的梳理和分析可得出,在判断深层链接行为是否落入信息网络传播权的控制范围时,其根本分歧是对提供行为和公众获得作品可能性两个要素的不同解读。法律依据上,2020 年《著作权法》也对信息网络传播权的行为范畴进行了修改。因此,在明确权利本质和范畴的前提下,下文将对现行《著作权法》关于信息网络传播权两个要素的规定进行分析和解释,明晰信息网络传播权侵权认定的论证思路;并在此基础上,对不同的侵权认定标准进行辨析,以期为深层链接行为的著作权侵权认定提供合理的解决方案。

---

[1] 参见杨明:《聚合链接行为定性研究》,载《知识产权》2017 年第 4 期。
[2] 参见王艳芳:《论侵害信息网络传播权行为的认定标准》,载《中外法学》2017 年第 2 期。
[3] 参见熊琦:《网络版权保护十年:产业与制度的相生相克》,载《电子知识产权》2016 年第 10 期。

(1)对提供行为的解释应侧重"公众获得作品可能性"

对提供行为和公众获得作品可能性两个要素之间关系的认定,应当以信息网络传播权的规范性目标和权利本质为基础进行分析:信息网络传播权的立法目的在于保护作品的传播利益,而保护方式体现为对提供行为的排他性控制。具体而言,信息网络传播权的立法目的在于保护著作权人等权利人的传播利益,而直接侵害信息网络传播权的认定也是要判断某些行为对著作权人等权利人的传播利益是否造成了消极影响,这种影响的判断在于对是否能够使公众获得作品这一行为效果的认定。

从法律解释的角度出发,2020年《著作权法》将"向公众提供作品"中的"作品"一词删掉,即在立法层面扩大了提供行为的范围,并且也间接表明对于提供行为的认定,应当以作品是否处于公众可获得状态为验证标准,而不是对提供行为本身进行所谓初始提供或者再提供的划分,这也是技术中立原则的应有之义。从权利本质的角度出发,提供行为的构成包括使公众在其个人选定的时间和地点获得作品,即公众获得作品可能性。公众获得作品可能性是提供行为的表现形式,并且提供行为的目的和效果也是使得公众可以获得作品。因此,对于信息网络传播权的提供行为认定应侧重于提供行为产生的效果,行为本身并不存在经济价值,但是行为可能产生的法律后果会影响权利人的经济利益,权利存在的目的就在于赋予相关人特定的利益并确保利益的实现。因此,在信息网络传播权的侵权认定方面,应当从行为效果的角度出发,考察相关行为是否符合提供行为的法定构成,进而受到信息网络传播权的控制。从绝对权的保护方式角度来看,无论是有形的物权还是无形的知识产权,绝对请求权是在权利的支配效力受到阻碍时,权利人要求侵害人停止侵害、排除妨碍、消除危险的权利。绝对权请求权救济方式的立法表述,也是倾向于对侵害后果的认定和判断,即根据权利的圆满实现状态受到破坏或者破坏的危险来判断。[1]

著作权的权利本质不仅体现在权利的排他性效力方面,也可从权利客体方面进行解读。根据权利客体双重构造理论,著作权法保护的作品传播利益即第一层面的权利,是法律赋予的一种静态权利;而第二层面的权利则可理解为静态权利的动态化,也就是对于权利的利用。[2]《著作权法》依据不同的行为类型进而对著作权的法定内容进行界定,即在第二层面对权利予以规定。而对于权利的利用行为,就是法律行为的运行过程。法律行为构成的要素主要包括三个方面:行为、行为手段以

---

〔1〕 参见熊琦:《聚合平台深层链接究竟适用什么标准?》,载《中国知识产权报》2017年2月10日,第1版。

〔2〕 参见罗祥、张国安:《权利客体双重构造下播放权的反思与重构》,载《科技与法律》2018年第6期。

及行为效果。[1] 而这三个方面最关键的是行为的效果,因法律通常根据行为效果来确定行为的性质及法律评价,其是行为所要达到的目的。

综上所述,应当从信息网络传播权的行为效果要素出发,判断相关行为是否使作品处于公众可获得的状态,进而对是否构成信息网络传播权意义下的提供行为进行认定,最终得出是否构成对信息网络传播权侵权的判定。

(2)对实质替代标准的再解读

在明确信息网络传播权侵权认定的论证思路的基础上,下文将对侧重行为效果的几种侵权认定标准进行辨析。用户感知标准的最大问题在于,将用户对设链网站提供作品的主观感知作为对客观行为的认定依据,将商标法中的"消费者混淆或误认"要件适用于著作权纠纷[2],缺乏法律依据,存在较大的主观性和不确定性。有学者指出,该标准虽可在某些情形下产生正确结果,但不具有稳定性和妥当性,一旦案情稍有变动便不再适用。[3] 新用户感知标准则是学者对用户感知标准的再塑造,将用户的主观感知解释为是否在设链网站感知到作品,以此来判断是否构成提供行为。但是该标准的问题与用户感知标准一样,将用户的感知与否作为对客观事实行为的认定依据,从法律层面而言终归是不适当的。[4] 而链接不替代标准则是从法经济学角度,从成本收益层面进行分析,但是问题在于目前的研究并不具备法经济学所需的分析能力,最后还是按照权利义务对等原则的法律交易逻辑进行论证,经济学上的论证停留在了概念表面。[5] 由法院在司法实践中提出的实质替代标准,其备受争议的问题在于,没有从行为特征出发,而是依据商业逻辑和利益分配模式进行损害后果分析,绕过所谓侵权归责原则,而以损害后果进行侵权与否的认定。

虽然上述标准均是从提供行为的效果角度出发,考察相关行为是否使作品处于公众可获得的状态,但各自仍存在不同的不足和缺陷。从符合信息网络传播权的立法目的及权利属性来判断,实质替代标准存在合理性和合法性。

首先,实质替代标准是北京市海淀区中级人民法院在深圳市腾讯计算机系统有限公司、北京易联伟达科技有限公司侵害作品信息网络传播权纠纷案中采用的关于深层链接行为是否构成对信息网络传播权直接侵权的认定标准。虽然许多学者及法院认为该案的一审法院过多地将商业逻辑与侵权认定相关联,不符合侵权认定的一般思路。然而从绝对权保护的角度来看,该法院认为被告采取的一系列行为产生

---

[1] 参见张文显:《法理学》(第4版),高等教育出版社2011年版,第105—107页。

[2] 参见刘家瑞:《为何历史选择了服务器标准——兼论聚合链接的归责原则》,载《知识产权》2017年第2期。

[3] 参见范长军:《加框链接直接侵权判定的"新公众标准"》,载《法学》2018年第2期。

[4] 参见何炼红、尹庆:《关于作品深度链接行为法律性质的再思考》,载《甘肃政法学院学报》2019年第6期。

[5] 参见徐珉川:《论互联网"提供作品"行为的界定》,载《中外法学》2020年第2期。

的传播利益,与权利人直接向公众传播作品等内容而获取的利益并无实质性差异。这种认定思路与侵犯绝对权的救济方式是一致的。无论是从私权排他性的保护还是从保护作者互联网传播权益的立法目的出发,这种实质性取代传播者地位,使作者失去对其作品传播的专有控制权,损害作者传播利益的行为应当予以规制,这样才能实现信息网络传播权的立法目标。国外的相关判决也采用了类似的侵权认定思路,比如美国法院在 ABC, Inc. v. Aereo, Inc.案[1]中认为被告的行为对原告的作品市场产生了消极影响,损害了其传播利益,技术手段并不能消除此种结果;欧盟法院在 GS Media BV v. Sanoma Media Netherlands BV and Others 案[2]中也提到了《版权指令》关于向公众提供权的立法目的,不仅要保护作者在互联网环境下的传播利益,也要平衡当事各方及公众利益,而利益的保护是通过维护其对作品的专有控制权或者说向公众提供权的排他性效力来实现的。概言之,实施替代标准的认定思路不仅符合信息网络传播权的立法目标,而且也完全符合绝对权请求权的保护方式,存在合理性。

其次,正如学者指出的那样,法律标准是裁判应当遵循的唯一标准,只是该标准需要解释才能具体落实,而目前存在的侵权认定标准应当经由对法律标准的解释而提出,必须符合法律标准。[3] 实质替代标准完全符合对我国现行法律体系的解释。法律解释应以立法目的为指引回归法律规定,以法律文本作为法律解释和适用的基础。而《侵害信息网络传播权若干规定》第 5 条完全可以作为实质替代标准的法律依据和基础。该条虽然表为"以提供网页快照、缩略图等方式实质替代其他网络服务提供者向公众提供相关作品",但其列举方式为不完全列举,这也体现出该规定并不排斥新的行为类型。也就是说,只要采用新技术的行为构成实质性替代其他作品传播者地位向公众提供作品,在法律解释上就完全符合该条。深层链接行为虽然并没有上传或者存储其他网站上作品等内容,但其产生了实质性替代的效果,使得作者的专有控制权受到损害,对其传播利益产生消极影响,完全可以纳入该条的规制范围。因此,实质性替代标准具有合法性。

虽然从法律解释角度出发,实质替代标准符合信息网络传播权的立法目标及权利属性,所谓实质替代其实是指对权利主体提供行为的替代,从相关行为产生的替代性效果出发,在未经权利人许可的情况下替代作品获得渠道,扩大受众范围,损害权利人的作品传播利益,该行为构成提供行为。但是该标准仅局限于讨论设链人获得利益与直接向用户提供作品获得利益并无区别,并没有对提供行为本身进行法律解释和论证,存在法律缺陷。而后续提供标准从信息网络传播权的权利本质出

---

[1] See ABC, Inc. v. Aereo, Inc., 134 S. Ct. 2498(2014).
[2] See GS Media BV v. Sanoma Media Netherlands BV and Others, 8 September 2016, C- 160/15.
[3] 参见王艳芳:《论侵害信息网络传播权行为的认定标准》,载《中外法学》2017 年第 2 期。

发,对提供行为进行论证,认为直接破坏权利人对专有权利控制的行为即构成对信息网络传播权的直接侵犯,但该标准不当地扩大了提供行为的范围,仅仅考虑到对著作权人的高标准保护,却忽略了著作权法是著作权人权益与社会公众利益相互妥协的结果。

因此,本文在实质替代标准的基础上对其进行重新解读,以后续提供标准为补充,提出新实质替代标准。该标准以信息网络传播权的立法目标为基础,只要相关行为使作品处于公众可获得状态,则即可认定构成提供行为。关于公众获得可能性的认定,则应以实质替代标准予以判断,即如果设链行为替代了被链网站提供作品,扩大了传播范围,从中获得利益与直接向用户提供作品获得利益没有差别,则认为作品处于公众可获得状态;关于提供行为的认定,以后续提供标准为判断依据,只要未经许可行使权利或者破坏权利人或被许可人对专有权利的控制,则认定构成提供行为。在两者均满足的情况下,最终认定相关行为构成信息网络传播权意义下的提供行为。

综上所述,信息网络传播权的侵权认定标准应采用新实质替代标准:从行为产生的实际效果出发,考察相关行为是否使得行为人实质替代权利人的地位,使得权利人失去对作品的控制进而对其传播利益造成消极影响,再考察相关行为是否未经许可而作出或者破坏权利人或被许可人对专有权利的控制,进而作出对提供行为的最终认定。这种标准不仅符合信息网络传播权的规范性目标,而且也符合绝对权请求权的保护方式,并且在现有法律体系下有明确的法律依据。深层链接行为在性质认定上符合提供行为的法定构成,进而应当属于信息网络传播权的权利范畴,受到该专有权利的排他性控制;在此前提下,应当采用新实质替代标准对此种链接行为进行具体认定和法律规制,使其承担侵害信息网络传播权的直接侵权责任。

五、结论

网络链接技术的不断发展及商业模式的多样化,使得有关深层链接行为的法律定性产生争议,争议主要关于深层链接行为是否构成信息网络传播权控制的提供行为,进而构成直接侵权并承担相应的法律责任。

本文通过梳理国内外有关深层链接行为的司法判决及理论研究,分析深层链接行为法律困境的成因:一是深层链接行为的法律性质认定存在分歧,二是信息网络传播权的权利范畴界定存在争议。虽然司法实践及理论上相继提出深层链接行为的侵权认定标准,并且在一定程度上可得出相对合理的结论,但实际上并没有很好地解决互联网环境下的著作权侵权问题,也没有实现维护各方当事人的互联网合法权益这一立法目标。

在明晰深层链接行为法律困境的成因的基础上,梳理和分析国内外关于深层连接行为著作权法规制的理论研究和司法实践,对深层链接行为的法律定性及侵权认定标准提出了新的解释路径;在法律定性方面,由于我国对信息网络传播行为采取网络服务提供行为和提供行为的二分法,所以网络链接可分为普通链接和深层链接,两种相关行为在著作权法上具有不同的法律效果;普通链接行为属于信息网络服务范畴,而深层链接行为由于可以提供作品等内容,则属于提供行为,进而落入信息网络传播权的控制范围;在侵权认定方面,新实质替代标准不仅符合《著作权法》的立法目标及信息网络传播权的侵权认定思路,而且也可从我国《侵害信息网络传播权若干规定》第5条找到法律依据。因此,在将深层链接行为认定为提供行为的前提下,在个案中对相关链接行为进行侵权认定时,应当以新实质替代标准作为展开分析和解释的判断依据,以便保护互联网环境下著作权人与其他当事人、社会公众之间的合法权益。

【责任编辑:吴晓婧】

民法典

《民法典》及司法解释语境下的抵押权法律适用

李 玮[*]

摘要：本文拟以《民法典》及《民法典担保制度解释》语境下的抵押权制度为主线，对抵押权制度的主要调整和变化进行阐述，包括抵押权法律体系、抵押财产、抵押登记与抵押合同的效力、预告登记、浮动抵押、流押等。通过对《民法典》及《民法典担保制度解释》中的抵押权规则与之前的抵押权制度的比较分析，厘清新规下的抵押权法律适用。

关键词：抵押权　抵押财产　不动产登记　浮动抵押

抵押权制度兼具担保交易安全和抵押财产效益的特征，抵押人以物担保债权，无须转移抵押财产的占有，在设定抵押后仍可继续使用抵押财产，实现担保效力及抵押财产效用的最大化，因此抵押日趋成为现代经济社会一项最重要的担保方式。随着经济的发展，抵押权制度出现了很多新变化和新发展。2021年1月1日正式施行的《民法典》及《最高人民法院关于适用〈中华人民共和国民法典〉有关担保制度的解释》（以下简称《民法典担保制度解释》），以实践问题为导向，对司法实践中抵押权的许多问题作出了回应，赋予抵押权制度更加丰富和动态的内涵。本文拟以《民法典》与《民法典担保制度解释》语境下的抵押权为主线，对抵押权制度的变化进行阐述与分析。

收稿日期：2022-05-16

* 李玮，律师，上海市法学会会员，上海律师协会银行业研究委员会委员。

一、关于抵押权法律体系

担保物权即担保物权人在债务人不履行到期债务或者发生当事人约定的实现担保物权的情形,依法享有就担保财产优先受偿的权利。所谓担保物权,就是以"物"担保债权,以达到债权担保之目的。[1]

抵押是指债务人或者第三人不转移对抵押财产的占有,将该财产作为债权的担保,债务人不履行债务时,债权人有权以该财产折价或者拍卖、变卖的价款优先受偿。

抵押权是重要的担保物权之一,从《物权法》颁布开始,抵押权制度一直规定在担保物权项下。最早是1986年《民法通则》第89条规定了担保债务履行的方式,包括保证、抵押、定金、留置,统一归于债的担保。1995年10月1日起实施的《担保法》第三章规定了抵押。2007年10月1日起实施的《物权法》第四编规定了担保物权,在担保物权项下第十六章规定了抵押权。《物权法》与《担保法》相比,扩大了抵押物的范围,增加了质押权的种类,规定了动产浮动抵押制度等。

《民法典》在将之前《担保法》《最高人民法院关于适用〈中华人民共和国担保法〉若干问题的解释》(以下简称《担保法司法解释》)及《物权法》的担保物权等进行整合的基础上,基于物的担保与债的担保性质不同进行分类,重新构建了担保法律体系。《民法典》将"担保物权"规定在第二编第四分编,将"抵押权"规定在担保物权项下的第十七章,将"保证合同"纳入第三编合同编。《民法典担保制度解释》第三部分"关于担保物权"相应解释了抵押权,充实了抵押权制度的内涵与规定。担保物权、抵押权法律体系的更迭变化突出了抵押权作为物权的属性。

二、关于抵押财产

关于可抵押的财产范围,《民法典》从"可以抵押"与"不得抵押"两方面进行规定。第395条第1款规定:"债务人或者第三人有权处分的下列财产可以抵押:(一)建筑物和其他土地附着物;(二)建设用地使用权;(三)海域使用权;(四)生产设备、原材料、半成品、产品;(五)正在建造的建筑物、船舶、航空器;(六)交通运输工具;(七)法律、行政法规未禁止抵押的其他财产。"

关于可以抵押的财产,《民法典》增加了"海域使用权"。根据《海域使用权管理

---

[1] 参见最高人民法院民法典贯彻实施工作领导小组主编:《中华人民共和国民法典物权编理解与适用》,人民法院出版社2020年版,第979页。

规定》,海域使用权可以设定抵押。该规定第41条第2款规定,"海域使用权出租、抵押时,其固定附属用海设施随之出租、抵押,固定附属用海设施出租、抵押时,其使用范围内的海域使用权随之出租、抵押"。

《民法典》删除了《物权法》规定的"以招标、拍卖、公开协商等方式取得的荒地等土地承包经营权",但是第342条规定:"通过招标、拍卖、公开协商等方式承包农村土地,经依法登记取得权属证书的,可以依法采取出租、入股、抵押或者其他方式流转土地经营权。"因此,符合一定条件的农村土地经营权可以抵押。

对于不得抵押的财产,《物权法》规定耕地不得抵押,《民法典》予以删除,主要是为了适应"三权"分置后土地经营权流转的需要。

三、关于抵押登记与抵押合同的效力

《民法典》规定抵押权自登记时设立,采取了区分原则。《民法典》第215条规定:"当事人之间订立有关设立、变更、转让和消灭不动产物权的合同,除法律另有规定或者当事人另有约定外,自合同成立时生效;未办理物权登记的,不影响合同效力。"《民法典》沿袭了《物权法》规定和《全国法院民商事审判工作会议纪要》(以下简称《九民纪要》)精神,确立了物权变动的原因行为与物权变动的区分原则,将物权变动的合同行为与物权行为区分开来。未办理抵押登记,不影响抵押合同的效力。不动产抵押合同生效后未办理抵押登记手续,根据《民法典担保制度解释》第46条的规定,债权人请求抵押人办理抵押登记手续的,人民法院应予支持。

对于不能办理抵押登记的,债权人是否可以请求抵押人承担责任?《九民纪要》第60条规定,"因抵押物灭失以及抵押物转让他人等原因不能办理抵押登记,债权人请求抵押人以抵押物的价值为限承担责任的,人民法院依法予以支持,但其范围不得超过抵押权有效设立时抵押人所应当承担的责任"。由于不能办理抵押登记,抵押人所承担的责任不超过抵押权有效成立的担保责任,符合公平原则。

《民法典担保制度解释》第46条第2款和第3款将抵押财产不能办理抵押登记的原因,分为不可归责于抵押人自身的原因和可归责于抵押人自身的原因。对于前者,抵押人不承担责任,但是抵押人已经获得保险金、赔偿金或者补偿金等的,债权人可以请求抵押人在其所获金额范围内承担赔偿责任。对于后者,债权人可以请求抵押人在约定的担保范围内承担责任,但不得超过抵押权能够设立时抵押人应当承担的责任范围。

四、关于预告登记

预告登记,是指为确保一项旨在发生未来物权变动的债权请求权的实现,而向登记机构申请办理的预先登记。[1] 预告登记的法律效力是保障将来实现物权,这是预告登记的主要功能,同时预告登记具有对抗第三人的效力。《民法典》第 221 条规定:"当事人签订买卖房屋的协议或者签订其他不动产物权的协议,为保障将来实现物权,按照约定可以向登记机构申请预告登记。预告登记后,未经预告登记的权利人同意,处分该不动产的,不发生物权效力。预告登记后,债权消灭或者自能够进行不动产登记之日起九十日内未申请登记的,预告登记失效。"

《民法典担保制度解释》第 52 条第 1 款规定了预告登记的顺位效力。当事人办理抵押预告登记后,预告登记权利人主张就抵押财产享有优先受偿权,须符合以下条件:①已经办理建筑物所有权首次登记;②预告登记的财产与办理建筑物所有权首次登记时的财产一致;③不存在预告登记失效等情形。《民法典担保制度解释》明确了经过预告登记的抵押权的设立时间:抵押权自预告登记之日起设立。

对于具有尚未办理建筑物所有权首次登记、预告登记的财产与办理建筑物所有权首次登记时的财产不一致、抵押预告登记已经失效等情形,导致不具备办理抵押登记条件,预告登记权利人请求就抵押财产优先受偿的,人民法院不予支持。

五、关于特定财产设定抵押

《民法典》第 399 条规定不得抵押的财产范围包括:①所有权、使用权不明或者有争议的财产;②被依法查封、扣押、监管的财产。

①以被依法查封、扣押的财产设定抵押是否有效?之前主流观点认为,被依法查封财产禁止抵押的条款属于效力性强制性规定,因此财产被依法查封后设定抵押的合同由于违反法律效力性强制性规定而无效。

《九民纪要》认为,不动产抵押物未进行抵押登记不影响抵押合同效力,抵押合同有效。《民法典担保制度解释》第 37 条第 2 款规定:"当事人以依法被查封或者扣押的财产抵押,抵押权人请求行使抵押权,经审查查封或者扣押措施已经解除的,人民法院应予支持。抵押人以抵押权设立时财产被查封或者扣押为由主张抵押合同无效的,人民法院不予支持。"《民法典担保制度解释》沿袭《九民纪要》

---

[1] 参见最高人民法院民法典贯彻实施工作领导小组主编:《中华人民共和国民法典物权编理解与适用》,人民法院出版社 2020 年版,第 114 页。

未经抵押登记不影响抵押合同效力的精神,规定以依法被查封或者扣押的财产抵押的,不影响合同效力,也就是抵押合同有效。以被依法查封或扣押的财产抵押构成无权处分,不影响抵押合同的效力,这与《民法典》关于无权处分签订合同有效的精神一致。

②以所有权、使用权不明或者有争议的财产抵押,如果不存在其他无效情形,抵押合同仍然有效。对于抵押人无权处分,《民法典担保制度解释》第 37 条第 1 款规定,"经审查构成无权处分的,人民法院应当依照民法典第三百一十一条的规定处理"。也就是无处分权抵押人将不动产或者动产抵押给受让人的,所有权人有权追回,除非受让人善意取得抵押权。

③以违法建筑设定抵押的,抵押合同无效。《担保法司法解释》第 48 条规定,以法定程序确认为违法、违章的建筑物抵押的,抵押无效。《民法典担保制度解释》第 49 条规定,以违法的建筑物抵押的,抵押合同无效;但是给予了效力补正的机会,如果一审法庭辩论终结前已经办理合法手续的,抵押合同可以认定有效;抵押合同无效的法律后果:依照主合同有效而第三人提供的担保合同无效,区分不同情形确定担保人的赔偿责任。

《民法典担保制度解释》第 49 条第 2 款规定:"当事人以建设用地使用权依法设立抵押,抵押人以土地上存在违法的建筑物为由主张抵押合同无效的,人民法院不予支持。"即使建设用地上存在违法建筑物,建设用地使用权抵押合同仍然有效,违法建筑物不影响土地使用权抵押的效力,但由于违法建筑物其自身的违法性,笔者认为仍应适用抵押合同无效的规则。

六、关于浮动抵押

浮动抵押是一种特殊的动产抵押,关于浮动抵押是从登记之日开始,还是抵押财产确定时发生效力,有"英式浮动抵押说"和"美式浮动抵押说"。当浮动抵押权与一般抵押权竞存时,哪个效力优先?前者认为,浮动抵押设定时,抵押物尚不确定,在抵押物固定之前,不具备浮动抵押权实现的条件,因此之后设立的固定抵押权优先于浮动抵押权,不管哪个优先登记。后者认为,浮动抵押的设定及登记后的对抗效力,统一适用登记在先效力优先规则,一般抵押权并不会优先于浮动抵押权。《九民纪要》采纳了"美式浮动抵押说",第 64 条规定[浮动抵押的效力]:"企业将其现有的以及将有的生产设备、原材料、半成品及产品等财产设定浮动抵押后,又将其中的生产设备等部分财产设定了动产抵押,并都办理了抵押登记等,根据《物权法》第 199 条的规定,登记在先的浮动抵押优先于登记在后的动产抵押。"《九民纪要》认为,浮动抵押采登记对抗主义。[1]《民法典》沿袭了《九民纪要》的规定,也采登记对抗主义。

《物权法》第 181 条规定:"经当事人书面协议,企业、个体工商户、农业生产经营者可以将现有的以及将有的生产设备、原材料、半成品、产品抵押,债务人不履行到期债务或者发生当事人约定的实现抵押权的情形,债权人有权就实现抵押权时的动产优先受偿。"根据《物权法》的规定,由于浮动抵押存在不确定性和浮动性,债权人有权就"实现抵押权时的动产"优先受偿。《民法典》则在第 396 条规定:"企业、个体工商户、农业生产经营者可以将现有的以及将有的生产设备、原材料、半成品、产品抵押,债务人不履行到期债务或者发生当事人约定的实现抵押权的情形,债权人有权就抵押财产确定时的动产优先受偿。"《民法典》规定了债权人优先权范围系"抵押财产确定时的动产",比《物权法》规定的"实现抵押权时的动产"更加明确,表述上时间提前,浮动抵押财产的确定时点变更。

《民法典》403 条规定:"以动产抵押的,抵押权自抵押合同生效时设立;未经登记,不得对抗善意第三人。"《民法典》将动产抵押和浮动抵押一并规定,对两者不再区分,实行统一的动产登记对抗主义。《民法典》第 411 条明确了四种浮动抵押财产确定情形,"抵押财产自下列情形之一发生时确定:(一)债务履行期限届满,债权未实现;(二)抵押人被宣告破产或者解散;(三)当事人约定的实现抵押权的情形;(四)严重影响债权实现的其他情形"。与《民法典》第 396 条规定的"债权人有权就抵押财产确定时的动产优先受偿"相互对应,明确了可执行的浮动抵押财产范围。

七、关于流押

流押,是指当事人之间关于债务人届期不履行债务时,债权人(抵押权人)有权直接取得抵押财产所有权的约定。关于流押的效力,《担保法司法解释》第 57 条规定,"当事人在抵押合同中约定,债务履行期届满抵押权人未受清偿时,抵押物的所有权转移为债权人所有的内容无效"。《物权法》第 186 条规定:"抵押权人在债务履行期届满前,不得与抵押人约定债务人不履行到期债务时抵押财产归债权人所有。"《担保法司法解释》与《物权法》均明令禁止抵押双方当事人设定流押。

关于流押的允许或禁止问题,一直存在争议。《民法典》关于流押效力的规定发生了重大变化。《民法典》第 401 条规定:"抵押权人在债务履行期限届满前,与抵押人约定债务人不履行到期债务时抵押财产归债权人所有的,只能依法就抵押财产优

---

[1] 参见最高人民法院民事审判第二庭编著:《〈全国法院民商事审判工作会议纪要〉理解与适用》,人民法院出版社 2019 年版,第 380 页。

先受偿。"《民法典》关于流押规定的变化，并不意味着允许流押，抵押的财产直接转移给债权人的流押协议归于无效，但双方之间的抵押合同有效，抵押权人可以依法就抵押财产优先受偿。

八、关于抵押财产转让

关于抵押财产能否转让，实务中争议很大。《物权法》第 191 条规定，抵押期间，抵押人经抵押权人同意转让抵押财产的，应当将转让所得的价款向抵押权人提前清偿债务或者提存；但抵押人未经抵押权人同意，不得转让抵押财产，除非受让人代为清偿债务消灭抵押权。该条规定了受让人涤除权，即取得抵押财产所有权的受让人，可以通过代替债务人清偿其全部债务的方式，使抵押权归于消灭的权利。

关于抵押财产转让，《民法典》并未沿袭《物权法》规定，《民法典》赋予了抵押人转让抵押财产的权利。根据《民法典》第 406 条的规定，除当事人另有约定外，抵押期间，抵押人可以转让抵押财产，抵押财产转让的，抵押权不受影响。抵押人负有向抵押权人通知的义务。如果抵押财产转让可能损害抵押权实现的，抵押权人的救济途径是，请求抵押人将转让所得的价款向抵押权人提前清偿债务或者提存。

关于抵押物限制转让，《民法典》第 406 条规定抵押人可以转让抵押财产，当事人另有约定的，按照其约定。《民法典担保制度解释》第 43 条规定，当事人约定禁止或者限制转让抵押财产并不影响抵押财产转让合同的效力。但禁止或限制转让抵押财产约定经过登记则具有对抗性。禁止或限制转让抵押财产约定未登记的，抵押财产已经交付或者登记，抵押权人请求确认转让不发生物权效力的，人民法院不予支持，抵押人对抵押权人承担违约责任。对于约定已经登记的，抵押人违反约定转让抵押财产，抵押财产已经交付或者登记，抵押权人可以主张转让不发生物权效力。

九、关于抵押不破租赁

抵押不破租赁，是指出租人将标的物财产出租并转移占有后，又对该财产设定抵押权，原租赁关系不受影响。抵押权与租赁权是两个不同的权利，抵押权系担保物权，所追求的是标的物的交换价值；租赁权系债权，所追求的是标的物的使用价值，二者在同一标的物上同时设立并不冲突。[1]

关于抵押不破租赁，《物权法》第 190 条规定："订立抵押合同前抵押财产已出租

---

[1] 参见中国农业银行股份有限公司酒泉分行诉玉门甘来矿业有限责任公司、玉门宾馆甘来金业有限公司、傅士霖、苏玉梅金融借款合同纠纷案，载北大法宝—司法案例库，https://www.pkulaw.com/fbm, 法宝引用码【CLI.C.315803331】, 2022 年 10 月 22 日访问。

的,原租赁关系不受该抵押权的影响。抵押权设立后抵押财产出租的,该租赁关系不得对抗已登记的抵押权。"《民法典》第405条规定:"抵押权设立前,抵押财产已经出租并转移占有的,原租赁关系不受该抵押权的影响。"

从《物权法》到《民法典》,"抵押不破租赁"的适用条件发生了变化。《物权法》关于抵押不破租赁的条件是"订立抵押合同前抵押财产已出租",《民法典》增设了"抵押财产转移占有"条件,更加严格,对于仅有租赁关系,租赁物没有转移给承租人占有的,抵押权优先于租赁权,不适用"抵押不破租赁"。

十、关于同一动产抵押权与质权竞存时的清偿顺序

关于同一动产抵押权与质权竞存时的清偿顺序如何确定,《担保法司法解释》第79条规定:"同一财产法定登记的抵押权与质权并存时,抵押权人优先于质权人受偿。同一财产抵押权与留置权并存时,留置权人优先于抵押权人受偿。"该条确立了留置权优先于抵押权、抵押权优先于质权的规则。

关于同一动产抵押权与质权竞存时的清偿顺序,《民法典》作出了完全不同的规定,第415条规定:"同一财产既设立抵押权又设立质权的,拍卖、变卖该财产所得的价款按照登记、交付的时间先后确定清偿顺序。"当同一动产上抵押权与质权竞存时,以登记、交付作为考量因素,由于登记具有公示性,登记优先,如均登记的,按照登记的时间顺序确定清偿顺序;如均未登记,则按照动产交付的时间顺序确定清偿顺序。

十一、关于房地一体抵押

土地使用权和房屋所有权是两个不同的权利,由于房屋建筑物与土地不可分割,土地使用权和房屋所有权存在相互依附关系,我国立法采纳房地一体的基本立法例,从《房地产管理法》《担保法》到《物权法》,均规定了房地一体的规范,尤其《物权法》明确了不动产抵押领域的房地一体化。

《民法典》第397条沿袭了《物权法》的规定:"以建筑物抵押的,该建筑物占用范围内的建设用地使用权一并抵押。以建设用地使用权抵押的,该土地上的建筑物一并抵押。抵押人未依据前款规定一并抵押的,未抵押的财产视为一并抵押。"该条确立了房地一并抵押的原则。

《民法典》规定了房地一体的例外情形,新增建筑物不属于建设用地使用权抵押的抵押财产。《民法典》第417条规定,"建设用地使用权抵押后,该土地上新增的建筑物不属于抵押财产"。《民法典担保制度解释》作出了进一步细化规定,将建筑物

分为土地上已有的建筑物、正在建造的建筑物已完成部分、正在建造的建筑物的续建部分、新增建筑物四种类型。建设用地使用权抵押权的效力及于土地上已有的建筑物以及正在建造的建筑物已完成部分,不及于正在建造的建筑物的续建部分以及新增建筑物。

建设用地使用权抵押权实现时,建设用地使用权与该土地上新增的建筑物一并处分,抵押权人对建设用地使用权和已有建筑物、建筑物已完成部分享有优先受偿权,但对于新增建筑物所得的价款,抵押权人不享有优先受偿权。

关于房地分离,建设用地使用权和建筑物分别抵押给不同债权人的如何处理,根据《九民纪要》的精神,基于房地一体规则,此时应当将建筑物和建设用地使用权视为同一财产,从而依照《物权法》第199条的规定确定清偿顺序,登记在先的先清偿;同时登记的,按照债权比例清偿;同一天登记的,视为同时登记。而《民法典担保制度解释》第51条第3款规定:"抵押人将建设用地使用权、土地上的建筑物或者正在建造的建筑物分别抵押给不同债权人的,应当根据抵押登记的时间先后确定清偿顺序。"与《九民纪要》比较,《民法典担保制度解释》新增了正在建造的建筑物分别抵押的情形,扩充了分别抵押的范围。

十二、关于主债权诉讼时效届满的法律后果

抵押权属于担保物权,不是请求权,不能适用诉讼时效制度。法律对于抵押权行使时间的规定,是抵押权行使权利的期限,与主债权诉讼时效挂钩。《民法典》第419条沿袭了《物权法》的规定:"抵押权人应当在主债权诉讼时效期间行使抵押权;未行使的,人民法院不予保护。"

担保物权的效力与主债权的诉讼时效有关,主债权诉讼时效经过,抵押权过了除斥期间也消灭,抵押权人行使抵押权时间参照主债权诉讼时效期间,抵押权人应当在主债权诉讼时效期间行使抵押权。《民法典担保制度解释》明确了抵押人以主债权诉讼时效期间届满为由,主张不承担担保责任的,法院应予支持。同时规定主债权诉讼时效期间届满前,债权人应对债务人提起诉讼并在法定期限内申请强制执行,如仅是提起诉讼而不申请执行,向抵押人主张行使抵押权的,法院不予支持。这体现了抵押的担保性质。

债权人仅对债务人提起诉讼,经人民法院判决或者调解后未在《民事诉讼法》规定的申请执行时效期间内对债务人申请强制执行,其向抵押人主张行使抵押权的,人民法院不予支持。

抵押权人未在主债权的诉讼时效期间行使抵押权,主债权诉讼时效届满后,对担保物权产生什么影响?根据《九民纪要》的规定,抵押人在主债权诉讼时效届满后

请求涂销抵押权登记的,法院依法予以支持。从物尽其用角度,《九民纪要》认可了抵押人涂销抵押权登记的权利。《民法典担保制度解释》并未对涂销登记作出规定。

十三、结语

《民法典》及《民法典担保制度解释》通过对抵押权制度整体与细节的增减调整,解决了不少令人困扰的抵押权实务问题,丰富并充实了抵押权制度,为统一抵押权适用规则作出了努力,当然,《民法典》及《民法典担保制度解释》语境下的抵押权适用还需实践进一步验证。

【责任编辑:郐雯倩】

网络侵权视野下人格权禁令研究

史程冉[*]

摘要:随着我国互联网产业的发展,人格权网络侵权问题也日趋严重。人格权禁令作为《民法典》的新增措施,在人格权保护领域具有重要意义,其事前预防作用对于网络环境下的人格权保护尤其必要。而作为新增措施,人格权禁令的特点、功能定位、适用、效力等问题均有待研究,需立足于人格权网络侵权的特点,针对其不完善部分提出相应意见。就网络环境下的人格权侵权问题,人格权禁令在适用或实际规制效力等方面与其他涉及人格权保护的措施存在交叉关系,因此,本文对其适用条件、范围、效力进行辨析,以求实务中处理人格权网络侵权问题时,更好地进行措施并用或选择适用。

关键词:人格权禁令 网络侵权 《民法典》

引　言

（一）研究背景

我国互联网蓬勃发展至今,已与公民的个人日常生活高度融合,其在带来诸多便利的同时,也给人格权保护提出了更大的挑战。网络环境中的人格权侵权问题逐渐成为人格权侵权规制中最困难的部分。人格权侵权行为加之网络环境中信息的高速传播和迭代,能够带来极严重的侵权损害后果,给被侵权人造成严重的精神损害。精神损害赔偿无法真正使被侵权人的人格恢复至圆满状态,只是一种对损害的

收稿日期:2022-05-06

[*] 史程冉,中国民航大学法律(法学)硕士研究生。

代替性弥补[1],因此,在人格权网络侵权的规制领域,"预防"更为重要。

2021年1月1日生效的《民法典》第997条系我国首次规定人格权禁令。人格权禁令旨在用一种新的方式进行人格权保护,其目的在于对人格权侵权行为予以及时制止,有效预防和避免侵权损害后果的发生。

人格权禁令不仅是权利实现的新途径和解决纠纷的新手段,同时也是依法管网、治网的重要形式[2],禁令的设置将开启解决网络人格权侵权问题的新篇章。

(二)研究意义

我国《民法典》人格权独立成编开创了民法典编纂体例的先河,这样的体例除了体现我国对人格权保护的重视程度以及现代民法以人为本的精神,还有其体系价值和理论基础。人格权请求权体系的构建旨在完善对人格权保护的事前环节,从被动防御向积极预防转变,这对于人格权网络侵权的规制尤其具有重大意义。因网络环境的特性,人格权侵权行为造成的损害后果往往会快速扩大,使权利人所遭受的损害难以弥补,这给人格权的预防保护机制提出了更高的要求。

在人格权请求权体系内非常重要的一部分便是人格权禁令。禁令作为人格权保护的新方式,对人格权侵权的事前预防与事后救济均有重要作用。在人格权网络侵权的规制领域,人格权禁令能够及时制止侵权行为,防止侵权损害后果的实际发生,使公民的人格免于被侵权行为损害。

人格权禁令作为《民法典》的新增措施,在有其重要作用的同时,也存在一系列学理和实践问题等待被研讨和解答。

故本文的研究意义在于,着眼于人格权网络侵权的固有特点,进一步就人格权禁令的功能定位、适用、效力以及完善方向作出研讨。

一、人格权禁令的特点

《民法典》规定民事主体享有生命权、身体权、健康权、姓名权、名称权、肖像权、名誉权、荣誉权、隐私权等权利,并且享有基于人身自由与人格尊严产生的其他人格利益。人格权网络侵权同其他领域中的侵权行为一样,都是对上述各人格权的损害,特殊之处在于其所处的网络环境使得侵权主体更为隐蔽,侵权损害后果更难以预见且更易加重,侵权行为也同样更为复杂和隐秘。

具体而言,人格权网络侵权的损害后果易在短时间内快速扩大,给被侵权人造成相应的精神损害,因此对人格权网络侵权的规制应当注重时效,尽早介入。此

---

[1] 参见张红:《论〈民法典〉之人格权请求权体系》,载《广东社会科学》2021年第3期。
[2] 参见王利明:《〈民法典〉人格权编的立法亮点、特色与适用》,载《法律适用》2020年第17期。

外,网络环境中的人格权侵权行为的复杂性以及对地域范围的突破,使得对侵权的举证和认定更为困难。

另外,从人格权网络侵权的整体而非个案着眼,与其他环境下的人格权侵权相比,网络的匿名性等特点使得网络侵权的发生频次更高,即更易发。

二、网络侵权视野下人格权禁令的功能定位

为确定网络侵权视野下人格权禁令的功能定位,下文通过比较及辨析,基于辨析的结果,确认人格权禁令的功能定位,明确人格权禁令在规制人格权网络侵权领域的核心功能。

(一)比较其他措施与人格权禁令以确定其功能定位

下文将对人格权禁令与停止侵害这一民事责任、先予执行、人身保护令、诉前保全以及在网络侵权领域发挥重要作用的通知进行比较和辨析。

1.其他措施与人格权禁令的比较

第一,人格权禁令与停止侵害相比较。我国将"停止侵害"作为一种民事责任形式,而人格权禁令是人格权请求权发生作用的方式之一。二者有如下区别:一则,停止侵害的适用以诉讼确认为前提,而人格权禁令并不必须经诉讼才能适用,不需要通过诉讼确认,可以仅作为一种具有暂时性效力的措施而存在;二则,停止侵害适用于正在发生的侵权行为,而人格权禁令可以适用于侵权还未发生的情形。就人格权网络侵权而言,停止侵害这样需要以诉讼裁判为前提的事后救济方式不足以实现对公民人格权的充分保障,即使事后救济,也不足以弥补损害后果;而人格权禁令可以在事前及时介入止损。

第二,人格权禁令与先予执行相比较。人格权禁令与先予执行的区别:①设置目的不同,先予执行旨在于裁判作出前裁定被申请人为或不为某种行为,目的是在法律规定的特殊情形下给予申请人相应的保障或先行解决其问题,人格权禁令的目的在于预防损害发生或进行救济;②行为方式不同,先予执行主要是要求被申请人为或不为某种行为,实际中更多地指向一种给付行为,也就是作为的行为方式,而人格权禁令的行为方式主要是要求被申请人或者侵权人不为某种行为;③适用范围不同,先予执行只能适用于双方具有先合同关系或持续性关系的情形,而人格权禁令则适用于人格权侵权领域。

第三,人格权禁令与人身保护令相比较。人身保护令属于广义上的禁令,旨在解决家庭暴力、婚姻案件。人身保护令针对人身安全进行适用,人格权禁令适用于各种人格权的保护。就人格权网络侵权而言,其更多地涉及名誉权、隐私权、肖像权等人格权,而很难与公民的人身安全相关联,因此人身保护令与网络侵权领域相关

度较低。二者在申请主体和具体的适用程序上也存在差别。

第四，人格权禁令与诉前保全相比较。诉前保全作为一种诉前禁令，同样可以与人格权禁令相比较。首先，二者的设立目的和功能有明显分别，诉前保全是为了保障后续判决的履行。其次，就目的实现方式而言，诉前保全的目的的实现是以诉讼裁判的作出为前提的，而人格权禁令一经生效即可发挥其实体意义上的作用。[1] 最后，实现成本不同，具体案件中，保全裁定的作出需要听取当事人双方的意见，并对必要性进行个案审查，而人格权禁令基于案件的紧迫性，在程序上倾向于降低成本，保障保护人格权这一目的的实现。具体就人格权禁令的适用程序而言，仍待立法进一步规定。

2.通知与人格权禁令的比较

本文旨在研讨人格权网络侵权视野下人格权禁令的相关问题，故将在网络侵权领域具有重要规制意义的通知与人格权禁令进行对比，分析二者的区别以明确人格权禁令的功能定位。

我国在2009年《侵权责任法》中设置了通知，而后为《民法典》所沿用，《民法典》第1195条规定了权利人的合法权利在受到其他网络用户损害时，有权通知网络服务提供者采取必要措施，而网络服务提供者在接到包含法定必要信息的通知后，应当及时采取相应的必要措施，如没有及时采取必要措施而造成权利人合法权益进一步受损的，对扩大的部分承担相应的过错责任。

通知与人格权禁令存在诸多显著差别，而真正的交叉部分在于，二者均在网络侵权规制领域具有重要意义。

通知意在规范网络服务提供者的行为，间接地作用于实际侵权行为和实际侵权人，以便在网络环境中保护权利人的合法权益，其保护的合法权利不仅仅包括人格权，同时其适用的情形是侵权行为已经发生，权利人通过要求网络服务提供者及时采取必要措施来防止损害后果的进一步扩大。人格权禁令的目的则在于直接制止行为人正在实施或即将实施的侵权行为，仅适用于被侵害或即将被侵害的权利属于人格权的情形。

就网络环境下侵害人格权的情形，通知和人格权禁令的效用各有优势。通知实际上将保护人格权的责任从个人维权、法院救济中转移了一部分给网络服务提供者，与通过人格权禁令制止侵权或诉讼救济相比，通知的效率更高，即时性更强，权利人只需要向网络服务提供者提供相应的信息即可以一种低成本的方式维护自己的人格权免受侵权行为的损害。

---

[1] 参见施展:《人格权禁令的理论思考与程序对接》，载《太原城市职业技术学院学报》2021年第7期。

通知在具有效率优势的同时,在有效性上具有相应的劣势。因为通知虽给网络服务提供者设定了民事上的义务,但是强制力不足,是否采取相应措施制止网络上侵犯隐私权、名誉权等内容持续传播的选择权实际上在网络服务提供者手中。实际中,网络服务提供者对于通知的响应与否或响应速度会受到侵权事件的网络热度、舆论关注度的影响,存在选择性采取措施的情况。人格权禁令则直接作用于侵权人或可能侵权的人,一旦申请经人民法院审查后作出裁定,该裁定便具有一定强制力。

经上述辨析可知,通知和人格权禁令是两个相互独立、界分明显的措施,只是因二者共同作用于人格权网络侵权领域而在人格权保护问题上有相同的制度目标和实际效果,在此进行比较和讨论,有助于在网络侵权视野下对人格权禁令的定位和功能有更深的理解。同时,在实际面对网络环境下的人格权侵权问题时,会不可避免地涉及权利人对相关措施的选用或并用,因此该讨论同样可以进一步解答此类问题。

(二)人格权禁令的功能定位明晰

通过上述比较,可以就人格权禁令的功能定位以及其在人格权网络侵权领域的核心功能和价值作出以下讨论:

其一,与其他措施相比,人格权禁令所涉及的人格权保护规制环节更加全面,兼有事前预防、事中规制、事后救济三方面。人格权禁令最能独立实现其设立目的和价值的部分便在于事前预防这一方面。就网络环境中的人格权侵权而言,事前预防和事中规制更有利于人格权保护真正目的的实现,即保障公民的人格权益不受损害或尽可能减少其损害。考量将人格权禁令与上述其他措施合并适用,可以发现尤其在损害后果尚未发生或尚未依托互联网急剧扩大、不涉及诉讼及人身损害的情形下,人格权禁令具有发挥其自身功能的必要性。

其二,从体系层面着眼,人格权禁令为传统的人格权保护模式注入新鲜血液,而这种变化也同样顺应了人格权保护的发展需要,更能适应和适用于网络侵权这样的特殊情形。传统的"侵权行为—损害后果—补偿"模式更偏重事后救济,而此种救济实际上并不能完全补足被侵权人的人格,只能是面对已经造成的严重损害后果的一种无奈的代替性弥补。传统模式并不能适应如今互联网领域人格权的保护需要,因此人格权禁令的设置从规范体系上弥补了传统模式的不足。人格权禁令成为依法管网、治网的重要法治方法。

其三,从更加细节的层面将几种措施进行对比,人格权禁令保护功能具有优势。如与必须以诉讼为依托的先予执行、停止侵害相比较,除了规制环节有所不同,人格权禁令因其适用不必依托诉讼程序,从维权成本上看,其成本更低,更能尽快介入网络人格权侵权的进程,及时制止并遏制侵权信息的传播以及损害后果的产生和范围的扩大。

其四，人格权禁令作为一种及时性的措施，在有相关的程序规范从申请、裁定、维持、撤销等各个环节来保障其实施的同时，与其他措施的适用相比又更为灵活。如果人格权禁令的发布出现了一定的错误，可以及时予以撤销和纠正，就互联网环境下的人格权侵权而言，更易平衡他人的表达自由、信息传播时效性与人格权保护之间的关系。

三、网络侵权视野下人格权禁令的适用

(一) 人格权禁令的适用条件

《民法典》第997条规定："民事主体有证据证明行为人正在实施或者即将实施侵害其人格权的违法行为，不及时制止将使其合法权益受到难以弥补的损害的，有权依法向人民法院申请采取责令行为人停止有关行为的措施。"该条涉及几个要件，并以这些要件来规范人格权禁令的应用，防止随意认定造成滥用，进而妨碍诸如互联网环境下信息的正常传播效率和言论自由等法律所欲保护的利益。故以下将以法条所列要件为依据进行展开，研讨具体认定的问题。

第一，权利人正在或即将受到侵害的权利系人格权，即人格权禁令的适用范围要件。

《民法典》第997条明确将人格权禁令的适用范围表述为"人格权"，人格权属于绝对权，具有排他和支配的效力，此处的法条表述是没有争议的，而实际中，在网络侵权领域还存在一些侮辱英雄烈士、侵犯死者的荣誉隐私等情形，同时网络也充斥着大量侵犯公民个人信息的内容，而这些个人信息又不足以进入隐私权的范畴作为一种具体人格权来保护，那么当这些情形出现的时候，是否可以申请人格权禁令进行保护，仍是有待讨论的。

英雄烈士的名誉、荣誉和及死者的姓名、荣誉、隐私等都属于人格利益的范畴；同样的，《民法典》对于个人信息的保护也没有将其表述为"个人信息权"，而是将不能进入隐私权保护范围的个人信息作为一种合法利益予以保护。"人格权"不同于"人格利益"，而人格权禁令在法条中将适用范围表述为"人格权"，故不宜对此处进行扩大解释，即将"人格利益"纳入人格权禁令的保护范围之内。本文对上述网络侵权领域的情形是否可以进入人格权禁令保护范围这一疑问持否定态度。

第二，行为人正在实施或者即将实施侵害人格权的行为。

从字面可知，该要件包含两种情形：一是行为人正在实施侵害人格权的行为，二是行为人即将实施侵害人格权的行为。此外，正在被侵害或即将被侵害的人格权也有不同类型，在网络环境下，侵害名誉权、肖像权、隐私权、荣誉权的情形较为严重和多见。就个案而言，又有行为人过往对申请人曾实施过或未实施过侵害其人格权

的行为、行为人过往常常或不常在网络环境中实施对他人人格权的侵权行为等不同的特殊个案情形。

将以上各类型情形进行随机结合,可以构建起人格权网络侵权在该要件下所涉各种情形的模型,从而进行更为全面的讨论。就"正在"和"即将"实施侵权行为两种类型而言,前者更加容易举证和认定,而对于后者,损害后果尚未发生,则难以进行认定,需要对其发生的可能性进行个案分析。就所涉人格权类型的不同,在认定时可以适度缩紧或放宽判断标准,例如对于网络环境中侵犯隐私权的情形,一旦公民的隐私信息在网上公开,这些不希望被他人所知悉的信息即有可能在短时间内尽人皆知,故在这样的情形下,为了维护隐私权,法院在裁量的过程中可以适度放宽判断标准。而在侵害或可能侵害荣誉权、肖像权的情况下,或者是在更多地涉及财产性利益、事后救济更能弥补其损害后果的情况下,判断标准便可适度从严。

第三,如果不作出及时且有效的禁令进行制止,损害后果会难以弥补或迅速扩大。

这一要件包含两个要点:一是损害具有紧迫性,二是损害后果客观来讲难以弥补或扩大迅速。

针对紧迫性而言,笔者认为可以从两个层面进行理解,除了损害的产生和扩张具有紧迫性,法院作出人格权禁令的必要性也同样紧迫。"损害后果难以弥补"可以解读为损害后果难以通过事后金钱救济的方式进行弥补。实际上,在人格权侵权领域,一旦人格权受到侵害,通过金钱进行代替性弥补,无论是从在理论层面还是从一般人的视角和感受出发,权利人人格遭受的损失实际上是无法恢复到圆满状态的,但这并不意味着可以将所有侵害人格权的情形全部认定为"损害后果难以弥补"。

这里需要借助人格权不同类型的区别进行界分,包括均属于同一具体人格权时,根据不同的个案情形,对损害后果是否难以弥补也会作出不同的认定。例如自然人的肖像权,如果是不愿意被曝光的私人朋友圈照片未经同意被转载到其他网络平台上进行广泛传播而给权利人带来了他本不愿承受的网络关注,此时倾向于认定该行为对肖像权的损害是"难以弥补"的。如果是明星或者是其他"网络红人"在互联网上已经上传的照片未经同意被其他主体擅自挪作商业用途,更多的是侵犯了肖像权的财产性内容,而财产性内容可以通过金钱予以弥补,因此对于这种情形,便不宜认定为"难以弥补"。

在互联网环境下侵害人格权的情形,实际上都包含或大或小的"损害后果扩大迅速"的风险,这是由网络本身的性质所决定的。在侵权行为正在实施且损害后果已经产生的情形下,损害后果客观上已经处在一个不断扩大的进程当中,对于这种情形,实务中不难判断。较难的是在侵权行为即将发生的情形下,对尚未出现的损害后果进行判断,同时此种判断在人格权网络侵权问题上极为重要,是实现人格权禁令预防功能的重要环节,此处的判断标准也应针对不同的人格权类型予以适当限缩或放宽。

第四,申请人需"有证据证明"。

《民法典》第997条将此要件表述为"有证据证明行为人正在实施或者即将实施侵害其人格权的违法行为"。根据法条表述可以明确,申请人在向法院提交人格权禁令申请时需要提供证据,证明的内容是"行为人正在实施或者即将实施侵害其人格权的违法行为",而没有明确的部分在于证明标准,即何种程度的证明可以达到法条所要求的"有证据证明",此标准现今尚未有配套司法解释进行规定。关于证据的证明标准,同样可以区分"正在"和"即将"两种情形以及根据不同的人格权类型采用严格程度不同的证明标准。王利明教授认为应当采纳盖然性证明标准[1],与《最高人民法院关于适用〈中华人民共和国民事诉讼法〉的解释》第108条为诉讼证明所规定的高度可能性标准相比较,若采用盖然性证明标准,则对申请人要求的证明程度更低,只要申请人能够证明他人的行为可能对其人格权造成损害或有造成损害的危险,便认为申请达到了"有证据证明"的程度。

第五,经法院的初步判断,申请人具有较大的胜诉可能性。

换言之,法院在收到人格权禁令申请时,应当针对个案情况,结合申请人提供的证据,判断假设所涉侵权纠纷进入诉讼,也有较大的胜诉可能性,即被申请人的行为有较大可能构成对人格权的侵害并应承担相应的民事责任。此要件的判断必要性在于防止错误禁令的作出妨害被申请人的合法权益或网络环境下信息的传播效率等,同时通过该判断,可以尽可能避免申请人之后提起诉讼时,出现被申请人不被认定为侵权而与人格权禁令的裁定产生抵触的情况。

此外,人格权禁令的适用除了要符合实体上的规定,也应符合相关的程序性规定。特别是在互联网环境下,任何措施的效果无论是正面效果还是出现错误裁定时的负面效果都有可能被放大,因此极需要进一步研讨和规定人格权禁令适用的程序。

(二)人格权禁令与其他措施的并用

基于辨析人格权禁令与其他措施的区别以明确人格权禁令的定位及其功能的讨论成果,进一步研讨人格权禁令与其他措施的并用问题。

人格权禁令与通知存在诸多区别,二者无论是适用情形还是适用条件都有明显区别,系两个相互独立的措施,重叠之处在于对网络环境下人格权保护的实际效果。权利人在面对人格权网络侵权时可以自行选择向法院申请禁令或向网络服务提供

---

[1] 参见王利明:《论侵害人格权禁令的适用》,载《人民司法》2020年第28期。

者进行通知又或是二者并用。在二者并用的情形下,如果法院已裁定作出禁令,则该禁令可以作为通知网络服务提供者强有力的证据,如果其不采取必要措施而造成损害后果的扩大,就扩大部分更易于证明网络服务提供者存在过错,即权利人在通知时提供禁令作为证据,网络服务提供者仍不及时采取必要措施的,可证明其存在过错。但人格权禁令对应的义务人只能是被申请人而非网络服务提供者,故对于网络服务提供者并无强制力,只能间接影响通知的实际效果。

人格权禁令与人格权诉讼的并用。人格权侵权诉讼旨在对损害后果进行事后救济,而在人格权禁令已经对即将实施的侵权行为予以制止而避免损害后果发生的情形下,无损害后果则无须侵权诉讼进行救济,这也是人格权禁令设置的理想预防功能的实现。此外,在有人格权禁令作出的情况下,仍有损害后果的发生,权利人可以通过侵权诉讼继续进行相应的事后救济,但如果权利人无意获得侵权赔偿而只希望制止侵权行为继续发生,也可以仅诉诸人格权禁令的帮助。[1] 同时,人格权禁令不同于民事责任形式,只能在实际效用上产生重叠,因此如果需要民事责任的认定而不止于禁令的临时性保护,则还是要在符合相关条件的情况下进行诉讼,从而获得终局性的认定和救济。

人格权禁令与通知、侵权责任等一同构建了网络环境下的人格权保护体系,力求在侵权的事前、事中、事后环节都能充分保护人格权不受损害。

四、网络侵权视野下人格权禁令的效力

(一)人格权禁令的直接效力

人格权禁令的直接效力在于强制执行力,在被申请人继续实施侵权行为侵害申请人人格权时,申请人可以依据禁令申请强制执行,达到制止侵权行为、防止损害后果发生或进一步扩大的目的。

人格权禁令作为保护人格权的一种临时性措施,其目标在于及时制止正在发生或即将发生的侵权行为,预防损害后果的发生和扩大。基于该目标,人格权禁令的审查和裁定的作出应当及时且高效,故法院在审查时,往往不经当事人双方辩论或不作出实质性审查,更多的是进行形式上的初步审查便决定是否作出禁令。在大部分情况下,人格权禁令的直接效果具有临时性和暂时性,在后续进行诉讼,终局性判决作出时,禁令便会失效。

在某些情形下,人格权禁令也会取得终局性的效力。例如在人格权禁令作出后,被申请人没有继续实施侵权行为,而申请人也对此时的状态感到满意,没有提起

---

[1] 参见郭小冬:《人格权禁令的基本原理与程序法落实》,载《法律科学》2021年第2期。

诉讼,即没有后续的行为使得人格权禁令的效力发生改变,此时人格权禁令便具有终局性的效力。

(二)人格权禁令的效力期间及失效

关于人格权禁令的效力期间,我国现行法律法规中并无明确的规定。人格权禁令的效力期间如果过短,则不能充分达成制止侵权行为的目的,同时,有可能需要多次进行申请才能达到保护申请人人格权的目的,而这样无疑会造成司法资源的浪费,加重申请人维权的负担。但人格权禁令作为一种临时性措施,其效力期间也不宜过长。关于人格权禁令效力期间,可以适当参考我国关于人身安全保护令期间的规定。

关于人格权禁令的失效,涉及以下两种情形:一是法院对已经作出的禁令进行撤销,二是因申请人进行诉讼或终局裁判的作出而失效。就第二种情形下人格权禁令失效的时间节点,学界有不同的观点。

法院对已经作出的人格权禁令进行撤销主要是为了纠正其错误,可进一步分为直接撤销和通过新禁令而撤销旧禁令。人格权禁令的作出往往只经过了形式审查,故为解决错误认定时的相关问题,应配套规定人格权禁令撤销的相关程序和后续一系列救济措施。

在因申请人进行诉讼而失效的情形下,一部分学者认为人格权禁令应在申请人提起诉讼时失效[1];而另外一部分学者则认为,在法院作出终局性判决时,人格权禁令方才失效。将人格权禁令失效的时间节点定为终局裁判作出时,有利于在诉讼过程中继续发挥禁令的作用,保护权利人的人格权不受侵害或防止损害后果的扩大。

五、网络侵权视野下人格权禁令的完善

在讨论人格权禁令的定位、功能、适用及效力的过程中,可以发现现今我国人格权禁令有诸多待完善之处。人格权禁令的适用要件规定不明,会造成实务中法院在具体认定时的困难。同时,仍然缺少人格权禁令的程序规定,缺少错误申请禁令时的救济规则。此外,也需要设立相应的担保制度。

就人格权禁令的适用要件而言,应当通过司法解释将各要件的认定问题进行明确,完善规定相关要素的考量标准。例如对《民法典》第997条所规定的"有证据证明行为人正在实施或者即将实施侵害其人格权的违法行为"的证明标准进行解

---

[1] 参见毕潇潇、房绍坤:《美国法上临时禁令的适用及借鉴》,载《苏州大学学报(哲学社会科学版)》2017年第2期。

释,区分不同情形下对证明程度的不同要求;又如对该条所述的"难以弥补的损害"进行解释,明确该要件的判定标准。

此外,应当构建人格权禁令的适用程序。人格权禁令作为一种及时制止侵权的临时性措施,对裁定作出禁令的效率有较高的要求,同时即便禁令系一种临时性措施,一般只进行形式审查,也应当力求对申请进行判定的正确性。这些都需要完备且高效的程序规定帮助实现。因此应当科学构建以申请为程序启动条件,法院进行审查和判断后作出裁定,出现错误及时进行纠正和救济的整体程序体系。

完善人格权禁令错误申请的救济规则。人格权禁令错误申请的情形包括以下几种:一是人格权禁令因缺乏必要的要件应被撤销;二是申请人提起诉讼而终局判决与禁令的裁定内容相违背;三是人格权禁令在申请、审查、裁定的过程中违反程序性规定;四是法院对同案作出新的内容不同的禁令,纠正旧禁令的错误。

对于人格权禁令申请错误的救济,我国现行法律法规尚未作出明确规定,而该救济确有其设定必要,应当尽快制定规范予以明确。具体救济包括:在人格权禁令申请错误时及时予以撤销,通过新的人格权禁令予以纠正,对于因人格权禁令申请错误造成的影响进行恢复,如恢复被申请人在网络平台上所发布的内容。对于无法恢复的部分,申请人就给被申请人造成的损失承担相应的损害赔偿责任。此处笔者认为可以参考我国有关诉前财产保全的规定,《民事诉讼法》第108条规定,诉前财产保全申请存在错误的,申请人应当赔偿被申请人因保全所造成的损失。对于人格权禁令申请错误的救济,可以规定为:申请人应当赔偿被申请人因人格权禁令所造成的损失。[1] 除上述完善措施以外,还可以将担保引入人格权禁令保障。笔者认为,同样可以参考《民事诉讼法》中关于诉前财产保全的规定,为人格权禁令设定担保机制。王利明教授指出,如果为人格权禁令设定担保,应区分不同情形而进行部分适用,对于显而易见的侵权情形,可以不提供担保,而对于"即将发生侵权行为"的情形,则应当提供担保。[2]

综上,人格权禁令整体还有很多部分有待完善。只有具备规范、科学且完备的规范体系,人格权禁令才可以在纷繁复杂的人格权网络侵权中,做到对公民的人格权给予充分和及时的保护,制止侵权行为,预防损害后果的发生和扩大,在进行保护的同时又不滥用人格权禁令,以达到人格权保护和互联网信息高效传播、公民表达自由之间的平衡。

---

[1] 参见姚建军:《担保金可以作为禁令错误请求赔偿的参考依据》,载《人民法院报》2013年7月4日,第7版。

[2] 参见王利明:《论侵害人格权禁令的适用》,载《人民司法》2020年第28期。

六、结语

人格权禁令作为一种新增措施,同时作为人格权保护体系的一部分,将其与其他相关措施进行辨析,明确定位和功能,有利于后续进一步的完善,也有利于人格权保护体系的整体构建。在网络视野下的人格权保护领域,由人格权禁令、通知、传统的侵权救济体系共同构筑了事前、事中、事后的全套保护机制。

在实务中科学适用人格权禁令,还需要从适用要件、与其他措施的协调适用、直接效力及其效力期间、程序等多方面进行研究,就其诸多不完备之处进一步进行规范。

对于这样一个旨在追求及时、高效,同时又要在复杂多变的网络环境中发挥作用的措施而言,急需构建科学的程序规定去规范其申请、审查、错误救济等各个环节,例如在立法时可以适当参考人身安全保护令对效力期间的要求、诉前财产保全对错误申请造成被申请人损失的救济的有关规定等。

就人格权禁令的适用条件和条件中的各个要件而言,也应当在明晰其在人格权保护中的体系定位和制度功能的基础上,在司法解释中进一步明确解释其内涵,解决现存规定对于"有证据证明""难以弥补的损害"等要件的判定标准不清的问题,防止人格权禁令的适用过于严苛而不能充分保护公民的人格权,或者被滥用而限制互联网信息传播的效率及公民的表达自由。

由于人格权禁令在我国作为新增措施,其规定较少且案例数量不足,因此对该措施的讨论更多地停留在个人见解层面。随着人格权禁令不断在实务中被适用、在理论上被讨论,其将在人格权保护领域,特别是网络侵权领域的人格权侵权预防方面发挥更多的作用,在调整中逐步构建完善、完备的人格权保护体系,同时实现我国管网、治网的目标。

【责任编辑:金梦洋】

《民法典》表见代理的"有理由相信"探析*

张玉明**

摘要：《民法典》表见代理的"有理由相信"是我国的特有术语,在司法上大多称为善意无过失。在传统司法路径中,善意无过失标准存在界定不明、认定不清等问题,通过代理权外观进行的"有理由相信"的司法认定也是如此。传统司法路径,短期有益,长期则势必损害意思自治、公平的价值理念。应采新近的司法路径以过错衡平视角,进行过错回归,考量被代理人过错,并增加"与行为人有无特殊关系",衡平善意交易相对人的"有理由相信",合理规制表见代理的偏向滥用。

关键词："有理由相信" 善意无过失 过错衡平 被代理人过错 特殊关系

一、"有理由相信"的语词考察

"有理由相信"是我国特有术语,其意思为有信赖为什么做某事的道理。在我国,学术理论大多称之为"合理信赖",而司法实务大多称之为"善意无过失"。"有理由相信"强调应综合各种因素合理地认定合同相对人是否尽到合理注意义务,同时还要兼顾缔结时间、合同当事人、代理人的身份、关系、标的物、交付方式和地点、印章等相关证明材料等因素。"有理由相信"其本身也是一种模糊的抽象表达,理由是否具体?是否指善意无过失的相信?是否包含过失?是否正当?因此有必要对

收稿日期:2022-06-28

* 基金项目:浙江省大学生科技创新活动计划暨新苗人才计划"大学生创新创业孵化项目"阶段性成果(2019R405088)

** 张玉明,新疆政法学院教师,宁波大学法律硕士。

"有理由相信"进行语词考察。

在国内立法上,原《民法总则》第172条、原《合同法》第49条、《保险法》第127条、《合伙企业法》第76条、原《最高人民法院关于适用〈中华人民共和国婚姻法〉若干问题的解释(一)》第17条及《最高人民法院关于当前形势下审理民商事合同纠纷案件若干问题的指导意见》(以下简称《指导意见》)等均有关于"有理由相信"的规定。其中《指导意见》明确并完善表见代理的构成要件,规定"有理由相信"为善意无过失,指导司法正确认定。同时根据《最高人民法院关于中国信达资产管理公司福州办事处与张景宗、雷珊珊、张琪琪、厦门正丰源保税有限公司借款合同纠纷一案请示的复函》(〔2001〕民一他字第34号),也可以看出"有理由相信"是指相对人尽了注意义务,是没有过错的,因而是善意的。这也佐证了我国的"有理由相信"本身具有正当的内涵。对此,我们可以理解为,《指导意见》是对"有理由相信"适用混乱的纠正。但这样却造成了另一个问题,由于并未对"善意无过失"内涵细化,以致司法实务粗糙认定,造成标准不一的现象,而寄希望于《民法典》予以明确也付之东流。

在我国的立法过程中,逐渐确定"有理由相信"的内涵,强调善意且无过失。西方国家是否也有如此的表述及内涵则尚待考察。

《德国民法典》对"有理由相信"的规定较为简单,以"知道或应当知道"表述,在体系上是属于善意范畴,并没有有无过失的规定[1],对"有理由相信"限制较为宽松。《法国民法典》对"有理由相信"的规定,与德国类似,强调善意的不知情,也没有有无过失的规定,但在学说判例上,法国仍强调审慎义务。[2]《日本民法典》第109条、第110条以及第112条均是对无权代理三种情形的规定。[3] 从"第三人知道或因过失不知道""有正当理由相信""善意第三人""第三人因过失而不知道"等用语综合来看,这里的相对人"有理由相信"则是将善意与过失加以区分的,并未合并规定。可见日本的"有理由相信"较为宽松,相比德国、法国而言,更为灵活;我国与三国相比均更为严格。以上三国的民法典规定与我国相比,明显存在程度上的差

---

〔1〕《德国民法典》第173条规定:"相对人在法律行为实施时知道或应当知道代理权的消灭的,不适用第170条、第171条第2款和第172条第2款。"参见《德国民法典》(第3版),陈卫佐译注,法律出版社2010年版,第59页。

〔2〕《法国民法典》第2005条规定,仅通知受任人解任的情形,不得以此种解除对不知解任而与受任人缔结契约的第三人提出主张,但委任人对受任人有求偿权。第2008条规定,受任人于不知委任人的死亡或其他委任终止的事由所为的行为,仍属有效。第2009条规定,在前条的情形,对于善意第三人,受任人应履行所约定的义务。参见《法国民法典》,罗结珍译,北京大学出版社2010年版,第471页。

〔3〕《日本民法典》第109条规定:"对第三人表示授予了他人以代理权的意旨的人,就其他人在该代理权范围内与第三人之间所实施的行为,负其责任。但第三人知道或因过失不知道该他人没有被授予代理权的,不在此限。"第110条规定:"代理人实施其权限外的行为,而第三人有正当理由相信代理人有权限的,准用前条正文的规定。"第112条规定:"代理权的消灭不得对抗善意第三人。但是,第三人因过失而不知道该事实的,不在此限。"

异,从严厉程度而言,依次为我国、日本、德法两国。显然,对于善意无过失的认定标准,与典型大陆法系国家相比,我国的"有理由相信"过于苛刻。但善意无过失的严苛标准,是否仅有我国采纳呢?不然。《泰王国民商法典》中"有合理理由相信"就与我国"有理由相信"之善意无过失标准极为相似。[1]但此种规定并不多见。

综上,我国"有理由相信"范围更为严格,主张善意无过失双重标准。笔者认为,我国善意无过失标准对于表见代理的被代理方是极为苛刻的,侧重善意相对人的交易安全,反而会损害被代理人的意思自治,长期而言,将不利于公平交易秩序的构建。正是基于此,典型大陆法系国家并不采纳善意无过失双重标准,是由百年的历史经验所佐证的。其实国际上也并未采纳我国的善意无过失双重标准,比如《国际商事合同通则(2010版)》《国际货物销售代理公约》所规定的"第三方合理相信""第三方已知或应知"等表述中,仅强调不知情的善意,并不包含过失,通过本人过失来进行平衡。[2]因此,笔者认为我国善意且无过失标准过于严苛,在司法认定上应予反思和解构。

二、"有理由相信"司法认定的反思

自表见代理正式确定"有理由相信"以来,一直以外部信赖视角保护善意信赖相对人,导致我国"有理由相信"的司法认定并不统一,笔者总结为抽象式认定和具体式认定。

其一,所谓抽象式认定,是指法院只是宏观述及"相对人有理由相信",并不加以微观分解分析。起初我国法院大多采取这种思路,而现在依然有之。比如锦州××建筑工程有限公司等诉通辽市××劳务派遣有限责任公司建筑设备租赁合同纠纷案中,法官在认定表见代理时以合同及附件中被告印章的真实性等事实,不作"有理由相信"的解读,便抽象认定合同有效。[3]与之相似的案件还有田某栋与李某海、曾

---

[1]《泰王国民商法典》第821条规定:"某人支持他人擅自代理自己行为、或知道后仍放任他人作为自己代理人,该人对外部善意第三人承担如同他人是自己代理人的责任。"第822条规定:"如果代理人超出代理权限为行为,但本人使第三人有合理由相信该行为是在代理权限内为之,此情形应适用于前条的规定。"参见《泰王国民商法典》,周喜梅译,中国法制出版社2013年版,第144页。

[2]《国际商事合同通则(2010版)》第2.2.5条规定:"(1)代理人没有代理权或超越代理权行事时,其行为不影响本人和第三方之间的法律关系。(2)但是,如果本人造成第三方合理相信代理人有权代表本人行事并且是在授权范围内行事,则本人不得以代理人无代理权为由对抗第三方。"第2.2.10条规定:"(1)代理权的终止对第三方不产生效力,除非第三方已知或应知这一情况。(2)尽管代理权终止,但代理人仍有权为防止本人利益蒙受损害而采取必要的行为。"该规定与《国际货物销售代理公约》规定基本相同。

[3] 参见锦州××建筑工程有限公司等诉通辽市××劳务派遣有限责任公司建筑设备租赁合同纠纷案,载北大法宝—司法案例库,https://www.pkulaw.com/fbm,法宝引证码【CLI.C.43804381】,2021年1月10日访问。

某辉、雷某辉、雷某明、李某生、潘某军、宋某英股权转让纠纷案〔1〕、卢某红与汤某明民间借贷纠纷上诉案〔2〕等。这种模糊的认定思路虽然减少了很多认证的流程，看似对提高司法效率有帮助，但其实也导致案件一再上诉、再审，不但影响司法效率，也挫伤司法正义。虽然《指导意见》明确"有理由相信"的内涵为善意无过失，但此种局面仍未有改观，比如广东中原地产代理有限公司、李某珍居间合同纠纷上诉案发生在《指导意见》发布之后，却依旧未采取其观点。〔3〕本希望2017年公布的《民法总则》予以完善，但依旧并未细化，付之阙如。

其二，所谓具体式认定，是指对"有理由相信"加以剖析，或善意，或过失，或善意无过失加以具体化认定。相较于抽象式认定，具体式认定则更为清晰。比如王某涛、赵某超居间合同纠纷上诉案中直接引用《指导意见》对"有理由相信"进行界定，并进行分步分析。〔4〕与之相似的案件还有很多。〔5〕虽然相较于抽象式认定，具体式认定依旧较少，但具体式认定的优越性会不断地被予以重视，对于"有理由相信"的善意无过失标准的考量，也会不断从浅显的流水线式到深入的研发式过渡。因此应充分肯定具体认定式的善意无过失。

传统通说意义上而言，主观上的善意，是指相对人不知或不应知无权代理人实际上没有代理权，包括不知和不应知，比如被代理人在终止代理后，在指定报刊以合理方式发出公告的，则当推定相对人非善意。无过失，是指相对人不知道行为人没有代理权并非因疏忽大意或懈怠。需要注意的是，相对人非善意，但过失而不知，则

---

〔1〕 参见田某栋与李某海、曾某辉、雷某辉、雷某明、李某生、潘某军、宋某英股权转让纠纷案，载北大法宝—司法案例库，https://www.pkulaw.com/fbm，法宝引证码【CLI.C.6175269】，2021年1月10日访问。

〔2〕 参见卢某红与汤某明民间借贷纠纷上诉案，载北大法宝—司法案例库，https://www.pkulaw.com/fbm，法宝引证码【CLI.C.435124】，2021年1月10日访问。

〔3〕 参见广东中原地产代理有限公司、李某珍居间合同纠纷上诉案，载北大法宝—司法案例库，https://www.pkulaw.com/fbm，法宝引证码【CLI.C.11258883】，2021年1月10日访问。

〔4〕 参见王某涛、赵某超居间合同纠纷上诉案，载北大法宝—司法案例库，https://www.pkulaw.com/fbm，法宝引证码【CLI.C.11238025】，2021年1月10日访问。

〔5〕 参见襄阳市高新区日安诚信建筑物资租赁站与宜城市王集镇襄江村小学建筑设备租赁合同纠纷案，载北大法宝—司法案例库，https://www.pkulaw.com/fbm，法宝引证码【CLI.C.54917578】，2021年1月10日访问；汕头市达濠建筑总公司与四川福泰建筑劳务有限公司建设工程分包合同纠纷上诉案，载北大法宝—司法案例库，https://www.pkulaw.com/fbm，法宝引证码【CLI.C.11209015】，2021年1月10日访问；庄某祥诉福建省泉州市建筑工程有限公司、郑某山民间借贷案，载北大法宝—司法案例库，https://www.pkulaw.com/fbm，法宝引证码【CLI.C.7207052】，2021年1月10日访问；张某善诉中国建设银行成都市分行第三支行集资纠纷再审案，载北大法宝—司法案例库，https://www.pkulaw.com/fbm，法宝引证码【CLI.C.17358】，2021年1月10日访问；上海五钢浦东国际贸易公司诉上海银星线材线制品公司等购销欠款案，载北大法宝—司法案例库，https://www.pkulaw.com/fbm，法宝引证码【CLI.C.225294】，2021年1月10日访问；北京天汽中汽汽车销售有限责任公司与神龙汽车有限公司汽车销售合同拖欠货款纠纷案，载北大法宝—司法案例库，https://www.pkulaw.com/fbm，法宝引证码【CLI.C.31338】，2021年1月10日访问。

没有必要保护相对人。[1] 司法实务上对无过失的表述，通常是"未尽审查义务、注意义务"等，比如山东财源建工有限公司、滨州泰富置业有限公司民间借贷纠纷上诉案。[2] 但事实上，我国对"有理由相信"适用善意无过失标准认定时，存在诸多司法不统一的现象。具体如下：

其一，善意无过失判断。即在认定时善意与过失并行考虑。对于同时运用善意无过失加以判断的案件，有上千例之多。比如在山东财源建工有限公司、滨州泰富置业有限公司民间借贷纠纷上诉案中，法院认为山东财源建工有限公司对授权委托书、款项往来未进行审慎审查，未尽到基本的注意义务，具有重大过失，并非善意无过失，而不认定为表见代理。[3]

其二，纯善意判断。对于表见代理，只站在善意角度分析，而未提及无过失，此类案件在实务中比较少，比如吴某忠与缪某买卖合同纠纷上诉案[4]，赵某琴诉王某福、蒋某菊房屋买卖合同纠纷案[5]等。

其三，看似善意无过失，实则善意判断。在我国，有些法院并未理解善意无过失的内涵，裁判文书中写的善意无过失，只是在善意里兜圈。比如法院在胡某力、王某勤与胡某房屋买卖合同纠纷上诉案中所言："其三相对人主观上须为善意、无过失。相对人善意且无过失的判断标准是其不知道行为人没有相应代理权，若相对人明知或应当知道行为人无权代理仍与其签订，不构成表见代理。"[6] 可见我国司法实务中对表见代理"善意无过失"的认识还是存在问题或者分歧。

其四，看似善意无过失，实则无过失判断。在我国，有些看似善意无过失的论证，只是在分析有无过失，比如林某花、黄某明、黄某福、黄某国与吴某鸿、吴某婷房屋买卖合同纠纷案判决书论述的表见代理主客观要件，其中主观要件为善意且无过失，在事实中只论及"黄某论相信被告吴某婷出售房产的行为就是被告吴某鸿的行为并无过错，这符合表见代理成立的主观要件"[7]。

---

[1] 参见王利明：《民法总则》，中国人民大学出版社 2017 年版，第 387 页；梁慧星：《民法总论》（第 5 版），法律出版社 2017 年版，第 243 页；徐国栋：《民法总论》，厦门大学出版社 2018 年版，第 271 页。

[2] 参见山东财源建工有限公司、滨州泰富置业有限公司民间借贷纠纷上诉案，载北大法宝—司法案例库，https://www.pkulaw.com/fbm，法宝引证码【CLI.C.109686755】，2021 年 1 月 10 日访问。

[3] 与其类似的有罗某芬与平安银行股份有限公司广州流花支行委托理财合同纠纷上诉案，载北大法宝—司法案例库，https://www.pkulaw.com/fbm，法宝引证码【CLI.C.8614793】，2021 年 1 月 10 日访问。

[4] 参见吴某忠与缪某买卖合同纠纷上诉案，载北大法宝—司法案例库，https://www.pkulaw.com/fbm，法宝引证码【CLI.C.1624126】，2021 年 1 月 10 日访问。

[5] 参见赵某琴诉王某福、蒋某菊房屋买卖合同纠纷案，载北大法宝—司法案例库，https://www.pkulaw.com/fbm，法宝引证码【CLI.C.634693】，2021 年 1 月 10 日访问。

[6] 胡某力、王某勤与胡某房屋买卖合同纠纷上诉案，载北大法宝—司法案例库，https://www.pkulaw.com/fbm，法宝引证码【CLI.C.81315013】，2021 年 1 月 10 日访问。

[7] 林某花、黄某明、黄某福、黄某国与吴某鸿、吴某婷房屋买卖合同纠纷案，载北大法宝—司法案例库，https://www.pkulaw.com/fbm，法宝引证码【CLI.C.34130398】，2021 年 1 月 10 日访问。

其五,纯过失判断。这种情形在司法实务中极少,一般而言更多关注善意,单独论述过失或过错认定表见代理的,寥寥无几,但还是能找到一二,比如德隆酒店与张某商品房买卖纠纷案,一审、二审、再审出现三种不同判断,其中一审法院便是采取主观上有无过错来加以认定。[1] 而与之相似的庄某祥诉福建省泉州市建筑工程有限公司、郑某山民间借贷案则采取相对人有无尽到合理的注意义务来加以认定[2]等。

对于"有理由相信"之通常善意无过失的判断,似乎仍存在司法实务上难以认定的后果,于是出现了"有理由相信"与代理权外观的区分式(独立性)和同一式(非独立性)的分野。所谓区分式是指合理信赖和代理权外观各自独立为表见代理的构成要件。这是法国表见代理的显著特征。合理信赖的独立性,根源于代理权外观内涵狭窄,只包含表征代理权的可见客观事实,而排除赋予善意第三人信赖"合理性"的客观事实。但是法国法上的"合理信赖"恰恰指后者被代理权外观所排除的客观事实,继而免除善意第三人核实义务。可见合理信赖是独立的,区分于代理权外观。[3] 法国表见代理采区分式,强调合理信赖的独立性。我国学说目前普遍采纳区分式,但是与法国法上的内涵存在细微的不同,我国的合理信赖的内涵是善意无过失,是从主观上而言的,而法国法上的合理信赖的内涵却是客观环境所致。

德国与法国刚好相反,采同一式。合理信赖并不作为表见代理的单独要件,而是将其作为代理权外观的要素之一。德国表见代理的前提要件为:权利外观的构成要件(持续性、经常性);权利外观的可归责性(被代理人以足够的审慎或许可以认识到但并未阻止代理人的行为);合同相对人涉及缺失的代理权的善意;因果关系。从中看出并没有合理信赖的内涵,而更多是站在代理权外观的立场去理解表见代理,因为权利外观本身必须要合理信赖之,是其应有之义。就我国司法实务而言,法院往往并未加以区分,通常采同一式认定,以相对人是否足够谨慎、是否已尽审查义务为依据予以判断"有理由相信"。但是从教义学分析和司法视角而言,我国逐渐采取区分式对司法认定和理论扩展予以回应,应是明智之举。

在区分式下,在"有理由相信"本身难以认定或无须认定的情况下,通过代理权外观对"有理由相信"的司法认定,无疑成为认定表见代理的另一种可行进路。我们不得不承认该进路,通过外观类型的不同组合确实对"有理由相信"形成间接限制,从而开始侧重保护被代理人的权益,但也要承认对外观类型的组合看似具有客

---

[1] 参见德隆酒店与张某商品房买卖纠纷案,载北大法宝—司法案例库,https://www.pkulaw.com/fbm,法宝引证码【CLI.C.16709476】,2021年1月10日访问。

[2] 参见庄某祥诉福建省泉州市建筑工程有限公司、郑某山民间借贷案,载北大法宝—司法案例库,https://www.pkulaw.com/fbm,法宝引证码【CLI.C.7207052】,2021年1月10日访问。

[3] 需说明法国法上的"合理信赖"是指客观环境免除了善意第三人的核实义务。参见罗瑶:《法国表见代理构成要件研究——兼评我国〈合同法〉第49条》,载《比较法研究》2011年第4期;马铭、肖江波:《法国表见代理制度研究及启示》,载《兰州大学学报(社会科学版)》2010年第1期。

观认定的优势,实则陷入法院主观裁量的无底洞。

外观样态的多样性不仅涉及身份外观,比如亲子关系、亲属关系、男女朋友关系、股东关系、职务关系等,而且还涉及非身份外观,比如合同书、印章、授权委托书、签名文件、身份证、房产证、持续的交易行为、占有事实等。区分的意义在于通过区分不同类型的行为样态,更好地把握"有理由相信"的程度。同样我们还可以得知外观样态对表见代理认定的影响,存在两种截然不同的判决结果。[1] 外观样态不仅包括大部分的合法外观样态,身份外观、非身份外观及混合外观,比如合法的授权委托书、印章等,也包括小部分的非法外观样态,主要指盗用、伪造、变造、冒用签名及印章等外观,以被代理人名义谋取非法利益。有学者认为,盗用他人的介绍信、授权空白合同书及专用章签订合同的,司法上一般不认定为表见代理,但被代理人须举证证明,否则构成表见代理;甚至认为借用的,一般也不构成表见代理。[2] 我国的相关司法解释也可证明。[3] 但从具体案件中可以看出,非法外观样态存在两种不同的认定,认定表见代理的占比为 60%,不认定表见代理的占比为 40%,比如(2018)鲁 01 民终 111 号、(2017)京 02 民终 12382 号等判决书将盗用公章认定为"有理由相信",从而构成表见代理,而(2017)粤 01 民终 24035 号判决书则认定不构成表见代理。对此,非法外观样态存在的不同判、不统一的司法问题,值得思考。

综上,虽然没有认定表见代理的情形偏少,但根据外观样态,不管是同一外观样态,还是不同外观样态,得出同案不同判的结果,甚至在一审、二审、再审等不同阶段也是如此[4],外观样态对"有理由相信"的认定,本身存在固有的瑕疵,通过代理权外观间接认定"有理由相信",虽取得一定的成绩,但依旧需要反思。

其一,外观理论无限制扩大的反思。罗瑶教授所著《法国民法外观理论研究》一书中就曾提及外观理论的扩张演变性,并以法国法上的演变为例,就私法领域而言,最早从继承渐渐扩展至不动产领域、代理领域、身份领域,进而上升到一般性理论。对于外观理论适用范围的无限性,正如雅克·盖斯旦、吉勒·古博在《法国民法

---

〔1〕 学者杨芳认为在何种情形足以构成代理权表象这一问题上,抽象的说辞对于法律适用的作用或许远不如案件类型归纳更具说服力。对此进行主要类型归纳:无权代理人具特定身份型、外部授权或外部告知而内部撤回或限缩型、持代理权凭证型、本人事后履行型、长期无权代理而本人并未反对型。参见杨芳:《〈合同法〉第 49 条(表见代理规则)评注》,载《法学家》2017 年第 6 期。
〔2〕 参见魏振瀛主编:《民法》(第 5 版),北京大学出版社、高等教育出版社 2013 年版,第 188 页。
〔3〕 参见《最高人民法院关于在审理经济纠纷案件中涉及经济犯罪嫌疑若干问题的规定》(法释〔1998〕7 号)第 4 条、第 5 条第 1 款。
〔4〕 参见陈某清与汕头市达濠建筑总公司买卖合同纠纷审判监督民事判决书,载北大法宝—司法案例库,https://www.pkulaw.com/fbm,法宝引证码【CLI.C.80350163】,2021 年 1 月 10 日访问;江西宏安房地产开发有限责任公司与南昌县兆丰小额贷款股份有限公司等借款合同纠纷再审案,载北大法宝—司法案例库,https://www.pkulaw.com/fbm,法宝引证码【CLI.C.83647880】,2021 年 1 月 10 日访问;唐某头诉中国银河证券股份有限公司南京江东中路证券营业部委托理财合同纠纷案,载北大法宝—司法案例库,https://www.pkulaw.com/fbm,法宝引证码【CLI.C.9178969】,2021 年 1 月 10 日访问。

总论》一书中所指出的:"外观理论的适用范围十分广泛。私法上没有哪个领域能排除它的适用,尽管在实践中某些领域它适用得更多些......"〔1〕对此,限缩性的需要应运而生,罗瑶教授极力强调外观理论的限缩性是由其判例性、辅助性特征所决定的,他借鉴和比较法国外观理论,认为只有当法官从法律上不能证明或在某一领域未作具体规定时,才能适用外观理论以规避实证法规则。正是基于外观理论存在扩张的局限性,本身难以维稳,日益庞杂,导致司法认定主观随意,甚至被法官和相对人予以滥用,如此,又何谈对"有理由相信"的精确认定呢?

其二,外观样态并无明确标准和监督。在我国,以外观理论的逻辑规范外观样态,确实取得了一定效果,但从我国司法实务看,外观样态没有明确类型化标准,导致法官在认定外观样态时,出现诸多样态证明程度强弱迥异的结果,对"有理由相信"成立的理解庞杂多样,甚至出现诸多一审、二审及再审不同的审判结果,且不说法官素养的高低,法院文本对外观样态的主观认定困惑,导致"有理由相信"更为模糊主观。笔者认为,主要原因在于没有一个明确的衡量标准。通过衡量标准只解决了外观样态本身界定不明的难题,面对如何对外观样态进行外部监督,是下一个令我国司法实务头痛的问题。于笔者而言,没有监督的外观样态,只不过是没有护理的花草而已,我国现状便是如此。对此,法国已经通过最高法院的审查控制权来严格监督和限制外观样态,证明表见外观的正当性必须达到客观环境和充分论证"合理信赖"。〔2〕 我国试图通过外观样态解决"有理由相信"的困境,然而没有对外观样态进行内外明确和监督,只不过是火上浇油。

其三,外观样态价值导向的局限性。外观样态的司法认定运用,起初便是以交易安全、保护善意第三人的使命而存在的,但是却终究无法衡量私法自治的民法理念。原《民法通则》中的表见代理是站在外观理论的视角,导致表见代理的构成不但成为学术讨论的热点,也成为司法实务对表见代理进行认定的工具。在我国对外开放、发展市场经济的特殊改革背景下,不仅注重经济效益,也注重交易安全,导致格外保护交易第三人的利益。但是近年来,经济已经稳步前进,对外观理论进行新一轮的思考,重新提升意思自治的高度,无疑会成为缓解外观样态认定乱象的利器。外观样态本身的价值理念和"有理由相信"的价值理念完全吻合,不可过于偏重。试想完全地保护善意第三人,真的是最好的方式吗?对此,没有民法本真的意思自治理念的碰撞,极易造成司法实务中对被代理人意思的丢弃,而偏重善意第三人近乎完美的有理由相信的后果,倘不断加重,将导致"有理由相信"的无限泛化,甚至滥用。

---

〔1〕 [法]雅克·盖斯旦、吉勒·古博:《法国民法总论》,陈鹏等译,法律出版社2004年版,第790页。
〔2〕 参见罗瑶:《法国表见代理构成要件研究——兼评我国〈合同法〉第49条》,载《比较法研究》2011年第4期。

综上,传统的司法认定路径仍存在上述固有的问题,短期或许取得了很好的效果,不会立即给"有理由相信"造成不良影响,但长此以往,势必损害意思自治,触及公平的价值理念,导致表见代理"有理由相信"空有其表,影响表见代理体系。

三、"有理由相信"的完善

如上所述,在"有理由相信"传统的司法认定路径难以消解困惑时,基于德国法所考察的"过错认定"无疑为"有理由相信"认定的完善提供了新的路径。通俗而言,即引入被代理人的过错,从而为表见代理的构成要件——代理权外观和"有理由相信"架起一道公平且合理的桥梁。对于在我国引入"被代理人的过错"要件,历来存在诸多学说争议,主要为单一要件否定说、双重要件肯定说。〔1〕当前理论界和实务界的通说是单一要件否定说,其主要从交易安全、保护善意第三人以及承认可归责性则导致表见代理认定艰难等理由论述之〔2〕,而今双重要件肯定说日益成为上升趋势,基于过错责任对"有理由相信"的理论和实务搭建,从而限制"有理由相信"的扩张。

面对表见代理"有理由相信"本身,则需要阐释过错为何,又如何对"有理由相信"同意适用。主要在于过错衡平,确定各方归责的大小,继而分担责任。在表见代理的交易关系中,同样如此。表见代理作为市场交易的一项重要制度,对活跃市场经济具有加速推动作用,通过被代理人的委托,大大减少与第三人的交易距离,从而加强地区经济交互发展,同时基于三方主体的过错衡平,极大地体现了意思自治的民法内涵和公平的价值理念。〔3〕过错在三方当事人中的衡平包括基于被代理人与代理人的过错衡平、基于代理人与交易相对人的过错衡平、基于被代理人与交易相对人的过错衡平,简而言之,即本人过错、代理人过错、交易相对人过错。

过去关于三方当事人过错衡平的基本结构为不考虑被代理人的过错,而是从善意交易相对人是否有过错予以考量,代理人有无过错并不影响表见代理的法律效果,导致认定"有理由相信"过于泛滥。

考虑被代理人过错时,就存在善意交易相对人与被代理人的过错衡平和博弈,使认定"有理由相信"更为公平。其不仅有利于对表见代理适用泛化甚至滥用的

---

〔1〕 参见朱虎:《表见代理中的被代理人可归责性》,载《法学研究》2017年第2期;汪渊智:《我国〈合同法〉第四十九条的解释论》,载《政法论丛》2012年第5期;叶金强:《表见代理构成中的本人归责性要件——方法论角度的再思考》,载《法律科学》2010年第5期。

〔2〕 参见江帆:《代理法律制度研究》,中国法制出版社2000年版,第145—149页;[日]富井政章:《民法原论》(第1卷),陈海瀛、陈海超译,中国政法大学出版社2003年版,第311页;汪渊智:《比较法视野下的代理法律制度》,法律出版社2012年版,第120页。

〔3〕 学者史尚宽多次强调意思自治对于表见代理的作用,并强调本人责任引起的无权代理也需要意思自治和公平的考量。参见史尚宽:《民法总论》,中国政法大学出版社2000年版,第514、546页。

纠正,也有利于对意思自治原则的充分尊重。正如拉伦茨曾强调《德国民法典》的精神基础,即伦理学上的人格主义引入私法领域,则是人作为权利主体和义务承担者,该义务即是内心意志所致,承担法律责任则需要具有意志上的可归责性。[1] 既然代理人是被代理人的授权人,虽实施代理行为,但法律效果确实分离地由被代理人承担。当被代理人没有过错却要承担代理人非意志可归责性的责任时,不仅会影响法律秩序,也会是对意思自治原则的践踏。试想在无权代理人偷盗被代理人的印章的场合,没有被代理人授权的意思,却让被代理人无故承担责任,这与剥夺被代理人意志自由无异,甚至会影响德国所谓伦理意义的人格主义。倘予以固守,虽然会提高交易效率,但却损害民法的根基及法律秩序,应予以警惕。

正是如此,在表见代理适用范围上,应主张"被代理人过错说"的回归。但是随着不断扩张"被代理人过错说"的内涵和外延,从过错说——关联说——风险说——意思表示规则的类推适用——权衡说等强弱发展,以致被代理人的过错本身已经随着一场连绵不绝的学说争鸣,渐渐妥协失去本真。被代理人过错,又称为本人可归责性,即由于被代理人的行为(作为或不作为)引起了代理权外部表象的产生。[2] 梅迪库斯将被代理人对自己的违反义务行为的责任称为表见代理问题,认为违反义务所生的责任,具有可归责性,且强调商法中的以可归责于自己的方式引起的表见,可产生履行请求权。[3] 在我国,被代理人过错首先是由尹田教授提出的,当时强调狭义的过错化,带有极强的限制性,但对于过错说施加的严厉性,往往使相对人也处于难以保护的处境,正是由于此,开始对过错说进行强弱变化的扩大,主要是过错从强到弱,大致从过错、关联再到风险的演变,为的是温和地兼顾三方当事人的利益。

但是过错说逐步向善意相对人妥协,已经难以衡平被代理人和交易相对人的利益,这将使有理由相信一家独大,如此甚为不公。而且在演变过程中,过错说已经失去了本来的含义,成为越来越模糊的概念,甚至在司法实务中成为可有可无的存在。过错说虽有其进步的意义,却终究成为模糊的可归责聚成的熔炉,但纵使其本来含义较为严格,毕竟是明确的,具有可操作性,也可以综合各种因素,既完善自身体系,又可限制"有理由相信",仍有回归的意义。被代理人过错的回归还需要在司法认定与域外适用中寻找证明。

(一)司法认定下的司法完善

在司法认定上,曾以表见代理的认定保护善意交易相对人,是一代甚至几代法

---

[1] 参见[德]卡尔·拉伦茨:《德国民法通论》(上册),王晓晔等译,法律出版社2013年版,第46—51页。

[2] 参见汪渊智:《代理法论》,北京大学出版社2015年版,第360页。

[3] 参见[德]迪特尔·梅迪库斯:《德国民法总论》,邵建东译,法律出版社2013年版,第731—734页。

律人的记忆,而今在市场经济已逐步发展并稳定时,我们不得不重新审视表见代理认定存在滥用的问题,甚至还由于主观性较强,导致同一的客观事实却经常出现一审、二审认定不同的情形,比如重庆宏耀建设(集团)有限公司与昆明度假区大渔正宏建材租赁站租赁合同上诉案,一审不认定表见代理,而二审又予以认定[1];又比如上诉人保亭森田实业有限公司因与被上诉人张某新、被上诉人三亚博越实业有限公司商品房销售合同纠纷上诉案,一审认定表见代理,而二审不予认定[2]。如此案件比比皆是。面对以上的司法认定问题,不得不进一步思考。法院开始在认定相对人"有理由相信"时,将被代理人过错作为重要因素加以衡量参考,从而衡平三方过错,缓解表见代理的滥用。比如王某梅与刘某、山东华宇职业技术学院等房屋买卖合同纠纷案,法官明确将表见代理的被代理人的可归责性作为构成要件予以考量。[3] 但是在对被代理人的可归责性方面,存在多种不同的认定标准,如过错、关联性、风险等。采取何种标准适用并限制"有理由相信"已成眼下迫切需要解决的问题。笔者认为采过错说兼特殊关系认定路径,更为合宜[4],理由如下:

其一,过错认定标准更为严格,能够更好地限制表见代理滥用。由于过错说逐渐放松,甚至滑向风险的边缘,而风险带有很强的模糊性,以致在认定时,并不能偏重被代理人这边,反而倾斜于对善意交易相对人的保护,导致对被代理人过错的判断弱到极点,这并不能抑制表见代理的滥用。

其二,采过错说,其本质是过失,应着重体现在应预见的疏忽大意上。实际上司法实务也有这样认定的例子,比如何某发、蒙自富平建筑安装工程有限公司建设工程施工合同上诉案,法院认为,该案实为无权代理,但基于被代理人过失或被代理人与无权代理人之间的特殊关系,使相对人有理由相信无权代理人享有代理权而与之建立民事法律行为,代理后果由被代理人承担,明确以被代理人过失作为重要

---

[1] 参见重庆宏耀建设(集团)有限公司与昆明度假区大渔正宏建材租赁站租赁合同上诉案,载北大法宝—司法案例库,https://www.pkulaw.com/fbm,法宝引证码【CLI.C.68607197】,2019年12月31日访问。

[2] 参见上诉人保亭森田实业有限公司因与被上诉人张某新、被上诉人三亚博越实业有限公司商品房销售合同纠纷上诉案,载北大法宝—司法案例库,https://www.pkulaw.com/fbm,法宝引证码【CLI.C.9362962】,2019年12月31日访问。

[3] 参见王某梅与刘某、山东华宇职业技术学院等房屋买卖合同纠纷案,载北大法宝—司法案例库,https://www.pkulaw.com/fbm,法宝引证码【CLI.C.37087909】,2021年1月10日访问。

[4] 本文所述的特殊关系可扩展至牵连关系。参见福建省建瓯市闽辉汽车发展有限公司、林某弟分期付款买卖合同纠纷案,载北大法宝—司法案例库,https://www.pkulaw.com/fbm,法宝引证码【CLI.C.10699659】,2021年1月10日访问;北京和道天下国际旅行社有限公司上诉才某旅游合同纠纷案,载北大法宝—司法案例库,https://www.pkulaw.com/fbm,法宝引证码【CLI.C.8651765】,2021年1月10日访问;四川省阿尔文建设有限公司与新阜公司买卖合同上诉案,载北大法宝—司法案例库,https://www.pkulaw.com/fbm,法宝引证码【CLI.C.10277651】,2021年1月10日访问。

因素。[1]

其三,过错说的严格性也有缺陷,需要调和。如果只采过错说的话,被代理人想尽办法以无过错举证导致"有理由相信"不成立,从而会消极影响表见代理的司法认定。但由于善意相对人或为可知,也会增加善意相对人的举证难度,对此,还是需要予以调和。而调和的方式,可以再增加外部一项条件,即被代理人与无权代理人之间的特殊关系。其实该选择带有客观的外观表现,其在限制过错说的同时,也平衡了善意交易相对人的"有理由相信"。何某发、蒙自富平建筑安装工程有限公司建设工程施工合同上诉案中,法院也恰恰如此认定。笔者2021年1月10日在中国裁判文书网以关键词"表见代理""被代理人过错""被代理人与无权代理人之间特殊关系"检索到5份裁判文书,均以被代理人过失或被代理人与无权代理人之间的特殊关系认定表见代理。比如叶某利等与曾某房屋买卖合同纠纷上诉案,一审北京市朝阳区人民法院和二审北京市第三中级人民法院,均认为该案实为无权代理,但基于被代理人过失或被代理人与无权代理人之间的特殊关系,使相对人有理由相信无权代理人享有代理权而与之建立民事法律关系,代理后果由被代理人承担,从而认定表见代理成立。[2] 可见,过错说兼特殊关系在近年来逐渐成为一种衡平机制,笔者认为此种方案应由以后的司法实务予以采纳。对于司法认定,过错说可以与特殊关系相协调来有效缓解表见代理的失衡困境。但真正解决问题的方案还需要立法予以回应,否则仍然会存在不稳定的状态。而对于立法,应首先了解域外法对表见代理的规定,我们不得不承认域外法借鉴,至少在现在,仍有很大必要。

(二)域外考察下的立法完善

比较法仍有参考的价值。笔者查阅三十余部民法典、草案及公约等资料,试图从域外考察中窥探表见代理中"被代理人过错"的条款模式。

---

[1] 参见何某发、蒙自富平建筑安装工程有限公司建设工程施工合同上诉案,载北大法宝—司法案例库,https://www.pkulaw.com/fbm,法宝引证码【CLI.C.9666761】,2021年1月10日访问。

[2] 参见叶某利等与曾某房屋买卖合同纠纷上诉案,载北大法宝—司法案例库,https://www.pkulaw.com/fbm,法宝引证码【CLI.C.16293618】,2021年1月10日访问。与之相似的还有中国人寿财产保险股份有限公司吕梁市中心支公司与文水鸿运运输有限公司等合同纠纷上诉案,载北大法宝—司法案例库,https://www.pkulaw.com/fbm,法宝引证码【CLI.C.10865764】,2021年1月10日访问;北京益丽发汽车修理厂与中国人寿财产保险股份有限公司北京市分公司、文水鸿运运输有限公司修理合同纠纷案,载北大法宝—司法案例库,https://www.pkulaw.com/fbm,法宝引证码【CLI.C.52661078】,2021年1月10日访问;何某发、蒙自富平建筑安装工程有限公司建设工程施工合同上诉案,载北大法宝—司法案例库,https://www.pkulaw.com/fbm,法宝引证码【CLI.C.9666761】,2021年1月10日访问。

表1 是否规定"被代理人过错"

	数量（个）	样本
规定被代理人过错的	14	德国〔1〕、法国〔2〕、意大利〔3〕、我国台湾地区〔4〕、瑞士〔5〕、越南〔6〕、我国澳门特别行政区〔7〕、美国纽约州〔8〕、埃塞俄比亚〔9〕、泰国〔10〕、《欧洲示范民法典草案》〔11〕、英美〔12〕、《国际商事合同通则（2010版）》〔13〕及《国际货物销售代理公约》等

---

〔1〕 参见《德国民法典》（第3版），陈卫佐译注，法律出版社2010年版，第59页。

〔2〕 参见《法国民法典》，罗结珍译，北京大学出版社2010年版，第471页；《法国民法典》，罗结珍译，法律出版社2005年版，第1449—1457页。

〔3〕 《意大利民法典》第1396条第1款规定："代理权的变更和消灭应当通过适当的方式使第三人知道。在未告知的情况下，如果不能证明第三人在缔结契约时已知道该情况，则不得对抗第三人。"该条第2款规定："利害关系人授予的代理权消灭的其他原因不得对抗不知代理权消灭而无过错的第三人。"参见《意大利民法典》，费安玲等译，中国政法大学出版社2004年版，第336页。

〔4〕 我国台湾地区"民法"第169条中"由自己之行为表示以代理权授予他人……"似乎暗含被代理人过错的意味，该条最后的但书站在相对人恶意的角度，也并非正面涉及被代理人的过错问题，故该条文没有直接表明被代理人的过错，值得借鉴的是但书的立法技术。

〔5〕 《瑞士债法典》第34条第3款规定："委托人曾做出正式的或者事实上的代理权声明的，则其无权援引全部或部分对其授权的撤销来对抗善意第三人，但其已经将代理权撤销的事实通知第三人的除外。"参见《瑞士债法典》，吴兆祥等译，法律出版社2002年版，第7页。

〔6〕 《越南民法典》第142条第1款规定："被代理人不承担无权代理权人确立、实施的民事行为所产生的权利、义务，但以下情况除外：(1)被代理人承认的行为，被代理人了解，且没有在合理的时间内提出异议……(3)由于被代理人的过失，而导致民事行为相对方不知道或无法知道与自己确立、实施民事行为的人并无代理权。"参见《越南民法典》，伍光红、黄氏惠译，商务印书馆2018年版，第49—51页。

〔7〕 《澳门民法典》第261条第2项规定："然而，如基于考虑有关具体情况而断定在客观上存在应予考虑之理由，以致善意第三人信任该无代理权之人具有作出上述法律行为之正当性，且被代理人曾有意识促使此第三人对该无代理权之人产生信任，则由该无代理权之人作出之法律行为，不论是否经被代理人追认，均对被代理人产生效力。"参见赵秉志总编：《澳门五大法典：澳门民法典》，中国人民大学出版社1999年版，第78—79页。

〔8〕 《纽约州民法典草案》第980条规定："分为实际代理和表见代理。当代理人确实受雇于被代理人时，为实际代理；当被代理人故意或因缺乏一般注意而使第三人相信他人为代理时，为表见代理。"参见[美]戴维·达德利·菲尔德：《纽约州民法典草案》，田甜译，中国大百科全书出版社2007年版，第188页。

〔9〕 参见《埃塞俄比亚民法典》，薛军译，厦门大学出版社2013年版，第312—314页。

〔10〕 参见《泰王国民商法典》，周喜梅译，中国法制出版社2013年版，第144页。

〔11〕 《欧洲示范民法典草案》第103条规定，某人使第三人合理且善意地相信其已授权代理人实施特定行为的，该人即视为本人，并视为已对表见代理人作了相应授权。参见欧洲民法典研究组、欧盟现行私法研究组编著：《欧洲示范民法典草案：欧洲私法的原则、定义和示范规则》，高圣平译，中国人民大学出版社2012年版，第172页。

〔12〕 不容否认，代理制度通常表现在公认的贸易惯例和商业习惯中。通说认为有四种情形：第一，代理人无代理权，但被代理人的行为使得第三人以为代理人具有代理权；第二，代理关系已终止，但被代理人允许代理人继续以代理人身份出现；第三，代理人的行为超越了其被授权的权限范围，但被代理人对此越权未予否认，以至于外界都认为代理人拥有该代理权；第四，被代理人授予了代理人权限，且对权限范围有所限制，但该限制未及时通知第三人。以上四项很明显反映了被代理人的过错。克朗顿法官认为，被代理人一旦授权给代理人，他就必须对信赖其授权的第三人承担责任，除非被代理人已向第三人发出代理关系已经终止的通知。参见徐海燕：《英美代理法研究》，法律出版社2000年版，第121—128页。

〔13〕 参见《国际商事合同通则（2010版）》，第2.2.5、2.2.10条。

（续表）

	数量（个）	样本
不规定被代理人过错的	18	日本[1]、葡萄牙[2]、西班牙[3]、俄罗斯[4]、美国路易斯安那州[5]、马耳他[6]、土库曼斯坦[7]、阿尔及利亚[8]、独联体[9]、智利[10]、秘鲁[11]、巴西[12]、菲律宾[13]、埃及[14]、韩国[15]、朝鲜[16]、奥地利[17]、蒙古国[18]等

从表1来看，我们只能看出表见代理已经成为普遍的制度，甚至已经成为国际通行的规范，从数据来看，规定被代理人过错的样本数有14个，占比44%。通过域外法考察，对表见代理中"有理由相信"的限制，主要有以下立法模式：

第一，德国模式。德国模式虽并无明确规定被代理人过错，但其通过判例和理论予以明确。采用此技术的还有法国、英国、美国等。

第二，意大利模式。意大利模式是采用被代理人的通知与否来对过错加以判断。采用此种模式的还有瑞士等。

第三，我国台湾地区模式。我国台湾地区模式使用"本人造成"等相似术语，模糊表述被代理人过错，通过解释予以认定。泰国也有该立法例。需要注意的是，我国台湾地区模式从反面考虑第三人恶意的但书规定，值得借鉴。

第四，美国纽约州模式。美国纽约州模式使用的是定义条款来明确被代理人的过错。

---

[1] 参见《日本民法典》，王书江译，中国法制出版社2000年版，第23—24页。
[2] 参见《葡萄牙民法典》，唐晓晴等译，北京大学出版社2009年版，第47—48页。
[3] 参见西班牙议会：《西班牙民法典》，潘灯、马琴译，中国政法大学出版社2013年版，第426—430页。
[4] 参见《俄罗斯联邦民法典》，黄道秀等译，中国大百科全书出版社1999年版，第90—95页。
[5] 参见《路易斯安那民法典》，娄爱华译，厦门大学出版社2010年版，第340、341页。
[6] 参见《马耳他民法典》，李飞译，厦门大学出版社2012年版，第383—385页。
[7] 参见《土库曼斯坦民法典》，魏磊杰等译，厦门大学出版社2016年版，第30—32页。
[8] 参见《阿尔及利亚民法典》，尹田译，中国法制出版社2002年版，第107页。
[9] 参见《独联体成员国示范民法典》，张建文译，法律出版社2014年版，第52—55页。
[10] 参见《智利共和国民法典》，徐涤宇译，北京大学出版社2014年版，第341—343页。
[11] 参见《秘鲁共和国新民法典》，徐涤宇译，北京大学出版社2017年版，第334—336页。
[12] 参见《巴西新民法典》，齐云译，中国法制出版社2009年版，第21—22页。
[13] 参见《菲律宾民法典》，蒋军洲译，厦门大学出版社2011年版，第262—264页。
[14] 参见《埃及民法典》，黄文煌译，厦门大学出版社2008年版，第110—112页。
[15] 参见《韩国民法典 朝鲜民法典》，金玉珍译，北京大学出版社2009年版，第20—21页。
[16] 参见《韩国民法典 朝鲜民法典》，金玉珍译，北京大学出版社2009年版，第200页。
[17] 参见《奥地利普通民法典》，周友军、杨垠红译，清华大学出版社2013年版，第165—172页。
[18] 参见《蒙古国民法典（新编本）》，海棠、吴振平译，中国法制出版社2002年版，第25—28页。

第五,越南模式。越南模式采取的是直接条文明确"被代理人的过错"。采用此模式的还有我国澳门特别行政区。

第六,埃塞俄比亚模式。埃塞俄比亚模式是正面列举被代理人过错所具有的行为,适用更为便捷。目前也只有埃塞俄比亚采用此模式。需注意此是对被代理人过错的类型化,而不是日本、韩国等国的表见代理的类型化。

对于以上模式,就笔者而言,并无伯仲之分。从我国大陆立法实际而言,不可仅采一家之言,应进行模式之间的优化和组合。对此,德国模式由于模糊不应采纳,美国纽约州模式的定义规定又显得僵硬,埃塞俄比亚模式正面规定"被代理人过错"样态对于我国大陆来说难以借鉴,意大利模式的单一类型化则更为不妥。我国台湾地区模式或越南模式可能较为可行,但如果单独操作,我国台湾地区模式较为随意,而越南模式又比较严肃。我们或许可以融合二者,正如方新军教授所言的"融贯理论":"我们的知识不是建立在坚固砖块上的房屋,它们更像是漂浮在海上的木筏,它们彼此连接在一起以相互支撑。"[1]对此,可将我国台湾地区模式的本人造成加例外设计和越南模式的"被代理人过错"相结合,大致结合版本为:"由自己造成的授权外观导致善意第三人合理信赖的,对第三人应负授权人之责任,但本人无过错,不在此限。"

(三)"不可归责于本人"的条款表现

通过被代理人过错的理论铺垫和适用,可见被代理人的过错在我国大陆不但存在理论的必要性,也存在司法实践的必要性。原《民法总则》对表见代理并未涉及,同样也并未完全否定,由此对表见代理的"被代理人过错"研究,在衡平"有理由相信"上,仍有进行学理和立法研究的价值。对此,表见代理的"不可归责于本人"条款显得尤为必要。

上文提及"被代理人过错"对"有理由相信"的适用,并分别从司法实务和域外考察进行司法和立法例思考。在司法实务上,在综合分析过错说过于严苛,反而恶化表见代理等理由后,结合司法实务,提出过错说兼特殊关系的路径,以调和并缓解表见代理三方当事人的衡平;在域外考察上,对三十余部立法资料进行表格梳理后,总结了德国、意大利、我国台湾地区、美国纽约州、越南、埃塞俄比亚六大模式,并结合我国大陆实际,予以利弊综合衡量,提出我国台湾地区模式的本人造成加例外设计和越南模式的"被代理人过错"相结合的模式,并试着模拟立法例版本:"由自己造成的授权外观导致善意第三人合理信赖的,对第三人应负授权人之责任,但本人无过错,不在此限。"

司法实务和域外考察是不可割裂的,在进行我国大陆表见代理立法例构造

---

[1] 方新军:《内在体系外显与民法典体系融贯性的实现》,载《社会科学文摘》2017年第8期。

时,也必须加以综合考虑。并且还需要特别注意当前我国大陆关于表见代理的立法规定所必要的延续性,根据融贯理论予以完善。对此,笔者结合以上三方面,对表见代理的"不可归责于本人"条款构造如下:

> 第×××条:行为人没有代理权、超越代理权或者代理权终止后,仍然实施代理行为,相对人有理由相信行为人有代理权的,代理行为有效。但本人无过错或与行为人无特殊关系除外。[1]

四、结语

表见代理长期作为保护善意第三人利益的定海神针,起初在交易安全上获得良好的社会效果和法律效果,但是随着经济进一步发展稳定后,表见代理不断演变,过分保护善意交易第三人,难以限制"有理由相信",常常不顾及被代理人的真实意思,导致被代理人权益失衡,反而有损交易安全。因此,我们需要从过错视角,考量被代理人的意思自治和公平价值,以"被代理人过错"要件衡平善意交易相对人的"有理由相信",从而合理规制表见代理的偏向滥用。始于法条,以表见代理的"有理由相信"为始,反思司法认定,并予以域外考察;终于法条,对我国表见代理的立法设计如下:"行为人没有代理权、超越代理权或者代理权终止后,仍然实施代理行为,相对人有理由相信行为人有代理权的,代理行为有效。但本人无过错或与行为人无特殊关系除外。"该条文既可以兼顾意思自治和交易公平,衡平三方当事人,特别是被代理人和善意交易相对人的正当利益,产生积极稳定的市场交易公平秩序,又可以明确合理的标准纠正司法实践的认定困境。

【责任编辑:郇雯倩】

---

[1] 笔者根据原《民法总则》第172条加以改写设计。

《民法典》下劳动争议若干问题探析

俞肃平*

摘要:劳动合同期满或解除后双方继续履行的,系不定期劳动关系,一方可随时提出终止劳动关系,但符合能签订无固定期限劳动合同而未签订的,视为双方之间存在无固定期限劳动合同关系;不定期劳动关系最长为一年,最短为当月;一方提出终止劳动关系的理由和事实,决定用人单位是否需要支付经济补偿和赔偿金,但无论怎样,用人单位都需支付二倍工资;提出解除或终止劳动关系(合同)的,可直接以诉讼或申请仲裁的方式通知。劳动者单方解除劳动合同后不能反悔。"未及时足额支付劳动报酬"指用人单位无正当理由未按照劳动合同约定或国家规定的时间和金额迟延、减少支付工资,"劳动报酬"即工资;"正当理由"在没有明确的规定或约定下,应根据《民法典》中的"诚信、公平、过错"原则来确定。以本人工资为基数计算受伤职工工伤待遇时,在没有国家规定的情况下,应以劳动合同约定或实际支付的工资为准。

关键词:《民法典》 不定期 及时足额 劳动报酬 诉裁通知

最高人民法院为配合《民法典》实施,修改和废止了一批与《民法典》不符的司法解释和司法解释性文件,以保障《民法典》的正确施行。同样,《民法典》的实施势必也会给劳动争议案件的审理带来新的变化。

收稿日期:2022-03-03

* 俞肃平,浙江国翱律师事务所二级律师,中华全国律师协会民事专业委员会委员,浙江省律师协会第二届、第三届劳动与社会保障专业委员会副主任。

一、劳动合同期满后继续履行的法律问题

2020年12月29日《最高人民法院关于审理劳动争议案件适用法律问题的解释（一）》（以下简称《新劳动司法解释》）出台后，第34条第1款引起热议。该款规定："劳动合同期满后，劳动者仍在原用人单位工作，原用人单位未表示异议的，视为双方同意以原条件继续履行劳动合同。一方提出终止劳动关系的，人民法院应予支持。"笔者围绕《新劳动司法解释》也有一些自己的想法，意在抛砖引玉。

（一）《新劳动司法解释》第34条第1款的性质

笔者认为，该款可理解为用人单位与劳动者产生了一个新的劳动关系。只不过这个新的劳动关系类似于《民法典》中的"不定期"合同关系而已。因为，最高人民法院破天荒在《新劳动司法解释》中使用了"根据《中华人民共和国民法典》……相关法律规定，结合审判实践，制定本解释"，即在《劳动法》《劳动合同法》没有明确规定的情况下，应适用《民法典》。

（二）不定期劳动关系产生后的问题

如前所述，《新劳动司法解释》第34条第1款规定的是一种不定期劳动关系。由此，引出下面四个非常重要的法律问题：①此类劳动关系中，劳动者能否要求用人单位支付未签订书面劳动合同的二倍工资？②此类劳动关系存续期间是否成立无固定期限劳动合同关系？③此类劳动关系终止时，是否需要支付经济补偿？④此类劳动关系中，用人单位终止劳动关系时是否需要支付赔偿金？

1.不定期劳动关系中，用人单位仍应支付未签订书面劳动合同的二倍工资

有观点认为，《新劳动司法解释》第34条第1款的规定，可以理解为在双方劳动合同期满未续订但继续履行的情况下，拟制续订了一份劳动合同，用人单位不用支付未续订书面劳动合同的两倍工资。

笔者不同意这种观点，理由如下：

首先，《新劳动司法解释》第34条与已废止的《最高人民法院关于审理劳动争议案件适用法律若干问题的解释》（法释〔2001〕14号）第16条几乎一致，只是在该条第2款对适用法律作出修改。

而在2001年11月26日，《劳动和社会保障部办公厅关于对事实劳动关系解除是否应该支付经济补偿金问题的复函》（劳社厅函〔2001〕249号）明确："最高人民法院《关于审理劳动争议案件适用法律若干问题的解释》（法释〔2001〕14号）第十六条规定：'劳动合同期满后，劳动者仍在原用人单位工作，原用人单位未表示异议的，视为双方同意以原条件继续履行劳动合同。一方提出终止劳动关系的，人民法院应当支持'。该规定中的'终止'，是指劳动合同期满后，劳动者仍在原用人单位工作，用

人单位未表示异议的,劳动者和原用人单位之间存在的是一种事实上的劳动关系,而不等于双方按照原劳动合同约定的期限续签了一个新的劳动合同。一方提出终止劳动关系的,应认定为终止事实上的劳动关系。"

这说明不定期劳动关系不是拟制续订了一份劳动合同。

其次,《新劳动司法解释》第34条第2款规定:"根据劳动合同法第十四条规定,用人单位应当与劳动者签订无固定期限劳动合同而未签订的,人民法院可以视为双方之间存在无固定期限劳动合同关系,并以原劳动合同确定双方的权利义务关系。"而《劳动合同法》第14条由三个条款构成,其中第3款为"用人单位自用工之日起满一年不与劳动者订立书面劳动合同的,视为用人单位与劳动者已订立无固定期限劳动合同",这也说明《新劳动司法解释》第34条第1款中的不定期劳动关系不是拟制续订了一份劳动合同,第2款才可以称是拟制续订了一份劳动合同。

最后,《劳动合同法实施条例》第6条第1款规定,"用人单位自用工之日起超过一个月不满一年未与劳动者订立书面劳动合同的,应当依照劳动合同法第八十二条的规定向劳动者每月支付二倍的工资,并与劳动者补订书面劳动合同"。

《新劳动司法解释》第34条是一个整体,不能割裂。综上所述,不定期劳动关系中,用人单位仍应支付未签订书面劳动合同的二倍工资。

2. 不定期劳动关系存续期间是否会成立无固定期限劳动合同关系

有观点认为,根据《新劳动司法解释》第34条第1款规定的"一方提出终止劳动关系的,人民法院应予支持"来分析,这种不定期的劳动关系,用人单位和劳动者是随时向另一方提出终止的,所以不能成立无固定期限劳动合同关系。否则的话,最高人民法院会有一个"但是"条款,限定不定期劳动关系在满足相关规定时,任何一方不得终止。

笔者不同意这种观点,理由如下:

《新劳动司法解释》第34条第2款规定:"根据劳动合同法第十四条规定,用人单位应当与劳动者签订无固定期限劳动合同而未签订的,人民法院可以视为双方之间存在无固定期限劳动合同关系,并以原劳动合同确定双方的权利义务关系。"

而《劳动合同法》第14条第1款规定:"无固定期限劳动合同,是指用人单位与劳动者约定无确定终止时间的劳动合同。"第2款规定:"用人单位与劳动者协商一致,可以订立无固定期限劳动合同。有下列情形之一,劳动者提出或者同意续订、订立劳动合同的,除劳动者提出订立固定期限劳动合同外,应当订立无固定期限劳动合同:(一)劳动者在该用人单位连续工作满十年的;(二)用人单位初次实行劳动合同制度或者国有企业改制重新订立劳动合同时,劳动者在该用人单位连续工作满十年且距法定退休年龄不足十年的;(三)连续订立二次固定期限劳动合同,且劳动者没有本法第三十九条和第四十条第一项、第二项规定的情形,续订劳动合同的。"

第3款规定:"用人单位自用工之日起满一年不与劳动者订立书面劳动合同的,视为用人单位与劳动者已订立无固定期限劳动合同。"

即在不定期的劳动关系存续期间,只要符合《劳动合同法》第34条规定,劳动者提出或者同意续订、订立无固定期限劳动合同,而用人单位不同意签订,或者用人单位自用工之日起满一年不与劳动者订立书面劳动合同的,均可以视为双方之间存在无固定期限劳动合同关系,并以原劳动合同确定双方的权利义务关系。

3. 不定期劳动关系终止时支付经济补偿需要视情况而定

有观点认为,这种不定期劳动关系,用人单位提出终止劳动关系时无须支付经济补偿,理由是这种情况下,双方之间没有书面劳动合同,是事实劳动关系状态。而且进一步认为,由于用人单位在这种情形下享有任意终止权,是合法终止,无须支付经济补偿。

笔者不同意这种观点,理由如下:

这种不定期劳动关系,劳动者和用人单位均可单方提出终止。用人单位是否需要支付经济补偿,主要看一方是以什么理由提出终止劳动关系。支付经济补偿应以《劳动合同法》规定为准。如果符合《劳动合同法》第46条的规定,用人单位就应当向劳动者支付经济补偿。

而且,即使用人单位依据《新劳动司法解释》第34条第1款终止劳动关系,仍应支付经济补偿,因为《劳动合同法实施条例》第6条第1款明确规定:"用人单位自用工之日起超过一个月不满一年未与劳动者订立书面劳动合同的,应当依照劳动合同法第八十二条的规定向劳动者每月支付两倍的工资,并与劳动者补订书面劳动合同;劳动者不与用人单位订立书面劳动合同的,用人单位应当书面通知劳动者终止劳动关系,并依照劳动合同法第四十七条的规定支付经济补偿。"即用人单位自用工之日起超过一个月不满一年未与劳动者订立书面劳动合同,劳动者又不与用人单位订立书面劳动合同的,用人单位可随时终止劳动关系,并向劳动者支付经济补偿。

需要指出的是,第一,根据《新劳动司法解释》第34条的规定,劳动者和用人单位均有单方提出终止的权利,限于这种不定期劳动关系起始之日,即从新的"用工之日起",最长为一年,最短可能是当月。这可从《新劳动司法解释》第34条第2款得到印证。第二,《劳动合同法实施条例》第6条表达的也是自用工之日起不满一年,用人单位可随时终止劳动关系。第三,《劳动合同法》第14条"(一)劳动者在该用人单位连续工作满十年的;(二)用人单位初次实行劳动合同制度或者国有企业改制重新订立劳动合同时,劳动者在该用人单位连续工作满十年且距法定退休年龄不足十年的;(三)连续订立二次固定期限劳动合同,且劳动者没有本法第三十九条和第四十条第一项、第二项规定的情形,续订劳动合同的"这三种情形很可能发生在当月。

4.不定期劳动关系中用人单位提出终止是否需要支付赔偿金？

有观点认为，用人单位依据《新劳动司法解释》第 34 条第 1 款终止劳动关系，是合法解除，因此不需要支付赔偿金。其实，这也不是绝对的，不能一概而论，主要看是哪种赔偿金。

根据《劳动合同法》的规定，用人单位需要支付赔偿金有两种情形：一种是《劳动合同法》第 82 条规定的"用人单位自用工之日起超过一个月不满一年未与劳动者订立书面劳动合同的，应当向劳动者每月支付二倍的工资。用人单位违反本法规定不与劳动者订立无固定期限劳动合同的，自应当订立无固定期限劳动合同之日起向劳动者每月支付二倍的工资"。另一种是《劳动合同法》第 87 条规定的"用人单位违反本法规定解除或者终止劳动合同的，应当依照本法第四十七条规定的经济补偿标准的二倍向劳动者支付赔偿金"。

所以，用人单位依据《新劳动司法解释》第 34 条第 1 款终止劳动关系是合法解除，用人单位除根据《劳动合同法》第 82 条规定支付未签订书面劳动合同二倍工资的赔偿金外，无须支付《劳动合同法》第 87 条规定的违反该法规定解除或终止劳动合同的赔偿金。否则，《新劳动司法解释》第 34 条第 1 款将成为一纸空文。

当然，在不定期劳动关系中，如果用人单位是以其他理由与劳动者终止劳动关系，则应根据《劳动法》《劳动合同法》等相关法律、法规规定，看用人单位是否违反相关规定终止劳动关系，裁判用人单位是否需要向劳动者支付《劳动合同法》第 87 条规定的赔偿金。比方说，在不定期劳动关系中，劳动者已符合《劳动合同法》第 14 条规定，明确提出签订无固定期限劳动合同时，用人单位却仍根据《新劳动司法解释》第 34 条第 1 款行使终止权的，就应当支付赔偿金。

二、劳动者单方解除劳动合同的问题

(一) 劳动者单方解除或终止劳动合同的类型

根据《劳动合同法》的规定，劳动者单方解除或终止劳动合同的类型，可分为主动型解除、被迫型解除两种。

1.主动型解除

主动型解除是指劳动者因自己的原因，单方提出解除劳动合同的方式。《劳动合同法》第 37 条规定："劳动者提前三十日以书面形式通知用人单位，可以解除劳动合同。劳动者在试用期内提前三日通知用人单位，可以解除劳动合同。"

2.被迫型解除

被迫型解除是指劳动者因用人单位的原因，单方提出解除劳动合同的方式。根据《劳动合同法》第 38 条的规定，用人单位具有下列情形之一的，劳动者即可解除劳动合同:①用人单位未按照劳动合同约定提供劳动保护或者劳动条件的;②用人单位未及时足额支付劳动报酬的;③用人单位未依法为劳动者缴纳社会保险费的;④用人单位的规章制度违反法律、法规的规定,损害劳动者权益的;⑤因《劳动合同法》第26条第1款规定的情形致使劳动合同无效的;⑥法律、行政法规规定劳动者可以解除劳动合同的其他情形。

实践中,劳动者单方解除或终止劳动合同的方式,除了劳动者向用人单位明确提出解除或终止劳动合同的意思表示,还有一种是通过比较隐晦的请求来表示的。例如一些劳动者单方向用人单位提出给予经济补偿,工伤职工提出给予一次性工伤医疗补助金和一次性伤残就业补助金,患病或者非因工负伤职工提出给予医疗补助费,等等。因为根据法律法规的规定,劳动者向用人单位提出的上述要求,都是基于劳动者解除或终止劳动合同的前提下,才能依法享受的。劳动者提出的这些意思表示只要到达用人单位,即可理解为劳动者已单方提出解除或终止劳动合同。

(二)劳动者单方解除劳动合同的形式

根据《民法典》的相关规定,劳动者单方解除劳动合同的通知形式,有书面形式、口头形式或者其他形式;法律、行政法规规定或当事人约定采用特定形式的,应当采用特定形式。

在司法实践中,劳动者单方解除劳动合同时大量采用书面形式,是为了固定证据的需要。即使劳动者采用了书面形式,还要证明书面形式已到达用人单位。因此,通常需要仲裁部门或人民法院结合具体证据予以确定。

在《民法典》实施前,即使是通常意义上所说的民商事合同(即不包括劳动合同),是否能以申请仲裁或提起诉讼作为解除合同的方式也有争议,后来司法实践中已基本确认了这两种解除方式。但在劳动争议仲裁中,争议很大。如《浙江省高级人民法院民事审判第一庭、浙江省劳动人事争议仲裁院关于审理劳动争议案件若干问题的解答(五)》(浙高法民一〔2019〕1号)规定,"劳动者依据《劳动合同法》第三十八条第一款规定单方解除劳动合同的,应当事先向用人单位提出。劳动者未事先向用人单位提出,直接请求仲裁或法院裁判解除的,一般不予支持"。

2021年1月1日施行的《民法典》已以法条的形式确立了提起诉讼或申请仲裁方式解除合同。《民法典》第565条第2款规定:"当事人一方未通知对方,直接以提起诉讼或申请仲裁的方式依法主张解除合同,人民法院或者仲裁机构确认该主张的,合同自起诉状副本或仲裁申请书副本送达对方时解除。"根据此规定,劳动者单方解除劳动合同当然可以直接以提起诉讼或申请仲裁的方式依法主张解除合同,终止劳动关系性质与解除劳动合同相同,亦可以提起诉讼或申请仲裁的方式终止劳动关系。两种解除方式减轻了劳动者的证明之累和司法部门审定通知到达日期的压力。

(三) 劳动者单方解除劳动合同意思表示一经到达用人单位则不能反悔

合同解除权是民法意义上的形成权,是指一方当事人享有的通过其单方行为即可导致民事法律关系产生、变更、消灭的权利,根据权利人单方意思表示就可产生法律效力。[1] 劳动者单方提出解除劳动合同的权利也属于形成权,劳动者作为权利人,一旦向用人单位作出解除或终止劳动合同的意思表示,不需要另一方作出某种辅助行为或共同的行为,便产生具有约束力的法律效力。说得通俗一点,即劳动者单方提出解除劳动合同的行为,属于行使消灭性形成权。劳动者的这个意思表示一旦到达用人单位,便产生解除劳动合同的效力。双方劳动关系的解除状态,不会因劳动者事后的反悔或撤销而变更。

如陈某诉正大公司劳动争议案[(2018)京 0101 民初 1681 号、(2018)京 02 民终 10944 号][2],劳动者陈某于 2016 年 3 月 8 日向正大公司提交离职申请,正大公司未予答复,陈某于 2016 年 3 月 25 日向正大公司提交"撤回离职申请的申请"。因双方对劳动合同是否解除存在争议,北京市东城区人民法院、北京市第二中级人民法院经审理认为,劳动者享有单方解除劳动合同的权利,单方解除权属于形成权的范畴,劳动者向用人单位申请离职,用人单位收到该申请时,即产生解除劳动合同的法律效果,劳动者在用人单位作出决定前申请撤回离职申请,不能产生撤回解除劳动合同意思表示的法律效力。遂作出双方劳动合同已解除的判决。

当然,如果劳动者单方解除劳动合同的意思表示,在未到达用人单位之前或者与撤回的意思表示同时到达用人单位的,可以撤回,不会产生解除劳动合同的法律效力。这在《民法典》第 141 条已明确规定。

(四) 劳动者单方解除劳动合同继续在用人单位工作的处理

实践中,劳动者行使解除劳动合同权利后,很多还是继续在用人单位工作,其劳动关系性质类似《新劳动司法解释》第 34 条第 1 款的规定。

以此推及,劳动者行使解除劳动合同权利后,只要仍在原用人单位工作,原用人单位未表示异议的,均"视为双方同意以原条件继续履行劳动合同",任何一方提出终止劳动关系的,人民法院应予支持。其产生的相关法律问题,依照前述"一、劳动合同期满后继续履行的法律问题"处理。

三、用人单位未及时足额支付劳动报酬应否支付经济补偿的问题

实践中,劳动者以用人单位"未及时足额支付劳动报酬"为由解除劳动合同,并

---

[1] 参见王杏飞:《合同解除权的性质辨析》,载《人民法院报》2021 年 1 月 21 日,第 7 版。
[2] 参见周珍:《劳动者行使劳动合同单方解除权后无法撤回——北京二中院判决陈某诉正大公司劳动争议案》,载《人民法院报》2018 年 12 月 20 日,第 6 版。

要求用人单位支付经济补偿的案件很多,甚至出现有的劳动者一开始并非以用人单位"未及时足额支付劳动报酬"为由解除劳动合同,而是在第二次向用人单位发出书面通知时,变更为以用人单位"未及时足额支付劳动报酬"为由解除劳动合同,或者在申请仲裁时直接变更为这个理由等类似案件。

处理类似案件的重点,其实就是弄清什么是"未及时足额"?什么是"劳动报酬"?它与工资是同一个概念吗?等等。

为此,笔者对"未及时足额支付劳动报酬"作如下分析。

(一)"未及时足额支付劳动报酬"的定义

法律、法规并没有对"未及时足额支付劳动报酬"作出解释,笔者将其定义为,"用人单位无正当理由未按照劳动合同约定或国家规定的时间和金额迟延减少支付工资"。"正当理由"在没有明确的规定或约定的情况下,应根据《民法典》中的诚信原则、公平原则及过错责任原则来确定。

(二)"未及时足额支付"与"克扣、无故拖欠"的区别

有观点认为,《劳动合同法》第38条第1款第2项规定的"用人单位未及时足额支付劳动报酬",就是《劳动法》第50条规定的用人单位"克扣或者无故拖欠劳动者的工资"。因此,只有用人单位"克扣或者无故拖欠劳动者的工资",劳动者据此提出解除劳动合同的,劳动者才能获得经济补偿。

笔者不同意这种观点,理由如下:

第一,《劳动法》第91条规定:"用人单位有下列侵害劳动者合法权益情形之一的,由劳动行政部门责令支付劳动者的工资报酬、经济补偿,并可以责令支付赔偿金:(一)克扣或者无故拖欠劳动者工资的;(二)拒不支付劳动者延长工作时间工资报酬的;(三)低于当地最低工资标准支付劳动者工资的;(四)解除劳动合同后,未依照本法规定给予劳动者经济补偿的。"

第二,《新劳动司法解释》第45条的规定,与已废止的《最高人民法院关于审理劳动争议案件适用法律若干问题的解释》(法释〔2001〕14号)第15条规定完全一致:"用人单位有下列情形之一,迫使劳动者提出解除劳动合同的,用人单位应当支付劳动者的劳动报酬和经济补偿,并可支付赔偿金:(一)以暴力、威胁或者非法限制人身自由的手段强迫劳动的;(二)未按照劳动合同约定支付劳动报酬或者提供劳动条件的;(三)克扣或者无故拖欠劳动者工资的;(四)拒不支付劳动者延长工作时间工资报酬的;(五)低于当地最低工资标准支付劳动者工资的。"

综上所述,同样是"未及时足额支付劳动报酬",有的除了要支付经济补偿,甚至要支付赔偿金。因此,《劳动合同法》第38条第1款第2项规定的"用人单位未及时足额支付劳动报酬"的范围,大于《劳动法》第50条规定的用人单位"克扣或者无故拖欠劳动者的工资"。

(三)"未及时足额支付"的理解

1.国家对"未及时足额支付"的规定

工资的支付有工资支付周期和支付日期之分。根据《劳动法》和国家相关部门的规定,工资支付的周期分月、周、日,工资必须在用人单位与劳动者约定的日期支付。如遇节假日或休息日,则应提前在最近的工作日支付。工资至少每月支付一次,实行周、日、小时工资制的可按周、日、小时支付工资。用人单位与劳动者应当在劳动合同中明确约定工资支付周期和支付日期。

也就是说,只要用人单位没有按照国家规定和劳动合同约定的"工资、工资支付周期和支付日期"而迟延减少支付工资,即属于"未及时足额"。

问题的关键是何谓"及时足额"?对此,无论劳动法律法规还是劳动规章,都没有作出解释。

由于没有对"未及时足额支付"作出权威解释,《劳动合同法》刚实施时,曾有观点认为,只要用人单位"没有按照约定或规定拖延一天或少付一元",即视为"未及时足额支付"。因此,劳动者以此为由解除劳动合同并要求用人单位支付经济补偿的,几乎都能得到支持。其实,"没有按照约定或规定拖延一天或少付一元"即视为"未及时足额支付"的观点是错误的。因为,"及时"与"按时"是两个概念,"按时"要严于"及时","及时"有一个宽限期,而"按时"没有宽限期。

至于多长时间才能认定是未及时足额支付,除原劳动部出台的《工资支付暂行规定》外,各省、自治区、直辖市劳动行政部门都有不同规定。如:

①《深圳市员工工资支付条例》(2019年修正)第12条规定:"用人单位因故不能在约定的工资支付日支付工资的,可以延长五日;因生产经营困难,需延长五日以上的,应当征得本单位工会或者员工本人书面同意,但最长不得超过十五日。"

②《浙江省企业工资支付管理办法》(浙江省人民政府令第353号,2017年5月1日起施行)第21条规定:"因自然灾害等不可抗力导致企业无法按时足额支付劳动者工资的,在不可抗力原因消除后应当立即支付。企业确因生产经营困难,经依法集体协商或者经劳动者本人同意,可以延期支付全部或者部分工资,但最长不得超过30日。"

③《上海市企业工资支付办法》(沪人社综发〔2016〕29号,2016年8月1日起施行)第10条规定:"企业确因生产经营困难,资金周转受到影响,暂时无法按时支付工资的,经与本企业工会或职工代表协商一致,可以延期在一个月内支付劳动者工资,延期支付工资的时间应告知全体劳动者。"

④《江苏省工资支付条例》(江苏省第十一届人民代表大会常务委员会第十七次会议于2010年9月29日通过,2010年11月1日起施行)第40条规定:"由于不可抗力原因,导致延期支付劳动者工资的,应当在不可抗力原因消除后三十日内

支付劳动者工资。用人单位确因生产经营困难,资金周转受到严重影响无法在约定的工资支付周期内支付劳动者工资的,应当以书面形式向劳动者说明情况,在征得工会或者职工代表大会(职工大会)的同意后,可以延期支付工资,但最长不得超过三十日。"

⑤《北京市工资支付规定》(2007年11月23日北京市人民政府第200号令修改,2004年1月22日起施行)第26条规定:"用人单位因生产经营困难暂时无法按时支付工资的,应当向劳动者说明情况,并经与工会或者职工代表协商一致后,可以延期支付工资,但最长不得超过30日。"

……

综上所述,"未及时支付"分为一般情况下的规定和特殊情况下的规定,如深圳市对用人单位一般性情况下的迟延规定的时间为5天;浙江省、江苏省、上海市、北京市却没有规定。对于特殊情况下迟延的时间,深圳市的规定为"因生产经营困难,需延长五日以上的,应当征得本单位工会或者员工本人书面同意,但最长不得超过十五日";浙江省、江苏省、上海市和北京市的规定为用人单位因经营困难需要延期支付的,应当经过相应程序,迟延最长不超过30日。浙江省与江苏省还额外规定了不可抗力导致企业无法按时足额支付劳动者工资条款,浙江省的规定是"在不可抗力原因消除后应当立即支付",江苏省的规定是"在不可抗力原因消除后三十日内支付劳动者工资"。

笔者以为,一般情况下的"未及时支付"的时间,深圳市的规定可以借鉴。

2. 根据《民法典》公平原则、诚信原则确定"未及时足额"

在没有约定或规定的情况下,对"未及时足额"的认定,应根据《民法典》公平原则和诚信原则来确定,如最高人民法院在《新劳动司法解释》中使用了"根据《中华人民共和国民法典》……相关法律规定,结合审判实践,制定本解释"的表述,即在《劳动法》《劳动合同法》没有明确规定的情况下,应适用《民法典》。

其实,在《民法典》实施前,各地在实践中已适用了民法中的诚信原则、公平原则和过错责任原则,来解决劳动法律、法规、司法解释没有规定的"未及时足额支付"问题,如:

①上海市高级人民法院认为,劳动者以用人单位未"及时、足额"支付劳动报酬为由解除合同,"及时、足额"支付情形的把握是指:用人单位依法向劳动者支付劳动报酬是用人单位的基本义务。但是,劳动报酬的计算标准在实际操作中往往比较复杂。法律规定的目的就是要促使劳动合同当事人双方都诚信履行,无论用人单位还是劳动者,其行使权利、履行义务都不能违背诚信原则。用人单位存在有悖诚信的情况,从而拖延支付或拒绝支付的,属于立法所要规制的对象。因此,用人单位因主

观恶意而未"及时、足额"支付劳动报酬的,可以作为劳动者解除合同的理由。[1]

②天津市高级人民法院认为,未及时足额支付劳动报酬是指用人单位因故意或者重大过失导致未及时足额支付劳动报酬。[2]

③浙江省高级人民法院民一庭认为,对"用人单位未及时足额支付劳动报酬"的认定,前提是用人单位"因过错"。[3]

④江苏省高级人民法院对"未及时足额"及"未缴纳"的认定与上海市高级人民法院的意见如出一辙。[4]

综上所述,无论是"未及时足额支付工资",还是"克扣、无故拖欠工资",法律、法规、规章和政策有规定的按规定,没有规定的按《民法典》诚信原则、公平原则和过错责任原则来确定。

(四)劳动报酬的理解

从现有资料来看,劳动报酬这个概念始于1990年1月1日实施的《国家统计局关于工资总额组成的规定》第3条,该条规定"工资总额是指各单位在一定时期内直接支付给本单位全部职工的劳动报酬总额",即工资总额与劳动报酬总额的概念是一致的,工资总额或劳动报酬总额由计时工资、计件工资、奖金、津贴和补贴、加班加点工资、特殊情况下支付的工资等六个部分或项目组成。

上述规定第10条规定,特殊情况下支付的工资包括"根据国家法律、法规和政策规定,因病、工伤、产假、计划生育假、婚丧假、事假、探亲假、定期休假、停工学习、执行国家或社会义务等原因按计时工资标准或计时工资标准的一定比例支付的工资",以及"附加工资、保留工资"。同时,第11条列举了不包括在工资总额(劳动报酬总额)的十四个项目。

为配合《劳动法》的实施,原劳动部《关于贯彻执行〈中华人民共和国劳动法〉若干问题的意见的通知》第53条规定,《劳动法》中的"工资"是指用人单位依据国家有关规定或劳动合同的约定,以货币形式直接支付给本单位劳动者的劳动报酬,一般包括计时工资、计件工资、奖金、津贴和补贴、延长工作时间的工资报酬以及特殊情况下支付的工资等。并同时规定,劳动者以下的劳动收入不属于工资范围:①单位支付给劳动者个人的社会保险福利费用,如丧葬抚恤救济费、生活困难补助费、计划生育补贴等;②劳动保护方面的费用,如用人单位支付给劳动者的工作服、

---

[1] 参见《上海市高级人民法院关于适用〈劳动合同法〉若干问题的意见》(沪高法〔2009〕73号,2009年3月3日)第9条。

[2] 参见《天津市高级人民法院关于印发〈天津法院劳动争议案件审理指南〉的通知》(津高法〔2017〕246号,2017年11月30日)第26条。

[3] 参见《浙江省高级人民法院民一庭关于审理劳动争议纠纷案件若干疑难问题的解答》(2012年12月24日)第13条。

[4] 参见《江苏省最高人民法院劳动争议案件审理指南》。

解毒剂、清凉饮料费用等;③按规定未列入工资总额的各种劳动收入,如根据国家规定发放的创造发明奖、国家星火奖、自然科学奖、科学技术进步奖、合理化建议和技术改进奖、中华技能大奖等,以及稿费、讲课费、翻译费等。

根据原劳动部《工资支付暂行规定》第3条的规定,"工资是指用人单位依据劳动合同的规定,以各种形式支付给劳动者的工资报酬"。工资所包含的项目与前述规定和通知一致。

综上所述,劳动报酬即工资,劳动报酬或工资是一种通称,可以指计时工资、计件工资、奖金、津贴和补贴、加班费以及根据国家法律、法规和政策规定,因病、工伤、产假、计划生育假、婚丧假、事假、探亲假、定期休假、停工学习、执行国家或社会义务等原因按计时工资标准或计时工资标准的一定比例支付的工资和附加工资、保留工资。

确定了"未及时足额支付劳动报酬"的含义后,我们再来分析以下两个案例:

案例一:2020年12月11日,俞某某等116人在2020年8月至11月期间,每月均有加班。因杭州某技术公司未向俞某某等116人支付2020年8月至11月4个月的工资,俞某某等向浙江省海宁市劳动人事争议仲裁委员会申请仲裁,并与杭州某技术公司达成仲裁调解协议书,协议书规定杭州某技术公司应于2020年12月20日前一次性向俞某某等支付2020年8月至11月工资。但杭州某技术公司到期后仍未向俞某某等支付工资。为此,俞某某等于2020年12月21日向海宁市人民法院申请强制执行,并于同日以杭州某技术公司未及时足额向俞某某等支付2020年8月至11月工资为由,向杭州某技术公司提出解除劳动合同;而后再次向浙江省海宁市劳动人事争议仲裁委员会申请仲裁,要求杭州某技术公司支付经济补偿

案例二:罗某某系海宁市某家具有限公司工人。2020年1月3日起,海宁某家具有限公司开始春节假期。因新冠疫情等原因,罗某某一直休假至2020年12月,海宁某家具有限公司一直没有向罗某某支付2020年4月至12月的工资,为此,罗某某于2020年12月以用人单位未及时足额支付劳动报酬为由,向海宁某家具有限公司提出解除劳动合同,并要求用人单位支付经济补偿。

案例一的争议焦点有二:①要不要考虑新冠疫情这个因素;②用人单位与劳动者的仲裁调解协议书确定了拖欠的4个月工资的支付时间,现用人单位仅仅逾期一天,劳动者能否以"未及时足额支付劳动报酬"为由解除劳动合同,并要求用人单位支付经济补偿? 笔者作如下具体分析:

首先,2020年8月至11月,新冠疫情已处在常态化防控阶段,各地均已复工复产,且俞某某等116人每月均有加班,所以无须再考虑新冠疫情影响用人单位"未及时足额支付劳动报酬"这个因素。

其次,用人单位欠付劳动者工资达4个月,而且是劳动者正常上班的工资,一次

性欠薪人数达116人,属于《浙江省企业工资支付管理办法》第30条规定的"严重拖欠工资行为",该条规定"严重拖欠工资行为,是指有下列情形之一的行为:(一)拖欠工资时间达到或者超过2个工资支付周期的;(二)一次拖欠10人以上工资的;(三)拖欠工资总额达到或者超过50万元的"。

最后,用人单位与劳动者达成劳动仲裁调解协议书后,未按规定的时间支付劳动报酬,属于错上加错。

综上所述,俞某某等以"未及时足额支付劳动报酬"为由解除劳动合同,并要求用人单位支付经济补偿理由正当,应当支持。

案例二的争议焦点除是否考虑新冠疫情因素之外,重点是用人单位在放假期间应支付的工资,或称基本生活费,是否也应列入劳动报酬?

是否考虑新冠疫情因素在案例一分析中已阐述,在此不再展开。笔者就放假期间的工资是否属于劳动报酬作一分析:

首先,如前所述,浙江省、上海市、江苏省、北京市、深圳市等地规定的工资支付办法中,关于工资的含义几乎是一致的,即企业停工、停产、歇业时间超过一个工资支付周期,劳动者未付出正常劳动的,企业应当按照不低于当地人民政府确定的最低工资标准的80%支付工资(基本生活费)。所以,放假期间工资或基本生活费也属于劳动报酬。

其次,用人单位欠付了劳动者将近9个月的工资或基本生活费,属于浙江省规定的严重拖欠工资行为。

综上所述,罗某某以"未及时足额支付劳动报酬"为由解除劳动合同,并要求用人单位支付经济补偿具有法律依据,亦当支持。

需要特别注意的是,根据相关规定,用人单位未及时足额支付劳动者的病假工资、工伤职工的停工留薪(工资)待遇等,如劳动者以"未及时足额支付劳动报酬"为由解除劳动合同,用人单位也应当支付经济补偿。因为这些工资或待遇都属于劳动报酬中的"特殊情况下支付的工资"。不过,《浙江省高级人民法院民事审判第一庭、浙江省劳动人事争议仲裁院关于审理劳动争议案件若干问题的解答(五)》(浙高法民一〔2019〕1号)却对停工留薪工资作了例外规定,第9条明确"停工留薪工资性质为工伤保障待遇,劳动者以用人单位未及时足额支付停工留薪期工资为由解除劳动合同并支付补偿金,不予支持"。

四、工伤待遇中的劳动者本人工资不足一年时的工资确定问题

在阐述该问题时,先看一个案例:

案例三:袁某某于2019年5月8日到杭州某科技有限公司工作,同年5月31日

因吊顶塌陷而摔落。2020年6月2日,经嘉兴市劳动能力鉴定委员会鉴定,袁某某被评定因工丧失劳动能力程度为六级,配置辅助器具为国产普通型轮椅,无生活自理障碍。杭州某科技有限公司未为袁某某缴纳工伤保险费。2020年7月,笔者代理了袁某某诉杭州某科技有限公司工伤保险待遇纠纷案。

开庭时,因为袁某某的工资比较高,用人单位提出不能以用人单位给予袁某某的工资来计算一次性伤残补助金。理由是:

①根据《工伤保险条例》第64条的规定,袁某某应提供工伤前12个月平均月缴费工资证明。

②《工伤保险条例》没有规定劳动者工伤前12个月平均月缴费工资是用人单位的12个月平均月缴费工资,袁某某在用人单位工作不足一月,袁某某应提供在其他用人单位的11个月工资证明。

③如果袁某某无法提供工伤前的12个月工资证明,计算一次性伤残补助金的工资标准只能以用人单位职工平均月缴费工资作为计算标准。

④如果仲裁员认为袁某某应以用人单位给予劳动者当月的工资来计算一次性伤残补助金,应当提供法律依据。

虽然该案最终判决还是以用人单位给予袁某某当月的工资来计算一次性伤残补助金,但笔者觉得还是有必要说一说工伤待遇中的劳动者本人工资如何确定的问题。

(一)本人工资是指工伤职工在发生工伤的用人单位支付其的工资

根据《工伤保险条例》第2条、第10条、第64条等相关规定,用人单位缴纳工伤保险费的数额为本单位职工工资总额乘以单位缴费费率之积;工资总额是指用人单位直接支付给本单位全部职工的工资总额,即本单位每一个职工工资的累加组成了该用人单位全部职工的工资总额。

(二)劳动者工伤前在用人单位工作不足一年,不必提供其在其他用人单位的工资收入证明

根据《工伤保险条例》《社会保险法》的规定,应当由用人单位及个人缴纳的社会保险费,由用人单位根据直接支付给本单位全部职工的工资总额所定。所以与劳动者曾经工作过的其他单位没有任何关联,劳动者无须提供其他单位的工资收入证明。何况,工伤职工也不一定都有受伤前12个月工资收入的工作经历,有的甚至刚刚参加工作。

所以,让劳动者提供工伤前12个月的工资证明既无法律依据,又让劳动者额外承担了举证责任,加重了劳动者义务,不足取。

(三)工伤职工在用人单位工作不足12个月的本人工资如何确定

《工伤保险条例》第64条规定,"本条例所称本人工资,是指工伤职工因工作遭

受事故伤害或者患职业病前12个月平均月缴费工资"。

那么，什么是"缴费工资"？

缴费工资是指可以纳入缴纳社会保险费范围的工资性收入，即按国家统计部门规定列入工资总额统计范围内发放的工资。也就是说，缴费工资是指各单位在一定时期内直接支付给本单位全部职工的劳动报酬总额。所谓本人缴费工资，就是用人单位直接发给本人的全部工资。

由于《社会保险法》《工伤保险条例》《人力资源和社会保障部关于执行〈工伤保险条例〉若干问题的意见》《人力资源社会保障部关于执行〈工伤保险条例〉若干问题的意见(二)》，以及《人力资源社会保障部关于执行〈工伤保险条例〉若干问题的意见(三)(征求意见稿)》都没有关于"受伤职工在本单位工作不足12个月的本人工资如何确定"的规定，所以全国各省、自治区、直辖市也有不同规定。如《安徽省实施〈工伤保险条例〉办法》规定"缴费工资……不足12个月的，按照实际月数为基数计算";《江苏省实施〈工伤保险条例〉办法》规定，缴费工资"不足12个月的，按照实际发生的月平均缴费工资计算；不足1个月的以用人单位职工平均月缴费工资计算";《上海市工伤保险实施办法》《北京市实施〈工伤保险条例〉若干规定》《浙江省工伤保险条例》都没有明确规定。

综上所述，笔者以为，工伤职工在用人单位工作不足12个月的本人工资应按如下原则确定：

第一，地方上有规定的按规定。

第二，地方上没有规定的，按照工伤职工实际发生的月平均缴费工资或劳动合同约定或用人单位实际支付的月工资(平均)计算。

理由如下：

①与《工伤保险条例》的计算口径基本保持一致。

②《劳动合同法实施条例》第27条在计算经济补偿时有"劳动者工作不满12个月的，按照实际工作的月数计算平均工资"的规定。

③《浙江省职工基本养老保险条例》第9条第2款规定："新参加工作、重新就业和新建用人单位的职工，从进入用人单位之月起，当年缴费工资按用人单位确定的月工资收入计算。"当地如果没有明确规定的，对于已经参加工伤保险的用人单位和职工，一旦缴费工资不足12个月的职工发生工伤，也是按照用人单位确定的月工资收入来计算本人工资的。如果用人单位没有为职工缴纳工伤保险，理应根据人力资源和社会保障部关于参保职工的缴费工资来计算工伤职工的本人工资。

④符合《民法典》实际损失赔偿的原则。《最高人民法院关于审理人身损害赔偿案件适用法律若干问题的解释》(法释〔2020〕17号修改)第7条第3款规定："受害人有固定收入的，误工费按照实际减少的收入计算。受害人无固定收入的，按照

其最近三年的平均收入计算;受害人不能举证证明其最近三年的平均收入状况的,可以参照受诉法院所在地相同或者相近行业上一年度职工的平均工资计算。"即使劳动者在用人单位工作当月或者数月发生工伤,只要劳动合同有约定的工资,或者用人单位已支付的职工受伤前工资,都是《民法典》意义上的"固定收入"。因为,最高人民法院对无固定收入的解释是"本人生活主要来源或者全部他人供给,或者偶然有少量收入,但不足以维持本人正常生活的"[1]。

当然,本人工资高于统筹地区职工平均工资300%的,按照统筹地区职工平均工资的300%计算;本人工资低于统筹地区职工平均工资60%的,按照统筹地区职工平均工资的60%计算。

五、结语

各地有关劳动地方性法规、规章及政策均有不同,导致同类型案件处理结果不一致,引发劳动者、用人单位、律师的诉议。因此,关于《民法典》的实施,需要由国家层面作出顶层设计,修改、废止现有劳动法律、法规、规章和政策,力求全国劳动争议案件裁判依据的统一。

【责任编辑:郁雯倩】

---

[1] 最高人民法院民事审判第一庭编著:《最高人民法院人身损害赔偿司法解释的理解与适用》,人民法院出版社2004年版,第291页。

实务探讨

创新家事审判方式问题研究

卢淑娟[*]

摘要：深化司法体制改革以来，审判实务中越来越凸显传统审判方式的弊端，创新审判方式的有关讨论参与度越来越高，受到法律理论界和实务界的高度关注。本文拟以家事审判方式改革创新为切入点，以审判实务中创新家事审判方式为例，从一线法官审理的切身感受去探寻家事审判方式创新的途径，以期推动家事审判方式在司法体制改革的浪潮中实现突破，更加适应新时代人民群众的司法需求，推动审判运行机制的良性发展。

关键词：员额制改革　传统审判方式　创新家事审判方式

一、员额制改革对传统审判方式的影响

员额制是法官专业化分级管理的一个称谓，是全面贯彻中央关于司法体制改革的精神，遵循司法规律，实行人员分类管理改革要求的具体措施。法官员额真正实现了"让审理者裁判，由裁判者负责"的改革定位，意义在于对法官的选任条件进行了严格、规范的划分，明确区分了法官与法官助理的职能，改变了"审者不判、判者不审"的传统审判方式。员额制改革的推进与相关配套改革息息相关，这并不是一项单纯模式上的改革，而是从人到事的变革，变革中有创新、有摒弃、有继承、有发扬。"员额制改革是本轮司法改革的突破口，而员额制改革的高度组织

收稿日期：2022-05-20

[*]　卢淑娟，内蒙古自治区乌兰察布市察哈尔右翼后旗人民法院民事审判庭庭长、审判委员会委员、员额法官，法律硕士。

化特征也是改革得以迅速推进的重要条件,在快速推进员额制改革的同时,尤其要加大审判权运行机制、创新审判方式改革等配套改革的推进力度。"[1]所以员额制改革关系着审判方式的创新和变革,内在的逻辑关系是相辅相成、相互依托的。员额制改革进程加快、效果显著,审判方式的改革进程就会加快,亟待解决的问题也凸显出来。员额制改革从顶层设计做好了制度和流程方面的预设,通过逐步建立优秀、专业的精英化法官队伍,遵循科学配置司法人力资源的价值目标,推动新审判模式和审判方式的创新改革,把员额制的价值放在司法体制改革的大背景下去看待,就是在体现司法公正的前提下,为实现及时正义提供精细化的司法保障。[2]

在创新审判方式改革中,最引人关注的是《最高人民法院关于进一步深化家事审判方式和工作机制改革的意见(试行)》的出台。自2016年6月1日起,最高人民法院在全国范围内选择部分法院开展家事审判方式和工作机制改革试点工作。如今已经实践六年之久,全国法院通过开展试点工作,对于家事审判方式的改革和创新都有可圈可点之处。以笔者所在基层人民法院为例,对家事审判从专业角度架设维权桥梁,专门成立了家事审判领导工作小组,对于涉及维护妇女儿童权益的案件,从立案、审判、执行不同层面畅通维权路径;在家事审判方式创新进程中,积极推进家事审判制度的改革和落实,为解决家事纠纷提供强有力的司法保障;针对妇女儿童权益保护案件需要法院开展大量的心理疏导和进行耐心细致的调解工作现状,在审理抚养费、赡养费、可能存在家暴情形的案件时,优先由获得国家二级心理咨询师资格的女法官进行审理;始终贯穿保护妇女儿童利益的工作思路,设立妇女儿童维权绿色通道、妇女儿童维权岗,关注妇女儿童在婚姻家庭纠纷案件中的法律诉求,转变家事审判理念,紧密结合案件的社会效果和法律效果。笔者拟从家事审判方式的改革创新为切入点,以几个实务案例为引导,探寻既能实现公平公正的法律效果又能体现司法温度的审判方式改革模式。

二、传统民商事审判方式的特点

传统民商事审判方式20世纪80年代初期坚持的是"审判公开原则,发挥合议庭的职能,重视当事人的举证责任",意在改变重实体、轻程序的传统审判观念;20世纪90年代初期随着《民事诉讼法》的实施,开始重视当事人在诉讼中权利义务的

---

[1] 曹也汝:《法官员额制改革进程中的几个逻辑问题》,载《金陵法律评论》2016年第1期。
[2] 参见马渊杰:《司法责任制下审判团队的制度功能及改革路径》,载《法律适用》2016年第11期。

保障,开始在传统审判方式中突出当事人在诉讼中的地位和作用。[1] 2000年后,诉讼中当事人正当权益保障更是提到了前所未有的高度。传统民商事审判方式关于庭审的每一个环节和步骤都是围绕诉讼法及其司法解释中明确规定的程序进行的。传统民商事审判方式中法官的角色具有很强的职权主义色彩,比较强调法官在庭审中的主导作用,当事人的诉讼权利并不能得到充分保障。随着司法体制改革的不断深化与推进,人民群众日益增长的司法需求在传统的审判方式中越来越得不到充分满足,直接影响公众对司法公正的客观感受和评价,也会阻碍法治社会构建的进程。

通过以上分析,可以看出在民商事审判方式的变革中,不同时期会呈现不同的特征,民商事审判方式改革的空间势必包含的两个核心内容就是程序公正和实体公正。有一句法律谚语"迟到的正义非正义",其含义就是迟到的正义相当于没有给予正义,这就是关于程序公正重要性的阐述,庭审就是通过实时的过程,实现对当事人实体权利义务的合理分配。如果不能设计出严密的、内在逻辑顺序合理的程序,将无法实现真正的程序公正。员额制改革缩减现有法官数量,从形式上加剧了人民法院的人案矛盾,所以在员额制的科学分配和动态管理上,应加大司法辅助人员配备,建立专业的、分类型的审判团队,提高审判效率,以缓解员额制改革带来的审判工作压力,同时要努力探寻多元纠纷化解机制,改革诉讼制度和审判方式,实现案件繁简分流,切实减轻法官工作压力,实现提高审判质效的目的。

三、传统民商事审判方式的现实困难

党的十八届三中全会对深化司法体制改革作出了重大部署。其后中央全面深化改革领导小组通过了《关于司法体制改革试点若干问题的框架意见》,《最高人民法院关于全面深化人民法院改革的意见——人民法院第四个五年改革纲要(2014—2018)》出台。从整体部署来看,中央将法院人员分类管理作为推动司法改革的重要举措。法院人员分类管理,是在法院内部进行职责划分,区分审判人员与非审判人员以及在非审判人员之间进行再分类。员额制改革的意义在于解决法院"案多人少"的现实问题,但是运行初期在审判实务中却出现一些弊病,比如法官新老更替、案件数量激增、案件难度加大、人员配置不全等棘手问题。笔者所在的基层人民法院地处国家西部地区,随着员额制的实施,通过笔试、面试、综合考评进入员额的法官占员额制改革前原有法官的30%左右,在案件数量成倍增加,"法官+法官助理+

---

[1] 参见龚福林:《我国传统的民事审判方式的弊端》,载《河北法学》1994年第6期。

书记员"模式无法完善配置的情况下,入额法官的办案压力激增。笔者所在基层人民法院近五年受理的民商事案件,2016年为1238件,2017年为1209件,2018年为1372件,2019年为1566件,2020年为1702件。笔者所在的基层人民法院在员额制改革前全院办案法官40人,民商事法官年平均办案数量为48件,改革后入额的民商事法官10人,年平均办案数量为156件。这一呈三倍增长的数字对于一个常住人口只有8万余人的基层人民法院来说,是一个不小的挑战。随着旗域经济文化的高速发展,法治建设面临前所未有的机遇和挑战,基层人民法院办案压力也成倍增加。员额制改革后仍然采用传统庭审方式对每一个家事案件进行常规化审理,从时间成本、诉讼成本、司法资源成本的合理分配和案件质效的有效提升方面来看都存在弊端。

实施立案登记制以来,民商事案件数量不断增加,其中家事案件的数量增加最为明显,案由呈多元化发展,民事诉讼利益冲突激烈,化解矛盾难度加大。从笔者所在基层人民法院受理的案件情况来看,民商事案件数量占全院受理案件的80%左右,由于履行义务人逃避责任、逃避债务、逃避婚姻、躲避诉讼等综合因素的影响,立案阶段对于简易程序审理的案件采用的电话、短信、微信、邮寄送达等比较简便的方式,不能直接提取当事人自己提供的有效送达地址确认书,到了审判环节如果被告未到庭参加诉讼,仍然不能提取被告确认的有效送达地址确认书,通过电话、短信、微信无法联系到被告时,就会直接导致宣判难的问题;而且案件到了执行阶段,会因为被告不到庭参加诉讼,出现被告身份信息、地址有误的情形,也就增加了查控财产的难度。与此同时,当事人主义模式下存在"取证难"的问题。传统审判方式体现了当事人主义,突出了当事人在诉讼过程中的地位和作用。审判实务中,当事人调取证据稍有困难就申请人民法院调取证据,调取证据过程烦琐且有的案件经历的时间跨度大,证据留存存在客观困难,而且在庭审之外比较耗费时间、人力,出现了无法充分、完全地保障当事人诉讼权益的现实问题。送达难是法院程序环节遇到的首个难题,影响民商事审判的效率,传统的送达方式已经无法满足审判的需要,只有在现有诉讼制度的框架内不断创新送达方式,熟练运用智慧法院建设成果,才能适应新的审判需求。

四、以家事审判方式的改革创新为切入点

(一)家事审判方式改革创新的必要性

目前我国家事审判方式与民商事审判方式是一致的,都遵循"四段式"庭审结构,即当事人陈述、法庭调查、法庭辩论、法院裁判。各个环节虽各自独立,但在实务中又相互牵连、相互结合,这样的庭审就导致内在逻辑顺序不严密,界限不明,如果

法官庭审驾驭不好节奏的话,会增加庭审时间、扰乱庭审顺序,增加当事人的诉累,不能对法官庭后裁判起到很好的指引作用。理论界和实务界提出很多关于借鉴国外审判方式的建议,但是中国的审判方式改革一定是具备中国特色的改革,而且其进程的推进不能大刀阔斧,需要有计划有步骤地进行,不宜照搬照用,要将立足国情作为创新改革的基本原则。"司法调解是以非审判方式解决法律纠纷的重要机制,在修复社会关系、节约诉讼成本等方面具有明显优势。在本轮司法改革中,人民法院更加注重发挥人民群众在司法调解中的作用。最高人民法院《关于人民法院进一步深化多元化纠纷解决机制改革的意见》提出,吸纳人大代表、政协委员、人民陪审员、专家学者、律师、仲裁员、退休法律工作者等符合条件的个人担任特邀调解员。"[1]

(二)以实务中的家事审判方式改革创新实例为证

在这一部分切入三个家事案件,法院在审理过程中创新了审判方式,改进了工作方法,前移、后移诉讼端口,收到了良好的法律效果和社会效果。

案例一:原告阿某诉被告连某离婚纠纷案。该案经历了两次诉讼,第二次离婚诉讼中,承办法官得知被告第一次开庭时有强烈的负面情绪,被告和其儿子曾与第一次诉讼中的承办法官大吵大闹,把家庭负面情绪宣泄在法庭上。在详细阅卷后,第二次诉讼的承办法官决定改变先庭审再调解的思路,把庭前调解工作做得非常细致,多次电话沟通预约被告做调解工作,被告都以在外地上班不能请假等事由推脱,承办法官担心被告打不开心结,给孩子的成长带来阴影,在庭前带着书记员驱车五百多公里去被告工作的地方做庭前调解工作。被告在见到法官之后很震惊,没想到法官能千里迢迢去见他,开庭前建立了一种信任关系,他也敞开心扉和法官说,夫妻感情确已破裂,并不是不同意离婚,只是因为抚养费问题心理不平衡才产生了极大的负面抵触情绪。法官找到问题的症结后,对被告提出的问题进一步调查取证。原告提出存款用于归还亲朋的债务,法官逐一找到夫妻双方的亲戚、朋友进行核对,核实了原告的存款确实用于归还债权人的债务,对孩子抚养费问题做了详细可行的规划和调解方案,最终用精湛的专业知识和耐心细致的工作态度解开了原、被告以及孩子之间的心结,孩子也接受了父母离婚的现实,这个家事案件以当庭调解的方式结案,抚养费也当庭一次性履行完毕。原、被告的儿子在法庭上略显激动地说:"第一次父母离婚时我还和法官吵架了,一年多的时间我想了很多法官和我说的话,我觉得父母分开是爱情的结束,我和父母的关系并没有改变,父母爱我的心也没有改变,感谢法官能够到我家找父母做工作,我不希望父母离婚弄成一出狗血大剧,我只希望他们能够找到各自的幸福。"这个案件体现了家事法官转变审判思维、

---

[1] 黄文艺:《中国司法改革基本理路解析》,载《法制与社会发展》2017年第2期。

创新审判方式后收到良好的社会效果,让当事人在司法裁判之外不仅体会到法律的权威,也能感受到司法的温度。

案例二:2017年笔者所在基层人民法院受理的郭某某诉王某某离婚案。王某某因家庭矛盾用水果刀将妻子郭某某捅伤,致使郭某某腹部开放性损伤,心包积液,失血性休克,因抢救及时,未造成生命危险,伤口缝合12针。事后当地妇联及时派人出面与法院协调,支持郭某某提起离婚诉讼,同时与法院协商对当事人采取保护措施。法院根据当事人申请及时发出《反家暴法》实施后本市的第一份人身保护令裁定书,第一时间送达裁定书的同时,对被告王某某进行了训诫和批评教育,告知其人身保护令产生的法律后果,又将该人身保护令抄送当地妇联、派出所,向原告郭某某释明其可以申请法律援助,并将案件相关情况及时进行通报,共同制订人身保护方案,由当地司法局派出专人为当事人提供法律援助。在案件审理过程中,由于被告不同意离婚且中途退庭,法院依法进行了缺席审理并判决准予离婚。在判后答疑的过程中,承办法官再次找到被告对其进行说服教育,被告最终认识到自己的错误也表示服判息诉。在案件回访过程中了解到,原告未受到被告的继续侵害,案件的妥善处理切实保护了受害妇女的合法权益,也赢得了当事人对法律的尊重和敬畏。

(三)家事审判方式改革创新的有效途径探索

1.大力度调解,形成纵向一体化模式

运用法治思维积极探索多元纠纷解决的方法和渠道,通过积极参与当地影响力较大案件的诉前协调工作,实现与诉讼的无缝对接。以笔者所在基层人民法院的做法为例。一是当地有一些复杂、棘手的上访案件,法院派出有丰富审判经验的法官把工作做到诉讼程序之前,与职能部门进行充分配合,通过耐心细致的释法工作,在短时间内取得当事人的信任,从而为成功解决纠纷奠定良好的基础。二是发挥"诉讼服务中心"枢纽作用,与信访部门合力开通解决纠纷的快捷通道。上访案件经各部门协调无果后,可以通过"诉讼服务中心"第一时间立案、排期。因为诉前提前参与,更加了解案件的症结所在,实现诉前协调与诉讼调解的无缝对接,这种审判方式的创新属于端口前沿,摆脱了"收案多、判决多、上诉多、信访多"等难题,取得了良好的法律效果和社会效果。

以笔者所在基层人民法院的审判实务为例——专门设立诉调对接中心(其中包含人民调解室、速裁庭),并开展诉前调解、速裁快审、司法确认工作,其中诉调对接中心已认证四家调解组织——察哈尔右翼后旗医患纠纷人民调解委员会、察哈尔右翼后旗物业管理纠纷人民调解委员会、察哈尔右翼后旗劳动纠纷人民调解委员会、察哈尔右翼后旗道路交通事故人民调解委员会,以及察哈尔右翼后旗诉前纠纷人民调解委员会、金融调解室、多元化解纠纷调解室。简要工作流程为:对于家事纠纷、劳动争议纠纷、交通事故损害赔偿纠纷、医疗损害赔偿纠纷、消费者权益保护纠纷、标的额为10万元以下的民间借贷和买卖合同纠纷、物业和电信服务合同纠纷、供用水（电、气）合同纠纷、宅基地和相邻关系纠纷、土地承包经营权纠纷案件，符合诉前调解的由特邀调解员进行诉前调解，调解成功的案件，当事人可提出申请，由速裁庭当即作出司法确认裁定书。具体的工作流程在实务中比较顺畅也颇有实效：一是立案阶段在当事人自愿的基础上，利用诉调平台，对于案情比较简单、标的额较小、争议不大的案件，实行即收即调、即调即结的快速调解。以笔者所在基层人民法院为例，在立案庭成立"速裁团队"，返聘有经验的退休法官做调解"第一棒"工作。对于一些供热合同纠纷、物业合同纠纷等涉及民生的类案进行调解，调解达成协议后同步诉调对接工作，既节省了办案时间，又极大地提高了办案效率，更保障了执行。从近年来成功调解的案件来看，庭前速裁调解案件平均审限仅为3天，且调解案件申请执行率相对较低。2020年通过以上方式调解的案件有180余件，占民商事案件的10%左右。通过公正、高效的庭前调解工作，赢得了当事人的理解、尊重与好评，有效推动了审判方式的多元化改革和发展。二是对于调解未果的案件及时移交立案庭，再统一转给审判庭继续审理，在分配案件的同时，要求调解法官以书面或口头方式将案件争议焦点、主要矛盾以及调解不成的原因提供给承办法官。这样的无缝对接让"第二棒"的法官拿到案件不用开庭审理就能比较深入地了解案情和争议焦点。调解法官总结的调解不成的原因，给继续审理该案的法官提供了审判和调解思路，很多案件在开庭前就能调解成功，而且标的较小、争议不大的案件当即履行率很高，大大减轻了当事人的诉累，提高了审判执行的质效。

2. 多渠道创新，逐步完善家事审判方式向立体化转变

随着智慧法院建设的步伐越来越快，法院硬件设施及数字化建设越来越成熟，可以充分利用智慧法院建设的条件，以审判需求为导向，将信息化和审判执行深度融合，建成电子卷宗流转系统、语音输入助手、智能编目等多个系统平台，初步形成以网络化、阳光化、智能化为标志的智慧法院，为推动审判事业发展做出积极贡献。具备下载互联网庭审客户端条件并保证有安全畅通网络信号的当事人及其委托代理人，可以向人民法院申请互联网庭审。案件双方当事人及其委托代理人均可以书面或口头方式向案件承办法官申请互联网法庭审理。法院制定详细的可操作性强的《互联网庭审（当事人）细则》。

对于不具备下载互联网庭审客户端条件的案件当事人及其委托代理人，案件双方当事人及委托代理人均须以书面或口头方式向案件承办法官申请微信云庭审理。以笔者所在基层人民法院的做法为例，在新冠疫情防控期间，积极使用互联网法庭和微信云庭进行庭审活动，大大方便了诉讼，减少了当事人的诉累。同时，需要注意每一个环节程序的正当性和合理性。笔者所在的民事审判庭，积极创新审判方式改

革,根据案件难易程度选择审判方式,对于权利义务比较明确的案件,征得双方当事人的同意后,建立"×号案件专案群",邀请法官、法官助理、书记员、双方当事人及其委托代理人加入微信群聊,要求各方当事人持本人身份证件拍摄视频、照片发至专案群进行身份验证,由书记员仔细核对案件信息通知其身份验证通过后,统一公布微信调解、网上开庭的流程和审判纪律,再由法官助理和书记员按照操作规范指导当事人下载客户端,并于庭前进行庭审全过程测试,提前解决测试过程中遇到的技术问题和可能出现的庭审障碍。通过建立专案群的方式,双方当事人能够在同一个平台畅所欲言、传递证据、庭前调解,既保证了案件审理的公开性,又保证了案件审理的透明性。法院还探索了通过建立"专属案件微信群"方式进行庭前调解、程序性告知、庭审质证、诉讼保全、开庭审理等诉讼活动。双方当事人通过扫描二维码完成网上核对笔录、签字过程,书记员同步将法官、书记员、双方当事人及其委托代理人核对签字的笔录打印备案,整个庭审过程完整、顺畅、规范。主审法官还可进行当庭调解工作,双方当事人大多当庭表示愿意积极化解矛盾纠纷,庭后细化调解方案。具体工作流程如下:①案件双方当事人及其委托代理人须于开庭前在案件专属书记员的指引下使用本人身份证件有效认证的微信号加入由承办法官建立的"专属案件微信群",该群仅限案件承办法官、法官助理、书记员、双方当事人本人及向法院提交了书面授权委托书的代理人加入。②入群后,首先进行身份验证环节,由案件承办法官将工作证、执行公务证原件拍照发至群内,法官助理、书记员也将相关证件原件拍照发至群内向案件双方当事人公示。接着由当事人本人持身份证原件拍摄视频上传至该群;接下来,委托代理人将委托代理手续及其相应证件、代理手续原件拍照发至该群;随后由案件专属书记员逐一进行身份验证。③由承办法官告知案件程序性事项及相应的权利义务、专属案件微信审理注意事项;网上发言顺序须在承办法官的指引下进行,微信群聊中上传的书面证据及表达的文字性观点代表当事人本人真实意愿,与线下庭审提交证据规则相同,任一方当事人及委托代理人在同时段进行的庭前调解、庭审质证、开庭审理过程中均不得随意中途退出群聊;不得在该群发表辱骂法官、法官助理、书记员及对方当事人的语音、文字、图片。④案件双方当事人及其委托代理人可申请同步视频聊天功能,实现线上同步调解,确定权利义务并在本群确认后,由书记员第一时间整理完成调解笔录,并由双方当事人及其委托代理人线上核对确认后发表核对意见,经双方核对无异后制作调解协议、调解书,于庭后三个工作日邮寄送达双方当事人提供的地址,当事人签收后第一时间将签字确认版邮寄至专属书记员处。⑤以双方当事人申请并同意的方式进行的诉讼活动和诉讼行为均具有法律约束力。⑥如双方当事人均对以上方式进行审理提出异议,须向承办法官提交书面延期开庭申请书,由承办法官决定是否延期开庭审理。

  以上的实务案例和审判方式改革的操作规则,是一种探索也是一种创新,笔者作为一名从业 15 年的基层法官,对传统家事审判方式存在的问题及创新审判方式带来的良性模式深有感触,也对未来家事审判方式的改革充满憧憬与期待;更希望通过在审判实务中转变审判方式固有思维,运用现代科技手段、智慧法院建设条件积极创新审判方式,提高案件质效的同时,提升当事人的评价和认同,促进家事审判方式改革的步伐。

【责任编辑:高亚男】

婚姻登记纠纷"三权分立"机制构想
——附《婚姻登记纠纷处理办法(建议稿)》

王礼仁*

摘要：婚姻登记纠纷是一个长期困扰老百姓的"揪心事",也是执法机关难以解决的"老大难"。尽管近期发布了《最高人民法院、最高人民检察院、公安部、民政部关于妥善处理以冒名顶替或者弄虚作假的方式办理婚姻登记问题的指导意见》,但其亦属"病急乱投医",既不是法治手段,亦不能真正解决问题。破解婚姻登记纠纷困境的根本出路在于根据不同性质纠纷配置与其相匹配的执法权力与手段,建立民事审判权、行政审判权与行政(民政)执法权"三权分立"机制,即民事审判庭负责审理婚姻是否成立有效民事纠纷;行政审判庭负责审理登记机关违法侵权赔偿等行政案件;民政(行政)机关负责登记信息错误的换证纠错和对登记人员违法行政责任查处。只要坚持"三权分立",各司其职,不推诿不越权,辅之以公安配合和检察监督,各类婚姻登记纠纷都可以得到有效化解。

关键词：婚姻登记纠纷 "三权分立" 民事审判权 行政审判权 行政执法权

在司法实践中,婚姻登记纠纷"救济难"与"处理乱"现象十分严重,其具体表现笔者概括为"一卡二慢三乱"和"八大怪像"。〔1〕可以说,这既是一件长期困扰老百姓的"揪心事"和"烦心事",也是司法执法机关难以解决的"老大难"问题。婚姻登

收稿日期:2022-04-19
* 王礼仁,宜昌市中级人民法院婚姻家庭合议庭审判长,中国法学会婚姻法学研究会理事。
〔1〕 参见王春晖、王礼仁:《婚姻效力纠纷管辖权再分配》,载《人民司法》2015年第3期;王礼仁:《婚姻登记纠纷"八大怪像"举要》,载法律图书馆,http://www.law-lib.com/lw/lw_view.asp?no=32935,2022年3月10日访问。

记纠纷能否处理和如何处理是事关人民群众民生权利能否实现和能否依法实现的重大民生课题,是当前必须解决的一项重大且紧迫的问题。为了破解这一难题,尽管理论上发表了大量研究文章,执法司法机关也进行了一系列探索,但并没有从根本上解决问题。如2017年北京市民政局制定了《北京市民政局关于撤销骗补结婚证的规定》,2019年浙江省民政厅印发了《妥善处理因当事人以非真实身份进行结婚登记案件的指导意见》。对上述两个地方性规定存在的法律障碍与操作性障碍,笔者曾分别发表文章进行了评析。[1] 婚姻登记纠纷"救济难"也引起了检察机关的关注与重视。检察机关采取诸如"公开听证+检察建议"的方式,解决此类问题。[2] 山东省检察院还在全国率先会同省高级人民法院、公安厅、民政厅联合出台处理当事人冒名顶替或弄虚作假办理婚姻登记问题的规范性文件。[3] 最高人民检察院也为此编写指导性案例,制定规则,并于2021年11月18日发布了《最高人民法院、最高人民检察院、公安部、民政部关于妥善处理以冒名顶替或者弄虚作假的方式办理婚姻登记问题的指导意见》(以下简称《指导意见》)。[4] 据最高人民检察院第七检察厅厅长张相军介绍,最高人民检察院在编写指导性案例和制定规则过程中,得到了法学界众多知名专家学者的指导,征求了最高人民法院行政审判庭、司法部行政复议局等中央有关部门的建议。[5] 但检察机关的各种探索和"指导案例"均无法解决问题,而《指导意见》更是"病急乱投医",其救济方法既不是法治路径和手段,亦不能从根本上解决问题。[6] 因而,有必要进一步研究解决婚姻登记纠纷法治之道,为破解婚姻登记纠纷困境提供切实可行的法治方案。

---

〔1〕 参见王礼仁:《探索开水养鱼与探索民政机关撤销婚姻登记的价值比较——评浙江省民政厅"撤销非真实身份结婚指导意见"》,载北大法律信息网,http://article.chinalawinfo.com/ArticleFullText.aspx? ArticleId=106515,2022年3月10日访问。

〔2〕 参见刘立新、刘奕岑:《"被离婚"19年,举报丈夫重婚才知真相》,载《检察日报》2021年12月22日,第5版。

〔3〕 参见张炎良、高鑫:《最高检:一方确属"骗婚",检察院应建议依法撤销婚姻登记》,载百家号"红星新闻"2021年12月31日,https://baijiahao.baidu.com/s? id=1720631844477157361&wfr=spider&for=pc。

〔4〕 参见《关于妥善处理以冒名顶替或者弄虚作假的方式办理婚姻登记问题的指导意见》,载《检察日报》2022年1月1日,第3版;《关于印发〈关于妥善处理以冒名顶替或者弄虚作假的方式办理婚姻登记问题的指导意见〉的通知》,载中国政府网,http://www.gov.cn/zhengce/zhengceku/2021-12/31/content_5665845.htm。

〔5〕 参见张相军:《行政争议实质性化解的检察实践与理论发展》,载腾讯网,https://new.qq.com/rain/a/20211129A07QTJ00。

〔6〕 参见王礼仁:《不必要不合法不管用的"两高两部"指导意见》,载北大法律信息网,https://article.chinalawinfo.com/ArticleFullText.aspx? ArticleId=120959,2022年3月10日访问;王礼仁:《司法改革为何不循法治之道而行旁门左道?》,载北大法律信息网,http://article.chinalawinfo.com/ArticleFullText.aspx? ArticleId=120907,2022年3月10日访问;王礼仁:《折腾7年的婚姻为何最终还是用违法方式处理?》,载北大法律信息网,http://article.chinalawinfo.com/ArticleFullText.aspx? ArticleId=120527,2022年3月10日访问;王礼仁:《最重要的法律关系 最轻率的处理方式》,载北大法律信息网,http://article.chinalawinfo.com/ArticleFullText.aspx? ArticleId=120569,2022年3月10日访问。

一、婚姻登记纠纷"救济难"与"处理乱"的原因

婚姻登记纠纷"救济难"与"处理乱"之所以"久治不愈",其主要原因是没有找到真正病因,不能对症下药,始终在行政程序或行政手段上寻求解决方法,以致执法权力和手段配置错误的结果。

婚姻登记纠纷"救济难"与"处理乱"的真正原因是处理婚姻登记纠纷的程序"三不分"。即行政案件与民事案件的法律性质不分;非诉纠纷与诉讼纠纷的救济途径不分;行政权与审判权的职能不分。"三不分"的具体表现和危害如下:

1. 行政案件与民事案件性质不分,婚姻效力纠纷的诉讼路径错位

婚姻效力纠纷属于民事纠纷,应当适用民事程序审理,但实践中却适用行政程序审理民事案件,使民事案件行政化。行政诉讼处理婚姻效力有三个缺陷:一是因程序障碍无法受理;二是违法受理(违反起诉期限和受理条件)后按行政行为合法性标准处理的实体结果大多错误;三是极个别实体处理正确的案件则是"穿行政判决外衣的民事判决",即名为行政判决实为民事判决。由于行政诉讼程序功能不适用婚姻效力,难免出现"救济难"与"处理乱"。如行政诉讼起诉期限与受理条件均不适用婚姻效力,以致无法受理而造成了"救济难";行政诉讼的审理规则和裁判标准不适用婚姻效力则造成了实体上的"处理乱"。

2. 非诉纠纷与诉讼纠纷的救济途径不分,采取错误方式处理非诉纠纷

婚姻登记纠纷中大量纠纷属于换证纠错非诉纠纷,既不需要诉讼,也不需要民政机关撤销婚姻登记,只需要换证纠错即可。但实践中则不区分非诉纠纷与诉讼纠纷,大多采取两种错误方式处理非诉纠纷。

一是按诉讼案件处理非诉纠纷,即通过行政诉讼程序撤销婚姻登记或确认无效。这种处理方式不仅增加诉累,而且还导致非诉纠纷无法解决或错误解决。如在行政诉讼中,一些法院受理后撤销婚姻登记或确认无效。这部分案件在受理程序上大多违反行政诉讼起诉期限(超过了起诉期限)或不符合受案条件(登记机关不存在违法)。在实体处理上则将可以换证纠错的非诉纠纷,按无效婚姻处理,扩大了无效婚姻范围,其结果处理错误。而另一些法院则对换证纠错非诉纠纷,以超过起诉期限为由拒绝受理,由此造成了非诉纠纷救济难。

二是由民政机关采取撤销婚姻登记方式处理换证纠错纠纷。这种处理方式的处理结果与法院行政诉讼处理结果大同小异。即部分民政机关违法受理或违法撤销,部分民政机关则以无权撤销为由拒绝受理或撤销。很显然,对本应通过换证纠错即可解决的非诉纠纷,按撤销婚姻登记处理,同样存在要么当事人救济受阻,要么实体处理错误。

非诉纠纷处理方式错误有三大弊端:一是把非诉纠纷升格为诉讼案件,增加当事人诉讼成本,浪费司法行政资源;二是把只需要换证纠错的纠纷按无效婚姻处理,扩大无效婚姻范围;三是把换证纠错纠纷按诉讼纠纷或无效婚姻处理,则面临行政诉讼超审限与登记机关以无权撤销的困境,导致当事人救济难。

非诉纠纷处理方式错误的根本原因在于对登记瑕疵纠纷性质的认识错误。一是错误地认为凡有登记错误或程序瑕疵婚姻均属无效婚姻;二是错误地认为婚姻登记属于行政性质,需要通过行政诉讼或行政机关撤销婚姻登记解决。

3. 行政权与审判权职能不分,用行政权代替审判权

婚姻是否成立或是否有效应当由人民法院通过民事程序审理确认,属于审判职能范围。但在实践中则存在由行政机关行使审判职能的现象。诸如民政机关(或其他行政机关)直接撤销婚姻登记或宣告无效,或者由检察机关建议民政机关撤销婚姻登记或宣告无效。行政机关撤销婚姻登记或宣告无效缺陷有五:一是婚姻成立与不成立或有效与无效,应当由审判机关依法审理确认,不属于行政机关职能范围,行政机关撤销婚姻登记或宣告无效,属于行政权代替审判权的越权行为。二是行政机关缺乏判断婚姻是否成立有效的能力。三是采取行政手段撤销婚姻登记,实际上是登记机关自己对自己登记行为的裁判,缺乏中立性。四是采取行政手段撤销婚姻具有随意性,容易扩大无效婚姻范围。五是采取行政手段撤销婚姻容易引起行政诉讼,行政机关的撤销环节事实上成为多余程序。有的行政判决判令行政机关重新处理时,造成在行政诉讼与行政机关之间来回推磨的恶性循环现象,不如直接民事诉讼更简捷。

由此不难看出,民事案件行政化,非诉纠纷诉讼化以及行政权与审判权职能混淆是造成婚姻登记纠纷"救济难"与"处理乱"的根本原因。如果单纯看"救济难"的"堵点",主要在两个方面:一是婚姻效力不适用行政诉讼程序;二是非诉纠纷处理方式错误。因而,打通婚姻效力与非诉纠纷的"堵点"是解决婚姻登记纠纷"救济难"的关键。

二、建立"三权分立"机制构想

由于婚姻登记纠纷"救济难"与"处理乱"的症结在于"三不分",当务之急就是要彻底纠正和摒弃"三不分"的执法混乱现象,建立"三权分立"的科学机制,即根据婚姻登记纠纷的不同性质和不同执法机关的职能配置执法权,实行民事审判、行政审判与行政执法"三权分立"。一是科学界定行政审判与民事审判的职权范围,解决婚姻效力纠纷"救济难"与"处理乱"。婚姻效力纠纷"救济难"与"处理乱"的"堵点"和症结在于行政程序不适用,民事程序被关闭。解决婚姻效力纠纷"救济难"与

"处理乱"的关键是把婚姻效力从行政审判中分离出来,凡涉及婚姻是否成立有效,均由民事审判庭审理,行政审判庭只审理不涉及婚姻效力的行政违法侵权案件,由此实现民事审判与行政审判的科学分立。二是厘清非诉纠纷的处理路径,解决非诉纠纷的"救济难"与"处理乱"。非诉纠纷既不能按诉讼纠纷处理,也不能由民政机关采取撤销婚姻登记的方式处理,应由民政机关采取换证纠错方式解决。三是理顺行政权与审判权关系,解决行政权与审判权职能混淆现象。应彻底废除行政机关行使审判权职能,凡涉及婚姻是否成立或是否有效纠纷,一律纳入民事审判解决,民政机关不得撤销婚姻或宣告无效,包括不得变相撤销婚姻或宣告婚姻无效,如撤销婚姻登记或撤销结婚证等,因为这都是对婚姻效力的否定,属于变相撤销婚姻或宣告婚姻无效。

"三权分立"是治理婚姻登记纠纷"救济难"与"处理乱"的良方善法。根据"三权分立"机制,民事审判庭、行政审判庭与行政执法机关分别管辖和处理不同性质的婚姻登记纠纷:①民事审判庭负责审理婚姻登记引起的婚姻是否成立有效民事争议纠纷。②行政审判庭负责审理婚姻登记机关的违法侵权引起的损害赔偿等行政案件,登记机关无论是否有过错或违法,均不及于婚姻效力,不得以登记机关有过错或违法为由,适用行政程序撤销婚姻登记或确认登记无效。③民政(行政)机关负责对登记信息错误的换证纠错和登记人员违法的行政责任查处。其具体管辖范围和分工如下:

(一)民事审判庭审理因婚姻登记引起的民事案件范围

人民法院民事审判庭审理因婚姻登记引起的民事案件范围如下:

①婚姻无效案件。包括法定无效婚姻或当事人主张的其他婚姻无效情形。

②撤销婚姻案件。包括法定可撤销婚姻或当事人主张的其他撤销婚姻情形。

③确认婚姻成立与不成立(婚姻存在与不存在)案件。婚姻不成立是指不符合《民法典》第1049条婚姻成立要件的案件。如登记后反悔拒绝领取结婚证或其他欠缺婚姻成立要件的案件(如通谋虚假结婚)。当事人身份被他人冒用结婚者(被结婚者)与他人发生婚姻关系争议,亦可提起与他人婚姻不成立或不存在之诉解决。

④离婚案件。即常见的因夫妻感情破裂,一方起诉要求解除婚姻关系的案件。

⑤离婚无效案件。即违反离婚法律要件不产生离婚效力的案件。如雇人冒名顶替离婚等。

⑥撤销离婚案件。即缺乏真实意思表示的离婚当事人在规定期限诉请撤销离婚的案件。如违背离婚意愿的胁迫离婚,当事人可以诉请撤销离婚。

⑦离婚不成立案件。即没有完成离婚登记或欠缺离婚成立要件的案件。包括离婚登记过程中反悔,拒绝领取离婚证的案件;当事人以协议形式解除事实婚姻案件(有效的事实婚姻应当采取诉讼程序解除婚姻关系)。凡当事人对离婚是否成立

发生争议时,均可提起离婚不成立之诉解决。

⑧因婚姻登记引起的其他民事案件,如因冒名登记结婚引起的姓名侵权案件等。

(二)行政审判庭审理不涉及婚姻效力的行政违法侵权案件范围

人民法院行政审判庭审理婚姻登记机关违法侵权行政案件的具体范围包括:

①婚姻登记机关撤销结婚登记、离婚登记、收缴结婚证离婚证等违法越权案件。因为婚姻登记机关无权撤销婚姻登记或以其他形式否定婚姻效力,婚姻登记机关撤销婚姻登记或其他否定婚姻效力的行为属于越权行为,当事人可以提起行政诉讼。

②无正当理由拒绝婚姻登记案件。当事人依法提供必要婚姻登记资料且符合登记条件者,婚姻登记机关拒绝婚姻登记者,当事人可以提起行政诉讼。

③未尽法定职责错误登记给当事人造成损害的赔偿案件。如将婚姻当事人姓名、年龄等身份信息登记错误,当事人因此无法从事民事活动或其他正常生活而造成损失的,可以诉请赔偿。

④滥收费滥罚款案件。如超标准收费或违规罚款。

⑤在婚姻登记中要求当事人附加其他义务的案件。如苛刻地要求当事人提供超出婚姻登记法定要求所需要的证明材料。

⑥毁损丢失婚姻登记档案等违法渎职、损害当事人合法权益的案件。

⑦无正当理由拒绝纠正婚姻登记错误信息或换发错误结婚(离婚)证件。

⑧无正当理由拒绝出具婚姻状况证明或者出具虚假婚姻证明、不合法证明(说明)等。如梁超启诉徐州市云龙区民政局离婚登记行政确认案,云龙区民政局婚姻登记处作出《关于黄海红隐瞒国籍与梁超启办理离婚登记的情况说明》,认定当事人"离婚登记应为无效登记"引起行政诉讼,法院判决民政局关于"离婚登记无效"的"说明"无效。[1] 因为结婚与离婚有效或无效不能由民政机关确认,更不能以"说明"方式确认。

(三)民政机关负责处理换证纠错等非诉纠纷范围

民政机关处理换证纠错等非诉纠纷的具体范围包括:

1.换证纠错

就是对婚姻登记中颁发的错误结婚证(离婚证)予以更换,对登记信息错误予以纠正。婚姻登记机关的主要职责是婚姻登记,换证纠错是对婚姻登记中的错误进行弥补和纠正,属于婚姻登记的延续和组成部分,是登记机关职能范围内的工作。当事人要求换证纠错并提供有效证据的,民政机关应当为当事人换证纠错。

---

[1] 参见《江苏高院裁判:离婚登记不得以无管辖权为由自行纠正》,载网易号"法律界那些事" 2022年2月24日,https://www.163.com/dy/article/H0U211RL0524KISA.html。

在现实生活中,因婚姻登记信息错误影响当事人子女上学、购房、结婚等正常生活时,很多当事人并不希望撤销婚姻或不否认婚姻效力,仅要求纠正错误登记信息或换发证件,以解决生活不便问题。而且根据法律规定,婚姻登记信息错误(包括使用虚假身份信息登记结婚)亦不属于无效婚姻和可撤销婚姻。无论是从当事人诉求或需求上考察,还是从法律上考察,对这类纠纷都不需要也不应当通过行政诉讼撤销婚姻登记或由民政机关撤销婚姻登记,只需要换证纠错处理即可,用撤销婚姻登记代替换证纠错的做法应当纠正。

换证纠错是解决此类非诉纠纷最快捷、最有效的方式,也是最符合此类纠纷性质和特点的方式。因而,换证纠错是落实习近平总书记"把非诉讼纠纷解决机制挺在前面"的重要指示和中央全面深化改革委员会"加强诉源治理"的有效手段。换证纠错可以化解大量非诉纠纷,减少不必要的诉讼和不合法的处理。实践中已有不少地方民政机关逐步探索了一些行之有效的做法。如属于登记机关自身过错(如承办人因疏忽填写姓名或年龄错误)造成的登记信息错误,由登记机关主动纠错;当事人提供虚假信息造成的登记错误,由当事人提供有效证据后予以纠正。民政部应当总结各地经验并加以完善,建立一套行之有效、普遍适用的换证纠错机制。

换证纠错与婚姻效力认定是两回事,换证纠错只是还原客观事实,纠正错误登记信息,不涉及婚姻效力认定。如果当事人认为婚姻登记信息错误影响婚姻效力,要求撤销婚姻或宣告无效的,应当告知其向人民法院民事审判庭起诉,由人民法院依法判决确认。

换证纠错亦不改变或影响原先的婚姻效力,即使婚姻无效换证纠错后并不能转化为有效婚姻。如当事人存在法律禁止结婚的血亲关系,便以虚假身份登记结婚,后因生活不便恢复真实身份后,其婚姻仍然无效,相关机关和个人仍然可以主张其婚姻无效。因而,登记机关在换证纠错中应当保存原始登记材料和档案,保持换证纠错前后的事实脉络清晰可查。

换证纠错与撤销婚姻登记的性质和法律效果不同,换证纠错只是纠正婚姻登记中的错误信息,所涉及的是事实层面的问题,撤销婚姻登记是对婚姻效力的否定,所涉及的是法律层面的问题。否定婚姻效力不仅涉及民法典关于婚姻是否成立有效的实质要件,亦有严格的诉讼程序,必须划清换证纠错与撤销婚姻登记的界限,切忌用撤销婚姻登记代替换证纠错。如 2021 年 7 月昆明市东川区民政局为两兄弟互换身份证结婚的四名当事人更正了婚姻登记信息,使四名当事人的婚姻继续存在和有效。[1] 如果采取撤销婚姻登记的方式处理,四名当事人的婚姻则被否定,两对婚姻

---

〔1〕 参见《长达五年的婚姻登记行政争议案件,解决啦!》,载百家号"云南省人民检察院"2021 年 8 月 12 日,https://baijiahao.baidu.com/s? id=1707867883886971641&wfr=spider&for=pc。

即解体。

2. 追究承办人的行政责任

民政机关对于在婚姻登记违法的承办人或责任人,可以根据当事人要求或依职权追究其行政责任或建议纪检监察部门予以党纪政纪处分。

3. 解决登记机关侵权赔偿纠纷

因登记机关违法侵权给当事人造成损害,当事人要求登记机关赔偿的,民政机关应当依法处理,包括协商处理或适用行政复议程序处理。对行政复议处理决定不服的,当事人可以依法提起行政诉讼。

4. 处理登记机关职权范围内的其他婚姻登记相关事项

如为当事人复印婚姻登记档案材料,出具与婚姻登记相关的证明等。

关于"三权分立"的运作程序,笔者在《婚姻登记纠纷处理办法(建议稿)》(全文附后)中有具体安排。需要说明的是,公安机关与检察机关的执法职能与婚姻登记纠纷本不会发生职能混淆问题,不存在与其他执法机关的职能划分争议,不属于"三权分立"范围,但考虑到在司法实践中,有些地方公安机关在处理婚姻登记引起的刑事犯罪和治安案件存在不作为现象,检察机关存在监督手段和方式错误问题。如有的检察机关在执法监督中建议民政机关撤销婚姻登记。这种建议超出了民政机关的职能和执法权限。鉴于公安机关与检察机关的执法行为有待进一步加强和规范,以便更加有效地综合治理婚姻登记纠纷,惩处和遏制婚姻登记中的违法犯罪,亦将其纳入《婚姻登记纠纷处理办法(建议稿)》。

三、实行"三权分立"需要澄清的理论误区

为什么长期存在"三不分"而不能实行"三权分立"?从表面上看是制度性障碍,即不合理的制度所致。诸如1986年《婚姻登记办法》第9条,1994年《婚姻登记管理条例》第25条、第28条、第29条,2001年《婚姻法》第11条以及《指导意见》和《最高人民法院关于适用〈中华人民共和国婚姻法〉若干问题的解释(三)》(以下简称《婚姻法解释三》)第1条、《最高人民法院关于适用〈中华人民共和国民法典〉婚姻家庭编的解释(一)》(以下简称《民法典婚姻家庭编解释一》)第17条(该条系《婚姻法解释三》第1条的沿袭)等,均分别规定了由婚姻登记机关和适用行政诉讼程序处理登记婚姻效力纠纷,并排除民事程序审理法定无效婚姻和可撤销婚姻之外的不合法婚姻效力。由于上述制度是相关理论支撑下的产物,制度性障碍实际上是理论障碍的表现形式,归根到底是理论障碍,只有扫清理论障碍才能扫清制度障碍。因而,要实现"三权分立",澄清理论误区是关键。

目前影响"三权分立"的理论误区很多,但对执法司法有直接影响的主要是最高

司法执法机关及其业务部门的法官和检察官(包括业务部门负责人)的一些观点。如果不澄清这些法官和检察官的认识误区,则难以排除"三权分立"的阻力。要修改不合理的司法制度,改变现行执法司法混乱现状,首先必须澄清最高司法机关及其法官、检察官的理论误区。为此,这里主要针对最高司法机关法官和检察官的一些认识误区,并结合司法实践需要,选择六个理论误区进行讨论。由于单纯的行政侵权案件按行政程序处理,非诉纠纷由登记机关采取换证纠错方式处理,这两个方面的界限较为容易界定和把握。影响"三权分立"的焦点和难点在于婚姻效力到底是适用行政程序解决还是适用民事程序解决。为此,这里选择澄清的六个理论误区,均是为了解决婚姻效力的基本性质与法律路径问题。六个理论误区分两部分:前两个误区的基本观点是民事程序不能审理程序瑕疵婚姻效力纠纷;后四个误区的基本观点是行政程序可以审理婚姻效力(包括行政程序如何审理婚姻效力)。澄清前两个误区的目的在于排除民事程序无权审理与无法审理婚姻效力的理论障碍;澄清后四个误区的目的主要是说明行政程序的运作规则和实体裁判标准均不适用婚姻效力纠纷。

(一)民事程序无权审理程序瑕疵婚姻效力的误区

这种观点的主要代表是最高人民法院原审判委员会专职委员、民一庭庭长杜万华和吴晓芳等民事法官(以下简称"高法民事法官"),他们认为结婚登记在性质上属于行政行为,当事人通过民事诉讼或在离婚诉讼中主张否认法定无效婚姻之外的程序瑕疵婚姻关系的,首先应当解决结婚登记效力问题,不属于民事审查范围,只能通过行政复议或行政诉讼程序解决。[1] 由此可以看出,民事程序无权审理程序瑕疵婚姻效力的主要理由是:结婚登记属于行政行为,结婚登记效力不属于民事审查范围。这也是《婚姻法解释三》第1条和《民法典婚姻家庭编解释一》第17条的理论基础。为此,有必要澄清结婚登记的性质与结婚登记效力的性质。

1.婚姻登记的性质是要式民事法律行为,不是行政行为

判断婚姻登记属于何种性质的法律行为,主要应当考察两个法律要素:一是婚姻登记行为的主体是谁,即由谁办理婚姻登记或根据谁的行为和意思完成的婚姻登记;二是婚姻登记产生何种性质的法律关系效果。也就是说,如果婚姻登记是根据行政机关的行为和意思完成(即婚姻登记行为主体是行政机关),并产生行政法律关系效果,则属于行政行为;如果婚姻登记是根据当事人的行为和意思完成,所产生的

---

[1]《最高人民法院民一庭负责人就〈婚姻法解释(三)〉相关问题答记者问》,载中华人民共和国国务院新闻办公室,http://www.scio.gov.cn/ztk/xwfb/jjfyr/24/wqfbh/Document/1458028/1458028.htm,2022年3月21日访问;奚晓明主编:《最高人民法院婚姻法司法解释(三)理解与适用》,人民法院出版社2011年版,第7—8页、第16页、第39页;杜万华、程新文、吴晓芳:《〈关于适用婚姻法若干问题的解释(三)〉的理解与适用》,载《人民司法》2011年第17期。

是民事法律关系效果,则属于民事行为。

其一,应当明确婚姻登记的行为主体是当事人,不是登记机关。原《婚姻法》和现行《民法典》均规定,结婚的男女双方应当办理婚姻登记。这显然是将婚姻当事人作为登记主体。结婚之所以登记是《民法典》第135条和第1049条所规定的要式民事法律行为的需要,"登记"是当事人结婚应当遵循的要式行为。其二,结婚登记是民事登记,即民事法律关系登记。因而,结婚登记所产生的是民事婚姻法律关系,而不是行政法律关系。这在《婚姻法》和《民法典》亦有规定,即完成婚姻登记确立婚姻关系。很显然,结婚登记的法律效果是当事人之间缔结民事婚姻关系,并不是当事人与行政机关建立行政法律关系。

高法民事法官认为婚姻登记属于行政行为,并没有给出理由,主要是沿袭理论上的传统提法。理论之所以认为结婚登记是行政行为,其中一个重要的理由就是认为登记机关是婚姻登记的主体,当事人不是婚姻登记的主体,登记或不登记由行政机关的职权行为决定,而不是由当事人的行为或意思表示所决定。如有学者认为,"婚姻登记是行政机关的职权行为,并不包含民事法律行为的核心构成要素——私法上的意思表示"[1]。这是一个误区。婚姻登记从启动登记到完成登记全过程均体现当事人的意志或意思表示。如当事人提出婚姻登记申请、填写有关登记表、回答登记机关提出的诸如"是否自愿结婚"或其他相关事项、进行结婚宣誓、领取结婚证,等等,都是当事人的行为和私法上的意思表示。而且当事人的意志或意思不仅决定是否办理结婚登记,也决定婚姻登记能否完成,即当事人既可以申请登记,也可以在申请登记后撤回婚姻登记,包括一方在婚姻登记中反悔,拒绝领取结婚证以致婚姻登记不能完成。因而,认为婚姻登记缺乏"私法上的意思表示",显然站不住脚。

要正确认识婚姻登记机关在婚姻登记中的角色、地位和作用。登记机关只是当事人办理婚姻登记的平台,登记人员也只是这个平台的操作人员或经办人。登记机关的主要职责是对当事人及其提供的材料是否符合婚姻登记条件进行形式上的"审核确认"。登记机关没有必要也不可能对当事人是否符合结婚条件进行实质审查,即不可能审核公安机关颁发的户籍和身份证件是否真实或存在错误、不可能到当事人申报的户籍地或居所地调查当事人的真实身份,更难以核实和发现当事人是否存在通谋虚假结婚等意思表示真伪。登记机关的审查是一种公式化的形式审查,将来科技发达后,当事人也许可以通过网络办理结婚登记或离婚登记。因而,登记机关的登记人员在婚姻登记中是配角,主要是为当事人办理婚姻登记提供服务或协助。至于登记人员的所谓"登记"行为,只是对当事人婚姻登记行为的客观登载记

---

[1] 田韶华:《论婚姻登记行政诉讼的判决方式》,载《行政法学研究》2020年第1期。

录,登记人员无权篡改当事人的结婚意思表示和所提供的登记材料,无权对一方反悔者强制登记或对符合结婚登记条件者拒绝登记。对于结婚或离婚登记而言,恰恰是登记机关及其登记人员无法进行行政干预,不能由行政机关依行政职权决定当事人应否结婚或离婚登记,只能由当事人决定,登记机关的意志服从或服务于当事人的意志和行为。至于登记机关对不符合登记条件者拒绝登记,从表面上看好像是登记机关决定的,但实质上也是由当事人的婚姻登记行为所决定,即当事人的行为或意思表示不符合登记条件,登记机关只能作出与当事人行为或意思表示相一致的行为。否则,就是违法。

如果认为婚姻登记是行政机关的职权行为,当事人不愿结婚或不愿登记,登记机关岂不可以依职权为其登记? 如果认为婚姻登记是行政机关的职权行为,那婚姻登记中的任何违法行为(当事人弄虚作假,包括当事人使用在公安机关办理的虚假户口等身份信息结婚或重婚等),岂不都要由登记机关负责,因为这是行政职权行为所致。而且既然认为婚姻登记是行政职权行为,那也不存在民事婚姻有效与无效问题,只存在行政行为有效与无效问题。这显然与中外立法体例和法理相悖。

在理解婚姻登记性质时,一定要把"当事人的婚姻登记"与登记机关对"当事人的婚姻登记"的"审核确认"区别开来。婚姻登记是"当事人的婚姻登记",是民事法律关系登记,是要式民事法律行为。登记机关对"当事人的婚姻登记"的"审核确认"是婚姻登记的组成部分。登记机关对当事人婚姻登记"审核确认"不能等同于婚姻登记,婚姻登记涵盖登记机关的"审核确认","审核确认"只是婚姻登记的一环,登记机关在"审核确认"环节存在过错的,其性质属于对民事登记(民事关系登记)"审核确认"过错,应对"审核确认"环节的过错承担相应的行政责任。但"审核确认"既不会改变婚姻登记的民事性质,也不会因为"审核确认"行为本身有无过错而影响婚姻效力,真正影响婚姻效力的因素是当事人的民事登记行为。

当事人的"婚姻登记"与登记机关的"审核确认"两者既有联系又有区别。婚姻登记是指男女双方为了缔结(或解除)婚姻关系,依法到婚姻登记机关登记并领取结婚证(或离婚证)的民事行为。审核确认婚姻登记,是指婚姻登记机关对当事人的婚姻登记是否符合法律登记要件进行审核,依法确认当事人是否可以办理婚姻登记的行政行为。从当事人的婚姻登记与登记机关的审核确认两者关系上考察,登记机关的审核确认行为具有双重性质,即从属性与独立性。在整个婚姻登记中,登记机关的审核确认具有从属性,属于婚姻登记的组成部分,为婚姻登记所涵盖,不是一种可以脱离当事人婚姻登记而独立存在的行为,而是附着于当事人婚姻登记的附属行为,没有当事人的婚姻登记就没有审核确认行为。如果把登记机关的审核确认行为从婚姻登记中剔除,从行政法角度单独考察其性质时,则又属于行政职权行为,具有行政行为的性质,可以相对独立或分离,成为行政行为的一种特殊形态。

总之,当事人的"婚姻登记"与登记机关对婚姻登记的"审核确认"两者的主体、性质、效果等均不相同。首先,两者主体不相同。婚姻登记的主体或行为人是当事人,审核确认婚姻登记的主体是登记机关。其次,两者性质不同。婚姻登记是要式民事法律行为,登记机关对当事人婚姻登记的审核确认是从属性质的行政行为(即附属于民事登记的行政行为)。再次,两者遵循的法律义务或标准不同。当事人的结婚登记必须遵循结婚的实质要件与程序要件。否则,婚姻不成立或无效。登记机关审核确认遵循的是形式审查义务标准,即达到形式审查标准即可。最后,两者法律效果不同。当事人的婚姻登记直接产生婚姻效力的法律效果(即婚姻是否成立有效由当事人婚姻登记行为直接决定),审核确认行为存在过错时只能产生行政赔偿等行政法律效果,不及于婚姻效力。

2. 程序瑕疵婚姻登记效力即婚姻效力,属于民事性质

高法民事法官认为民事程序无权审理的又一个理由是否认程序瑕疵婚姻关系,"首先应解决结婚登记效力",这不属于民事审查范围,应当申请行政复议或者提起行政诉讼解决。理论上也有学者持这种观点。如孙若军教授认为,"婚姻效力的认定以及婚姻的解除,有赖于结婚登记行为效力的先行解决"[1]。上述观点的认识误区在于将结婚登记效力或结婚登记行为效力与婚姻效力割裂或对立,没有弄清两者之间的关系。

婚姻登记引起的法律效果无非有二:一是婚姻是否成立;二是婚姻是否有效。对于程序瑕疵婚姻而言,否认其法律效果也只有两种后果:一是婚姻不成立;二是婚姻无效(含可撤销)。无论婚姻是否成立争议,还是婚姻是否有效争议,都是民事婚姻关系效力争议。这是世界民法典的立法通例和民法理论上的共识,婚姻关系效力争议案件属于民事案件可谓大道至简,无须赘述。

而且程序瑕疵婚姻与法定无效婚姻都是婚姻登记的产物,两者同源同质。程序瑕疵婚姻只存在哪些情形属于婚姻不成立或无效,哪些情形属于不影响婚姻不成立或无效情形的实质认定标准之争,不可能改变其民事性质,不应存在是行政案件还是民事案件的性质争议。认为程序瑕疵婚姻效力纠纷属于行政案件,实际上是把婚姻效力一分为二,即法定无效婚姻和可撤销婚姻属于民事案件,程序瑕疵引起的婚姻有效与无效争议属于行政案件,这种划分标准显然缺乏正当性法律基础。

所谓结婚登记效力、结婚登记行为效力、结婚证效力等,都是婚姻效力的代名词。否定婚姻登记行为效力,亦会否定婚姻效力。在行政复议或行政诉讼程序中撤销结婚证、撤销结婚登记、撤销婚姻登记行为或确认其无效,都是对婚姻效力的否定,与撤销婚姻、确认婚姻无效的法律效果并无区别,不可能存在婚姻登记行为被撤

---

[1] 孙若军:《瑕疵结婚登记处理方式的体系化思考》,载《中华女子学院学报》2014年第6期。

销或确认无效后婚姻关系还存在或有效。

更为重要的是,即使把婚姻登记视为行政行为,在涉及婚姻登记行为效力判断时,无疑是民事婚姻效力决定登记行为效力,即婚姻有效则登记行为有效,婚姻无效则登记行为无效。也就是说,应当由民事婚姻效力标准决定登记行为效力,而不是行政程序合法性标准决定婚姻登记行为效力。因而,主张先通过行政复议或行政诉讼解决婚姻登记效力或婚姻登记行为效力的观点,不符合婚姻效力的特点。恰恰相反,行政复议或行政诉讼程序不适用婚姻效力,应当适用民事程序解决。

在《民法典》颁布前,《婚姻法解释三》第1条所说的程序瑕疵婚姻,主要是指在结婚登记中程序违法或形式要件存在缺陷的婚姻。《民法典(草案)》曾将程序瑕疵婚姻的主要情形(以伪造、变造、冒用证件等方式骗取结婚登记)规定为无效婚姻,仅因此类情形是否都属于无效婚姻存在分歧而删除。但这一立法过程则说明程序瑕疵婚姻效力属于民法调整范围,不会因为《民法典》删除而改变其民事性质。但《民法典婚姻家庭编解释一》第17条依然沿袭《婚姻法解释三》第1条的规定,显然与程序瑕疵婚姻效力的基本性质与《民法典》立法精神相悖。

(二)民事程序无法审理程序瑕疵婚姻效力的误区

民事程序无法审理程序瑕疵婚姻效力的误区很多,最具代表性的是最高人民检察院第七检察厅厅长张相军检察官在解答《指导意见》时的观点:冒名顶替或者弄虚作假办理的婚姻登记,当事人"不存在真实婚姻关系,受害者通过民事诉讼途径获得救济难"[1]。

那么,冒名顶替或者弄虚作假办理的婚姻登记,当事人是否"不存在真实婚姻关系",能否通过民事诉讼途径救济?对此需要澄清。

1.使用虚假身份或者弄虚作假办理的登记结婚并非"不存在真实婚姻关系"

如为了掩饰已婚事实冒用他人身份登记结婚、未达到婚龄使用他人身份登记结婚等,仅仅涉及婚姻是否有效,并非不存在真实婚姻关系。其中已婚者使用虚假身份或冒用他人身份登记结婚,则存在两个真实的婚姻关系,即原婚与重婚。如果否认使用虚假身份或冒用他人身份登记结婚存在真实婚姻关系,已婚者使用虚假身份(或冒用他人)或者弄虚作假办理的婚姻登记,则不构成重婚了。

在理论上与实践中之所认为使用虚假身份或冒用他人身份登记结婚者"不存在真实婚姻关系",主要是对婚姻当事人认定错误所致。一是当事人使用虚假姓名登记结婚时,一些人则将虚假姓名作为婚姻当事人,并认为虚假姓名是一个"虚拟人"或"非自然人"等,进而以没有明确被告为由否认民事程序可以审理。如赫雪娜虚构

---

[1] 《四部门就〈关于妥善处理以冒名顶替或者弄虚作假的方式办理婚姻登记问题的指导意见〉答问》,载光明时政,https://politics.gmw.cn/2021-12/31/content_35420227.htm;《张相军:行政争议实质性化解的检察实践与理论发展》,载腾讯网,https://new.qq.com/rain/a/20211129A07QTJ00。

"张可"姓名及身份与高伟登记结婚,法院则认为"张可"不具有法律意义上的自然人资格,原告高伟无法就其与"张可"之间的婚姻关系提起民事诉讼。[1] 这显然是把虚假姓名"张可"作为婚姻当事人。在本案中婚姻当事人仍然是赫雪娜,不是虚构的"张可",法院只需要在判决事实中认定赫雪娜使用虚假"张可"姓名结婚即可。

二是当事人冒用他人身份结婚时,一些人则将被冒用者(被结婚者)作为婚姻当事人,没有将冒用者作为婚姻当事人,并以此认为冒用者与他人不存在真实婚姻关系,被冒用者(被结婚者)与他人存在婚姻关系。冒用他人身份结婚的当事人自然是冒用者,而不是被冒用者(被结婚者),被冒用者只是自己身份信息被他人冒用结婚而已,与他人不存在婚姻关系。

2. 虚假身份或者其他弄虚作假婚姻登记效力争议属于民事案件

当事人使用虚假身份(冒名登记)或者弄虚作假办理的登记结婚,凡涉及婚姻是否成立有效的争议,均属于民事案件,不仅可以而且应当通过民事程序解决。

一是因使用虚假身份或者弄虚作假办理登记结婚后,一方当事人以此为由主张婚姻无效或诉请撤销婚姻者,属于婚姻效力争议案件,应当通过民事程序解决,民事程序审理此类案件顺理成章,不存在无法审理问题。

二是对于使用虚假身份或者弄虚作假办理登记结婚涉及婚姻是否成立或是否存在婚姻关系的案件,民事程序也完全可以审理。如甲冒用乙的身份与丙结婚。甲是冒用者,乙是被冒用者(被结婚者),丙是与甲结婚者(相婚者)。如果丙主张与甲存在婚姻关系,与乙不存在婚姻关系,完全可以通过民事诉讼确认婚姻关系存在或不存在(成立或不成立)之诉解决。

对于被冒用者乙而言,如果与甲丙之间不存在婚姻关系之争,只需要请求登记机关纠正错误信息。如果丙主张与乙存在婚姻关系或者起诉与乙离婚,乙则可以反诉与丙的婚姻关系不存在或不成立。如果乙因身份被冒用结婚,影响其从事民事活动或影响其他生活时,乙也可以主动提起确认与丙婚姻不成立或不存在之诉,解决身份被冒用带来的生活不便。

总之,对于使用虚假身份或者弄虚作假办理的登记结婚,无论涉及婚姻是否有效,还是涉及婚姻关系是否存在,都可以通过民事程序解决。民事程序既可以确认婚姻关系成立有效,也可以确认婚姻关系不成立(不存在)或无效;既可以审理冒用他人身份结婚者的婚姻关系,也可以审理被冒用者(被结婚者)与他人是否存在婚姻关系,根本不存在民事诉讼救济难问题。而且从法律和法理上考察,婚姻是否成立有效,民事程序不仅可以解决,而且应当通过民事程序解决,否则,就是违法。

---

[1] 参见高伟与呼伦贝尔市海拉尔区民政局行政登记案,内蒙古自治区牙克石市人民法院(2020)内0782行初31号行政判决书。

所谓民事程序无法审理此类案件原因无非有三：一是认知错误。即认为婚姻关系效力争议案件属于行政案件，民事程序无法审理。二是不合理的制度性障碍。如有关司法解释规定法定无效婚姻之外的婚姻效力争议案件，民事程序不能受理。三是司法人员缺乏实际操作水平或能力。如对使用虚假信息登记结婚者不能正确认定婚姻当事人；对一方下落不明者不善于适用民事程序公告送达和缺席审理；等等。婚姻效力纠纷属于民事性质，民事程序不能审理或无法审理民事案件显然是悖论。当务之急是排除制度性障碍，澄清理论误区，提高司法水平。

(三)行政程序与民事程序审理婚姻效力具有异曲同工效果的误区

主张婚姻效力适用民事诉讼与行政诉讼具有异曲同工效果的主要代表是时任最高人民法院行政审判庭副庭长的孔祥俊博士。他认为行政诉讼程序撤销婚姻登记行为或确认登记行为无效与民事程序撤销婚姻或宣告婚姻无效，都是对婚姻效力的否定，两者的法律效果相同，具有异曲同工的效果。[1] 该观点在理论上和司法中产生了全面系统性影响，很多学者和法官均持此观点。[2] 有的甚至认为在确认婚姻无效或撤销婚姻上是采取行政诉讼还是民事诉讼，完全由当事人决定。受上述观点影响，在司法实践中婚姻效力适用行民不同程序审理成为常态。但法定无效婚姻、可撤销婚姻适用民事程序的比例高于适用行政程序的比例，程序瑕疵婚姻效力主要适用行政程序，适用行民程序的比例很低。

上述"异曲同工论"的主要缺陷在于：简单地以形式上否定婚姻效力的效果相同作为异曲同工的论据，忽视了两者因诉讼程序差异与实体裁判标准不同，不可能存在相同效果的本质区别。所谓异曲同工，应当以相同性质的案件作类比，看其适用行政、民事两种不同程序的法律效果是否相同。如果相同，则是异曲同工。否则，不是异曲同工。但无论是从法律制度上考察，还是从司法效果考察，相同性质的案件适用两种不同程序，其程序效果和实体效果都大相径庭，完全不具有异曲同工效果。这主要是因为行政程序与民事程序的诉讼类型、审理方式、裁判标准等均不相同。

1.两者的诉讼类型大相径庭

从诉讼类型考察，行政程序的一个显著特点是：只能提起否认之诉。即只能提起"否认婚姻登记行为效力"之诉，不存在也不可能提起确认婚姻登记行为有效之诉。因为行政程序必须以行政机关(登记机关)为被告，不可能认为婚姻登记行为合法而将行政机关作为被告起诉。因而，否认之诉是行政程序的唯一选择。民事程序

---

〔1〕 参见孔祥俊：《婚姻登记行为的可诉性与司法审查标准》，载《法制日报》2003年9月25日，第9版。

〔2〕 参见田韶华：《论婚姻登记行政诉讼的判决方式》，载《行政法学研究》2020年第1期；薛峰、王素南：《从行政审判角度对我国婚姻制度的考察》，载夏吟兰、龙翼飞主编：《家事法研究(2019年卷)》(总第15卷)，社会科学文献出版社2019年版。

则不同,既可以提起否认婚姻效力之诉,也可以提起确认婚姻有效之诉,或者在诉讼中提出反诉,对婚姻效力与离婚可以合并审理。诉讼类型不同,审理方式和法律效果不同。在行政诉讼中当事人为了起诉登记机关,往往将自己的过错或配偶的过错视为登记机关的过错,登记机关"被过错""被违法"现象十分普遍,以致大量不符合行政程序受案条件(登记机关不具有行政违法性)的案件,也作为行政案件处理。更为重要的是,行政程序以"否认婚姻登记行为效力"为目的的诉讼,不仅导致当事人不论婚姻是否有效,都只能提起否认之诉。而且以否认之诉为目的的行政诉讼模式及其评价标准,导致无效婚姻扩大化现象严重。

行政程序对少数不予撤销的婚姻,则判决"确认婚姻登记行为违法"。这种判决方式不符合婚姻效力争议的特点。因为登记违法明摆在那儿(如他人代理婚姻登记、虚假身份登记结婚),当事人已经知道和清楚。而且当事人正是抓住登记行为违法才主张撤销婚姻登记,其诉讼所要解决的真正诉求是违法行为是否影响婚姻效力。而判决还是确认登记行为违法,对违法是否影响婚姻效力并没有回答,反而回应了一个当事人已经早就知道的结果,可谓多此一举,判非所诉。更为重要的是,判决"确认婚姻登记行为违法",无疑是一个"违法婚姻"的结论。按照人们的一般思维,对"违法婚姻"大多理解为婚姻无效,或者说"婚姻效力待定"。这样的判决,除给人们造成误解外,没有任何实际价值。

在民事程序中,当事人可以根据案件事实和诉讼目的在否认婚姻效力与确认婚姻有效之间自由选择。法院也可以根据案件事实和民事法律作出婚姻有效与无效的确定性判决。行政程序与民事程序在诉讼类型上的差别所造成的不同结果显而易见。

2. 两者的程序运行规则大相径庭

第一,起诉期限不同,能否起诉的效果不同。行政程序有严格的起诉期限限制,而且起诉期间较短。民事程序虽然也有起诉期限限制,但对婚姻等身份关系诉讼有特别规定,诉讼时效一般都比行政案件起诉期限长,而且无效婚姻和婚姻不成立之诉,没有起诉期限限制。在行政程序中因超过起诉期限驳回起诉者多,而民事程序因超过期限驳回起诉的情形很少。

第二,受理条件不同,案件受理的范围不同。行政程序受案条件必须是"行政行为违法",即具体行政行为侵犯公民、法人或者其他组织合法权益的案件。但婚姻登记中95%以上的案件,登记机关尽到了法定形式审查义务,不存在过错或违法。[1]婚姻登记中的违法,主要是当事人弄虚作假的民事违法行为,不符合行政案件受理

---

[1] 仅笔者收集的2020年与2021年婚姻登记行政判决书中明确认定登记机关尽到法定审查义务,没有过错的案件就有76例。这些案件明显不是行政案件,但都以解决实际问题为由,判决撤销婚姻登记或确认无效。后文中笔者统计的婚姻登记机关真正存在过错或违法的案件近3%,主要是他人代理或其他明显存在过错的情形。

条件,不属于行政案件。按照行政程序受案条件,大多数案件不能受理或受理后应当驳回起诉。民事程序则不同,无论是登记机关的违法,还是当事人的弄虚作假造成的登记错误,均不影响案件受理。

第三,证明责任不同所引起的法律效果不同。行政诉讼主要采取辩论主义诉讼原则,证明责任主要由当事人承担。当事人的认诺、舍弃等都可以作为判决证据使用。当事人(如行政被告)不出庭或不举证,则根据《行政诉讼法》第34条规定视为婚姻登记没有证据,直接判决撤销婚姻登记行为或确认无效。民事程序的证据规则和证明责任不同于行政程序,对婚姻等身份关系诉讼采取职权主义审理原则,法官可以依职权收集调查证据。当事人的认诺、舍弃在身份关系诉讼中不能简单采信,法官只能根据查明的客观事实判决婚姻是否成立有效。行政程序因民政机关拒不举证等因素撤销婚姻登记或确认登记无效者很多,民事诉讼中则不存在这种现象。

第四,当事人的诉讼地位不同对诉讼权利和诉讼结果的影响不同。在行政诉讼中,婚姻登记机关和婚姻当事人一方是诉讼当事人,即婚姻当事人一方是原告,婚姻登记机关是被告。有的在行政诉讼中将婚姻当事人另一方列为第三人,有的则完全甩开另一方,连第三人的诉讼地位也没有。而在民事程序中,婚姻当事人双方是原告与被告。由于当事人在两种不同程序中的诉讼地位不同,对诉讼权利的处分自然不同。在民事程序中婚姻当事人双方拥有对诉讼活动的处分权。在行政诉讼中,婚姻当事人另一方大多是第三人身份或没有被列为第三人,即使列为第三人,其诉讼权利也严重弱化乃至虚化。如一方下落不明的,亦不公告送达,当事人的诉讼权利无法正当行使。由于行政程序主要由原被告主导诉讼活动,很多案件都因民政机关的消极诉讼行为或对诉讼权利的不当处分,严重侵害当事人的诉讼权利或实体权利。最典型的是因民政机关的消极诉讼行为或对诉讼权利的不当处分而导致有效婚姻被撤销。如张某诉沈丘县民政局等民政行政管理颁发结婚证纠纷案,由于沈丘县民政局怠于行使举证权利,法院判决撤销婚姻登记。第三人马某无奈之下,向检察院提出申诉,最后由检察院抗诉,通过再审撤销原审行政判决。[1]

3. 两者实体评判标准和判决结果大相径庭

行政诉讼的审查对象是行政行为,民事程序的审查对象是婚姻关系,两者审查对象不同,判断标准不同。行政程序适用行政行为合法性标准,民事程序适用婚姻关系有效性标准,两者判断标准不同,实体判决结果大相径庭。在行政程序中,按照行政行为合法性标准评判,对婚姻登记行为存在违法情形者,大都以婚姻登记行为

---

[1] 参见张某诉沈丘县民政局等民政行政管理颁发结婚证纠纷案,河南省沈丘县人民法院(2012)沈行再字第1号行政判决书。

不合法予以撤销或确认无效。

在民事程序中,按照民事婚姻效力评判标准,婚姻登记中的一般违法行为或程序瑕疵婚姻,只要符合婚姻本质,不影响婚姻效力。即使属于严重违法的法定无效婚姻,无效情形消失后,其婚姻仍然有效。

4. 个别巧合性案件不能说明具有同工异曲效果

当然,并不排除个别巧合性案件可以同时适用行政、民事两种程序,且其效果大致相同。如当事人在同一婚姻登记机关进行重婚登记,登记机关存在应当发现而没有发现的过错,其配偶在行政诉讼期限内起诉请求确认重婚登记行为无效。这样的案件从形式上看符合行政诉讼受理条件,而且适用行政程序确认婚姻登记行为无效与民事程序宣告重婚无效都是对重婚效力的否认。但这样的案件十分少见,仅仅具有偶然性或巧合性,并不能代表整体案件都有相同效果,更不能改变整体案件不同的全局。还是以重婚为例,如果当事人在异地进行重婚登记或者在事实婚姻有效的情况下进行重婚登记,登记机关则无法发现,没有过错或违法,这显然不符合行政程序受案条件;如果重婚登记已经超过了行政诉讼起诉期限,行政程序也难以受理;如果重婚已经消失,因行政程序与民事程序的评价标准不同,在实体上也会产生不同结果,即适用民事判断标准婚姻有效,适用行政行为合法性判断标准婚姻则无效。作为一项法律制度,必须具有普遍实用性,偶然性或巧合性个别案件,不能成为行政程序的制度选择。而且即使婚姻登记机关存在过错的重婚登记,其违法基础是当事人的民事违法行为,其争议性质也是民事婚姻效力,应当适用民事程序审理,不宜适用行政程序。

(四)在行政程序中适用民事法律判决婚姻效力的误区

由于行政行为合法性标准不适用婚姻效力,为了解决行政程序适用法律上的困境,最高人民法院行政审判庭原庭长蔡小雪等行政法官提出:在行政诉讼中"结婚登记的审查应以结婚意愿为重"[1]。还有人提出,"对婚姻登记行政行为的司法审查,适用最大程度有效原则、实质审查原则"[2];婚姻效力行政诉讼应当由形式审查向实质审查转变[3];等等。上述"以结婚意愿为重"的审查,显然不是适用行政行为合法性标准审查,而是民事标准审查。因为"结婚意愿"所涉及的是当事人是否存在结婚合意,即结婚是否自愿,有无强迫或其他违反当事人结婚意愿的情形。其性质显然属于民事行为范畴,其审查标准是民事标准。至于"实质审查",也是民事审查,即以民事婚姻效力标准进行审查判断,因为行政程序的实质审查,还是行政行为

---

[1] 蔡小雪、金诚轩:《对结婚登记的审查应以结婚意愿为重》,载《人民司法》2014年第12期。
[2] 赵亚亚:《婚姻登记行政诉讼司法审查研究》,苏州大学2010年硕士学位论文。
[3] 参见陈晨:《从形式审查到实质审查的转变——论我国婚姻登记行政诉讼的审查标准》,载万鄂湘主编:《审判权运行与行政法适用问题研究》,人民法院出版社2011年版,第751—759页。

违法性审查;行政程序的判断标准,还是行政行为合法性标准。因而,有学者提出直接在行政诉讼中适用民事法律判决婚姻效力纠纷。[1]

应当承认在行政程序中可以适用民事法律,但其适用范围有限,适用条件严格。一是其前提必须是行政案件。但婚姻登记中大多是当事人的民事违法,不是行政违法,根本不构成行政案件。而"混合违法"引起的否认婚姻登记行为效力案件,形式上属于行民交叉,但实质上是民事婚姻效力争议。二是在行政程序中适用民事法律,只能在少数特殊情况下适用,不是某类案件完全适用或普遍适用。从司法实践看,主要适用行政附带民事或部分内容涉及民事法律的情形。而婚姻效力不是行政附带民事,当事人的直接诉讼请求就是否认婚姻登记行为效力,判决撤销婚姻登记行为或确认登记行为无效,则是对婚姻效力的否定。否认婚姻效力显然是主诉,不是行政附带民事诉讼。

婚姻效力案件属于民事性质,审理婚姻效力则不可能只有部分内容适用民事法律,其受案条件、起诉期限、证据规则、审查方式、审查对象、裁判形式、裁判标准等均应适用民事法律,任何一个环节不适用民事法律,均有可能导致案件处理错误。简言之,在行政诉讼中审理婚姻效力必须全面适用民事法律,彻底颠覆或改变现行行政程序的基本性质和规则,使行政程序民事化。

要适应行政程序民事化的需要,还需要按照民事婚姻效力的性质和特点制定一部特殊的行政程序法,即"民事婚姻效力行政诉讼法"(或规则)。否则,就会与现行行政诉讼法冲突。但在行政审判中全面实行民事化,又会导致行政诉讼变质变味,婚姻效力行政审判事实上成了"第二民事审判庭",行政判决则成为"穿行政判决外衣的民事判决"。而且,由于审理婚姻效力纠纷专业性极强,域外国家和地区大多由专业的家事法院或法庭审理,我国不少地方也设立了家事法庭和家事审判合议庭。行政审判庭审理婚姻效力,还需要在行政审判和行政法学领域建立民事婚姻案件专业审判队伍和学者队伍。否则,难以胜任婚姻效力审判需要。然而,在现有民事程序、民事法官与民法学者能够满足婚姻效力审理的前提下,实行行民二元程序审理机制,无疑会浪费立法资源与司法资源,还面临诸多难以克服的法律障碍,诸如婚姻效力行政诉讼中是否可以不设行政被告(因为没有必要),或者是否可以设立无过错行政被告(因为登记机关大多没有过错)?等等。据此,婚姻效力不宜在行政程序中适用民事法律判决,应当直接按民事程序处理。

(五)婚姻效力行民交叉案件应适用行政程序审理的误区

对于婚姻登记效力案件,理论上大多主张其是行政案件,这是事实上不承认婚姻登记效力是民交叉案件,而是单纯的行政案件。少数学者认为婚姻登记效力与离

---

[1] 参见田韶华:《论婚姻登记行政诉讼的判决方式》,载《行政法研究》2020年第1期。

婚属于行民交叉案件,并主张行政优先。即先通过行政程序审理婚姻效力,再审理离婚。如有学者认为,在离婚诉讼中涉及婚姻效力时,单一民事程序审理此类案件没有根据,民庭无能力对婚姻登记行政行为是否无效作出判断,法院应当中止离婚诉讼,等待行政诉讼对婚姻登记效力产生判决结果后再审理民事离婚案件。[1] 有的甚至认为,"结婚登记未撤销,法院不能判决其婚姻无效"[2]。目前在认定婚姻登记中的行民交叉案件时,有两个误区需要澄清。一是把婚姻登记中的违法均视为行政违法,二是对婚姻登记中行民交叉案件的属性及其特点不了解。为此,有必要弄清婚姻登记中的何种情形才有可能构成行民交叉,婚姻效力行民交叉案件的基本属性及其特点。

1.婚姻登记中的纯民事违法行为不构成行民交叉

在婚姻登记中,行民交叉案件是指婚姻登记当事人与登记机关存在"混合违法",当事人以登记机关违法为由诉请否认婚姻效力的案件。婚姻登记中行民交叉首先必须存在行政行为违法,没有行政违法行为,自然不能构成行政案件,亦不存在行民交叉的可能。婚姻登记中的违法行为可分两种情形:一是单纯的民事违法行为,即当事人弄虚作假的民事欺诈行为等。二是登记机关对当事人的民事违法行为没有尽到法定形式审查注意义务的违法行为,即登记机关在审核确认婚姻登记时存在过错或违法行为。第二种违法行为属于"混合过错"或"混合违法"。即当事人的弄虚作假违法行为与登记机关疏于审查的过错或违法混合在一起,构成共同违法。"混合违法"的特点是:当事人的违法是基础性违法,故意违法。登记机关的违法则大多属于疏忽大意性质的过失或放任性质的间接故意,仅有极少数是与当事人相互串通的共同故意。行政案件的构成要件必须存在行政行为违法,当事人的纯民事违法行为缺乏行政违法要素,不构成行政案件,只有"混合违法"才有可能构成行民交叉。实践中对于凡是发生婚姻登记中的违法普遍都认为是行政违法,没有甄别是当事人的纯民事违法还是"混合违法",把大量当事人的纯民事违法作为登记机关行政违法处理,扩大了行政案件与行民交叉案件的范围。这显然不当。

2.婚姻效力中的行民交叉案件的特点与适用程序选择

婚姻效力行民交叉案件有六个特点:

其一,必须有行政违法行为。这是构成行民交叉的前提,单纯的民事违法不构成行民交叉。

其二,行政违法行为必须引起否认婚姻效力的行政诉讼。包含两层意思:一是

---

[1] 参见雷娟:《从一起婚姻登记效力案看行民交叉案件的解决机制》,载《广东技术师范学院学报》2012年第7期。

[2] 《结婚登记未撤销 法院不能判决其婚姻无效》,载华律网,https://www.66law.cn/laws/30845.aspx,2022年3月21日访问。

行政违法行为必须引起行政诉讼。虽然有行政违法行为，但没有引起行政诉讼，当事人直接通过民事诉讼主张婚姻无效的，不构成行民交叉，系单纯民事案件。如登记机关虽然在重婚登记中存在过错，但当事人仅就重婚效力提起民事诉讼（即诉请宣告重婚无效），属于单纯的民事案件，不构成行民交叉。二是必须是否认婚姻效力的行政诉讼。如果在行政诉讼中没有涉及婚姻效力争议，即并非否认婚姻效力，也不构成行民交叉，属于单纯行政案件。如当事人对婚姻登记机关违法侵权行为提起行政赔偿、对婚姻登记机关滥收费或滥罚款诉请返还或撤销罚款决定等，都是单纯的行政案件。

其三，行民交叉主要发生在"混合违法"中，即当事人违法行为与登记机关疏于审查的过失或放任行为形成违法叠加。在逻辑上，登记机关没有必要也不可能独立实施伪造不符合结婚要件的违法行为。

其四，"混合违法"中影响婚姻效力的是当事人的基础性违法行为，登记机关的过失或放任行为并不是影响婚姻效力的决定因素。如一方代理他方婚姻登记，该代理行为不违反他方结婚意愿的，婚姻则成立有效，并不因登记机关违反双方亲自到场规定，放任一方代理婚姻登记而无效。同时，登记机关的审核确认行为没有过错或违法，婚姻也可能无效。如当事人隐瞒事实婚姻又登记结婚或者通过关系在公安机关办理虚假身份证或户籍进行重婚登记。登记机关对当事人的上述重婚登记显然无法发现或识别，不存在过错和违法，但当事人的重婚仍然无效，不会因为登记机关的登记不存在过错和违法而使重婚有效。这也是登记机关的审核确认行为无论是否有过错或违法，均不及于婚姻效力的原因。

其五，行民交叉案件的基本性质是婚姻效力争议。即当事人以登记机关行政违法否认婚姻登记行为效力，其目的是否认婚姻效力，判决撤销婚姻登记行为或确认其无效，其结果也是对婚姻效力的否定。很显然，否认婚姻登记行为效力的行民交叉案件本质上属于婚姻效力争议。婚姻效力争议属于民事法律关系效力争议，属于民事案件。

其六，在行民交叉案件中，评价登记行为效力的标准不是行政行为合法性标准，而是民事标准。即民事行为效力或民事婚姻关系效力决定登记行为效力。

基于上述特点，婚姻效力争议属于民事法律关系效力争议，系民事案件。婚姻效力行民交叉案件应适用民事程序，不适用行政程序审理。所谓在离婚案件中涉及婚姻效力认定的案件，实际上是两个民事诉讼案件的合并审理，应先审理婚姻效力认定案件，如果婚姻有效，再审理离婚问题；如果婚姻无效，则直接宣告婚姻无效，无须审理离婚问题。

（六）适用行政程序撤销程序瑕疵婚姻适用法律的误区

程序撤销程序瑕疵婚姻效力之所以长期以来适用行政程序审理，除认为此类纠纷属于行政性质外,另一个重要原因就是认为程序瑕疵婚姻属于不合法婚姻,按照行政程序合法性标准,属于可撤销行为或无效行为。这是行政诉讼处理程序瑕疵婚姻效力适用实体法上的一个重大误区。

程序瑕疵婚姻效力不仅其性质不属于行政案件,不能适用行政程序审理,而且大多属于有效婚姻,不能适用行政行为合法性标准撤销婚姻登记行为或确认无效。长期以来,适用行政行为合法性标准判断程序瑕疵婚姻效力属于适用实体法错误。

1.无效婚姻的列举主义立法模式的目的在于防止任意扩大无效婚姻范围

我国原婚姻法与现行民法典对无效婚姻(包括可撤销婚姻,可撤销婚姻属于相对无效婚姻)均采取列举主义立法模式,即将婚姻无效情形一一列举。列举主义立法模式的目的在于严格控制无效婚姻范围,对没有列举的情形不能按无效婚姻处理。

2.程序瑕疵婚姻不属于无效婚姻是立法选择

需要注意的是,对使用虚假身份等弄虚作假的程序瑕疵婚姻不作为无效婚姻处理是立法机关经过慎重考虑后作出的选择。《民法典(草案)》二审稿和三审稿第828条第4项曾规定:"以伪造、变造、冒用证件等方式骗取结婚登记的,婚姻无效。"但因存在不同意见,《民法典》删除了上述草案内容。[1]

这一立法过程充分说明了立法机关对一般违法婚姻的谦抑性,体现了最大限度维持婚姻关系稳定的立法意旨。

立法机关的价值取向是正确的,即在否定婚姻效力与承认婚姻效力之间,选择承认婚姻效力更为有利。因为《民法典(草案)》第828条列举的"伪造、变造、冒用证件等方式骗取结婚登记"中,凡系法定婚姻无效情形,都可以按无效婚姻处理。对其他一般违法情形,一律否定婚姻效力,打击面大,不符合实际情况,不利于维护婚姻稳定,按有效婚姻处理更符合现实情况。

同时,民法典规定的法定婚姻无效之外的弄虚作假等违法情形,真正可以作为无效婚姻处理的确实少之又少。而且对其违法情形,也可以根据不同性质和违法程度,采取不同方式处理,不一定非撤销婚姻不可。即使在理论上可以按可撤销婚姻处理的极少数情形(如不以结婚为目的的骗婚行为),在立法尚未作出修改或补充规定之前,不按可撤销婚姻处理亦有救济路径。一是对以骗取钱财为目的的骗婚者按诈骗罪(有伪造证件的还可能构成伪造身份证件罪,情节较轻者按治安管理法制裁)处理并追赃;二是其婚姻关系可以按离婚处理。这样既可使被骗当事人的权利

---

[1] 参见《王晨:关于〈中华人民共和国民法典(草案)〉的说明》,载中国社会科学网,http://ex.cssn.cn/jjx_yyjjx/yyjjx_xsdt/202006/t20200601_5136982.html。

得到有效救济,破解当事人无法解除婚姻关系的困境,也可以使违法者(骗婚者)得到相应的法律制裁,并不会放纵违法。

3. 准确把握婚姻本质,正确划分违法婚姻与无效婚姻界限

很多执法人员不理解婚姻的本质,片面强调婚姻的合法性,实际上并不能达到执法目的。婚姻的本质是以共同生活为目的的两性结合。在违法登记婚姻中,大多是以共同生活为目的,且把结婚和婚姻登记看得很神圣,否则就不会结婚或办理结婚登记。很多违法登记都是因客观原因所致,如未婚先孕、子女干涉老人婚姻或父母干涉子女婚姻而藏匿户口簿等诸多因素被迫采取弄虚作假等违法手段登记结婚。这类婚姻符合婚姻的本质,只要符合婚姻实质要件或者无效情形已经消失,就没有必要按无效婚姻处理,切忌将违法婚姻等同于无效婚姻。

处理违法婚姻案件,既要考虑维护法律尊严,又要考虑适度保护当事人权益,稳定婚姻秩序。因而,各国立法在规定宣告婚姻无效或撤销婚姻时,都持十分谨慎态度,不仅对无效情形控制很严,而且即使存在无效情形,只要无效情形消失或者存在某些特定情形时,都不得宣告婚姻无效。如大多数国家规定,未达到结婚年龄登记结婚者已经达到婚龄后不得再宣告婚姻无效或撤销婚姻。有的国家甚至规定女方已经生育或怀孕,即使没有达到婚龄也不得再宣告婚姻无效。因为这种情形再宣告婚姻无效毫无意义,无法达到法律的预期效果。相反,维持婚姻则更为有利。这些规定无疑符合婚姻的本质。

我国立法也是如此,不仅对无效婚姻采取从严控制的列举主义立法模式,司法解释还规定无效情形消失后不得再主张婚姻无效。但在执法司法活动中,不能正确把握立法精神,不理解婚姻的本质,片面强调婚姻登记的合法性(实际上是形式上的合法性),甚至存在极左执法倾向。

我国真正意义上的无效婚姻制度始建于2001年的《婚姻法》。也就是说,在过去50多年中没有无效婚姻制度,除重婚外,违法婚姻都按有效婚姻处理。对骗婚或其他违法情节严重的婚姻,大都作为可以判决离婚的理由。现在对无效婚姻的态度,不能由一个极端走向另一个极端。即过去没有无效婚姻制度时,违法婚姻都按有效婚姻处理。现在有了无效婚姻制度,则对一般违法婚姻,都按无效婚姻处理。

实际上,片面强调婚姻的合法性,表面上看是严格执法,实质上则是违法并违反婚姻本质。即这种片面强调合法,实际上违反了最高立法机关规定的法定无效婚姻要件,破坏了婚姻的稳定性。从法治角度要求,对于一般违法婚姻,在没有明文规定无效的情况下,应当适用有效推定论。

还需要指出的是,在制定民法典过程中,有学者认为民法总则有关欺诈、胁迫的规定可适用于婚姻缔结行为,《民法典(草案)》中规定的可撤销婚姻(胁迫结婚与隐

瞒疾病结婚)属于重复性规定,应当删除,直接适用民法总则规定即可。[1] 这种观点忽视了财产关系规则与身份关系规则的区别。民法总则是以财产行为为基础,通过提取"公因式"的方式确立的一般性规则,主要适用财产行为(民商事行为),民法总则中的无效民事行为不适用身份行为,不能适用民法总则无效民事行为规定处理婚姻关系。[2] 也就是说,对于《民法典》已经删除"以伪造、变造、冒用证件等方式骗取结婚登记"为无效婚姻的情形,不得适用民法总则关于欺诈等民事无效行为的规定认定为无效婚姻或可撤销婚姻。如确有违反婚姻本质的情形,亦应类推婚姻家庭编的有关规定处理。[3]

总之,从列举主义立法模式目的看,没有列举为无效的情形,不得作为无效婚姻处理;从立法机关删除《民法典(草案)》第828条的价值取向看,对拿不准的无效情形,宁可不作无效婚姻处理,也应维护婚姻稳定;从未列为无效婚姻的其他违法情形的性质看,大多是一般违法情形,不构成无效婚姻或可撤销婚姻;从对违法婚姻的救济路径看,完全可以根据现有法律作出相应处理,不会放纵违法或导致当事人权利无法救济。因此,对立法机关没有规定的无效情形原则上不能作为无效婚姻或可撤销婚姻处理,否定婚姻效力的情形必须从严控制,严格讲需要报经立法机关或最高人民法院批复或核准。

附:《婚姻登记纠纷处理办法(建议稿)》

婚姻登记纠纷处理办法
第一章　一般规定

第一条　为了切实贯彻依法治国方略,践行执政为民和司法为民宗旨,落实习近平总书记"把非诉讼纠纷解决机制挺在前面"的重要指示和中央全面深化改革委员会《关于加强诉源治理推动矛盾纠纷源头化解的意见》,实现在法律框架下依法化解婚姻登记引起的各类纠纷,确保既坚持依法办事,又能解决当事人实际问题,节约立法司法行政资源,降低当事人救济成本之目的,根据《中华人民共和国民法典》《中华人民共和国民事诉讼法》《中华人民共和国刑法》《中华人民共和国刑事诉讼法》《中华人民共和国行政诉讼法》《中华人民共和国行政复议法》《婚姻登记条例》等法律法规制定本办法。

第二条　本办法适用因婚姻登记引起的刑事、民事、行政诉讼案件和行政执法、

---

[1] 参见李昊、王文娜:《婚姻缔结行为的效力瑕疵——兼评民法典婚姻家庭编草案的相关规定》,载《法学研究》2019年第4期。

[2] 参见王礼仁:《婚姻诉讼前沿理论与审判实务》,人民法院出版社2009年版,第62—154页。

[3] 参见王礼仁:《民事程序审理婚姻效力纠纷的诉讼技巧与法律适用》,载《人民法院报》2021年1月28日,第5版。

换证纠错等非诉纠纷。

第三条 人民法院、人民检察院、公安机关和民政(行政)机关应当根据各自职责管辖和处理与其职能相适应的婚姻登记纠纷,既不得相互推诿,也不得越权管辖。

第二章 职能划分与纠纷管辖

第四条 人民法院民事审判庭审理因婚姻登记引起的民事案件,包括婚姻无效案件;撤销婚姻案件;确认婚姻成立与不成立(婚姻存在与不存在)案件;离婚案件;离婚无效案件;撤销离婚案件;离婚不成立案件等。

人民法院行政审判庭审理婚姻登记机关违法侵权行政案件,包括婚姻登记机关违法管辖越权撤销婚姻登记案件;无正当理由拒绝婚姻登记案件;无正当理由拒绝纠正婚姻登记错误信息或换发错误结婚(离婚)证件;未尽法定职责错误登记给当事人造成损害的赔偿案件;滥收费滥罚款案件;在婚姻登记中要求当事人附加其他义务的案件;丢失毁损婚姻登记档案等违法渎职损害当事人合法权益的案件;无正当理由拒绝出具婚姻状况证明或者出具虚假婚姻证明等。

当事人以登记机关违法为由主张撤销婚姻登记行为或确认登记行为无效的行政诉讼,虽然在形式上具有"行民交叉"特点,但其本质是对婚姻效力的否定,属于民事婚姻效力争议,应当告知当事人按民事程序处理。

第五条 民政(行政)机关对于婚姻登记信息错误影响当事人子女上学、购房、结婚等生活时,当事人对婚姻效力并无争议,仅要求换证纠错并提供有效证据的,民政(行政)机关应当为当事人换证纠错。

当事人以登记信息错误为由请求民政机关撤销婚姻登记的,应告知当事人撤销婚姻登记会导致婚姻效力被否定,应向人民法院民事审判庭诉讼解决。

民政(行政)机关换证纠错时应保存错误登记档案材料,做到换证纠错前后全过程脉络清楚,信息档案完整。

换证纠错只是客观纠正婚姻登记的错误信息,不涉及婚姻效力认定,当事人因婚姻登记信息错误发生婚姻效力争议时,仍可通过民事诉讼程序解决。

第六条 公安机关对于以结婚为名诈骗钱财或伪造证件等构成犯罪的应当立案侦查。对于违反治安处罚法的按治安处罚法处理。

人民法院、人民检察院、民政(行政)机关和当事人需要公安机关协助查明婚姻登记当事人身份的,公安机关应当协助。

第七条 人民检察院应当依法行使法律监督职能,对婚姻登记中的刑事、民事、行政诉讼案件的受理审判以及民政(行政)机关执法活动和换证纠错等非诉案件进行全方位监督。对于该受理不受理、该办理不办理等不作为或枉法裁判等违法行为,应当依法提起抗诉或提出违法纠正意见书,监督有关机关纠正错误。

检察机关对重婚等法定无效婚姻,没有原告起诉时,可以原告身份向人民法院起诉,提请人民法院宣告无效。

第三章 法律适用原则和要求

第八条 处理婚姻登记纠纷应当根据不同性质适用不同程序法和实体法。司法执法机关应当带头依法办事,不得违反程序法和实体法处理案件,不得随意扩大无效婚姻范围。

第九条 婚姻是否成立有效应当适用《中华人民共和国民法典》及其配套的民事法律标准判断,不得适用行政行为合法性标准,不得适用行政程序撤销婚姻登记行为或确认无效,变相扩大无效婚姻范围。

第十条 严格区分违法婚姻与无效婚姻界限。《中华人民共和国民法典》已经删除"以伪造、变造、冒用证件等方式骗取结婚登记"为无效婚姻,应遵循立法规定及其意图,不得随意把违法婚姻按无效婚姻处理。

《中华人民共和国民法典》关于无效婚姻和可撤销婚姻所采取的是列举式立法模式,应准确把握其立法意义和目的,对《中华人民共和国民法典》没有列举为无效婚姻和可撤销婚姻的违法情形,认为需要按无效婚姻或可撤销婚姻处理时,原则上应当逐级报经立法机关或最高人民法院批复或核准。

第十一条 应当注意区分婚姻无效与婚姻不成立界限。对于未完成婚姻登记或欠缺婚姻成立要件的,按婚姻不成立或不存在处理。

第十二条 应当正确认定婚姻当事人,冒用他人身份办理婚姻登记的婚姻当事人是"冒用者",不应将"被冒用者"(被结婚者)认定为婚姻当事人。"被冒用者"只是身份信息被他人冒用结婚而已,其本人与他人不存在婚姻关系。

"被冒用者"的权利救济一般可以通过民政机关纠正错误信息或提起姓名侵权之诉解决。涉及与他人婚姻关系争议时,应提起确认与他人婚姻不成立(不存在)之诉解决,不得主张撤销他人婚姻登记。

第十三条 应当严格限制第三人诉请撤销他人婚姻范围。第三人原则上只能对法定无效婚姻提起宣告无效之诉。对涉及是否违背结婚当事人意愿和一般违法情形,第三人不得因争夺财产或其他个人目的,诉请撤销他人婚姻或主张无效。

第十四条 人民法院审理离婚案件涉及婚姻效力争议时,应当将离婚之诉与婚姻无效之诉或婚姻成立与不成立(存在与不存在)之诉及其子女抚养财产分割合并审理,一次性解决纠纷。

第十五条 本办法重点解决婚姻效力纠纷"救济难"与"处理乱"的主要问题,对未涉及内容按有关法律法规执行。

【责任编辑:吴晓婧】

担保人违反从给付义务的追责路径研究

曾 靳*

摘要：担保的从属性要求担保责任范围不能超出主债务的范围。担保主给付义务作为担保责任范围由担保人承担。担保人违反担保从给付义务，将影响债权人实现担保权利。若就此专门约定担保人的违约责任超出债务人应当承担的责任范围，则违反担保从属性，造成债权人要求担保人对从给付义务违约行为承担违约责任存在一定障碍。通过在借款合同中约定担保人违反从给付义务视为债务人违约并要求债务人承担违约责任的方式，并在担保合同中将债务人该违约责任纳入担保责任范围，进而实现担保人对其违反从给付义务的行为承担责任，实现责任回旋反转，由从给付义务履行不到位的担保人实际承担其应有的责任。

关键词：担保从属性 从给付义务 债权人 责任回旋反转

担保的从属性在《民法典》中得到了充分体现，比如第 388 条、第 407 条、第 682 条。《全国法院民商事审判工作会议纪要》第 55 条明确规定，针对担保责任约定专门违约责任，应当认定大于主债务部分的约定无效，从而使担保责任范围缩减至主债务的范围。

对于《民法典》(物权编) 及《最高人民法院关于适用〈中华人民共和国民法典〉有关担保制度的解释》规定的主债权及其利息、违约金、损害赔偿金、保管担保财产和实现担保物权(债权)的费用，这些担保责任范围往往作为担保合同必备条款，与主债务范围密切相关，也是担保人的主给付义务，直接关系担保权利能否有效实现。但担保合同中可能也存在担保人的从给付义务，如应由担保人履行的保管财产、办

收稿日期：2022-05-16

* 曾靳，湖北省联合发展投资集团有限公司风控法务部副部长，武汉大学法律硕士(法学)。

理登记等义务。这些从给付义务是否全面、及时履行，也关乎债权人的担保权利能否全面、充分实现。倘若担保人未能充分履行从给付义务，势必损害债权人利益，威胁债权安全。

《最高人民法院关于适用〈中华人民共和国民法典〉有关担保制度的解释》第3条第1款规定："当事人对担保责任的承担约定专门的违约责任，或者约定的担保责任范围超出债务人应当承担的责任范围，担保人主张仅在债务人应当承担的责任范围内承担责任的，人民法院应予支持。"可见，根据担保从属性，担保人仅在债务人应当承担的责任范围内承担责任。担保人从给付义务与债权人担保权利能否实现存在直接关系。在对担保人从给付义务专门约定违约责任超出债务人应当承担的责任范围的情况下，要求担保人承担相应违约责任无法得到法院支持，债权人在实现担保权利时必然存在一定障碍。为解决债权人实现担保权利存在的上述障碍，本文提出了通过责任回旋反转的方式，即在借款合同约定担保人违约视为债务人违约，在担保合同中约定将债务人违约责任纳入担保责任范围，从而间接实现由担保人对其违反从给付义务的行为承担违约责任。

一、担保合同从给付义务相关概念

(一)担保合同主给付义务

担保主给付义务，是指在担保合同法律关系中自始至终存在、不可或缺的，且能够决定担保合同类型的基本义务。根据《民法典》第389条的规定，担保物权的担保范围包括主债权及其利息、违约金、损害赔偿金、保管担保财产和实现担保物权的费用。根据《民法典》第691条的规定，保证担保的范围包括主债权及利息、违约金、损害赔偿金和实现债权的费用。

上述规定对担保责任范围作出了明确规定。担保责任范围，直接影响债权人订立担保合同的目的能否实现，是担保合同的基本义务，也是担保合同主给付义务。这些主给付义务，与债务人是否履行债务有直接关系，债务人不履行债务则需担保人履行主给付义务。

可见，担保主给付义务主要指担保责任范围，包括主债权及其利息、违约金、损害赔偿金、保管担保财产和实现担保物权(债权)的费用等。

(二)担保合同从给付义务

担保从给付义务，是指其为了辅助担保主给付义务履行的，具有非独立性的义务。从给付义务的产生，主要是根据法律的规定，当事人之间的约定，或是基于诚实信用原则、合同的补充解释。担保从给付义务，主要是根据《民法典》有关担保物权和保证责任相关的法律规定，或是当事人担保合同的约定，以及诚实信用原则等而产生。

抵押、质押、保证的担保人均需履行一定的从给付义务。《民法典》第509条规定了合同履行的原则,"当事人应当按照约定全面履行自己的义务",涵盖主给付义务、从给付义务、附随义务。据此,担保人有向债权人提供抵质押物证件、资料的从给付义务。抵押人有保证抵押物无权利瑕疵的义务。对于抵押物疏于维修、管理,擅自处分抵押财产,隐瞒抵押物存在共有、争议、被查封、被扣押、已设定抵押权或抵押人对抵押物无所有权、处分权等情况,抵押人应承担相应的违约责任。质押人有配合办理质押登记的义务,出质人不配合办理质押登记手续,属于质押人的违约行为,这是质押人在担保合同中应当履行的义务,与债务人在借款合同中应当履行的义务没有直接必然联系。如有约定,保证人也有义务不得擅自向第三人提供担保而影响保证能力。这些担保义务,主要是担保的从给付义务。

2017年12月2日,最高人民法院民二庭在第七次法官会议纪要中认为,抵押合同有效成立后,就对双方具有约束力,如抵押人依约负有办理抵押登记的义务,但因抵押物灭失或转让而不能办理抵押登记的,抵押人应承担相应的违约责任,以抵押物的价值为限赔偿债权人履行利益的损失。从前述纪要的观点来看,抵押人不办理抵押登记的,应当承担违约责任而非担保责任,且与主债务范围无关,侧面印证了办理抵押登记属于抵押人应当独立承担的从给付义务。

可见,担保从给付义务主要包括担保人保管财产、配合办理登记、提供全面真实准确资料等的义务。这些担保从给付义务,必须由担保人履行,并不属于债务人应当独立履行的义务,但与担保权利能否实现又关系重大。一方面,担保人违反从给付义务,属于对担保合同的违反的违约行为,应当承担违约责任。另一方面,担保人违反从给付义务,债权人原则上又不得解除担保合同,除非担保人违反从给付义务给债权人造成重大损失或不能实现合同目的。

二、担保人违反从给付义务影响担保权利实现

从给付义务不是独立存在的,其存在的目的是辅助或配合主给付义务的履行,确保债权人的权利得以最大化实现。以担保从给付义务的定义来看,担保从给付义务是否全面、及时、有效履行,与债权人担保权利能否有效实现密切相关。

(一)登记生效主义对担保权利的影响

根据《民法典》第402条的规定,以建筑物和其他土地附着物、建设用地使用权、以招标、拍卖、公开协商等方式取得的荒地等土地承包经营权、正在建造的建筑物进行抵押的,抵押权自登记时设立。《民法典》对上述抵押物采取了登记生效主义。倘若抵押人不履行配合办理登记的从给付义务,虽然不影响抵押合同效力,但抵押权

无法实际产生，抵押权人将无法行使抵押权利。

《民法典》第441条规定的以汇票、支票、本票、债券、存款单、仓单、提单出质的，第443条规定的以基金份额、股权出质的，第444条规定的以注册商标专用权、专利权、著作权等知识产权中的财产权出质的，第445条规定的以应收账款出质的，均采取登记生效主义。若质押人不履行从给付义务，不积极配合办理质押登记，债权人将无法成为质押权人，质押权利也无法设立，债权人无法向质押人行使质押权利。此外，还存在质押人将质押物向第三人质押并办理质押登记的风险。

(二）登记对抗主义对担保权利的影响

根据《民法典》第403条的规定，以生产设备、原材料、半成品、产品、船舶、航空器、交通运输工具设立抵押的，抵押权自抵押合同生效时设立，不办理抵押登记也形成抵押权。但是，不办理抵押登记，不得对抗善意第三人。《民法典》对浮动抵押也采取了登记对抗主义。抵押权人的相关抵押权利，也可能因为抵押人再向第三人抵押并办理登记而受到影响。《民法典》第405条也规定了租赁和登记抵押权孰前孰优先。《民法典》第414条规定了两个以上抵押权的实现顺序，也证明了抵押人及时配合办理抵押登记对于实现抵押权的重要性。

(三）保管财产对抵押权利的影响

对于质押而言，质权成立的前提就是交付，由质权人占有质押财产。《民法典》第432条规定，质权人负有妥善保管质押财产的义务，质权人的行为可能造成质押财产毁损灭失的，质押人还可以要求质权人对质押财产进行提存，或者通过提前清偿债务的方式要求返还质押财产。上述规定均是针对质权人的保管义务。

《民法典》并没有规定抵押人对抵押财产的保管责任，当事人可以通过约定的具体的财产保管责任。抵押财产一般情况下并没有移交抵押权人，继续由抵押人占有、使用。抵押财产是否保管恰当，对于抵押权能否全面及时实现有直接关系。倘若由于抵押人对抵押财产保管不当，发生了毁损、灭失，除非是由于第三人原因造成且对抵押财产进行了足额赔偿，否则抵押权人的抵押权利将受到严重侵犯。

三、担保从属性要求不得针对担保人约定专门违约责任

根据《民法典》第388条的规定，"担保合同是主债权债务合同的从合同"。可见，《民法典》明确规定了担保合同的从属性。担保合同的从属性体现在发生的从属性、效力的从属性、范围强度的从属性、处分的从属性、消灭的从属性五个方面。担保的从属性具体表现为：

一是发生的从属性。担保是为主债权存在或将来存在的主债权而存在的。担保一般是在主债权产生后发生，最高额担保除外。担保以主债权的成立为前提，

一般主债权成立在前,担保成立在后。

二是效力的从属性。主债权合同无效的,担保合同则无效。但是,主债权合同有效,担保合同不一定确定有效。对于金融机构而言,出具的独立保函有效。除此之外,无论是金融机构,还是非金融机构,提供的独立保证均无效。

三是范围强度的从属性。担保的责任范围不能超出主债权的范围。比如,担保责任的金额大于主债务金额,担保责任的履行期届满时间早于主债务履行期,就担保责任约定高于主债务的利息,对担保责任专门约定违约责任,均属于在范围上或强度上大于主债务,对于超出主债务范围提供的担保无效。

四是处分的从属性。当主债权发生处分、移转时,除法律另有规定或者当事人另有约定之外,抵押权随主债权一并同时转让。即使未办理抵押权转移登记手续,债权受让人也已取得抵押权。

五是消灭的从属性。只要主债权消灭的,担保权随即消灭。担保物权人应于主债权诉讼时效期间行使担保物权,未行使的,人民法院不予保护。如果说意思自治倾向于债权人的债权安全,保护债权人利益,那么担保的从属性则有效平衡了债权人利益和担保人利益,是对担保人利益的积极保护。

《全国法院民商事审判工作会议纪要》第 55 条对担保范围和强度的从属性作出了明确规定,针对担保责任约定专门的违约责任,应当认定大于主债务部分的约定无效,从而使担保责任缩减至主债务的范围。最高人民法院民事审判第二庭编著的《〈全国法院民商事审判工作会议纪要〉理解与适用》(人民法院出版社 2019 年版)对上述第 55 条规定作出了详细解释,担保责任承担的启动,本来就是以债务人不履行债务为前提的,若担保人除需要承担担保责任外,还要承担违约责任,将不适当地加重担保人的责任。据此,债权人不能加重担保人的责任,不能在主债权之外获得额外利益。担保从属性原则有效保障了担保人的利益,一定程度上鼓励了民事主体提供担保。此前,一些学者认为,对担保人单独约定违约责任,既是双方的真实意思表示,也能督促担保人积极履行担保责任,《全国法院民商事审判工作会议纪要》并未支持该观点。

但是,担保人违反从给付义务,是不履行担保合同的一种违约行为,理应承担不利后果。倘若担保人不履行从给付义务,势必对债权人担保权利造成影响,直接关系债权人债权安全。若对于配合办理登记、保管抵押财产等义务不履行,又不要求担保人承担违约责任,债权人的担保权利、主债权权利将难以得到有效保障。保护债权人利益,还是保护担保人利益,的确是一个两难选择,需要合理权衡。担保的从属性,有效地保障了担保人的利益。但是让担保人躺在从属性的保护罩下逃避从给付义务的履行,则对债权人而言明显不公平。对于债权人利益保障,适当情形下还是需要发挥意思自治的作用,通过借款合同、担保合同的约定,在债务人、担保人之间进行责任分配、转移。

四、担保人违反从给付义务视为债务人违约的分析

(一)相关案例分析

北京乾坤翰林文化传播有限公司(以下简称"乾坤翰林公司")等与中航信托股份有限公司(以下简称"中航信托公司")借款合同纠纷上诉案中,法院认为,双方签订的《借款合同》第 11.1.13 条约定,"质押人出现质押合同约定的出质人违约情形,视为借款人违约"。据此,本案中出质人杨新红未按照股权质押合同的约定办理质押登记手续构成违约,借款人乾坤翰林公司应当承担相应的违约责任。同时该合同第 11.2.1 条还约定,"出现借款人违约,贷款人有权采取停止发放贷款、宣布贷款提前到期、按照不低于贷款本金的 10% 向借款人收取违约金等救济措施"。据此,中航信托公司有权在借款期限内主张还款。因此,中航信托公司在借款期限内主张还款并无不当,一审判决乾坤翰林公司和杨新红承担相应责任,并无不当。[1]

上述案件中,金融机构中航信托公司作为债权人,与借款人在《借款合同》中明确约定质押人出现违约情形,视为借款人违约,约定了具体救济措施,从而将质押人违约情形与借款人违约责任进行绑定,明确了质押人违约行为的责任承担主体。对于债务人需要承担的违约责任,金融机构往往也将其约定在担保人的担保责任范围之内。该约定方式并没有要求担保人超出主债务范围承担担保责任,也得到了最高人民法院在上述案件裁判中的支持。

(二)担保人违约视为借款人违约与担保从属性分析

前文分析了担保的从属性的五个方面。担保的从属性要求担保人承担的担保责任范围不能大于主债务,大于主债务部分的约定无效。根据担保从属性要求,对担保人约定专门的违约责任超出债务人应当承担的责任范围的,可能无法得到法院支持。但是,在借款合同中,贷款人、借款人之间的违约责任,《民法典》在借款合同部分并没有作出限定,应当充分尊重意思自治原则。在借款合同约定担保人违约行为视为借款人违约,要求借款人承担相应的违约责任,属于贷款人、借款人之间意思自治的表现,只要不违反法律法规效力性、强制性规定,不应当认定为无效。

在借款合同约定担保人违约行为视为借款人违约,是否违反了担保从属性?如此约定,的确会增加借款人的违约责任,将担保人独立实施的违约行为苛以借款人承担责任。但是,担保的从属性体现在不超出主债务范围承担担保责任。倘若担保

---

[1] 参见北京乾坤翰林文化传播有限公司等与中航信托股份有限公司借款合同纠纷上诉案,最高人民法院(2018)最高法民终 174 号民事判决书。

人违约行为约定由借款人承担违约责任,应当充分尊重当事人意思自治,该违约责任即属于主债务范围,应当由债务人承担相应违约责任。即使在担保合同中约定了对全部主债务承担担保责任,也并没有超出主债务范围,并没有违反担保的从属性要求。

通过约定担保人违约视为借款人违约,明确了违约责任承担主体。担保责任如同一个桥梁,在要求借款人对担保人违约行为承担违约责任的同时,通过担保合同约定的担保责任,打通了借款人、担保人的违约责任承担。在连带责任保证、无债务人物保而由第三人提供抵质押、约定债权人实现担保权利无先后顺序等情况下,债权人还可以径直向担保人主张相关权利,直接由担保人对其从给付义务违约行为承担责任,而不用等债务人不能清偿到期债务时再向担保人主张担保权利,由此实现了担保人违反从给付义务由其自行承担违约责任的目的,完成了责任回旋反转。当然,如此情形下,担保人承担担保责任后能否向债务人追偿以及能否实现全部追偿,要根据担保人、债务人两者之间的法律关系、偿债能力等另行确定。

五、担保人违反从给付义务的追责路径

既然可以约定担保人违约视为债务人违约,进而要求债务人承担违约责任、担保人承担担保责任,那么通过借款合同明确违约情形、违约责任,以及约定担保合同担保责任范围,进而畅通责任回旋反转路径就显得十分重要。实践中,借款合同、担保合同可以作如下具体约定。

(一)借款合同约定担保人违约情形

第一,约定保证人违约视为债务人违约情形:保证人发生股权变更、承包、租赁、合并和兼并、合资、分立、联营、股份制改造、申请停业整顿、申请解散、申请破产、变更注册资本等情形,未事先征得债权人书面同意的;保证人未经债权人同意擅自向第三方提供担保,或虽经债权人同意但保证人向第三方提供超出其自身负担能力的担保的。

第二,约定抵押人违约视为债务人违约情形:抵押人未按债权人要求办理抵押物财产保险(如需)的,或发生保险事故后,未按抵押合同约定处理保险赔偿金的;因非债权人的行为导致抵押物毁损、灭失、价值减少,抵押人未按抵押合同约定处理损害赔偿金的;未经债权人书面同意,抵押人赠予、转让、出租、重复抵押、迁移或以其他方式处分抵押物的;抵押人经债权人同意处分抵押物,但处分抵押物所得价款未按抵押合同约定进行处理的;抵押物毁损、灭失、价值减少,足以影响本合同项下的债务的清偿,抵押人未及时恢复抵押物价值的。

第三,约定出质人违约视为债务人违约情形:出质人未按债权人要求办理质押财产保险的,或发生保险事故后,未按质押合同约定处理保险赔偿金的;因第三人的行为导致质押财产毁损、灭失、价值减少,出质人未按质押合同约定处理损害赔偿金的;出质人经债权人同意处分质押财产,但处分质押财产所得价款未按质押合同约定进行处理的;质物毁损、灭失、价值减少,足以影响债务本息清偿的,出质人未及时恢复质物价值的。

(二)借款合同约定债务人违约责任

除约定担保人违约视为债务人违约外,还应当严格约定违约责任承担方式,以有效保障债权安全。以信托公司债权转让加回购业务为例,约定违约责任可以包括:①取消融资人回购全部或部分标的债权(包括已支付的标的债权回购价款所对应的部分)的权利,并有权自行决定以任何价格向任何第三方转让标的债权;②继续要求融资人回购全部或部分标的债权并支付剩余的标的债权投资价款及回购溢价款;③如信托计划任何一期已经开始推介,但融资人单方面要求终止或解除本合同的,如信托公司同意的,则融资人应向信托公司支付违约金;④实现有关担保权利;⑤要求债务人偿还标的债权对应的债务款项;⑥要求融资人全额赔偿信托公司及信托财产因此造成的一切损失(含实际损失及预期收益损失);⑦相关法律法规规定或《债权转让合同》《债权收购合同》《担保合同》及其他交易文件、协议、承诺函等约定的其他救济措施。

(三)担保合同约定担保责任的范围

在担保合同中对担保责任范围予以明确约定,比如担保合同约定:本合同担保的范围为主债权本金(即主债务人应支付的标的债权投资价款)、主债务人应支付的标的债权回购溢价款、违约金、手续费、损害赔偿金和实现债权的费用[包括但不限于诉讼费、律师费、审计费、评估费、鉴定费、变(拍)卖费、公证费、执行费、差旅费等]。对于质押合同,还需约定保管财产的费用等。在借款合同约定了担保人违约视为债务人违约后,关键就是约定的担保责任范围与债务人承担的责任范围要一致,确认担保人不履行担保义务影响到其自身担保责任的承担。确保担保人违约情形视为债务人违约而要求债务人承担违约责任的,担保人对债务人的此类违约责任也承担担保责任,从而督促担保人积极履行担保义务,防止以不超过主债务范围提供担保为由而不配合债权人行使担保权利。

综上所述,担保人主给付义务、从给付义务对于债权人的担保权利实现关系重大。对于主给付义务,主要涉及担保责任范围,法律允许当事人可以约定,也能得到法院支持。对于担保人应当独立承担的从给付义务,往往并非由债务人履行,若不要求承担违约责任则对债权人不利,要求担保人单独承担违约责任往往又得不到法院支持。为了督促担保人积极履行应由其履行的从给付义务,在法律框架内,通过将担保人的相关违约行为约定为债务人违约责任,在要求债务人承担违约责任的同时,将债务人违约责任约定为担保责任范围,进而关联到担保人对相关违约责任承担担保责任。通过实现责任回旋反转,既不违背担保从属性原则,也能督促担保人积极履行从给付义务,有效保障债权人利益。

【责任编辑:吴晓婧】

执行程序中追加名义债务人配偶为被执行人的"堵"与"疏"

赵永刚[*]

摘要：一直以来，执行中能否追加未具名举债的债务人配偶为被执行人问题是理论界与司法界的热点与难点，追加"肯定说"与"否定说"两种观点并存长达二十余年，直至《追加规定》等司法解释出台。相关司法解释将执行中所有能够追加被执行人的情形明确化、法定化，并强调追加限于法定情形，而追加配偶未被列入，从而结束了其长期游离于合法与否的灰色状态，形式上宣告了争论的终结，但实际上支持追加的声音不曾停止。笔者从执行实务出发，对于目前执行中追加名义债务人配偶的路径被堵塞所带来的困惑，结合现行法律规定及理论依据，以追加与否的争议问题为导向，分析问题产生的原因、历年来立法层面的变迁、相关判例的理由分歧，经过对比，笔者认为执行中追加名义债务人配偶更为可取，并尝试构建追加的程序设计及救济路径。

关键词：追加　债务人配偶　夫妻共同债务　被执行人

一、问题的提出

强制执行程序是兑现债权人胜诉权益、实现公平正义的最后一道防线，也是人民法院展示司法公信力和强制力的重要制度。债权的实现取决于债务人履行债务的能力，名义债务人名下有财产可供执行自不待言，但遗憾的是，大量案件却揭示了这样的

收稿日期：2021-12-24

[*] 赵永刚，江苏省南通市通州区人民法院审判员，中国政法大学法律硕士。

现象:名义债务人名下无可供执行财产,债权人所提供的财产线索却指向名义债务人配偶,而配偶又非执行名义确定的债务人。关于名义债务人配偶名下的财产能否执行,如何执行,及如何分配处置权益,争议不断,法律及司法解释未明确具体的操作细则,且因配偶不服而衍生出大量复议、异议之诉甚至信访,极大延缓了执行进程。在此困境下,债权人为一劳永逸地解决财产权属争议问题而申请追加名义债务人配偶为被执行人,成功追加意味着债务人配偶作为被执行人也有义务以其个人财产偿还全部债务。

(一)债权人在执行程序中申请追加债务人配偶的原因

1.生效法律文书未确定配偶为债务人

这是债权人提出追加申请的直接原因。以合同之债为例。债权人基于与债务人之间签订的合同发生争议后,在确定被告时一般不会考虑债务人配偶,概因合同相对性使然。有的债权人在起诉时未作认真考虑,存在认识偏差或认识模糊。换言之,债权人要求夫妻共同承担责任的实质诉求与其仅列单方为被告的表象诉求之间产生冲突。[1]

另外,根据《民法典》夫妻共债共签原则,若债务人配偶未在合同上签字又未追认,判定配偶知情几无可能,这无疑增大了债权人的举证负担和败诉风险,加之部分法官做调解工作时可能会说服债权人放弃列债务人配偶为共同被告,各方面原因叠加导致债权人起诉时未将债务人配偶列为被告或本已列为被告后又撤回。

2.名义债务人个人名下无财产或财产不足以清偿债务

我国实行夫妻法定共同财产制,即除非双方明确约定,夫妻关系存续期间单方或双方共同创造的财产收益均属于夫妻共同财产,无论该财产名义上登记或控制在单方或双方名下,从而客观上造成了夫妻债务负担与财产权属的分离甚至背离。

典型如夫妻离婚的情况。极端情况下,夫妻离婚协议或判决将所有或大部分财产确定归夫或妻一方所有,而债务由另一方负担或债务各负,这就造成了一方无财产履行债务,而有财产一方不负担债务的局面,尤其当债务人负债较多资不抵债时,配偶主张债务性质属个人而财产归配偶单方所有或对夫妻共同财产享有份额。债权人自然猜疑债务人与配偶串通以虚假离婚方式转移财产规避执行。

3.夫妻关系的特殊性

我国几千年的传统文化一直宣扬夫妻同心同德、夫唱妇随。夫妻虽分属两个不同的自然人个体,但从家事代理权的角度,在对外关系上,夫或妻一方对外所产生的法律行为、法律后果,一般理解为及于另一方。因此,当名义债务人名下无财产,债权人申请追加配偶并要求其承担责任属于本能反应。

---

[1] 参见杜博:《论执行程序中夫妻共同债务的推定》,载《南宁师范大学学报(哲学社会科学版)》2019年第5期。

(二)执行中追加配偶为被执行人的两种观点

理论界和实务界存在两种观点。一种是肯定说,主张人民法院对于债权人提出的追加名义债务人配偶为被执行人的申请,可以根据民法典及有关司法解释的规定,在执行程序中对债务性质作出初步审查,符合夫妻共同债务特征的,裁定予以追加;反之则不予追加。执行中追加可以在一定程度上避免另诉对司法资源的浪费[1],且对防范债务人与配偶串通转移财产规避执行也有重要意义[2]。执行实务中频频出现的债务负担主体与财产权属主体之间的分歧呼唤执行权主观范围的扩张,执行中追加债务人配偶似乎在所难免。

另一种是否定说,认为执行权属于公权力,根据"法无规定不可为"的原则,执行中追加被执行人限于法定情形,追加名义债务人配偶并不在列,人民法院不得随意扩大追加范围,应裁定对该追加申请不予受理并告知债权人另诉解决。执行中追加债务人配偶为被执行人,会导致执行行为与执行依据相矛盾,无法解释法院追加债务人配偶为被执行人的正当性。同时,执行法官追加了非举债方配偶为被执行人,实质上是对诉讼中实体权利义务的再次裁决,突破了我国执行权的配置,执行法官的追加行为存在越权之嫌[3]。人民法院执行中可以且仅能对生效法律文书确定的名义债务人及其所有的财产采取执行措施,且非法定情形不得追加被执行人,这是执行权主观范围和客观范围的限缩性要求[4],执行中追加债务人配偶似乎无路可循。

二、立法层面关于执行程序中追加配偶的态度之变迁

囿于对执行权的扩张及限缩难以准确把握合理尺度,最高人民法院和各高级人民法院在摸索制定司法解释、办案指南时踌躇不决,观点不一甚至反复,肯定说与否定说的激烈碰撞体现得淋漓尽致。

(一)最高人民法院的观点

1. 立法层面

2011年3月最高人民法院执行局发布的《民事强制执行法(草案第六稿)》第23条、第24条规定,除执行依据确定的义务人外,执行依据确定或依执行依据推定的夫妻共同债务的夫或者妻,包括前夫或前妻,可以作为执行债务人。债权人对追加裁定

---

[1] 参见王庆宇:《夫妻财产执行:理论、实践与规则》,载《时代法学》2020年第4期。
[2] 参见邱星美:《执行权与审判权之界域研究——以执行救济为中心》,中国人民公安大学出版社2019年版,第124页。
[3] 参见滑金旭、李成云:《论我国夫妻共有财产执行的困境与出路——基于夫或妻一方为名义债务人的视角》,载《佳木斯职业学院学报》2017年第8期。
[4] 参见叶汉杰:《债务性质未定前提下执行夫妻财产的实践乱象与出路——基于对三种差异规定与四类判决思路的研究》,载《法律适用》2015年第1期。

不服的,可以自裁定送达之日起 10 日内,向执行法院提起许可执行之诉;债务人不服的,可以在执行终结前,向执行法院提起债务人异议之诉。[1] 该法尚处起草阶段,未来是否对此规定作出调整且何时审议通过并公布尚无定论,因此其中有关执行中追加配偶的规定只能视作最高人民法院彼时的观点,不能作为有效法律条款或司法解释援引。

2011 年 5 月 27 日,《最高人民法院关于依法制裁规避执行行为的若干意见》[2]出台,根据该规定,债权人似乎可以债务人离婚析产转移财产规避执行为由申请追加其配偶为被执行人,但实践中对此有不同的理解与适用,有的法院认为可以此为法律依据追加配偶,而有的法院则认为"依法追加"意指必须有其他明确的追加债务人配偶的法律规定,否则会落入另一种救济途径,即诉讼程序。最高人民法院未对此争议明确表态。

2012 年 6 月,《最高人民法院关于能否在执行程序中确定夫妻共同债务的答复》认为,是否为夫妻共同债务属实体问题,在涉案生效判决并未明确的情况下,不应通过执行程序直接确定为夫妻共同债务。[3]

《最高人民法院关于在执行工作中规范执行行为切实保护各方当事人财产权益的通知》(法〔2016〕401 号)第 2 条第 3 款规定:"在执行程序中直接变更、追加被执行人的,应严格限定于法律、司法解释明确规定的情形。各级人民法院应严格依照即将施行的《最高人民法院关于民事执行中变更、追加当事人若干问题的规定》,避免随意扩大变更、追加范围。"2016 年 8 月,最高人民法院对散见于民诉法司法解释、执行规定中有关变更、追加当事人的情形进行系统归纳整理,之后出台了《最高人民法院关于民事执行中变更、追加当事人若干问题的规定》(以下简称《追加规定》),成为人民法院办理追加申请时遵循的专门司法解释。《最高人民法院关于依法妥善审理涉及夫妻债务案件有关问题的通知》(法〔2017〕48 号)第 2 条规定:"未经审判程序,不得要求未举债的夫妻一方承担民事责任。"

2. 最高人民法院大法官意见

2009 年 12 月 23 日,最高人民法院院长信箱在答复网民问题时指出,对执行中追加原配偶的问题不能一概而论,首先应审查确定执行依据确定的债务是不是夫妻共同债务,只有属于夫妻共同债务,才能在执行程序中追加其原配偶为被执行人。此时,最高人民法院对追加配偶为被执行人基本持肯定态度。

---

[1] 参见杜博:《论执行程序中夫妻共同债务的推定》,载《南宁师范大学学报(哲学社会科学版)》2019 年第 5 期。

[2] 该意见第 20 条规定,有充分证据证明被执行人通过离婚析产、不依法清算、改制重组、关联交易、财产混同等方式恶意转移财产规避执行的,执行法院可以通过依法变更追加被执行人或者告知申请执行人通过诉讼程序追回被转移的财产。

[3] 参见张广军、刘伟:《强制执行中执行标的的扩张与制约——以夫妻共同财产的执行为视角》,载《山东审判》2014 年第 5 期。

最高人民法院原副院长江必新认为,执行程序中追加债务人配偶为被执行人是基于我国婚姻法关于夫妻共同财产及日常家事代理权的法理基础,能否追加不宜"一刀切",应区分具体案情简易或复杂程度而定。对于法律关系简单、事实清楚、双方争议不大的,在经过严格的听证程序、充分听取当事人意见的基础上,对于能够证明夫妻双方举债合意或举债用于家庭生活的,可从提高执行效率、减少当事人讼累的角度,追加债务人配偶为被执行人;而对于事实不清、双方争议较大的情形,则不建议在执行程序中追加,而应告知当事人通过另诉方式解决。最高人民法院审判委员会专职委员刘贵祥在2016年1月9日的全国法院执行工作经验交流座谈会总结讲话中认为,执行依据未明确债务为夫妻一方个人债务的,如果债务发生在夫妻关系存续期间,配偶不能证明非夫妻共同债务的,可以推定为夫妻共同债务,并可以直接执行夫妻共同财产、配偶(包括已离婚的原配偶)的个人财产。配偶有异议的,可以根据《民事诉讼法》第227条的规定进行救济。可见,两位大法官均赞同执行中对债务性质作出认定,不同的是江必新副院长明确执行中可以追加债务人配偶为被执行人;而刘贵祥则回避了执行中是否可追加配偶的问题,但认为属夫妻共同债务的可直接执行配偶的个人财产。

杜万华专委在2016年答记者问中表达了不同观点。其认为,追加当事人必须限定于法律明确规定的范围,未经法律明确规定不得追加。若生效判决未确定债务人配偶的责任,则执行中不得追加配偶为被执行人,也不得对债务性质作出认定,这属于审判而非执行程序解决的事项。

综上可以发现,尽管司法解释始终未对执行中追加债务人配偶问题作出明确肯定的规定,但早期最高人民法院对此基本持肯定态度,至少未反对执行中追加配偶。《追加规定》出台后,最高人民法院明确追加仅限于法定情形,避免随意扩大追加范围,追加配偶并不在法定追加情形之列,从而通过反向规定方式确定了执行中不得追加配偶为被执行人的原则,结束了此前悬而未决的争论状态。

(二)各高级法院观点

第一种:明确可以追加。如《上海市高级人民法院关于执行夫妻个人债务及共同债务案件法律适用若干问题的解答》(沪高法执〔2005〕9号)认为,执行中可以对所涉债务是个人债务还是夫妻共同债务作出判断,属于共同债务的,裁定追加被执行人配偶为被执行人。[1] 江苏省高级人民法院对执行中是否追加配偶的问题曾多

---

〔1〕 根据《上海市高级人民法院关于执行夫妻个人债务及共同债务案件法律适用若干问题的解答》(沪高法执〔2005〕9号)的规定,执行依据中没有对债务性质作出明确认定,申请执行人主张按被执行人夫妻共同债务处理,并申请追加被执行人配偶为被执行人的,执行机构应当进行听证审查,并根据下列情形分别作出处理:①应当认定为被执行人个人债务的,作出不予追加决定;②须另行诉讼确定债务性质的,作出不予处理决定;③除应当认定为个人债务和执行中不直接判断债务性质的情形外,可以认定为夫妻共同债务,裁定追加被执行人配偶为被执行人。

次作出解答,总体赞同追加,但对当事人不服追加裁定的救济路径前后规定有变化。[1]

第二种:明确不得追加。如《北京市法院执行工作规范》(2013年版)第539条规定,执行依据确定的债务人为夫妻一方的,根据现行法律和司法解释的规定,不得裁定追加被执行人的配偶为被执行人。申请执行人主张执行依据确定的债务为夫妻共同债务,申请追加被执行人的配偶为被执行人的,告知其通过其他程序另行主张。

第三种:《追加规定》出台前可以追加,出台后不得追加。如《江西省高级人民法院执行局民事执行实务疑难问题解答》认为,对2017年3月1日前已作出生效判决只确定夫妻一方为债务人且未明确债务性质的案件,可以在执行程序中审查确定究竟按个人债务还是夫妻共同债务执行,但必须保障债务人配偶的程序权利。最高人民法院追加变更规定出台之后判决的案件,由于该司法解释明确了将直接追加配偶排除在外,不能直接追加或变更配偶为被执行人。

还有的法院虽未明确执行中是否可以追加配偶,但认可执行中对债务性质作出判断,属于夫妻共同债务的,可以直接执行配偶名下的财产,如《浙江省高级人民法

---

[1]《江苏省高级人民法院关于执行若干疑难问题的解答》(2013年12月18日发布)规定,执行依据中未对债务性质作出明确认定、申请执行人曾在诉讼过程中撤回对配偶方的起诉、调解书虽列明配偶为当事人,但是未要求其承担实体责任的,执行过程中,申请执行人申请追加被执行人配偶为被执行人的,执行实施机构均应当予以审查,并作出是否追加的裁定。执行依据载明的债务人为夫妻中的一方,对于在夫妻关系存续期间形成的债务,除非符合法律规定的个人债务的条件,一般推定为夫妻共同债务,被追加人主张不是夫妻共同债务的,由其负担举证责任。有证据证明被执行人因赌博、吸毒、犯罪等不法行为所负债务,应当认定为个人债务。与家庭生活有关的担保之债、侵权之债等应当认定为夫妻共同债务。与家庭生活无关的担保之债、侵权之债等一般不应认定为夫妻共同债务。被追加为被执行人的配偶认为债务不属于夫妻共同债务而提出执行异议的,应按照《民事诉讼法》第227条进行审查,最终通过异议之诉解决债务性质问题。
《江苏省高级人民法院关于统一夫妻共同债务、出资人未依法出资、股权转让、一人公司等四类案件追加当事人及适用程序问题的通知》(苏高法电〔2015〕784号)规定,对于夫妻共同债务等四类案件,原则上应严格按照执行依据确定的义务承受人确定被执行人,除法律和司法解释明确规定的情形外,不得在执行程序中追加执行依据确定的义务承受人以外的人为被执行人。申请执行人认为执行依据确定的义务承受人以外的人应当承担责任的,可以另行向人民法院提起诉讼。对于在执行程序中认定为夫妻共同债务的案件,如果符合法律、司法解释等规定的追加条件的,可以作出追加被执行人的配偶为被执行人的裁定,予以追加。被执行人的配偶不服人民法院作出的追加裁定,提出书面异议的,适用《民事诉讼法》第225条的规定,对其异议进行审查。
江苏省高级人民法院《执行异议及执行异议之诉案件办理工作指引(一)》(2022年6月8日)规定,执行法院已经裁定变更或追加未参加诉讼的被执行人配偶一方为被执行人,并在执行裁定中告知其提起执行异议之诉,但在该配偶一方提起诉讼后又以执行异议裁定错误告知救济途径为由裁定不予受理或驳回起诉,该配偶不服原裁定的,如该配偶名下财产已经执行完毕,应通过执行监督程序进行审查处理;如该配偶名下争议的财产尚未执行完毕,通过执行监督程序撤销原裁定,告知该配偶按《民事诉讼法》第234条规定,就执行其名下财产的行为提起案外人异议。

院关于执行生效法律文书确定夫妻一方为债务人案件的相关法律问题解答》。[1]

三、司法实务中的处理意见不统一

  法律规定的目的是为社会人的行为提供合法指引,并为司法机关裁判和执行提供法律依据。合理的法律规定应当具有可预见性,并能回应大众对统一司法尺度的期盼。而法律规定的不明确和不统一,势必引发司法实践中的同案不同判,有损司法权威。一直以来,关于追加债务人配偶的问题,立法上缺乏统一的、具有广泛接受度的法律规范,执行实务中也存在法律适用及处理方式的混乱,各地法院莫衷一是。笔者以"追加""被执行人""配偶""夫妻共同债务"为关键词,在中国裁判文书网案件库中检索,共得裁判文书5853篇,其中,最高人民法院12篇、高级人民法院168篇、中级人民法院1798篇、基层人民法院3846篇。"肯定说"与"否定说"两种观点在所检索裁判文书的结论中均有所体现,而《追加规定》出台后,尤其近几年,裁判结论基本趋于一致,支持追加的案例明显减少。尽管我国不是判例法国家,案例不能直接作为裁判援引的依据,但生效法律文书尤其最高人民法院的司法案例在人民法院办理类似案件中可以作为适当参考,具有司法导向作用。为增强说服力,笔者着重研读了最高人民法院及各高级人民法院的有关案例,并对其作出裁判的理由和司法理念进行分析。

  (一)支持追加的案例

  主要理由:根据原《最高人民法院关于适用〈中华人民共和国婚姻法〉若干问题的解释(二)》第24条(现《民法典》第1064条、第1065条)的规定,夫妻关系存续期间夫妻一方为家庭生活对外所负债务,首先应推定为夫妻共同债务,法定情形除外;人民法院据此可以在执行中直接追加债务人配偶为被执行人,当事人不服的,通过异议之诉程序解决。

  如广东省高级人民法院(2019)粤民申9019号民事判决书载明:本案系执行异议之诉纠纷,争议焦点是案外人陈某关于执行法院在执行中追加其为被执行人的异议是否成立。涉案债务发生在被执行人莫某与案外人陈某夫妻关系存续期间,执行依据确定由莫某承担全部债权债务。依据已有的证据,一、二审法院认定涉案投资

---

  [1] 《浙江省高级人民法院关于执行生效法律文书确定夫妻一方为债务人案件的相关法律问题解答》(浙高法〔2014〕38号)认为,执行机构根据相关证据经审查判断属于夫妻共同债务的,可直接执行夫妻共同财产或者非被执行人的夫妻另一方名下的财产,而无须裁定追加夫妻另一方为被执行人。债务性质经判断为夫妻一方个人债务的,执行机构不得对夫妻另一方个人所有的财产采取执行措施,申请执行人对判断为个人债务有异议,执行机构应当告知其另行诉讼解决。申请执行人提起诉讼的,立案部门应当受理,案由为夫妻共同债务确认纠纷。

建房行为属于夫妻共同生活期间的共同生产经营行为,而陈某未能提供证据予以反驳,应承担相应法律后果。本案关于夫妻债务的认定,已历经一、二审两个完整的诉讼程序,陈某的相关诉讼权利和合法权益已经依法得到保障,执行法院认定该债务属于陈某、莫某夫妻共同债务并追加陈某为被执行人,并无不当。[1]

(二)不支持追加的案例

主要理由是:追加被执行人应限于法定情形,人民法院不得随意扩大追加范围。追加配偶不属于法定的追加情形,人民法院不得援引实体法审查并作出追加裁定。且对夫妻共同债务的判定属重大实体问题,应由审判程序解决[2],执行中作出判断,剥夺了配偶的程序权利,违反审执分离原则[3]。

如最高人民法院(2015)执申字第111号执行裁定书载明:该案焦点问题为执行程序中能否以王某所负债务属夫妻共同债务为由追加吴某为被执行人。执行程序中追加被执行人,意味着直接通过执行程序确定由生效法律文书列明的被执行人以外的人承担实体责任,对各方当事人的实体和程序权利将产生极大影响。因此,追加被执行人必须遵循法定主义原则,即应当限于法律和司法解释明确规定的追加范围,既不能超出法定情形进行追加,也不能直接引用有关实体裁判规则进行追加。从现行法律和司法解释的规定看,并无关于在执行程序中可以追加被执行人的配偶或原配偶为共同被执行人的规定,申请执行人根据婚姻法及婚姻法司法解释等实体裁判规则,以王某前妻吴某应当承担其二人婚姻关系存续期间之共同债务为由,请求追加吴某为被执行人,甘肃省高级人民法院因现行法律或司法解释并未明确规定而裁定不予追加,并无不当。申请执行人仍可以通过其他法定程序进行救济,以对王某所负债务是否属于夫妻共同债务或者吴某是否应承担该项债务进行认定。[4]

又如湖北省高级人民法院(2019)鄂民再193号民事判决书载明:执行法院在未经审判程序的情况下,直接在执行程序中认定涉案债务为肖某、陈某的夫妻共同债务并追加陈某为执行对象,属于以执代审,剥夺了陈某的合法诉权,依法应予纠正。[5]

四、执行中追加配偶为被执行人的"堵"与"疏"之辩

司法实践中出现的法律问题促使司法者奋力在现行法律规定中寻找答案,而立

---

[1] 参见广东省高级人民法院(2019)粤民申9019号民事判决书。
[2] 参见郭林涛:《审与不审的选择——执行异议之诉中涉夫妻共同债务问题的处理》,载《山东法官培训学院学报》2017年第6期。
[3] 参见唐东楚、高松琼:《追加配偶作为被执行人的反思》,载《济宁学院学报》2020年第1期。
[4] 参见最高人民法院(2015)执申字第111号执行裁定书。
[5] 参见湖北省高级人民法院(2019)鄂民再193号民事判决书。

法者需要对司法实践中出现的问题及时作出反应，体现为法律漏洞的填补和修正，但由于法律的局限性和滞后性，司法者可能需要通过法律续造、法律推理等技术方法化解个案窘境，但代价是被诟病滥用自由裁量权，损害司法权威。本文所探讨的执行中追加债务人配偶的问题即属于该种情况。笔者在价值追求、执行权的扩张与限缩、救济途径、法律效果等四个方面对肯定说与否定说两种观点对比后认为，在对相关程序予以改良完善并充分保障当事人诉权的前提下，人民法院可以在执行中追加名义债务人配偶为被执行人。

（一）价值追求的碰撞

两种观点的区别首先体现在其背后的价值追求不同。肯定说强调执行效率，认为在执行程序中追加配偶可以减少讼累，尽快实现债权人胜诉权益；而否定说将公平放在首位，主张只有通过诉讼才能确定债务性质，保障配偶的诉权及实体权利。

诚然，公平是法治的精髓，关乎大众对法治的信心和司法权威，包括实体和程序公正，审判和执行公正。审判公正而执行不公正，那么审判公正也只能是"无果之花"。执行程序的功能价值是尽快以合法方式兑现债权人的胜诉权益，使裁判文书确定的权利义务关系得到落实。[1] 执行程序追求效率也绝不应该是以牺牲公平为代价。[2] 法谚有云，迟来的正义非正义。债权人经过漫漫诉讼路取得生效法律文书，迫切需要从纸面权益变成现实权益，执行中若以公平为名而设定不必要的程序，显然与法治背道而驰，追求执行效率本身正是为实现法治公平。

（二）执行权扩张与限缩的争执

肯定说主张执行权扩张，赋予执行权更大的裁判权，介入尽可能深层次的实体问题判断，而对债务性质的判断并非十分复杂的法律问题，执行中予以判断并未突破合理限度。否定说则主张对执行权予以限缩，不应过多介入实体问题的判断，债务性质问题属于较为复杂的实体性问题，绝非执行权可以胜任，必须交由审判权处理。

执行权分为执行实施权和审查权（包括异议、复议、申诉等权利），执行措施的开展不可避免地涉及实体问题的判断，只是复杂程度有别。事实上，《追加规定》中所罗列的多种情形明显属于实体判断的内容，有的甚至比债务性质的判断更为复杂，如对公司股东是否存在出资瑕疵的认定，不仅要结合证据审查股东是否履行了出资义务，还要综合考虑认缴制下股东出资期限利益保护与债权人利益的平衡。[3]

---

[1] 参见肖建国主编：《民事执行法》，中国人民大学出版社2014年版，第157页。

[2] 参见叶光辉：《执行夫妻一方个人债务时的配偶利益保护》，载《人民司法（案例）》2018年第5期。

[3] 参见《变更、追加执行当事人案件的审理思路和裁判要点》，载全国法院切实解决执行难信息网，https://jszx.court.gov.cn/main/ExecuteResearch/271261.jhtml，2021年12月21日访问。

举重以明轻,鉴于较为复杂的股东出资瑕疵等问题尚且能通过执行程序作出判定,则较为简单的夫妻共同债务性质问题更无须多言。

(三)救济途径不同

肯定说主张对追加配偶的申请立案审查,当事人不服的,可以提起异议之诉,少部分观点认为事实清楚、争议不大的可以通过复议程序解决。否定说主张对该追加申请不予立案受理,告知其通过再审或夫妻共同债务确认之诉解决。

另行启动诉讼程序可能导致与执行程序的脱节,贻误执行良机,尤其在债务人与配偶离婚的情况下,人民法院对于登记在配偶一方名下的财产无法及时采取控制性措施,为债务人与配偶串通转移财产规避执行提供了可乘之机,即便另诉取胜,也将面临无财产可供执行的风险,那么,另诉的价值何在?

(四)法律效果不同

从所检索出的案例看,基层法院作出的生效法律文书有3846篇,其中不少裁定结果是准许追加配偶为被执行人,相当一部分被追加的配偶并未就此不服并提起异议之诉或复议,某种程度上可以理解其认可法院的追加裁定,并接受即将承担的法律后果,以及法院可能对其采取的执行措施;未发现大量被追加配偶就此纠缠不休或作出明显负面评价的情形。如此,大大减少了后续诉讼,减少了对司法资源的消耗[1],进而高效地实现债权人合法权益,法律效果较好。

反观否定说,另诉意味着程序的复杂化,增加的不只是债权人的讼累,更可怕的是引发债权人的负面情绪和对法院的消极评价。而且,另诉结果与执行中直接追加配偶的结论可能是一致的,相较于执行中直接追加所带来的一锤定音,冗长的诉讼程序无疑是不经济的,浪费了本就紧张的司法资源。

综上,笔者认为,对于执行中出现的实体问题不应"一刀切"地划归审判权处理,关键应以事项的复杂程度而定。就夫妻共同债务性质的判断而言,从所检索的案例看,案由主要为合同之债,又以民间借贷居多,其所适用的法律规定是较为常见的民法典有关民间借贷、夫妻共同债务及相关司法解释,大概率属于较为简单的事实认定及法律适用。《追加规定》所设定的60日审限对于人民法院作出债务性质判断已经足够。而且,执行中的判断仅为初步判断,赋予当事人异议之诉的权利,如果各方均未提起诉讼,则追加裁定自然发生法律效力;如果当事人提出异议之诉,则要根据最终实体审判结果决定是否予以追加并对配偶采取执行措施。因此,执行中直接追加配偶并赋予其异议之诉的救济途径,并不会剥夺配偶的诉权。相较于否定说,肯定说更为合理可行。

---

[1] 参见任重:《民事诉讼法教义学视角下的"执行难":成因与出路——以夫妻共同财产的执行为中心》,载《当代法学》2019年第3期。

五、追加配偶为被执行人的程序设定

第一，增设追加配偶为被执行人的条款。尽管笔者赞同在执行程序中追加配偶为被执行人，但追加当事人毕竟涉及第三人的实体权利和程序权利，必须坚持追加法定原则，即未规定的情形不得追加，以限制追加的随意性。但鉴于目前未对追加配偶情形法定化，故暂不能在执行程序中追加配偶为被执行人。为解决追加配偶法定化的问题，笔者认为可将其列入未来可能出台的"强制执行法"中，也可以通过修订《追加规定》或单独制定司法解释的方式增设。

第二，另立异议案件审查。追加当事人应在执行案件中处理，还是另立异议案件审查，在司法实践中做法不一。有的法院以原执行案号作出追加裁定，当事人不服的，可对追加裁定提出异议；有的法院则另立执异案号进行办理，当事人不服的可以申请复议或异议之诉。不少法院在以执行案号作出追加裁定后，并未交代救济权利，而是载明"裁定送达后即发生法律效力"或"本裁定立即执行"，明显剥夺了当事人的程序权利。对此，最高人民法院在2019年8月29日答复人民来信中明确追加被执行人应另立异议案件办理[1]，从而统一了司法标准。

第三，参照诉讼保全的方式对配偶的个人财产采取保全措施。根据法律规定，人民法院执行中可以执行被执行人权属范围内的财产，该规定较为概括和笼统。司法实践中情况非常复杂，例如，登记于债务人配偶名下的财产属于夫妻共有财产还是配偶个人财产，尤其在夫妻已离婚的情况下，增加了判断权属的难度；对于夫妻共有财产，是否需要先析产再执行[2]，或先执行再析产，囿于篇幅，本文不作展开。人民法院根据权利外观，经初步判断明显属于配偶婚前财产或离婚后分割给配偶的财产，或无法判定财产权属的，人民法院不能执行，债权人主张涉案债务属于夫妻共同债务并申请追加配偶的，可在提出追加申请时一并提出财产保全申请，人民法院参照诉讼财产保全的规定办理。

第四，组成合议庭进行听证。根据《追加规定》，事实清楚、法律关系简单、双方

---

[1] 最高人民法院在处理《关于执行程序中被追被执行人是否应当作为执行异议立案审查的咨询》人民来信中对该问题进行了统一明确答复。根据答复，执行程序中追加被执行人属于执行审查类案件中执行异议案件的一种类型，执行异议案件的类型除执行行为异议、案外人异议外，还包括管辖权异议、变更追加被执行人、债务人异议、不予执行仲裁裁决或者公证债权文书等。《追加规定》是处理民事执行中变更、追加当事人事宜的专门司法解释，进一步弥补和完善了民事诉讼法和原司法解释对执行中变更、追加当事人内容规定的不足，特别是为了充分保障当事人的诉权。追加被执行人依照《最高人民法院关于人民法院案件案号的若干规定》，以案件类型代字"执异"立案审查，符合法律、司法解释和规范性文件的相关规定，也避免了剥夺当事人诉权的发生。

[2] 参见张海燕：《执行程序中被执行人配偶追加问题研究》，载《当代法学》2019年第1期。

争议不大的追加申请,人民法院可以不经听证,直接书面审查作出追加裁定;而对于事实难以查清、法律关系复杂、双方争议较大的申请,人民法院应当召开听证会。鉴于追加配偶问题长期存在争议,加之可能存在夫妻之间串通损害债权人利益或名义债务人与债权人串通损害配偶利益的情况,笔者建议无论事实清楚与否、是否存在争议,即便配偶完全认同并配合追加,亦应召开听证会,经由严格举证、质证、申辩过程,充分保障当事人诉讼权利,既要审查追加是否有事实与法律依据,还要防范虚假诉讼。

第五,交代异议之诉救济途径。《追加规定》第 14 条、第 17—21 条规定了五种以异议之诉作为救济途径的追加情形。相较于其他追加情形,该五种情形的法律关系较为复杂,事实查清难度较大,以追加抽逃出资股东为被执行人的情形为例。法院对于抽逃出资的认定需在结合证据规则、日常经验法则和价值标准的基础上,审查公司在完成验资后,股东能否证明公司注册资金全部或部分转出的正当性及抽逃出资股东应承担财产责任的范围等。[1] 同样的,对夫妻共同财产性质的判定,尤其难以判断举债是否属于家庭日常生活的范围。家庭日常生活的范围,包括食品、衣着、家庭设备用品等八大类家庭消费,应结合夫妻共同生活的状态(如双方的职业、身份、资产、收入、兴趣、家庭人数等)和当地一般社会生活习惯予以认定。此外,满足家庭日常生活需要还包括未成年子女的抚养和教育费用支出、家庭成员的医疗费用支出等事项。[2] 在夫妻已经离婚并对财产作出分割的情况下,分割约定能否对抗执行,要综合考虑离婚时间与债务发生、执行依据作出时间的先后顺序,以及是否存在相关方之间恶意串通的情形等。上述有关实体问题的判断仅凭异议、复议程序显然对当事人的程序权利保障不够充分,不能确保审查的公平与公正,最终必须诉诸较为规范和严格细致的诉讼程序,因此,执行中追加配偶的情形应适用异议之诉的救济途径。

六、结语

或许出于对名义举债一方履行能力的信赖,或许出于暂未与名义债务人撕破脸皮,或许出于对相关法律规定掌握的匮乏或理解上的偏差,无论出于何种原因,债权人在起诉时未将债务人配偶列为被告,或原已列为被告后又撤回,导致生效法律文书仅确定了夫妻一方的法律责任,这是不明智的。现行法律规定中并不包含对债务

---

〔1〕 参见《变更、追加执行当事人案件的审理思路和裁判要点》,载全国法院切实解决执行难信息网,https://jszx.court.gov.cn/main/ExecuteResearch/271261.jhtml,2021 年 12 月 21 日访问。

〔2〕 参见冉克平:《论夫妻共同债务的类型与清偿——兼析法释〔2018〕2 号》,载《法学》2018 年第 6 期。

人配偶的追加情形,更遑论直接执行其个人财产。这显然不符合债权人的预判。人民法院执行中仅能依据生效法律文书执行名义债务人的财产,而债权人要求追加名义债务人配偶为被执行人并执行其个人财产,二者之间矛盾的普遍性促使司法人员重新思考追加债务人配偶的必要性与可行性。通过"堵"与"疏"之辩,笔者认为通过科学设定追加程序,可以妥善解决否定说所担忧的公平问题、诉权问题,更能体现执行所追求的效率价值。当然,俗语有云,堵不如疏,疏不如引。为最大限度维护自身合法权益,债权人如认为所涉债务属于夫妻共同债务,并希望以夫妻所有财产为其债权提供担保,即应在起诉时将名义债务人配偶一并列为被告,而人民法院也应在立案、审理阶段向债权人释明只起诉夫妻一方的法律风险[1],避免执行阶段再面对追加或另诉的困扰。

稿件背景及研究价值: 关于执行中追加名义债务人配偶为被执行人的问题由来已久且长期困扰着广大司法工作者,但随着《追加规定》的出台,似乎一切尘埃落定,即执行中追加名义债务人配偶不在法定追加情形之列。但事实上,司法实务中该类追加申请并未减少,另诉加大了司法的不经济性并明显有损执行效率。笔者认为有必要对该问题重新思考,通过对比追加"肯定说"与"否定说"两种观点,论证执行中追加名义债务人配偶的必要性和可行性,并对追加程序进行重构,为彻底解决该问题提供可资参考的路径。

【责任编辑:吴晓婧】

---

〔1〕 参见杨武贤:《涉夫妻共同债务纠纷执行异议之诉审判实务问题研究》,载《山东审判》2017年第6期。

《北大法宝文粹:法学研究与应用》稿约

一、简介

北大法律信息网于1995年建站,经过七年积淀,2002年推出文章精选集《北大法律网苑》。2013年"法学在线"栏目创办十周年之际,为回馈忠实作者以及广大读者对"法学在线"栏目的厚爱和支持,北大法律信息网隆重推出精选集——"北大法律信息网文粹"系列图书,这也是中国第一份将法学网络文章集结成册正式出版的刊物。

2021年《北大法律信息网文粹》更名为《北大法宝文粹:法学研究与应用》。"粹"字,取精华之意,该书选取的文章理论与实务兼具、深邃与浅易并行,力求为您奉上简约清新却不乏深刻思想的法律盛宴。

主要读者对象:法律理论研究人员及法学教学工作者、立法和司法工作者、律师、国内外法律图书馆同仁、法学专业学生、法学理论爱好者以及各界关心法治建设的人士。

《北大法宝文粹:法学研究与应用》将作为长期出版物,计划每年一部。

二、征稿栏目

设置"法典化""大数据分析""人工智能""互联网+法律""案例研究""焦点法谈""实务探讨"等栏目。欢迎广大作者针对栏目进行投稿。

其中"法典化"栏目围绕民法典及其他法典化相关法律问题进行探讨与分析。

"大数据分析"栏目可以针对围绕法律问题对相关的法律文件、司法案例或者法学期刊进行大数据分析等。

"人工智能"栏目围绕人工智能与法律相关的问题进行探讨。

"互联网+法律"栏目围绕互联网与法律相关的内容,例如互联网金融、互联网犯罪、互联网知识产权等。

"案例研究"栏目聚焦指导性案例、典型案例或热点案例,进行深入剖析。

"焦点法谈"栏目围绕法学学术前沿焦点法律问题进行研究。

"实务探讨"栏目针对法律实务中遇到的典型或疑难问题进行探讨。

北大法律信息网·法学在线栏目注册作者的优秀稿件可优先入选《北大法宝文粹:法学研究与应用》。未入选《北大法宝文粹:法学研究与应用》的来稿将择优发表在北大法律信息网·法学在线栏目。

三、投稿须知及相关约定

1. 稿件要求言之有物、有理、有据,来稿语种中文,原作、译作均可,译作须提供原文和授权书。

2. 提倡一稿专投、反对一稿多用,凡已在公开出版物、互联网上发表的文章,一律不予以采用。

3. 来稿由题目(中英文)、作者姓名及简介(包括姓名、性别、单位、职务或职称、学位、地址、联系电话、电子邮箱及主要研究方向)、内容摘要、关键词和正文构成。内容摘要为文章主要观点之提炼,字数一般控制在200～300字;关键词一般为3～5个(提供英文摘要及关键词更佳)。

4. 稿件字数要求在8000～20000字,不超过25000字,特别优秀稿件除外。

5. 来稿文章内容涉及法律法规、司法案例及法学期刊等统计分析,鼓励以"北大法宝"数据库作为统计源。

6. 自征稿截止后一个月内,将发出《用稿情况通知》,获得用稿通知者,可按编辑部建议进一步修改后提交电子文稿。如在收到《用稿情况通知》前,文章已在其他公开出版物或互联网上发表,请作者务必告知。

7. 采取隐名审稿方式选用来稿。稿件先由编辑部进行匿名处理,交由责任编辑进行初审,编辑委员会进行匿名复审。

8. 来稿作者应保证对其作品具有著作权且不侵犯其他个人或组织的著作权,译者应保证其译本未侵犯原作者或出版者任何可能的权利,并在可能的损害产生时自行承担损害赔偿责任。编辑委员会或其任何成员不承担由此产生的任何责任。

9. 来稿视为作者同意由北大法律信息网将其收入相关网站及相关的电子出版物中。如作者不同意,请在邮件中注明。

10. 为扩大本刊及作者知识信息交流渠道,除非作者在来稿时声明保留,否则视为同意北大法律信息网拥有以非专有方式向第三人授予已刊作品电子出版权、信息网络传播权和数字化汇编、复制权。

11. 稿件一经采用,本编辑部将支付稿酬。

12. 任何来稿视为作者、译者已经阅读或知悉并同意本须知及约定。

四、注释体例

《北大法宝文粹:法学研究与应用》从 2021 年起,执行《法学引注手册》(北京大学出版社 2020 年版)引注标准。

(一)引用正式出版物,出版时间应精确到年;根据被引资料性质,可在作者姓名后加"主编""编译""编著""编选"等字样。

(二)文中注释均采用脚注,每篇文章注释每页重新编号,注码样式为:〔1〕〔2〕〔3〕等。

(三)非直接引用原文时,注释前加"参见";非引用原始资料时,应注明"转引自"。

(四)引文出自同一资料相邻数页时,注释体例为:……第 23 页以下。

(五)引用自己的作品时,请直接标明作者姓名,不要使用"拙文"等自谦词。

(六)具体注释体例:

1. 引用书籍的基本格式

〔1〕王名扬:《王名扬全集:美国行政法》,北京大学出版社 2016 年版,第 5 页。

〔2〕张新宝:《侵权责任法》(第 4 版),中国人民大学出版社 2016 年版,第 73—75 页。

〔3〕高鸿钧等主编:《英美法原论》,北京大学出版社 2013 年版,第二章"英美判例法"。

〔4〕[美]富勒:《法律的道德性》,郑戈译,商务印书馆 2005 年版,第 27 页。

2. 引用已刊发文章的基本格式

〔1〕季卫东:《法律程序的意义——对中国法制建设的另一种思考》,载《中国社会科学》1993 年第 1 期。

〔2〕王保树:《股份有限公司机关构造中的董事和董事会》,载梁慧星主编:《民商法论丛》第 1 卷,法律出版社 1994 年版,第 110 页。

〔3〕[美]欧中坦:《千方百计上京城:清朝的京控》,谢鹏程译,载高道蕴等编:《美国学者论中国法律传统》,中国政法大学出版社 1994 年版。

〔4〕何海波:《判决书上网》,载《法制日报》2000 年 5 月 21 日,第 2 版。

3. 引用网络文章的基本格式

〔1〕汪波:《哈尔滨市政法机关正对"宝马案"认真调查复查》,载人民网 2004 年 1 月 10 日,http://www.people.com.cn/GB/shehui/1062/2289764.html。

〔2〕《被告人李宁、张磊贪污案一审开庭》,载新华网,http://www.xinhuanet.com/legal/2019-12/31/c_1125406056.htm。

〔3〕北大法宝法律法规编辑组:《重磅首发!〈民法典〉立法分析报告》,载微信公众号"北大法律信息网"2020年6月15日,https://mp.weixin.qq.com/s/rnIk85gERykPjoNOks4WTg。

〔4〕参见法国行政法院网站,http://english.conseil-10etat.fr/Judging,2016年12月18日访问。

4. 引用学位论文的基本格式

〔1〕高胜华:《专利行政确权制度研究》,中国政法大学2022年博士学位论文。

5. 引用法律文件的基本格式

〔1〕《民法总则》第27条第2款第3项。

〔2〕《国务院关于在全国建立农村最低生活保障制度的通知》,国发〔2007〕19号,2007年7月11日发布。

6. 引用司法案例的基本格式

〔1〕包郑照诉苍南县人民政府强制拆除房屋案,浙江省高级人民法院(1988)浙法民上字7号民事判决书。

〔2〕陆红霞诉南通市发改委政府信息公开案,《最高人民法院公报》2015年第11期。

7. 引用英文报刊文章和书籍的基本格式

〔1〕Charles A. Reich, The New Property, 73 Yale Law Journal 733, 737-38(1964).

〔2〕Louis D. Brandeis, What Publicity Can Do, Harper's Weekly, Dec. 20, 1913, p. 10.

〔3〕William Alford,To Steal a Book is an Elegant Offense: Intellectual Property Law in Chinese Civilization, Stanford University Press, 1995, p. 98.

8. 英文以外的外文文种

依照该文种注释习惯。

五、投稿时间及方式

1. 本稿约常年有效。

2. 请提交电子稿或书面打印稿(电子稿更佳)。电子稿(存为Word文件)投稿邮箱:wencui@chinalawinfo.com;书面打印稿邮寄地址:北京市海淀区中关村大街27号中关村大厦9层北大法律信息网编辑部,邮编:100080。来稿恕不退还,请自留底稿。

3.投稿截止时间:每年 5 月 31 日。

六、联系方式

联系电话:010-82668266-191
　　　　　010-82668266-152
E-mail:wencui@chinalawinfo.com
传真:010-82668268
地址:北京市海淀区中关村大街 27 号中关村大厦 9 层。

北大法律信息网
2022 年 8 月

北大法宝引证码说明

"北大法宝引证码"缘起2004年、2005年在北京大学法学院召开的两次"中国法律文献引用注释标准论证会"。2004年6月和2005年5月,在北京大学法学院召开了两次"中国法律文献引用注释标准论证会",该会由北京大学法制信息中心主办。2007年,根据会议成果所著的《法律文献引证注释规范》(建议稿)一书由北京大学出版社正式出版,该书系法律引证注释领域内的开篇之作,在业界引起广泛影响。

针对国内法律文献引用领域对法律数据库引证码研究的空白及对法律数据库和网络资源引证不规范的现状,"北大法宝"萌发了建立一套法律数据库引证码规范的想法。通过对美国通行引注标准《蓝皮书:统一注释体系》的深入研究,借鉴其模式,同时根据法律数据库的内容体系、构架及发展趋势,"北大法宝"积极探索,自主研发出一套专业化程度高、实用性强的引证编码体系。希望以此能推动业内对法律信息引证码体系的重视,建立法律数据库引证码规范,引领该领域引证码的发展方向,开创法律信息检索领域引证趋势。

"北大法宝引证码"主要用于法律文献的引证注释和查询检索服务,目前,VIP和法宝6.0的文件均有法宝引证码的专门字段,现在法宝引证码的检索地址是http://www.pkulaw.com/fbm,在检索框中输入北大法宝引证码可检索到具体文件。在地址栏中输入http://www.pkulaw.com/后加具体法宝引证码,也可查询到具体文件。例如输入:http://www.pkulaw.com/CLI.1.153700,可检索到《中华人民共和国个人所得税法(2011修正)》这份文件。

凡购买《北大法宝法律人高级助手书系》的读者,在"北大法宝"数据库网站(www.pkulaw.cn)的地址栏或者引证码检索框中输入北大法宝引证码,即可免费参考使用书中所引用的资料。

"北大法宝引证码"的统一标识为CLI,即"Chinalawinfo"的简写,意即中国法律信息编码,同时涵盖"北大法宝"之意。中文部分编写体例为"CLI.文件类型代码.文件编码",英文部分编写体例为"CLI.文件类型代码.文件编码(EN)",其中文件编码具有唯一性。

下面分述各库的引证码编写规范。

(一)法律法规

1. 文件类型代码

法律:1

行政法规:2

司法解释:3

部门规章:4

团体规定:5

行业规定:6

军事法规:7

军事规章:8

军事规范性文件:9

地方性法规:10

地方政府规章:11

地方规范性文件:12

地方司法文件:13

2. 例如:《中华人民共和国保险法》(2009年2月28日修订)

北大法宝引证码为:CLI.1.113980

(二)司法案例

1. 文件类型代码:C(Cases)

2. 例如:郑筱萸受贿、玩忽职守案

北大法宝引证码为:CLI.C.99328

(三)法学期刊、律所实务、法学文献、法学年鉴

1. 文件类型代码:A(Articles)

2. 例如:陈兴良:《四要件:没有构成要件的犯罪构成》

北大法宝引证码为:CLI.A.1143788

(四)香港特别行政区法律法规

1. 文件类型代码:HK(Hong Kong)

2. 例如:第1085章教育奖学基金条例

北大法宝引证码为:CLI.HK.4211

(五)澳门特别行政区法律法规

1. 文件类型代码:MAC(Macau)

2. 例如:第10/2008号行政法规,修改《法定收藏制度》

北大法宝引证码为:CLI.MAC.7141

(六)我国台湾地区法律法规

1. 文件类型代码:TW(Taiwan)

2. 例如:粮食标示办法

北大法宝引证码为:CLI.TW.4544

(七)中外条约

1. 文件类型代码:T(Treaty)

2. 例如:中华人民共和国与美利坚合众国联合声明

北大法宝引证码为:CLI.T.6998

(八)外国法律法规

1. 文件类型代码:FL(Foreign Law)

2. 例如:日本农业机械化促进法

北大法宝引证码为:CLI.FL.772

(九)合同范本

1. 文件类型代码:CS(Contract Sample)

2. 例如:产品销售合同范本

北大法宝引证码为:CLI.CS.6292

(十)法律文书

1. 文件类型代码:LD(Legal Documents)

2. 例如:安全生产行政执法文书行政处罚告知书

北大法宝引证码为:CLI.LD.3678

(十一)案例报道

1. 文件类型代码:CR(Case Reports)

2. 例如:"售楼先生"骗女友冒领客户2万元法院判决诈骗罪徒刑九月

北大法宝引证码为:CLI.CR.132167

(十二)仲裁裁决与案例

1. 文件类型代码:AA(Arbitration Awards)

2. 例如:仲裁条款效力争议案裁决书

北大法宝引证码为:CLI.AA.419

(十三)立法背景资料

1. 全国人大常委会工作报告

文件类型代码:WR(Work Report of the NPC Standing Committee)

例如:中华人民共和国第十一届全国人民代表大会第四次会议全国人民代表大会常务委员会工作报告

北大法宝引证码为:CLI.WR.3563

2. 国务院政府工作报告

文件类型代码:WR(Work Report of the State Council)

例如:中华人民共和国第十一届全国人民代表大会第四次会议政府工作报告

北大法宝引证码为:CLI.WR.3553

3. 最高人民法院工作报告

文件类型代码:WR(Work Report of the Supreme People's Court)

例如:中华人民共和国第十一届全国人民代表大会第四次会议最高人民法院工作报告

北大法宝引证码为:CLI.WR.3564

4. 最高人民检察院工作报告

文件类型代码:WR(The Supreme People's Procuratorate Working Report)

例如:中华人民共和国第十一届全国人民代表大会第四次会议最高人民检察院工作报告

北大法宝引证码为:CLI.WR.3565

5. 立法草案及其说明数据

文件类型代码:DL(The Draft of Legislation)

例如:进出口许可证证书管理规定(修订征求意见稿)

北大法宝引证码为:CLI.DL.3658

6. 全国人大常委会执法检查

文件类型代码:LEI(Law Enforcement Inspection)

例如:全国人民代表大会常务委员会执法检查组关于检查《中华人民共和国节约能源法》实施情况的报告(2010)

北大法宝引证码为:CLI.LEI.3550

7. 中国政府白皮书

文件类型代码:WP(White Papers)

例如:中国的反腐败和廉政建设

北大法宝引证码为:CLI.WP.3529

8. 有关法律问题答记者问

文件类型代码:AR(Answer Questions from Reporters)

例如:国家预防腐败局办公室负责同志就《国务院办公厅转发人民银行监察部等部门关于规范商业预付卡管理意见的通知》有关问题答记者问

北大法宝引证码为:CLI.AR.3661

(十四)英文译本

1. 文件类型代码与中文部分相同,编码后加(EN)

2. 例如:Law of the Application of Law for Foreign-related Civil Relations of the People's Republic of China(《中华人民共和国涉外民事关系法律适用法》)

北大法宝引证码为:CLI.1.139684(EN)

编　者

2022 年 8 月